教育部立项推荐
中等职业学校物流管理专业紧缺人才培养指导方案配套教材

商品知识

（第2版）

主编　张　宏

中国财富出版社

图书在版编目（CIP）数据

商品知识/张宏主编．—2版．—北京：中国财富出版社，2015.4
（教育部立项推荐中等职业学校物流管理专业紧缺人才培养指导方案配套教材）
ISBN 978-7-5047-5579-7

Ⅰ.①商…　Ⅱ.①张…　Ⅲ.①商品—中等专业学校—教材　Ⅳ.①F76

中国版本图书馆CIP数据核字（2015）第046791号

策划编辑　张　茜　　**责任印制**　方朋远
责任编辑　颜学静　禹　冰　徐　宁　孙颜峰　　**责任校对**　杨小静

出版发行　中国财富出版社（原中国物资出版社）
社　　址　北京市丰台区南四环西路188号5区20楼　　**邮政编码**　100070
电　　话　010-52227568（发行部）　　010-52227588转307（总编室）
010-68589540（读者服务部）　　010-52227588转305（质检部）
网　　址　http://www.cfpress.com.cn
经　　销　新华书店
印　　刷　北京京都六环印刷厂
书　　号　ISBN 978-7-5047-5579-7/F·2324
开　　本　787mm×1092mm　1/16
印　　张　19　　**版　　次**　2015年4月第2版
字　　数　451千字　　**印　　次**　2015年4月第1次印刷
印　　数　0001—3000册　　**定　　价**　43.00元

编写说明

本书从强化培养操作技能，掌握一门实用技术的角度出发，较好地体现了商品学方面当前最新的实用知识。通过学习，使学生了解和掌握商品学的基本知识和基本技能，培养学生解决问题和分析问题的能力，为以后在工作中提高和改善企业经营管理水平打下良好基础。

本书的主要内容包括：食品、饮料、纺织、服装、金属及制品、石油、化工产品、非金属制品、机械设备、电机、电器设备等常用商品的分类、规格型号（牌号）、性质、性能、构成用途，以及商品质量的基本要求、商品的标准、商品鉴别的简易方法、商品的包装、储存、养护等知识。

本书是编者根据长期从事商品知识、商品养护教学、培训和职业技能鉴定的经验，在进行了调查研究、收集大量资料的基础上编写而成的。本书突出了职业技术能力教育的特点，体现了先进性、实用性和可操作性的要求，将理论教学与实践教学融为一体。根据项目确定知识目标和技能目标，每个项目任务导入案例，叙述相关知识和提供案例分析，项目结束时有项目小结和复习思考题。

本书深入浅出，理论联系实际，可作为职业技术学校专业用教材，也可作为企业业务人员培训用书。

本书编写时参考了有关著作和论文，对这些文献的作者表示诚挚的谢意。

由于编者水平有限，在本书的叙述中难免有疏漏和不足之处，诚请读者提出宝贵意见。

编　者

2015 年 2 月

目　录

项目一　商品知识入门

知识目标

理解商品整体概念，掌握商品分类、编码、商品标准、商品检验、质量认证的基本知识。

技能目标

能识别伪劣商品，并能运用于社会实践。

任务一　商品分类与编码

任务导读

超市冷藏保鲜食品储存

冷藏保鲜食品一般陈列在立柜中，保存温度为4℃，冷藏食品陈列的一个原则是生熟分开、归类明确，冷藏保藏食品一般分如下几类：保鲜糕点、保鲜肉肠、配菜、保鲜小食、酒酿、鲜奶制品。

一般陈列顺序如下：配菜、保鲜蔬菜及其加工制品、保鲜肉肠制品、糕点、鲜乳制品、饮料、水果。

任务分析

商品种类繁多，目前在市场上流通的就有数十万种。为了方便消费者购买，有利于商业部门组织商品流通，提高企业经营管理水平，须对众多的商品进行科学分类。

知识链接

任何集合总体都可以按一定的标志特征逐次归纳成若干范围更小、特征更趋一致的部分，直至划分成最小的单位集合体，这种将集合总体科学地、系统地逐次划分的过程称分类或归类。

一、商品分类

（一）商品分类的概念

为了一定的目的，满足某种需要，选择适当的分类标志（特征），将商品集合总体科学地、系统地逐级划分为门类、大类、中类、小类、品类、品种、细目直至最小单元的过程。

门类是按国民经济行业共性对商品总的分门别类，属最高类别，我国商品分 23 个门类。大类是按商品生产和流通中的行业来划分的，如五金类、交电类、日用百货类、钟表类、针纺织品类、印刷品类等大类。中类即商品种类，也称商品品类或品目，是若干具有共同性质或特征的商品总称，它包括若干商品品种，如针棉织品、塑料制品、橡胶制品等。小类是根据商品的某些特点和性质进一步划分的。如针棉织品又可分为针织内衣类、针织外衣类、羊毛衫类等。商品的品种是按商品的性质、成分等特征来划分，是指具体商品的名称，如西服、洗衣机、皮鞋、啤酒等品种。商品的细目是对商品品种的详细区分，包括商品的花色、规格、品级等，如 180/112A 型男西服等。

通过商品分类，可以将成千上万种商品在生产、交换、流通中，应用科学的方法进行条理化、系统化，以实现商品使用的合理化和流通管理的现代化。因此，商品分类对发展生产，促进流通，满足消费，提高现代管理水平等有着重要作用。

（二）商品分类的原则

为了实现商品的科学分类，使商品分类能够满足特定的需要，分类时必须遵循以下原则。

1. 科学性原则

科学性原则指商品在分类中所选择的标识必须能反映商品的本质特征并具有明显的区别功能和稳定性，以满足分类的客观要求，发挥分类的作用。科学性是分类的基本前提。

2. 系统性原则

商品分类的系统性是指以选定的商品属性或特征为依据，将商品总体按一定的排列顺序予以系统化，并形成一个合理的科学分类系统。商品总体分成若干门类，门类分为若干大类，大类分为若干中类，中类分为若干小类，直至分为品种、规格、花色等。系统性是商品分类的关键。

3. 实用性原则

商品分类首先应满足国家总政策、总规划的要求，同时应充分满足生产、流通及消费的需要。因此，商品分类应尽最大努力结合各部门、各系统、各行业、各企业及消费者的实际，满足各方面的需要。实用性是检验商品分类的实践标准。

4. 可扩展性原则

可扩展性原则又称后备性原则，即进行商品分类要事先设置足够的收容类目，以保证新产品出现时不至于打乱已建立的原有的分类体系和结构，同时为下级部门便于在本分类

体系的基础上进行开拓细分创造条件。

5. 兼容性原则

商品分类要与国家政策和相关标准协调一致。又可与原有的商品分类保持连续性和可转换性，以便进行历史资料对比。

6. 唯一性原则

商品分类体系中的每一个分类层次只能对应一个分类标识，以免产生子项互不相容的逻辑混乱。

（三）常用的商品分类标志

商品分类标志的选择是商品分类的基础，是一项十分重要而细致的工作。所谓商品分类标志是指商品本身共有的并能用以区别某类（或某种）商品与其他类（或某种）商品的本质特征。商品分类可供选择的标志很多，商品的用途、原材料、生产加工方法、主要或特殊成分等这些商品最本质的属性和特征，是最常采用的分类标志。

1. 商品的用途

商品的用途是体现商品使用价值的标志，也易为消费者所接受，同时还是探讨商品质量的重要依据，所以按商品的用途分类，在实际工作中应用最广泛。它不仅适用于商品大类的划分，也适用于对商品种类、品种等的进一步详细分类。例如根据商品的基本用途，将商品分为生产资料与生活资料两大类。生活资料商品又按不同用途分为食品、衣着用品、家用电器、日用商品等类别。在日用商品类中，可按用途分为鞋类、玩具类、洗涤用品、化妆品等。在化妆品中，按用途还可以再分为皮肤用和毛发用化妆品。在此基础上还可以细分，如毛发用品可以分为清洁类、护发养发类、染发剂等。

以用途为标志的分类方法，便于对相同用途的商品质量进行分析比较；有利于消费者按用途选购商品；有利于商品生产者提高商品质量，开发商品新品种；有利于商业部门搞好商品的经营管理。对于多用途的商品一般不宜采用此种分类标志，如对于一般原材料类商品的分类。

2. 原材料

原材料的种类和质量在很大程度上决定商品的性能和质量，而且对商品的保管、运输、养护等有不同的要求。选择以原材料为标志的分类方法是商品的重要分类方法之一。例如，纺织品以原材料为标志分为棉织品、麻织品、丝织品、毛织品、化纤织品、混纺织品等。

以原材料为分类标志，商品分类清楚，还能从本质上反映出各类商品的性能、特点，为确定销售、运输、储存条件提供了依据，有利于保证商品流通中的质量。但对那些用多种原材料组成的商品如汽车、电视机、洗衣机、电冰箱等不宜用原材料作为分类标志。

3. 商品的生产加工方法

很多商品，即使采用相同的原材料制造，由于生产方法和加工工艺不同，所形成商品的质量水平、性能、特征等都有明显差异。因此，对相同原材料可选用多种加工方法生产的商品，适宜以生产加工方法作为分类标志。如酒类按酿造方法可分为蒸馏酒、发酵酒、配制酒；茶叶按加工方法分为绿茶、红茶、乌龙茶和黑茶等。

但此种分类标志不宜用于那些虽生产方法有差别但商品性能、特征没实质性区别的商品，如塑料的分类。

4. 商品的主要成分或特殊成分

商品的许多性能、质量、用途往往由商品的成分决定，其中尤为重要的是组成商品的主要成分或特殊成分，在大多数情况下，商品的主要成分是决定商品质量、性能、用途、运输条件的主要因素，在这种情况下我们可按商品的主要成分进行分类，如化肥分为氮肥、钾肥、磷肥等。人造合成纤维分为腈纶、涤纶、氨纶、氯纶、维纶、绵纶等。有些商品主要成分虽相同，但因其含有特殊成分而使商品性能、用途、风格等不同，就可以按商品中的特殊成分进行分类。如玻璃的主要成分是二氧化硅，但加入不同的特殊成分就会使其呈现不同的风格，所以玻璃可以按其特殊成分不同分为钢化玻璃（加入了氧化钠）、钾玻璃（加入了氧化钾）、硼硅玻璃（加入了硼酸）、铝玻璃（加入了氧化铝）。

这种分类方法能反映商品的本质特性，对于深入研究商品的特性、保管和使用方法及开发新品种、满足不同消费者的需要等具有重要意义，但对化学成分复杂的商品（如水果、蔬菜、粮食等）或化学成分区分不明显的商品（收音机）则不适用。

除上述分类标志外，商品的形状、结构、尺寸、颜色、重量、产地、产季、加工程度等均可作为商品分类的标志。

二、商品目录和商品代码

（一）商品目录

1. 商品目录的概念

商品目录是指国家或部门根据商品分类的要求，对商品编制的总明细分类集。商品目录是在商品逐级分类的基础上，用表格、符号和文字全面记录商品分类体系和编排顺序的书本式工具。

在编制商品目录时，国家或部门首先将商品按一定的标志进行分类，再逐次制定和编排。也就是说，没有商品分类就不可能有商品目录，只有在商品科学分类的基础上，才能编制层次分明、科学、系统、标准的商品目录。商品目录的编制就是商品分类的具体体现，商品目录是实现商品管理科学化、现代化的前提，是商品生产、经营、管理、流通的重要手段。

商品目录编制后应有一定的稳定性，因此在编制时要留有余地，不能朝令夕改。但是商品目录也不是一成不变的，随着经济的发展、机构的变动、政策的变化、产品的升级换代、品种的增加等原因，可以对商品目录在一定范围内进行小的改动。

2. 商品目录的种类

商品目录由于编制目的和作用不同，因此种类很多。

（1）按商品用途。编制按商品用途不同编制的目录有食品商品目录、纺织品商品目录、交电商品目录、化工原料商品目录等。

（2）按管理权限。编制按管理权限不同编制的目录有一类商品目录、二类商品目录、三类商品目录。

（3）按适用范围。编制按适用范围不同编制的目录有国际商品目录、国家商品目录、部门商品目录、企业商品目录等。

①国际商品目录。国际商品目录是指由国际上有权威的各国际组织或地区性集团编制的商品目录。如联合国编制的《国际贸易标准分类目录》、国际关税合作委员会编制的《商品、关税率分类目录》、海关合作理事会编制的《海关合作理事会商品分类目录》和《商品分类及编码协调制度》、国际海上理事会《国际海上危险品运输规则》等。

②国家商品目录。国家商品目录是指由国家指定专门机构编制，在国民经济各部门、各地区进行计划、统计、财务、税收、物价、核算等工作时必须一致遵守的全国性统一商品目录。1987 年我国颁布了国家标准《全国工农业产品（商品、物资）分类与代码》（GB 7635—87）（见附录），这是全国各部门、各地区必须一致遵守的商品分类与商品编码准则。它把我国生产的全部工农业产品、商品、物资划分为 99 个大类、1000 多个中类、7000 多个小类、总计 36 万多个品种。代码共 8 位，分 4 个层次，每个层次使用 2 位代码。

③部门商品目录。部门商品目录是指由行业主管部门即国务院直属各部委或局根据本部门业务工作需要所编制并发布的仅在本部门、本行业统一使用的商品目录。如国家统计局编制发布的《综合统计商品目录》、原对外贸易部编制的《对外贸易进出口业务统一商品目录》、中华人民共和国进出口商品检验局编制的《商检机构实施检验的进出口商品种类表》、中华人民共和国海关总署编制的《中华人民共和国海关进出口税则和统计商品目录》等。部门商品目录的编制原则应与国家商品目录保持一致。

④企业商品目录。企业商品目录是指由企业在兼顾国家和部门商品目录分类原则基础上，为充分满足本企业工作需要，而对本企业生产或经营的商品所编制的商品目录。企业商品目录的编制，必须符合国家和部门商品目录的分类原则，并在此基础上结合本企业的业务需要，进行适当的归并、细分和补充。如营业柜组经营商品目录、仓库保管商品经营目录等，都具有分类类别少、对品种划分更详细的特点。

国家商品目录是最基本的商品目录，部门和企事业单位商品目录是对国家商品目录的补充。

（二）商品代码

1. 商品代码的概念

商品代码又称商品编码或商品代号、货号，是在商品分类的基础上，赋予某种或某类商品的代表符号，通常用具有一定规律的阿拉伯数字组成。商品代码按其所用符号的不同分为数字代码、字母代码、字母—数字混合代码。目前使用最普遍的是数字代码。

商品代码往往是商品目录的组成部分，商品分类与代码共同构成了商品目录的完整内容。使用商品代码是为了加强企业的经营管理，提高工作效率，便于计划、统计、物价管理及核算工作，简化业务手续。使用商品代码还可以便于记忆、清点商品，便于实现现代化管理。对于容易混淆的商品名称，使用商品代码可以避免差错。

2. 商品代码的编制方法

经国务院批准，1987 年颁布了标准《全国工农业产品（商品、物资）分类与代码》(GB 7635—87)，统一了全国商品的分类和代码。根据这一国家标准，商品代码编制的方法如下。

(1) 代码结构。代码结构共分四层，即大类、中类、小类、品种，由八位数字组成。门类另用英文字母表示顺序。

(2) 代码的编制方法。每层均以两位数字表示，从 01～99。第一、二、三层类目不再细分时，其代码后面补“0”，直至第八位。各层均留有适当空码，以备增加或调整类目用。各层数字为“99”的代码均表示收容类目。层内分成若干区间时，每个区间的收容类目一般用末位数字为“9”的代码表示。如移动式空调器的代码为 T78031005，其中 T 表示门类属电器机械及器材；78 表示大类属家用电器；03 表示中类属空调器；10 表示小类属移动式空调器；05 表示品种属移动式空调器具体品种。

阅读材料

商品学概述

商品学是以商品质量和商品品种为中心内容，研究商品使用价值的一门学科。研究商品的使用价值不仅需要自然科学理论知识，也需要社会科学理论知识，因此说，商品学既是一门边缘科学，又是一门综合性较强的应用技术学科。

（一）商品与商品整体概念

商品学特定的研究客体是商品，商品是人类社会生产力发展到一定历史阶段的产物，商品是指用来交换、能满足人们某种需要的劳动产品。商品的基本特征可概括为以下五个方面：①商品是人类劳动的产物；②商品具有一定的使用价值；③商品是为交换而生产的；④商品必须经过交换；⑤商品可以是有形的实物，也可以是无形的知识、服务、信息，有形的或无形的商品都是商品学的研究对象。

但现代经济学家认为商品概念是广义的、整体的。它不仅指一种物体，也不仅指一种服务，还包括购买商品所得到的直接的、间接的、有形的、无形的利益和满足感，这种理解商品的含义，称为商品整体要领或叫作产品整体概念。

概括地说，商品整体概念是指由商品的实质性、实体性和服务性三方面构成的统一体或系统。这三个层次分别称为核心产品、形式产品和附加产品。

1. 核心产品

核心产品体现商品的实质性。它是指商品带给消费者的最基本的效用和利益。所谓效用，是指商品能满足买主需求的某种使用价值或功能。

2. 形式产品

形式产品体现商品的实体性。这是指企业向市场提供的产品实体。通常，实体产品都

具有五个特点：类型、特性、质量、品牌和包装。

3. 附加产品（或称延伸产品）

附加产品是指围绕商品使用价值的应用给顾客带来的附加利益。消费者购买某件产品，不仅是希望获得包括形式产品本身及其内在应有的效用，而且还希望获得对该产品的质量保证，包括商品保证、售后运送、安装、维修、使用指导和各种服务。

商品保证、运送、安装、维修等都属于商品整体概念中的无形产品，它们是实现商品效用的可靠保证。在现代，消费者对产品的要求日益增高的情况下，购买者十分关心产品的安全可靠。因此，产品的服务性是满足社会需要的客观要求，在整个产品中绝不是可有可无的，而是商品整体概念中的不可缺少的要素。开展全面售后服务，这就给消费者带来更多的产品附加利益。产品的附加利益有利于引导、启发、刺激消费者购买或增加购买某些产品。

（二）商品的使用价值

商品的使用价值是商品的有用性，具体表现为它的自然属性和社会属性。

商品使用价值的自然属性是构成商品有用性的物质基础，包括商品的成分、结构、理化性质和生化性质等（一类是生产性的有用性，即满足人们生产需要的生产资料，另一类是生活性的有用性，称为生活资料）。商品在满足人们的物质需要的同时，也满足人们的精神需要，而且有些商品是仅仅满足人们的精神需要而存在的，如电视机等。

商品使用价值的社会属性是商品的自然属性所派生的，包括社会的、经济的、文化的、艺术的多方面的内容，即商品的社会使用价值。虽然商品的自然属性是商品使用价值构成的物质基础，但它不是商品使用价值的全部，如果不考虑我国的社会文化背景，盲目地将西方很流行的东西引进来，有可能不为我国消费者所接受，生产的使用价值与需求的使用价值不能统一，也就不能实现其交换，产品的使用价值就不能实现，企业就不能实现其经济效益，造成产品的积压和浪费，因此，作为企业来说不仅要关注商品的自然属性，也要关注它的社会属性。

商品是满足人们需要的，而人们的需要是多方面的，我们必须要注意这种需要的变化，特别是消费者精神方面需要的变化，使商品的社会属性充分展现出来，使生产的使用价值与消费者需要的使用价值相统一，商品才能经过交换到达消费者手中，实现商品的价值。

（三）商品学的研究对象和任务

1. 商品学的研究对象

商品学是研究商品使用价值及变化规律的科学。

根据商品学的研究对象，其研究内容以商品实体为基础，以商品—人—环境为系统，以商品使用价值在质和量上的表现形式——商品质量和商品品种为中心。以商品属性不断满足商品交换和消费需要及其他社会需要为主线，具体包括商品质量及其影响；商品质量管理与质量监督；商品标准与标准化；商品检验；商品分类与编码；商品包装与标识；品牌与商标管理；商品的成分、结构与性质；商品储运与养护；新商品开发；信息与商品预测；商品消费心理；商品广告；商品与资源、环境等。

2. 商品学的研究任务

商品学的研究任务主要有以下几个方面。

（1）指导商品使用价值的形成。通过商品资源和市场的调查预测、商品的需求研究等手段，为有关部门实施商品结构调整、商品科学分类，商品的进出口管理与质量监督管理，商品的环境管理，制定商品标准及政策法规、商品发展规划提供决策的科学依据；为企业提供商品基本质量要求，指导商品质量改进和新商品开发，提高经营管理素质，保证市场商品物美价廉，适销对路。

（2）评价商品使用价值的高低。商品质量是决定商品使用价值高低的基本因素，是决定商品竞争力强弱、销路、价格的基本条件。所以，它是商品学研究商品使用价值的中心内容。通过对商品使用价值的分析和综合，明确商品的质量指标、检验和识别方法，能全面准确地评价、鉴定商品的质量，杜绝伪劣产品流入市场，保证商品质量符合规定的标准或合同，维护正常的市场竞争秩序，保护买卖双方的合法权益，切实维护国家和消费者的利益，创造公平、平等的商品交换环境。

（3）防止商品使用价值的降低。分析和研究与商品质量有关各种因素，提出适宜的商品包装、储运，保护商品质量，努力降低商品损耗。

（4）促进商品使用价值的实现。通过大力普及商品知识和消费知识，使消费者认识和了解商品，学会科学地选购和使用商品，掌握正确的消费方式和方法，由此促进商品使用价值的实现。

（5）研究商品使用价值的再生。通过对商品废弃物与包装废弃物处置、回收，以及再生政策、法规、运行机制、低成本加工技术等问题的研究，推动资源节约、再生和生活废物减量，保护环境的绿色行动。

任务二　商品标准与标准化

任务导读

乳企：自定企业标准高于国标

不少乳企其实对新国标并不在乎，新国标制定的只是行业“最低标准”，是一个进入奶源合格的“入门门槛”，各个乳企都有自己的企业标准，企业标准往往比国家标准高，尤其是大型乳业，为提高竞争力，会采取国际标准、欧盟标准，甚至国际先进标准。在奶源收购上也会设定等级，按企业需求收购奶源。乳企在收购奶源时大多会分等级采购，不同的蛋白质含量和卫生指标按不同价格收购。收购回来后，也按所生产产品需求来分配，比如若是按新国标收来的奶源，只能做常温奶、冷饮等产品，而蛋白质高、细菌总数低的优质奶源则用来做高端奶，如酸奶、奶酪、巴氏奶或其他高端产品。

任务分析

凡正式生产的各类商品，都应制定或符合相应的商品标准。

知识链接

一、商品标准的概念

国际标准化组织对标准下的定义是：“由有关各方面根据科学技术成就与先进经验，共同合作起草，一致或基本上同意的技术规范或其他公开文件，其目的在于促进最佳的公众利益，并由标准化团体批准。”

商品标准是对商品质量及与质量有关的各个方面（如商品的品名、规格、性能、用途、使用方法、检验方法、包装、运输、储存等）所做的统一技术规定，是评定、监督和维护商品质量的准则和依据。

商品标准是科学技术和生产力发展水平的一种标志，它是社会生产力发展到一定程度的产物，又是推动生产力发展的一种手段。商品标准由主管部门批准、发布后，就是一种技术法规，具有法律效力，同时，也具有政策性、科学性、先进性、民主性和权威性。商品标准是从事工农业生产的一种共同技术依据，也是部门间交接验收商品的共同准则，是商品生产、检验、验收、监督、使用、维护和贸易洽谈的技术准则，也是生产部门、商业部门、消费者之间对商品质量出现争议时执行仲裁的依据。

标准实施后，制定标准的部门应当根据科学技术的发展和经济建设的需要适时进行复审，以确认现行标准继续有效或者予以修订、废止。

二、商品标准的内容

根据《标准化工作导则》编写标准的一般规定，商品的文件标准由概述部分、技术内容部分和补充部分三部分组成。

（一）概述部分

概述部分概括地说明标准化的对象和内容、适用范围及批准、发布、实施的时间等。包括封面、目录、标准名称、引言等内容。

（二）技术内容部分

技术内容部分是整个标准化的核心，其中对标准化对象的实质性内容作了具体规定。技术内容部分包括：名词术语、符号代号、产品品种规格、技术要求、试验方法、检验规则、标志、包装、运输、储存等内容。

（三）补充部分

补充部分是对标准条文所作的必要补充说明和提供使用的参考资料。包括附录和附加说明两部分。

三、商品标准的种类与分级

（一）商品标准的种类

1. 按商品标准的表现形式分类

商品标准按表现形式可分为文件标准和实物标准。

（1）文件标准。是以文字（包括表格、图形等）的形式对商品质量所做的统一规定。绝大多数商品标准都是文件标准。文件标准在其开本、封面、格式、字体、字号等方面都有明确的规定，应符合《标准化工作导则 标准出版印刷的规定》（GB 1.2—81）的有关规定。

（2）实物标准。是指对某些难以用文字准确表达的质量要求（如色泽、气味、手感等），由标准化主管机构或指定部门用实物作成与文件标准规定的质量要求完全或部分相同的标准样品，作为文件标准的补充，同样是生产、检验等有关方面共同遵守的技术依据。例如粮食、茶叶、羊毛、蚕茧等农副产品，都有分等级的实物标准。实物标准是文件标准的补充，也有独立存在实物标准，实物标准样品要经常更新。

2. 按标准的约束程度分类

按标准的约束性不同分为强制性标准和推荐性标准。

（1）强制性标准（又称法规性标准）。即一经批准发布，在其规定的范围内，有关方面都必须严格贯彻执行。国家对强制性标准的实施情况依法进行有效的监督。

下列标准属于强制性标准。

①药品标准，食品卫生标准，兽药标准。

②产品及产品生产、储运和使用中的安全、卫生标准，劳动安全、卫生标准，运输安全标准。

③工程建设的质量、安全、卫生标准及国家需要控制的其他工程建设标准。

④环境保护的污染物排放标准和环境质量标准。

⑤重要的通用技术术语、符号、代号和制图方法。

⑥通用的试验、检验方法标准。

⑦互换配合标准。

⑧国家需要控制的重要产品质量标准。

⑨省、自治区、直辖市人民政府标准化行政主管部门制定的工业产品的安全、卫生要求的地方标准，在本行政区域内是强制性标准。

（2）推荐性标准（又称自愿性标准）。即国家制定的标准由各企业自愿采用，自愿认证，国家利用经济杠杆鼓励企业采用，因为这类标准能代表一定的水平，所以多数企业是愿意采用的，采用后能说明企业产品已达到一定水平，并能得到消费者的信任，提高企业的效益。实行市场经济的国家大多数实行推荐性标准。例如国际标准及美国、日本等国的大多数标准。

我国从 1985 年开始实行强制性标准和推荐性标准相结合的标准体制。

3. 按标准的成熟程度不同分类

按标准的成熟程度不同可以分为正式标准和试行标准。

试行标准与正式标准具有同等效用，同样具有法律约束力。试行标准一般在试行2～3年后，经过讨论修订，再作为正式标准发布。现行标准绝大多数为正式标准。

4. 按商品标准的适用范围分类

商品标准按其适用范围不同可分为国际标准、区域标准、国家标准、行业标准、地方标准和企业标准。

（二）商品标准的分级

1. 国际标准

国际标准指由国际上具有权威的标准化组织制定，并为世界各国普遍承认和通用的标准。其他一些国际组织制定的，为国际标准化组织认可的标准也可作为国际标准。

国际上具有权威的标准化组织通常是指国际标准化组织（ISO）和国际电工委员会（IEC）。其他一些国际组织是：国际计量局（BIPM）、国际合成纤维标准化局（BISF）、食品法典委员会（CAC）、国际电气设备合格认证委员会（CEE）、国际照明委员会（CIE）、国际辐射单位与测量委员会（ICRU）、国际乳制品业联合会（IDF）、国际橄榄油委员会（IOOC）、国际辐射防护委员会（ICRP）、国际兽疫防治局（OIE）、国际葡萄与葡萄酒局（IWO）、联合国粮农组织（UNFAO）、国际羊毛局（IWS）、国际棉花咨询委员会（ICAC）等。

国际标准对于促进国际贸易往来和科学、文化、技术的交流具有重大意义。国际标准都为推荐性标准，但由于其具有较高的权威性和科学性，因而越来越多被世界各国所尊重和自愿采用。我国于1978年9月加入了国际标准化组织（ISO），为加强标准化的国际交流提供了条件，也为扩大我国标准的使用范围奠定了基础。

国际标准编号由标准代号、标准序号、发布年代和标准名称组成。

2. 区域标准

区域标准指的是世界区域性国家集团组织（欧洲经济共同体）或标准化机构制定和发布的标准。主要有：欧洲标准化委员会（CEN）；欧洲电工标准化委员会（CENELEC）；欧洲广播联盟（EBU）；亚洲大洋洲开放系统互联研讨会（AOW）；亚洲电子数据交换理事会（ASEB）等制定的标准。区域性标准由于容易造成经济的局部化，有不断减少的趋势。

3. 国家标准

国家标准是由国家标准化主管机构制定发布，在全国范围内统一执行的标准。如影响国家经济、技术发展的重要工农业产品（如种子、化肥、农药，通用零部件、元器件、构配件、工具、计量器具及有关安全要求的建筑材料等）的标准；可能危及人体健康和人身、财产安全的产品（如药品、食品、化妆品、易燃易爆品、锅炉压力容器等）的标准；配合通用技术的术语标准等。

国家标准由国务院标准化行政主管部门（国家质量技术监督局）制定，即由其负责编制计划，组织草拟，统一审批、编号和发布。工程建设、药品、食品卫生、兽药、环境保护的国家标准，分别由国务院工程建设主管部门、卫生主管部门、农业主管部门、环境保护主管部门组织草拟、审批，其编号、发布办法由国务院标准化行政主管部门会同国务院有关行政主管部门制定。特别重大的报国务院审批和发布。

国家标准有国家强制性标准、推荐性标准和实物标准。国家标准的编号由标准代号GB（推荐性标准是GB/T）、标准序号、标准发布年号、标准的名称组成。例如：GB 18168—2000表示2000年发布的第18168号强制性国家标准；又如：GB/T 12113—1996表示1996年发布的第12113号推荐性国家标准。其中，发布年号的表示，1996年以后发布的标准用四位数字表示，之前的用两位数字表示。

4. 行业标准

行业标准指对没有国家标准而又需要在全国某个行业范围内统一的技术要求所制定的标准。如行业的工艺规程标准，行业范围内通用的零配件标准，行业范围内通用的术语、符号、规则、方法等基础标准。

行业标准由国务院有关行政主管部门制定、审批和发布，并需报国务院国家质量技术监督局备案。行业标准不得与国家有关法律法规或国家标准相抵触。在发布实施相应的国家标准之后，该项行业标准即行废止。

行业标准代号由国务院标准化主管部门即国家质量技术监督局规定。行业标准也分为强制性标准和推荐性标准。其编号方式为：（行业标准代号）（标准顺序号）—（发布年号）。推荐性行业标准的代号是在强制性行业标准代号后面加“/T”，例如农业行业的推荐性行业标准代号是NY/T。例如：NY 1234—94表示1994年发布的第1234号强制性农业行业标准；又如：JB/T 4192—1996表示1996年发布的第4292号推荐性机械行业标准。

5. 地方标准

地方标准指没有国家标准或行业标准而又需要在省、自治区、直辖市范围内统一的工业产品的安全、卫生要求所制定的标准。如本地区特色产品、特需产品所制定的标准。

地方标准由各省、直辖市、自治区、标准化行政主管部门制定、审批和发布，需报国家质量技术监督局和国务院有关行政主管部门备案。地方标准不得与上一级标准相抵触。在发布实施相应的国家标准和行业标准后，该项标准即行废止。

强制性地方标准代号为：DB＋地区代码。推荐性地方标准代号为：DB＋地区代码/T。其编号方式为：（地方标准代号）（标准顺序号）—（发布年号）。其中，地区代码为各省、自治区、直辖市行政区划代码的前两位数字，如11表示北京市，12表示天津市，13表示河北省，14表示山西省等。例如：DB 11/068—1996表示1996年发布的第068号强制性北京地方标准；又如：DB34/T 166—1996表示1996年发布的第166号推荐性安徽省地方标准。

6. 企业标准

企业标准指对企业生产的产品没有相应的国际标准和行业标准时所制定的标准。企业标准是在该企业范围内统一使用的标准，是企业组织生产、经营活动的依据。

企业的产品标准由企业组织制定、发布，并报当地政府标准化行政主管部门和有关行政主管部门备案。已有国家标准和行业标准的，国家鼓励企业制定严于国家标准或行业标准的企业标准，在企业内部使用，以提高产品质量水平，争优质、创名牌。严于国家标准或行业标准的企业标准可以不公开、不备案。

企业标准代号由“Q”和斜线加企业代号组成。企业代号的规定分两种情况：一是凡中央所属企业的企业代号，由国务院有关行政主管部门规定；二是各地方所属企业的企业代号，由所在省、自治区、直辖市政府标准化主管部门规定。企业代号可用汉语拼音或阿拉伯数字或两者间用表示。其编号方式为：（企业标准代号）（Q/×××）（标准顺序号）—（发布年号）。例如：Q/EGF 024—1997 表示 1997 年发布某企业的第 024 号企业标准。由省、自治区、直辖市发布的标准，还要在其企业标准代号“Q”前加上本省、自治区、直辖市的简称汉字。如“京 Q/×××”“皖 Q/×××”等。

国家标准、行业标准、地方标准和企业标准四者共同构成了我国的标准体系，在上下级标准间，不允许下级标准与上级标准相抵触。

（三）国际标准与国外先进标准的采用

采用国际标准和国外先进标准，简称为采标。是指将国际标准或国外先进标准的内容经过分析研究，不同程度地转化为我国标准，并贯彻执行。国外先进标准包括有影响的区域标准、工业发达国家的标准和国际公认为有权威的团体标准和企业标准等。采用国际标准的产品，技术水平相当于国外先进水平或国际一般水平。

在采用国际标准中，根据我国标准与被采用的国际标准之间，所用国际标准的技术内容和编写方法差异的大小，采用程度分为：等同采用（代号 IDT，图示符号≡）、等效采用（代号 EQV，图示符号＝）、非等效采用（代号 NEQ，图示符号≠）三种。

凡已有国际标准的，应当以其为基础制定我国标准；对国际标准中的安全标准、卫生标准、环境保护标准和贸易需要的标准应当优先采用。企业开发新产品应积极采用国际标准和国外先进标准，引进生产线生产的商品必须达到采用国际标准和国外先进标准的要求。企业生产的产品，凡是有能力、有条件采用国际标准和国外先进标准的，都应当采用相应的标准。暂没有采用国际标准和国外先进标准的重要产品，要限期采用。在进口和出口商品时，必须优先采用国际标准和国外先进标准。

根据《采用国际标准产品标志管理办法（试行）》的规定，国家质量技术监督局从 1994 年开始在全国推行采用国际标准产品标志，我国有近一半的重要产品按国际标准和国外先进标准组织生产，一些高档耐用品质量已达到国际水平，提高了国际贸易竞争力。

四、商品标准化

（一）标准化的概念

ISO 给标准化下的定义是：标准化主要是对科学、技术和经济领域内重复应用的问题给出解决办法的活动，其目的在于获得最佳秩序。一般来说，包括制定、发布和实施的过程。

《标准化和有关领域的通用术语第 1 部分：基本术语》(GB 3935.1—1996) 中将标准化定义为：在经济、技术、科学及管理等社会实践中，对重复性事物和概念通过制定、发布和实施标准，达到统一，以获得最佳秩序和社会效益的全部活动过程。

商品标准化的内容包括：名词术语统一化、商品质量标准化、商品零部件通用化、商品品种规格系列化、商品质量管理与质量保证标准化、商品检验与评价方法标准化、商品分类编码标准化、商品包装、储运、养护标准化等。

根据《中华人民共和国标准化法》的规定，商品标准化不是一件孤立的事物，也不是一个静止的过程，这个过程包括商品标准的制定、发布、贯彻、实施及修订等环节。这些环节也就是商品标准化的主要内容。所以商品标准化是个活动过程；而每一个环节是一个不断循环、螺旋式上升的活动过程。随着标准化向深度和广度方面扩展，使一种商品实现标准化后，随着科学和经济的发展，经过一段时间，就可突破原标准的规定，继而制定更先进的商品标准。这样周而复始，不断循环。每循环一次，每一次新的统一，都使标准水平有一个新的提高。

标准化法规定：强制性标准，必须执行。不符合强制性标准的产品，禁止生产、销售和进口。

（二）标准化的作用

商品标准化的水平是衡量一个国家或地区生产技术和管理水平的尺度，是现代化的一个重要标志。现代化水平越高就越需要商品标准化。商品标准化的作用主要体现在以下几方面。

（1）标准化是组织现代化商品生产和发展专业化协作生产的前提条件。

（2）标准化是实现现代化科学管理和全面质量管理的基础。

（3）标准化是提高商品质量和合理发展商品品种的技术保证。

（4）标准化是合理利用国家资源、保护环境和提高社会经济效益的有效手段。

（5）标准化是推广应用新技术，促进技术进步的桥梁。

（6）标准化是国际经济，技术交流的纽带和国际贸易的调节工具。

（三）商品标准化的形式与方法

商品标准化的形式与方法主要有：简化、统一化、系列化、通用化、组合化和模数化。

1. 简化

简化是在一定范围内减少商品的类型数目，使之在既定时间内满足一定需要的商品标准化形式。

2. 统一化

统一化是把同类商品两种以上的表现形式归并为一种或限定在一定范围内的商品标准化形式。

3. 系列化

系列化是对同一类商品中的一组商品同时进行标准化的一种形式。它是标准化的高级

形式。

4. 通用化

在相互独立的系统中，选择和确定具有功能互换性或尺寸互换性的子系统或功能单元的标准化形式称通用化。通用化要以互换性为前提。

5. 组合化

组合化是按照标准化的原则，设计并制造出一系列通用性较强的单元，根据需要组合成不同用途的商品的一种标准化形式。

6. 模数化

模数化是指在系统的设计、计算和结构布局中，制定和使用尺寸协调的标准模数的活动。模数是指在某种系统（如建筑物、构件或制品）的设计、计算和布局中普遍、重复地应用的一种基准尺寸。由于模数具有优良的尺寸拼加性，在外包物与内包物之间具有良好的容纳性，因此，在仪器仪表工业中，元件、器件、零部件与机箱、机柜之间，集装箱与包装箱之间等具有尺寸对接关系的积木组装结构制品中具有广泛的应用。

阅读材料

大米新标准

大米是人类的主食之一，也是我国居民的主要粮食之一，我国约有 2/3 的人口以大米为主食，也就是说大米标准与全国人民生活息息相关。2009 年 3 月 28 日中华人民共和国国家质量监督检验检疫总局和中国国家标准化管理委员会发布，并于 2009 年 10 月 1 日实施了新的《大米》（GB 1354—2009）标准。

一、明确了标准的适用范围

《大米》（GB 1354—2009）适用于以稻谷、糙米或半成品大米为原料加工的食用商品大米，不适用于特种大米、专用大米、特殊品种大米及加入了添加剂的大米，此条款限定了大米的生产加工原料范围。只有籼米、优质籼米、粳米、优质粳米、籼糯米、优质籼糯米、粳糯米、优质粳糯米适用于本标准。

二、大米的分类

根据稻谷的食用品质将大米分为优质大米和大米两大类，使大米的产品名称能直接体现产品的类别，同时还细化了产品的等级，顺应了市场的需求。

三、碎米和加工精度定义

碎米是“长度小于同批试样米粒平均长度 1/3、留存 1.0mm 圆孔筛上的不完整米粒”，长度要求严于《大米》（GB 1354—2009）修订前。

加工精度定义中增加了米胚残留这一内容。加工精度是指加工后米胚残留及米粒表面和背沟残留皮层的程度。以国家制定的加工精度标准样品对照检验，在制定加工精度标准样品时，应参照下述文字规定。

一级：背沟无皮，或有皮不成线，米胚和粒面皮层去净的占 90%以上。

二级：背沟有皮，米胚和粒面皮层去净的占 85%以上。

三级：背沟有皮，粒面皮层残留不超过 1/5 的占 80%以上。

四级：背沟有皮，粒面皮层残留不超过 1/3 的占 75%以上。

四、推荐性指标

在优质大米质量指标中增加了垩白粒率、品尝评分值和直链淀粉含量三个推荐性指标。

五、水分指标进行了统一

统一了籼米、粳米、籼糯米、粳糯米的水分指标，每一类型的大米全国统一一个水分标准。

六、判定规则

此条是强制性条款，该条规定了非食用产品的判定规则；规定了大米定等指标达不到相应等级质量标准要求时的判定规则；优质大米的判定规则及初检、复检的判定规则。

七、包装和标签的要求

《大米》(GB 1354—2009) 给出了包装要求的依据《粮食销售包装》(GB/T 17109—2008)。增加了标签要求，并列为强制性条款《预包装食品标签通则》(GB 7718—2011)。

任务三　商品检验

任务导读

茶叶的感官鉴别要点

茶叶的优与劣，新与陈，真与假主要是通过感官来鉴别的。

一般而言，茶叶质量的感官鉴别分为两个阶段，即按照先“干看”(冲泡前鉴别)后“湿看”(冲泡后鉴别)的顺序进行。“干看”包括了对茶叶的形态、嫩度、色泽、净度、香气、滋味等方面指标的体察与目测。不同种类的茶叶外形各异，但一般都是以细密、紧固、光滑、质量等的程度作为衡量标准，这是共性，接着观察茶叶的油润程度、芽尖和白毫的多寡、茶梗、籽、片、末的含量，并由此来判断茶叶的色泽、嫩度和净度，最后通过

鼻嗅和口嚼来评价茶香是否浓郁，有无苦、涩、霉、焦等异味。“湿看”则包括了对茶叶冲泡成茶汤后的气味、汤色、滋味、叶底四项内容的鉴别。即闻一闻茶汤的香气是否醇厚浓郁，观察其色度、亮度和清浊度，品尝其味道是否醇香甘甜，叶底的色泽、薄厚与软硬程度等。归纳以上所有各项识别结果来综合评价茶叶的质量。带有包装的茶叶，必须在包装物上印有产品名称、厂家名称、生产日期、批号规格、保存期限等。产品要有合格证明。

任务分析

商品检验是一项科学性、技术性、规范性较强的复杂工作，可以通过感官检验法、物理检验法、化学检验法、微生物检验法等方法检验。为使检验结果更具有公正性和权威性，必须根据具有法律效力的质量法规、标准及合同等开展商品检验工作。

知识链接

商品检验是指商品的产方、买方或者第三方在一定条件下，借助于某种手段和方法，按照合同、标准或国内外有关法律、法规、惯例，对商品的质量、规格、重量、数量、包装、安全及卫生等方面进行检查，并作出合格与否或通过验收与否的判定或为维护买卖双方合法权益，避免或解决各种风险损失和责任划分的争议，便于商品交接结算而出具各种有关证书的业务活动。

商品检验对于生产企业、商业部门、质量监督部门及消费者，都是一项重要工作。商品检验是保证商品质量、提高商业经营管理水平的一项重要内容。生产企业通过对生产各环节的商品质量检验来保证产品质量，促进产品质量不断提高；商品流通部门在流通各环节进行商品检验，及时防止假冒伪劣商品进入流通领域，以减少经济损失，维护消费者利益；质量监督部门通过商品检验，实施商品质量监督，向社会传递准确的商品质量信息，促进我国市场经济的发展。

一、商品检验的方法

根据检验原理、条件、设备的不同特点，商品质量检验方法可分为感官检验法、物理检验法、化学检验法、微生物检验法。

（一）感官检检法

感官检验法是指利用人体的感觉器官，结合平时积累的实践经验，对商品质量进行判断和鉴定的方法。感官检验法主要包括视觉检验法、嗅觉检验法、味觉检验法、触觉检验法和听觉检验法五种方法。

由于目前一些产品的质量特性还不能用仪器来进行，只能靠感官检验。例如，家用电器中洗衣机、电冰箱、空调机的电机噪声和杂音，机器外壳的外观，电视机、录像机的影像和伴音，自行车零部件缺陷、锈蚀、表面粗糙度等外观质量；纺织品的水分、色泽，面料的疵点、污染、缺陷、颜色、色调和手感；食用油的透明度、颜色、气味；医药制品的色、味、黏度、干湿度，针剂注射的疼痛感等；粮食的外观、干湿度、夹杂物、新鲜程度；酒类的品尝，烹调制品的色、香、味；罐头食品的外观、味道、保鲜程度等都需用感观检验的方法进行相关质量的判定。

感官检验法的优点是快速、经济、简便易行，不需要专用仪器、设备和场所，不损坏商品，成本较低，因而使用较广泛。但是，感官检验法一般不能检验商品的内在质量，检验的结果常受检验人员技术水平、工作经验及客观环境等因素的影响而带有主观性和片面性，且只能用专业术语或记分法表示商品质量的高低，而得不出准确的数值，因此科学性不强。为提高感官检验结果的准确性，通常是组织评审小组进行检验。

（二）理化检验法

理化检验法又分为物理检验法和化学检验法两种。

1. 物理检验法

物理检验法是指对商品的物理量及其在力、电、声、光、热的作用下所表现的物理性能和机械性能的检验。这种检验要通过仪器测量进行。物理检验可分三类：第一类是几何量检验。商品的几何量如商品长、宽、高、内外径、角度、形状、表面粗糙度等。第二类是物理量检验。商品的物理量指标如重量、密度、细度、黏度、熔点、沸点、导热、导电、磁性、吸水率、胀缩性、电阻、功率、电流、电压、频率等。第三类是机械性能检验。商品的机械性能检验内容很广泛，如抗拉强度、抗压强度、抗剪切强度、抗冲击强度、硬度、弹性、韧性、脆性、塑性、伸长率、应力、应变、最大负荷、耐磨性等。

2. 化学检验法（又称化学分析法）

商品的某些特性要通过化学反应才能显示出来，商品的这种性质称为化学性质。采用化学分析法和仪器分析法能够检测其化学性质。化学分析法又分为定性分析法和定量分析法，定量分析法中又可分为重量分析法和容量分析法。此外，还有仪器分析法。仪器分析法可分为光学分析法和电化学分析法，是通过检验试样溶液的光学和电化学性质等物理或物理化学性质而求出待测物组分含量的方法。光学分析法包括了比色分析法、比浊分析法、分光光度法、发射光谱分析法、原子吸收光谱分析法和荧光分析法等。

理化检验法既可对商品进行定性分析，又可进行定量分析，而且其结果比感官检验法精确而客观，它不受检验人员主观意志的影响，结果可用具体数值表示，能深入分析商品的内在质量。但是，理化检验法需要一定的仪器设备和实验场所，成本较高；检验时，往往需要破坏一定数量的商品，费用较大；检验时间较长；需要专门的技术人员进行；对于某些商品的某些感官指标，如色、香、味的检验还无能为力。

（三）微生物检验法

微生物检验是对部分商品（主要是直接入口的商品）细菌污染的定性或定量检验，通常也称卫生检验。

目前，我国对食品（如肉及肉制品、乳及乳制品、蛋品、水产、清凉饮料、罐头、糕

点、调味品、蔬菜、瓜果、豆制品、酒类等）、饮用水、口服及外用药品、化妆品及需灭菌的商品均规定了卫生标准，以严格控制细菌污染，防止各种有害的病原微生物侵入身体而直接危害广大消费者的人身健康。微生物常规检验项目包括细菌总数测定、霉菌总数测定、大肠菌群的检验、肠道致病菌的检验、化脓性细菌的检验、食物中毒菌的检验、破伤风厌氧菌的检验、活螨虫及螨虫卵的试验等。

检验商品品质需采用的检验方法因商品种类不同而异，有的商品采用感官检验法即可评价质量（如茶叶），有的商品既采用感官检验法，也采用理化检验法（如搪瓷），有的商品需以理化检验的结论作为评价商品质量的依据（如钢材）。要使商品检验的结果准确无误，符合商品质量的实际，经得起复验，就要不断提高检验的技术和经验，采用新的检验方法和新的检测仪器，随着科技发展，使理论检验方法向着快速、准确、少损（或无损）和自动化方向发展。

二、商品质量分级

商品品级是表示商品质量高低优劣的标志，也是表示商品在某种条件下适合其用途大小的标志，是商品鉴定的重要内容之一。商品品级是相对的、有条件的，有时会因不同时期、不同地区、不同使用条件及不同个性而产生不同的质量等级和市场需求。一般来说，工业品分三个等级，而食品特别是农副产品、土特产等多为四个等级，最多达到六七个等级，如茶叶、棉花、卷烟等。根据商品质量标准（包括实物质量标准）和实际质量检验的结果，将同种商品区分为若干等级的工作，称为商品分级。

商品品级通常用等或级的顺序来表示，在这里等和级含义上无差别，仅作符号。还有用其他方式表示的，如合格品、残次品、正品、副品、特 1、特 2、特 3 等，凡不符合最低一级要求的称等外品（次品）。许多商品还同时以特殊的标记来表明自身的质量等级。商品的品级及其划分，有利于商品生产中的质量管理，有利于商品在流通中的质量监督，也有利于消费者按自己所需选购商品。

（一）商品质量等级的划分原则

按照国家《工业产品质量分等导则》有关规定，商品质量水平划分为优等品、一等品和合格品三个等级。

1. 优等品

优等品是指商品的质量标准必须达到国际先进水平，且实物质量水平与国外同类产品相比达到近五年内的先进水平。

2. 一等品

一等品指商品的质量标准必须达到国际一般水平，且实物质量水平达到国际同类产品的一般水平。

3. 合格品

合格品指按照我国一般水平标准组织生产，实物质量水平必须达到相应标准的要求。

商品质量等级的评定，主要依据商品的标准和实物质量指标的检测结果，由行业归口部门统一负责。优等品和一等品等级的确认，须有国家级检测中心、行业专职检验机构或受国家、行业委托的检验机构出具的实物质量水平的检验证明。合格品由企业检验判定。

（二）商品品级的划分

商品质量分级的方法很多，一般有百分法和限定法两种方法。

1. 百分法

百分法将商品各项质量指标规定为一定的分数，重要指标占高分，次要指标占低分。如果各项指标都符合标准要求，或认为无瑕可挑的，则打满分，某项指标欠缺则在该项中相应扣分。最后根据总分数标定的层次确定等级。

百分法多用于食品品级的划分和评比。例如乳粉采用百分法，其感观质量依据气味和滋味、组织状态、色泽及冲调性四项指标评定。其中气味和滋味是乳粉感观质量最重要的指标，最高分为 65 分；组织状态最高分为 25 分；色泽最高分为 5 分、冲调性最高分为 5 分。特级、一级乳粉总评分不应低于 91 分，其中气味和滋味分数不应低于 60 分；二级乳粉总评分不应低于 80 分，其中气味和滋味不应低于 50 分。酒类的评定也采用百分法，各项指标规定的最高分如下，满分也是 100 分。

白酒：色 10 分、香 25 分、味 50 分、风格 15 分。

啤酒：色 10 分、香 20 分、味 50 分、泡沫 20 分。

2. 限定法

限定法将商品各种疵点规定一定的限量。又可分为限定记分法和限定数量和程度法。

（1）限定记分法。将商品品种疵点规定为一定的分数，由疵点分数的总和确定商品的等级，疵点分数越高，则商品的等级越低。这种方法一般在日用工业品中采用。如对本色棉布的布面疵点就是采用限定记分法评定等级的。评分以布的正面为准，以 40m 为约定长度，110cm 及以下为约定幅宽，视其每米出现的疵点数打分，评分限度如表 1－1 所示。

表 1－1　　本色棉布布面疵点评分限度表

品级	1m 长（分）	40m 长（分）
优等品	不大于 0.20	不大于 8
一等品	不大于 0.40	不大于 16
二等品	不大于 0.80	不大于 32
三等品	不大于 1.60	不大于 64

记分法划分商品品级方便、直观，因而有较为广泛的运用。其评定结果的准确程度，主要取决于各项质量指标及其分值设置的科学程度。

（2）限定数量和程度法。在标准中规定，商品每个等级限定疵点的种类、数量和疵点的程度。如日用工业品中全胶鞋质量指标共有 13 个感官指标，其中，鞋面起皱或麻点在一级品中规定“稍有”，二级品中规定“有”，鞋面砂眼在一级品中规定“不许有”等。

对于粮食、油料等农产品的品级划分，则既不是记分法，也不是限定法，而是按照标准的规定，对决定其使用价值的项目，如稻谷出糙率、小麦容重、油料含油量、大米和小麦粉的加工精度等进行鉴定，根据鉴定结果，对照标准中的质量指标来确定等级。

三、质量认证

（一）质量认证及其意义

1. 质量认证

质量认证包括产品（商品）质量认证、质量体系认证和实验室认证。

产品（商品）质量认证也称产品认证，国际上称合格认证。国标标准化组织 ISO 的定义是：由可以充分信任的第三方证实某一经鉴定的产品或服务符合特定标准或其他技术规范的活动。根据《中华人民共和国产品质量认证管理条例》，产品（商品）质量认证是依据产品（商品）标准和相应的技术要求，经认证机构确认并通过颁发认证证书或认证标志来证明某一产品（商品）符合相应标准或相应技术要求的活动。

质量体系认证是指由第三方公证机构依据公开发布的质量体系标准，对供方（生产方）的质量体系实施评定，评定合格的由第三方机构颁发质量体系认证证书，并给予注册公布，证明供方在特定的产品范围内具有必要质量保证能力的活动。

实验室认证，对商品质量认证时，一般由认证管理部门直辖的检测机构进行商品质量检验，也可以委托其他实验室承担这项任务，如科研单位、大专院校及生产企业和商业企业的实验室等。但接受承担商品质量检验的实验室要由认证机构认可，其检验结果才能取得社会公认。

2. 质量认证的意义

实行产品质量认证的目的是为了保证产品质量，提高产品信誉，保护用户和消费者的利益，促进国际贸易和发展国际质量认证合作。其意义具体表现在以下几方面。

（1）提高商品质量信誉和在国内外市场上的竞争力。商品在获得质量认证证书和认证标志并通过注册加以公布后，就可以在激烈的国内国际市场竞争中提高自已产品质量的可信度，有利于占领市场，提高企业经济效益。

（2）提高商品质量水平，全面推动经济的发展。商品质量认证制度的实施，可以促进企业进行全面质量管理，并及时解决在认证检查中发现的质量问题；可以加强国家对商品质量进行有效地监督和管理，促进商品质量水平不断提高。同时，已取得质量认证的产品，还可以减少重复检验和评定的费用。

（3）提供商品信息，指导消费，保护消费者利益，提高社会效益。消费者购买商品时，可以从认证注册公告或从商品及其包装上的认证标志中获得可靠的质量信息，经过比较和挑选，购买到满意的商品。

（二）我国商品（产品）质量认证

1. 国家技术监督部门的商品质量认证

我国商品质量认证分为强制性安全认证和自愿性合格认证。凡有关人身安全和健康的商品强制实行安全认证，其他商品自愿实行合格认证。

《中华人民共和国产品质量认证管理条例》规定：国务院标准化行政主管部门统一管理全国的认证工作；国务院标准化行政主管部门直接设立的或者授权国务院其他行政主管部门设立的行业认证委员会负责认证工作的具体实施。县级以上（含县）地方人民政府标准化行政主管部门在本行政区域内对认证产品进行监督检查。获准认证的产品，除接受国家法律和行政法规规定的检查外，免于其他检查，并享有实行优质优价、优先推荐评为国优产品等国家规定的优惠。对于违反法律、行政法规、国务院标准化行政主管部门会同国务院有关行政主管部门制定的规章规定的有关认证的行为，依据法律、行政法规和规章的规定进行处罚。

《产品质量认证管理条例》规定：本国企业、外国企业均可提出认证申请。提出申请的企业应当具备以下条件：产品符合国家标准或者行业标准要求；产品质量稳定，能正常批量生产；生产企业的质量体系符合国家质量管理和质量保证标准及补充要求。《产品质量认证管理条例》规定企业按下列程序办理认证：中国企业向认证委员会提出书面申请，外国企业或者代销商向国务院标准化行政主管部门或者其指定的认证委员会提出书面申请；认证委员会通知承担认证检验任务的检验机构对产品进行检验；认证委员会对申请认证的生产企业的质量体系进行审查；认证委员会对认证合格的产品，颁发认证证书，并准许使用认证标志。认证证书是证明产品质量符合认证要求和许可产品使用认证标志的法定证明文件。认证证书由国务院标准化行政主管部门组织印刷并统一规定编号。证书持有者可将标志标示在产品、产品铭牌、包装物、产品使用说明书、合格证上。使用标志时，须在标志上方或下方标出认证委员会代码、证书编号、认证依据的标准编号。

图 1－1　方圆认证标志

国内常见的认证标志有方圆认证标志（又分为方圆合格认证标志和方圆安全认证标志）（见图 1－1）、PRC 认证标志等。方圆标志用于没有行业认证委员会的商品的合格认证或安全认证。商品的全部性能、要求依据标准或相应的技术要求进行认证，获准合格认证的产品，使用合格认证标志；以安全标准依据进行认证或只对产品中有关安全的项目进行的认证，获准安全认证的产品，使用安全认证标志；PRC 标志为中国电子元器件质量认证委员会电子元器件专用的合格认证标志。

按《产品质量认证管理条例》规定，已经授予认证证书的产品不符合认证时采用的标准而使用认证标志出厂销售的、产品未经认证或者认证不合格而使用认证标志出厂销售的、转让认证标志的，由标准化行政主管部门责令停止销售，并处以罚款。对于认证产品的质量严重下降或者生产该产品的企业的质量体系达不到认证时所具备的条件，给用户或者消费者造成损害的；经监督检查，发现获准认证的产品不合格，属生产企业责任的由颁发认证证书的认证委员会撤销认证证书。经过认证的产品出厂销售，不符合认证要求时，生产企业应当负责包修、包换、包退；给用户或者消费者造成损害的，生产企业应当依法承担赔偿责任。

2. 国家商检部门的商品质量认证

（1）3C 认证。根据国家强制性产品认证（简称“3C 认证”）的有关文件规定，自

2003年5月1日（后推迟到8月1日）起，列入第一批实施3C认证目录内的19类132种产品详见表1-2，如未获得3C认证就不能出厂销售、进口和在经营性活动中使用。

表1-2　　第一批实施强制性产品认证的产品目录

大　类	品　种
电线电缆	电线组件、矿用橡套软电缆、交流额定电压3kV及以下铁路机车车辆用电线电缆、额定电压450/750V及以下橡皮绝缘电线电缆、额定电压450/750V及以下聚氯乙烯绝缘电线电缆
电路开关及保护或连接用电器装置	耦合器、插头插座、热熔断体、小型熔断器的管状熔断体、家用和类似用途固定式电气装置的开关、家用和类似用途固定式电气装置电器附件外壳
低压电器	漏电保护器、断路器、熔断器、低压开关、其他电路保护装置（保护器类：限流器、电路保护装置、过流保护器、热保护器、过载继电器、低压机电式接触器、电动机启动器、继电器、其他开关、其他装置、低压成套开关设备）
小功率电动机	小功率电动机
电动工具	电钻、电动螺丝刀和冲击扳手、电动砂轮机、砂光机、圆锯、电锤、不易燃液体电喷枪、电剪刀、攻丝机、往复锯、插入式混凝土振动器、电链锯、电刨、电动修枝剪和电动草剪、电木铣和修边机、电动石材切割机
电焊机	小型交流弧焊机、交流弧焊机、直流弧焊机、TIG弧焊机、MIG/MAG弧焊机、埋弧焊机、等离子弧切割机、等离子弧焊机、弧焊变压器防触电装置、焊接电缆耦合装置、电阻焊机、焊机送丝装置、TIG焊焊炬、MIG/MAG焊焊枪、电焊钳
家用和类似用途设备	家用电冰箱和食品冷冻箱、电风扇、空调器、电动机—压缩机、家用电动洗衣机、电热水器、室内加热器、真空吸尘器、皮肤和毛发护理器具、电熨斗、电磁灶、电烤箱、电动食品加工器具、微波炉、电灶、灶台、烤炉和类似器具、吸油烟机、液体加热器和冷热饮水机、电饭锅
音视频设备类	总输出功率在500W（有效值）以下的单扬声器和多扬声器有源音箱、音频功率放大器、调谐器、各种广播波段的收音机，各类载体形式的音视频录制、播放及处理设备，以及以上设备的组合，为音视频设备配套的电源适配器、各种成像方式的彩色电视接收机、监视器、黑白电视接收机及其他单色的电视接收机、显像（示）管、录像机、卫星电视广播接收机、电子琴、天线放大器、声音和电视信号的电缆分配系统设备与部件
信息技术设备	微型计算机、便携式计算机、与计算机连用的显示设备、与计算机相连的打印设备、多用途打印复印机、扫描仪、计算机内置电源及电源适配器充电器、电脑游戏机、学习机、复印机、服务器、金融及贸易结算电子设备
照明设备	灯具、镇流器
电信终端设备	调制解调器、传真机、固定电话终端、无绳电话终端、集团电话、ISDN终端、终端适配器、数据终端、多媒体终端
机动车辆及安全附件	汽车、摩托车、汽车安全带、摩托车发动机

续 表

大 类	品 种
机动车辆轮胎	轿车轮胎、载重汽车轮胎、摩托车轮胎
安全玻璃	汽车安全玻璃、建筑安全玻璃、铁道车辆用安全玻璃
农机产品	植物保护机械
乳胶制品	橡胶避孕套
医疗器械产品	医用X射线诊断设备、血液透析装置、空心纤维透析器、血液净化装置的体外循环管道、心电图机、植入式心脏起搏器、人工心肺机
消防产品	火灾报警设备、消防水带、喷水灭火设备
安全技术防范产品	入侵探测器

《强制性产品认证标志管理办法》规定列入《中华人民共和国实施强制性产品认证的产品目录》的产品必须经认证合格、加施认证标志后，方可出厂、进口、销售和在经营活动中使用。3C认证包括安全认证、消防认证、电磁兼容。3C认证标志图如图1－2所示。

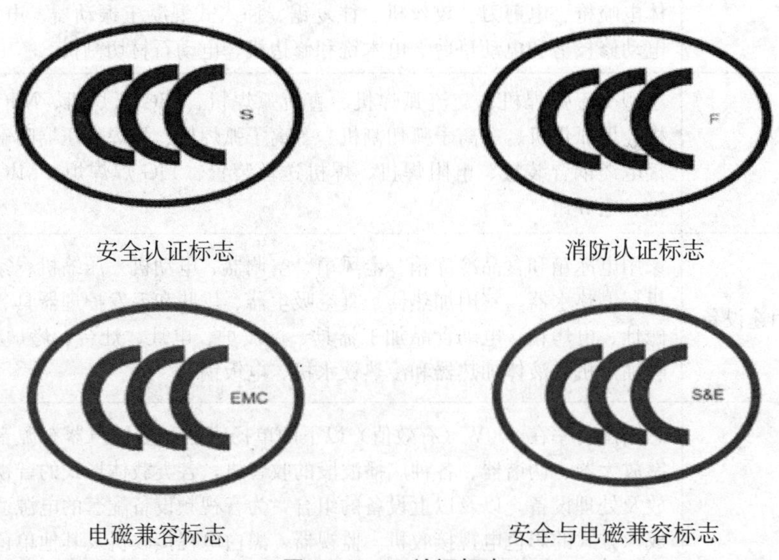

图1－2　3C认证标志

（2）QS认证。QS是食品“质量安全”（Quality Safety）的英文缩写，带有QS标志的产品就代表着经过国家的批准所有的食品生产企业必须经过强制性的检验，合格且在最小销售单元的食品包装上标注食品生产许可证编号，并加印食品质量安全市场准入标志（QS标志）后才能出厂销售。没有食品质量安全市场准入标志的，不得出厂销售。自2004年1月1日起，我国首先在大米、食用植物油、小麦粉、酱油和醋五类食品行业中实行食品质量安全市场准入制度。

食品市场准入标志由“质量安全”英文（Quality Safety）字头“QS”和“质量安全”

中文字样组成。标志主色调为蓝色，字母“Q”与“质量安全”四个中文字样为蓝色，字母“S”为白色（见图 1-3）表示。

3. 环境标志（又称生态标志或绿色标志）

环境标志是一种印刷或贴附在商品或包装上的图案，证明该种商品从原材料的开发利用、生产、使用及回收或废弃的整个过程符合环境保护要求，不危害人体健康，对生态环境无害或污染很小，并有利于资源的再生和回收，ISO 14000 环境管理系列标准是国际化组织关于环境体系认证标准，ISO 14000 已成为商品进入国际市场的一个重要标准。目前世界上已有不少国家和区域性组织相继实施环境标志，我国环境标志 1993 年 8 月发布，1994 年 5 月中国环境标志产品认证委员会（CCEL）正式成立，是代表国家对各类环境标志商品进行认证的唯一的第三方认证机构。

中国环境标志图形由中心的青山、绿水、太阳及周围的 10 个环组成（见图 1-4）。

图 1-3　QS 标志

图 1-4　我国的环境标志

（三）国际质量认证

1. 国际质量认证

（1）UL 认证标志。美国保险商实验室（Underwriters Laboratories Incorporation，UL）是一个国际认可的安全检验及 UL 标志的授权机构，对机电包括民用电器类产品颁发安全保证标志。一百多年来，一直致力于对有关材料、工具、产品、设备、构造、方法和系统等对生命财产的危险性进行评估实验。美国安全检测实验室公司提出了为公众所接受的科学测试方法和要求，制定了七百多种安全标准，其中部分 UL 安全标准被美国政府采纳为国家标准。产品要行销美国市场，UL 认证标志是不可缺少的条件。

生产厂家申请 UL 标志，可就近和 UL 驻各国的检验代表联系，附上产品的技术资料，申请登记，以便安排检验。一般第一次送验即合格的产品并不很多，要多次送验，直到安全方面符合标准的要求，才能取得 UL 标志。

对检验合格的产品，UL 还会定期到生产厂家作突击性抽查，这是 UL 的最大特色。如抽查中发现产品品质与检验合格的产品有重大差异，检验代表有权停止 UL 认证标志的使用，直到差异消除。

（2）CE 标志。CE 标志是欧洲共同市场安全标志，是一种宣称产品符合欧盟相关指令的标识。使用CE标志是欧盟成员对销售产品的强制性要求。目前欧盟已颁布12类产品指令，主要有玩具、低压电器、医疗设备、电信终端（电话类）、自动衡器、电磁兼容、机械等。

（3）GS标志。GS标志是德国安全认证标志，它是德国劳工部授权由特殊的TUV法人机构实施的一种在世界各地进行产品销售的欧洲认证标志。GS标志虽然不是法律强制要求，但是它确实能在产品发生故障而造成意外事故时，使制造商受到严格的德国（欧洲）产品安全法的约束，所以GS标志是强有力的市场工具，能增强顾客的信心及购买欲望，通常GS认证产品销售单价更高而且更加畅销。瑞士和波兰产品安全认证标志产品范围同GS标志。

2. 取得国际认证的途径

（1）电子产品可通过中国电子元器件认证委员会向国际电工委员会电子元器件质量体系认证委员会（CMC）申请。

（2）通过中国商检质量认证中心和国家商检局向国外有关认证机构提出申请。

（3）技术引进商品，可通过提供技术的国家或公司办理第三方认证；如果有返销的商品，可通过购买产品的国家办理第三方认证。

（4）合作生产时，可通过合作国的认证机构办理第三方认证。

（5）合资经营企业，可由外方申请国际权威认证机构的认证。

（6）在对外贸易洽谈中，可通过外商或认证机构本身联系认证事宜。

（7）通过我国各部门、行业和地方建立的认证机构向国外提出申请，开展取得国外认证的工作。

四、伪劣商品鉴别

（一）伪劣商品的概念

所谓伪劣商品是指生产、经销的商品，违反了我国现行法律、行政法规的规定，其质量、性能指标达不到我国已发布的国家标准、行业标准及地方标准所规定的要求，甚至是无标准生产的产品。

《中华人民共和国产品质量法》第5条规定：禁止伪造或者冒用认证标志等质量标志；禁止伪造产品的产地，伪造或者冒用他人的厂名、厂址；禁止在生产、销售的产品中掺杂、掺假，以假充真，以次充好。

常见伪劣商品具体可归纳为以下几种。

（1）失效、变质的。

（2）危及安全和人身健康的。

（3）所标明的指标与实际不符的。

（4）冒用优质或认证标志和伪造许可证标志的。

（5）掺杂使假、以假充真或以旧充新的。

（6）国家有关法律、法规明令禁止生产、销售的。

（7）无检验合格证或无有关单位允许销售证明的。

（8）未用中文标明商品名称、生产者和产地的。

（9）限时使用而未标明失效时间的。

（10）实施生产（制造）许可证管理而未标明许可证编号和有效期的。

（11）按有关规定应用中文标明规定、等级、主要技术指标或成分、含量而未标明的。

（12）高档耐用消费品无中文使用说明的。

（13）属处理品（含次品、等外品）而未在商品或包装的显著部位标明“处理品”字样的。

（14）剧毒、易燃、易爆等危险品而未标明有关标志和使用说明的。

（二）鉴别伪劣商品的主要方法

商品种类五花八门。伪劣商品的表现形式更是千奇百怪，鉴别伪劣商品的方法和途径也就千差万别了。但是，既然伪劣商品是“伪”的和“劣”的东西，它就会暴露出其伪和劣的一些共性，那么如何才能认清伪劣商品呢？

1. 对商品商标标识及其包装、装潢等特殊标志真伪进行鉴别

例如部分名酒包装上的商品名称系用凹版印刷，用手摸有凹凸感，而假冒产品名称在包装上字体较平，无凸凹感。一些具有地方特色以地域命名的传统名优商品，往往同一种商品生产厂家很多，但正宗传统名优商品只有一家，因而要认准厂名，如正宗名优“镇江香醋”，厂家是江苏镇江恒顺酱醋厂；正宗名优“德州扒鸡”，厂家是中国德州扒鸡总公司，注册商标是德州牌；正宗名优“金华火腿”，上有“浙江省食品公司制”和“金华火腿”印章，而虽有“金华火腿”印章，生产厂家并非“浙江省食品公司”的，多为冒牌货。另外，对包装封口有明显拆封痕迹的商品要特别注意，很可能是“偷梁换柱”。

2. 通过感官品评或其他简易手段进行鉴别

例如，名酒香气突出，醇厚丰满，回味悠长，大多能空杯留香，而兑水的白酒品尝时口感香味寡淡，尾味苦涩，用肉眼观察兑水的白酒，酒液混浊不透明。根据有关国家标准及实践经验，一般来说，家用电器所使用的电源线线芯铜丝直径尺寸为0.15mm，而假冒伪劣家用电器电源线很多都不合格，大多铜丝线直径只有0.10mm左右，铜丝根数更是五花八门，可以使用千分尺进行测量以辨真伪。

3. 按照国家标准对商品理化、卫生等各项指标进行检测

国家为了监控化妆品的质量，防止伪劣化妆品给消费者带来苦恼和危害，制定了强制性国家标准《化妆品卫生标准》（GB 7916—1987），规定对眼部、口唇、口腔黏膜用化妆品及婴儿、儿童用化妆品，细菌总数不得大于500个/mL或500个/g；其他化妆品细菌总数不得大于1000个/mL或1000个/g等。

4. 利用本部门的专业特长，特别是长期实践积累的经验，对本企业或行业生产或经销的商品进行鉴别

例如，假冒进口彩电后盖上的商检安全标志从颜色、字体上几乎可以乱真，但尺寸略小，而且没有防伪暗记。使用回收真酒瓶装假酒，酒瓶常有污垢，封口不圆整，在同一包装箱内的酒出厂日期、生产批号不一。

（三）商品防伪标签简介

近年来，由于假冒伪劣商品泛滥，采用防伪技术来识别假冒伪劣商品作用日益突出。防伪技术是识别真伪、防止假冒的技术。它伴随着假冒而产生，又在与假冒作斗争中得到发展。随着社会主义市场经济的发展，企业和广大消费者的自我保护意识日益增强，许多名优产品生产企业从打假防伪需要出发，纷纷采用防伪技术，推动了防伪技术的发展和防伪产业的形成。一大批名优企业采用了先进防伪技术后，其产品被仿冒的情况大为减少，像云南红塔山香烟、北京红星二锅头白酒、上海昂立保健产品等都取得了很好的效果。常用防伪技术有以下几种。

1. 激光全息技术

通过激光制版，将影像制作在热塑膜上，产生五光十色的衍射效果，使图片具有三维空间感，是目前应用最广泛的防伪技术。

2. 荧光材料

荧光材料在日光下显淡色或白色，在紫外光下能呈现出鲜艳色彩，可用在多种防伪技术中。

3. 水印纸

水印纸在制造过程中利用网上成型技术，制造出各种专用标记的水印图案，在普通背面光照射下，显现出水印图案。水印纸在货币、证券和证书防伪印刷中应用最为广泛。

4. 防伪油墨

防伪油墨是在油墨连接料中加入特殊性能防伪材料，经特殊工艺加工而成的特殊油墨。如热敏油墨，使用时在标志上稍稍加温，防伪颜色褪掉，显示出厂家防伪标记，降温后，防伪颜色还原，重新覆盖防伪标记。

5. 安全线技术

在造纸过程中将一金属线或塑料线置于纸张中间，其形式可以是微型字母、荧光等。

6. 磁码防伪技术

磁码防伪技术技术包括隐含磁码印制和磁码识别仪两部分。是用磁性物质定量制成条码，其外形与普通商品条码类似（故称为隐含磁码技术），由于每条磁码所含的磁通量不同，识别时要用磁码鉴别仪检测，即可知真伪。

7. 电码防伪技术

通过在每一件产品上设置一个密码，将所有产品密码全部记录在防伪中心数据库中。消费者只需利用电话，计算机或其他能够连接到防伪网络的工具将产品密码输入就可以进行防伪核对，辨别产品真伪。由于这种技术的密码是由计算机随机生成，查询后即刻记录在案，无法进行仿冒，而且相对成本较低，是当前最实用、最有效的一种防伪技术。

为了逐步规范防伪技术产品，国家质量技术监督局于 1997 年发布了六项防伪技术产品国家标准。《人民币伪钞鉴别仪》作为强制性国家标准，已于 1998 年 7 月 1 日起实施。《防伪全息产品通用技术条件》《安全防伪纸第一部分：证券、证件用纸》《防伪油墨第一

部分：紫外激发荧光油墨（胶版、凸版印刷）技术条件》《防伪印刷产品生产管理规范》和《防伪技术术语》五项防伪标准，作为推荐性国家标准于1998年5月1日起实施。五项推荐性防伪标准为规范防伪行业的发展，提供了技术基础和保障。

众所周知，任何技术含量低的或单一的防伪技术及产品，很难有效地起到防伪作用。制造防伪产品的水平越高、技术越难越复杂，仿冒难度也就越大，防伪的效果也就越好。基于这一实际，很多防伪产品生产厂家不断改进、完善、更新自己的技术和产品，目前已经研制出集激光全息、一次性使用、隐形加密、多彩色重组、微形暗记、动态旋转、正交成像、紫外荧光及变色油墨等多种防伪技术于一身的产品，从而增强了产品的防伪功能。

五、消费者权益的保护

2013年10月25日第十二届全国人民代表大会常务委员会第五次会议《关于修改〈中华人民共和国消费者权益保护法〉的决定》第二次修正，促生了2014年这一部最新的《消费者权益保护法》。《中华人民共和国消费者权益保护法》规定：国家保护消费者的合法权益不受侵害。保护消费者的合法权益是全社会的共同责任。国家鼓励、支持一切组织和个人对损害消费者合法权益的行为进行社会监督。大众传播媒介应当做好维护消费者合法权益的宣传，对损害消费者合法权益的行为进行舆论监督。

（一）消费者的权利

（1）消费者在购买、使用商品和接受服务时享有人身、财产安全不受损害的权利。消费者有权要求经营者提供的商品和服务符合保障人身、财产安全的要求。

（2）消费者享有知悉其购买、使用的商品或者接受的服务的真实情况的权利。消费者有权根据商品或者服务的不同情况，要求经营者提供商品的价格、产地、生产者、用途、性能、规格、等级、主要成分、生产日期、有效期限、检验合格证明、使用方法说明书、售后服务，或者服务的内容、规格、费用等有关情况。

（3）消费者享有自主选择商品或者服务的权利。消费者有权自主选择提供商品或者服务的经营者，自主选择商品品种或者服务方式，自主决定购买或者不购买任何一种商品、接受或者不接受任何一项服务。消费者在自主选择商品或者服务时，有权进行比较、鉴别和挑选。

（4）消费者享有公平交易的权利。消费者在购买商品或者接受服务时，有权获得质量保障、价格合理、计量正确等公平交易条件，有权拒绝经营者的强制交易行为。

（5）消费者因购买、使用商品或者接受服务受到人身、财产损害的，享有依法获得赔偿的权利。

（6）消费者享有依法成立维护自身合法权益的社会组织的权利。

（7）消费者享有获得有关消费和消费者权益保护方面的知识的权利。消费者应当努力掌握所需商品或者服务的知识和使用技能，正确使用商品，提高自我保护意识。

（8）消费者在购买、使用商品和接受服务时，享有人格尊严、民族风俗习惯得到尊重的权利，享有个人信息依法得到保护的权利。

(9) 消费者享有对商品和服务及保护消费者权益工作进行监督的权利。消费者有权检举、控告侵害消费者权益的行为和国家机关及其工作人员在保护消费者权益工作中的违法失职行为，有权对保护消费者权益工作提出批评、建议。

(二) 消费者维权

消费者和经营者发生消费者权益争议的，可以通过下列途径解决：与经营者协商和解；请求消费者协会调解；向有关行政部门申诉；根据与经营者达成的仲裁协议提请仲裁机构仲裁；向人民法院提起诉讼。消费者有权就产品质量问题，向产品的生产者、销售者查询；向产品质量监督部门、工商行政管理部门及有关部门申诉，接受申诉的部门应当负责处理。保护消费者权益的社会组织可以就消费者反映的产品质量问题建议有关部门负责处理，支持消费者对因产品质量造成的损害向人民法院起诉。

《产品质量法》规定售出的产品有下列情形之一的，销售者应当负责修理、更换、退货；给购买产品的消费者造成损失的，销售者应当赔偿损失。

(1) 不具备产品应当具备的使用性能而事先未作说明的。

(2) 不符合在产品或者其包装上注明采用的产品标准的。

(3) 不符合以产品说明、实物样品等方式表明的质量状况的。

销售者负责修理、更换、退货、赔偿损失后，属于生产者的责任或者属于向销售者提供产品的其他销售者（以下简称供货者）责任的，销售者有权向生产者、供货者追偿。销售者未按规定给予修理、更换、退货或者赔偿损失的，由产品质量监督部门或者工商行政管理部门责令改正。

因产品存在缺陷（产品存在危及人身、他人财产安全的不合理的危险；产品有保障人体健康和人身、财产安全的国家标准、行业标准的，实质不符合该标准）造成人身、缺陷产品以外的其他财产（以下简称他人财产）损害的，生产者应当承担赔偿责任。由于销售者的过错使产品存在缺陷，造成人身、他人财产损害的，销售者应当承担赔偿责任。受害人可以向产品的生产者要求赔偿，也可以向产品的销售者要求赔偿。赔偿包括医疗费、治疗期间的护理费、因误工减少的收入等费用；造成残疾的，还应当包括残疾者生活补助费、残疾赔偿金及由其扶养的人所必需的生活费等费用；造成受害人死亡的，还应包括丧葬费、死亡赔偿金及由死者生前扶养的人所必需的生活费等费用。造成受害人财产损失的，侵害人应当恢复原状或者折价赔偿。受害人因此遭受其他重大损失的，侵害人应当赔偿损失。

因产品存在缺陷造成损害要求赔偿的诉讼时效期间为二年，自当事人知道或者应当知道其权益受到损害时起计算。因产品存在缺陷造成损害要求赔偿的请求权，在造成损害的缺陷产品交付最初消费者满十年丧失；但是，尚未超过明示的安全使用期的除外。

(三) 消费者协会

1. 消费者协会的职能

(1) 向消费者提供消费信息和咨询服务，提高消费者维护自身合法权益的能力，引导文明、健康、节约资源和保护环境的消费方式。

（2）参与制定有关消费者权益的法律法规、规章和强制性标准。

（3）参与有关行政部门对商品和服务的监督、检查。

（4）就有关消费者合法权益的问题，向有关部门反映、查询，提出建议。

（5）受理消费者的投诉，并对投诉事项进行调查、调解。

（6）投诉事项涉及商品和服务质量问题的，可以委托具备资格的鉴定人鉴定，鉴定人应当告知鉴定意见。

（7）就损害消费者合法权益的行为，支持受损害的消费者提起诉讼或者依照本法提起诉讼。

（8）对损害消费者合法权益的行为，通过大众传播媒介予以揭露、批评。

各级人民政府对消费者协会履行职责应当予以必要的经费等支持。消费者协会应当认真履行保护消费者合法权益的职责，听取消费者的意见和建议，接受社会监督。

依法成立的其他消费者组织依照法律法规及其章程的规定，开展保护消费者合法权益的活动。

2. 向消费者协会投诉应具备的材料

消费者向消协投诉要提供文字材料或投诉人签字盖章的详细口述笔录，其内容如下。

（1）投诉人的姓名、住址、邮政编码、电话号码等。

（2）被投诉方的单位名称、详细地址、邮政编码、电话号码等。

（3）所购商品或接受服务的日期、品名、牌号、规格、数量、计量、价格等。

（4）受损害及与经营者交涉的情况。

（5）凭证（发票、保修证件等复印件）和有关证明材料。

为方便消费者投诉，中国消费者协会设计了统一格式的投诉卡。消费者可以按卡样制表填写投诉内容，也可以按上述内容写投诉书，然后将凭证、证明材料复印件附上，寄给或送给消费者协会。

值得注意的是，未经消协同意，消费者不要轻易将凭证、证明材料原件和商品实物寄去，以免丢失，给问题的处理带来麻烦。

3. 消费者协会处理投诉的程序

接受投诉后，即向被投诉单位或主管部门发出转办单，并附上投诉信，要求按有关法律法规、政策，在一定期限内答复，一般情况下在正式立案后的 15 日内处理完毕。超期未办的，再次催促或采取其他办法，直到办结为止。

对内容复杂、争议较大的投诉，消费者协会将直接或会同有关部门共同处理。

需要做鉴定的，将提请有关法定鉴定部门鉴定并出具书面鉴定结论。鉴定所需的费用一般由鉴定结论的责任方承担。

对涉及面广、危及广大消费者权益的，或者损害消费者权益情节严重又久拖不决的重要投诉，将向政府或有关部门及时反映，同时通过大众传播媒介予以揭露、批评，并配合有关职能部门进行查处。

消费者协会处理消费者与经营者的争议纠纷，坚持自愿、合法原则。在消费者协会的主持下，双方以事实为依据，以法律为准绳，自愿协商，达成协议。消协对所有投诉均会及时给予答复和处理。

消协受理投诉不收费。

阅读材料

辨别真假皮草

辨别真假皮草一般分三步：一烧、二看毛弹性、三看皮板颜色。

一烧，人造纤维会结块。取几根皮草上的浮毛，用打火机烧一下，天然的动物皮毛烧过会有特殊气味，灰烬为灰白色且不会结块。含人造纤维的毛，烧完会结成硬疙瘩。

二看毛弹性，好貂毛富有弹性。据了解，皮草中最昂贵的是小毛细皮类，包括貂皮、水獭皮、银鼠皮、海狸皮等，毛被细短柔软，适合做毛帽、大衣。如何避免买到以次充好的皮草，有个简单又可行的办法，就是吹一吹貂毛，好的貂毛富有弹性，吹过之后马上恢复原状。

三看皮板颜色。此外，看看针毛的平齐度，底绒的厚薄，以及皮板的颜色，一般进口貂为本色皮。专家指出，目前国产毛皮多数是"激素皮"，摸上去硬，皮板灰黑，通常都会上色，或制成衣时缝上衬里，不容易查看。

技能检测

耐用商品出故障　举证责任由谁承担

2014 年 4 月 13 日四川省广安市某县保护消费者权益委会城南分会接到消费者林某的投诉，称在岳池县某品牌专卖店购买了一辆价值 3000 元的电动自行车，使用三天后，频繁出现间断性断电故障，并找到经营者多次维修。林某质疑电动自行车存在质量问题，向经营者提出退货的要求。经营者则以电动自行车已经维修过多次，况且林某在没有经过有关部门鉴定检测的情况下无法证明电动自行车属于质量问题为由，坚决不同意退货，只同意维修。无奈之下，2014 年 4 月 16 日林某向城南分会提出维护消费者合法权益的请求。

请思考：本案例中应由谁承担有关瑕疵的举证责任？

项目小结

本项目主要阐述了商品分类、商品目录、商品编码，商品标准的类型、内容、分级，商品标准化的内容、方法、意义，主要的商品检验方法、商品品级评定，产品质量认证，伪劣商品鉴别及消费者权益保护等内容。

复习思考题

1. 如何理解商品整体概念?
2. 商品学的研究对象是什么?如何理解商品使用价值概念?
3. 你知道哪些商品分类体系?
4. 什么是商品代码?如何进行商品代码编制?
5. 什么是标准、商品标准、商品标准化?商品标准化主要包括哪些内容?
6. 商品标准有哪些分类?如何标识各级商品标准?
7. 商品检验的方法主要有哪些?
8. 商品的等级是如何确定的,请举例说明。
9. 什么是产品质量认证?主要有哪些质量认证?
10. 什么是伪劣商品?应如何识别?

项目二 食品、饮料

知识目标

了解食品部分的食用植物油、食糖、糖果、酒、软饮料、固体饮料、茶叶、咖啡、可可的种类、成分及包装要求。

技能目标

能合理储存保管食用植物油、食糖、糖果及各类饮料。

任务一 食用植物油、食糖及糖果类食品

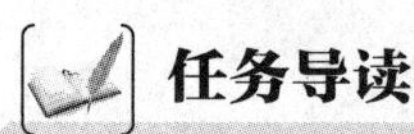

任务导读

食用油来源

食用油是人们生活的必需品，能提供人体热能和必需的脂肪酸，促进脂溶性维生素吸收。我国有着丰富的油料资源，如大豆、花生、油菜、向日葵、玉米、棉籽等，而且分布的面积较广。大豆主要位于东北及华北和黄淮地区，花生主要产区为山东、广东、河北、广西、辽宁、四川、安徽、江苏，油菜籽主产区分布于长江与黄淮流域之间和西北地区。2014 年我国人均年油脂消费量达到 22.5kg。

任务分析

根据我国油料品种、质量及与之相适应的加工工艺，确定植物油的质量等级，我国食用植物油质量标准体系规定，市场上的一般食用植物油（橄榄油和特种油脂除外）共分为一级、二级、三级和四级 4 个等级，如大豆油、菜籽油、棉籽油、米糠油、玉米油、葵花籽油、浸出花生油、浸出油茶籽油等分为一到四级，而压榨花生油、压榨油茶籽油、芝麻油等则只有一级和二级之分。

知识链接

一、食用植物油

植物油是以富含油脂的植物种仁为原料，经清理除杂、脱壳、破碎、软化、轧坯、挤压膨化等预处理后，再采用机械压榨或溶剂浸出法提取获得粗油，再经精炼后获得。

（一）我国现行食用植物油分类

1. 按质量等级分类选择

我国的植物油按理化指标的不同由低到高排序为：二级油、一级油、高级烹调油和色拉油，质量最好的是色拉油。色拉油是通过脱酸、脱溶、脱臭、脱水、脱色、脱胶、脱蜡、脱杂八道工序，把食物中所含的杂质和有害物质逐步去除，并保留其中的营养成分。感观上它的色泽依次表现为从深到浅；气味依次表现为从有到无；透明度依次表现为越来越透明。据此可选择到质量较好的油品。

2. 按油品自然原料分类选择

植物油的生产原料有很多种：橄榄、花生、油菜籽、核桃、玉米或者葵花籽……目前我国的植物油常见的有菜籽油、大豆油、花生油、芝麻油、葵花油、玉米油、棕榈油和亚麻油等。不同原料的成品油按一定比例配制调和后衍生出食用调和油（花生调和油、芝麻调和油等）。

3. 按油品包装分类选择

常见的油品包装有：塑料瓶装、马口铁装和玻璃瓶装等。包装质量取决于包装物的材质，按优劣依次是：马口铁、玻璃瓶、聚酯瓶（特征：瓶底有一圆点）、聚氯乙烯瓶（特征：瓶底有穿过中心的对接线）、聚乙烯（特征：白色不透明）。

（二）食用植物油的营养成分

1. 脂肪

不管是哪种植物油，它们的脂肪含量都是一样的，大约100%。

2. 不饱和脂肪酸

不同油品其饱和脂肪酸和不饱和脂肪酸含量高低不同，植物油中部分不饱和脂肪酸是人体自身无法合成的，但它是人体自身生长发育过程所必需的。科学地根据自身消费水平和身体需要选择油品十分必要。根据不饱和脂肪酸化学结构及在机体中的作用不同，植物油中的不饱和脂肪酸可以分为两组。

（1）亚油酸。能够加速皮肤细胞的新陈代谢，增强免疫力，帮助血凝的再生，降低胆固醇。

（2）α-亚油酸。在视觉系统和神经系统方面具有非常重要的作用，并能够降低血液中甘油三酯的水平，从而减少动脉粥样硬化和血栓的形成。所以不饱和脂肪酸具有预防心血管疾病的作用。

3. 维生素 E

植物油是维生素 E 的最好来源，植物脂肪中含有丰富的维生素 E。维生素 E 是脂溶性维生素，具有抗氧化特性，能够吞噬导致机体衰老的自由基。

（三）正确储藏食用油

在正确储藏条件下，不加抗氧化剂的色拉油自然保质期是一年，为此，过分人为延长保质期的做法是不被推荐的。造成油品变质的原因一是氧化，二是水解。正确储藏方法如下。

1. 密封

密封的目的是阻隔空气，避免氧化。使用后应将瓶盖拧紧。

2. 避光

避光的目的是减少阳光直接照射，降低氧化速度。

3. 低温

低温的目的也是延缓氧化速度。

4. 忌水

避免油中渗入水，阻隔水解反应。

二、食糖

（一）概述

我国是世界第四大食糖消费国，多年来我国食糖年消费约 800 万吨左右，约占世界食糖消费量的 6.2%。我国是世界第三大糖料生产国。我国蔗糖产量占食糖总产量的 90%，我国南方有丰富的蔗糖，东北生产甜菜糖。食糖是天然甜味剂，是人体所必需的三大养分（糖、蛋白质、脂肪）之一，食用后能供给人体较高的热量，1kg 食糖可产生 163098kJ 的热量。糖的滋味甜美，具有较高的营养价值，食糖除供人们日常消费外，在食品工业中用途极广，生产糖果、糕点、饮料、罐头及各种儿童食品，无不需要大量食糖为原料。

食糖的基本原料是甘蔗和甜菜。我国是世界上用甘蔗制糖最早的国家之一，已有 2000 多年的历史。糖料种植在农业经济中占有重要地位，仅次于粮食、油料、棉花，居第四位。

（二）食糖的种类

1. 按制糖的原料分类

（1）甘蔗糖。以蔗糖为制糖原料。甘蔗主要是热带、亚热带的作物。甘蔗糖产量占糖的总产量的 80%。我国以甘蔗为原料生产的白砂糖占主导地位。

（2）甜菜糖。以甜菜为制糖原料。甜菜属于块根作物，生长于温带地区，其肉质块根积累着很多的糖分。

2. 按食糖晶粒和色泽不同分类

（1）白砂糖。白砂糖晶粒均匀，晶粒或其水溶液味甜，无异味。干燥松散，洁白，有光泽，无明显黑点。

（2）绵白糖。绵白糖晶粒细小，均匀，颜色洁白，质地绵软。晶体或其水溶液味甜、无异味。产品的水溶液清澈、透明。

（3）赤砂糖。赤砂糖呈棕红色或黄褐色，甜而略带糖蜜味，无明显黑点。

（4）土红糖。又称红糖，红糖是用手工制成的土糖，晶粒细小。在我国系指甘蔗经榨汁和简易石灰法澄清处理后，经浓缩煮炼制成的带蜜糖。

（5）冰糖。冰糖是将白砂糖溶化成液体，经过烧制、去杂质，然后蒸发水分，使其在40℃左右的条件下自然结晶而成，也可冷冻结晶而成。质量好的冰糖晶粒均匀，色泽清澈洁白，半透明，有结晶体光泽，味甜，无明显杂质、无异味。

（6）方糖。方糖呈正六面体状，表面平整，无裂纹、铁边、断角，无突出砂粒，无霉斑。

（三）食糖的成分

食糖中含有蔗糖、还原糖、灰分、水分等多种成分。

1. 蔗糖

蔗糖是食糖的主要成分，蔗糖含量越高，食糖越纯净，甜度越高，质量越佳（见表2-1）。

表2-1　食糖含蔗糖含量

食糖	含蔗糖量
白砂糖	99.45%～99.75%
赤砂糖	>83%
甘蔗	12%～17%
甜菜	17%～19%

2. 还原糖

还原糖是葡萄糖和果糖的混合物。因为由蔗糖转化而成，亦称为转化糖，有很强的吸湿性。在红糖或绵白糖中含还原糖量较多，含量过多，不利于食糖的保管。优级白砂糖含量为0.08%以下，绵白糖为2.5%以下。

3. 灰分

灰分是指食糖中所含的矿物质和其他杂质。灰分增加会影响食糖纯净度和色泽并增大吸湿性。

4. 水分

水分应包括食糖中所含的结合水和吸附水，通常讲的食糖水分是指吸附水。食糖含水量对食糖的品质和保管有较大的影响。各类食糖的安全含水量为：机制白砂糖0.1%～0.6%，机制赤砂糖2%～5%，绵白糖1.5%～3.5%，原糖0.5%～0.8%。

（四）食糖的包装与保管

我国包装食糖的材料有：麻袋、布袋、塑料编织袋、蒲包、草袋、瓦楞纸箱等。麻袋多用于包装白砂糖，比较坚固，每袋装糖净重100kg，适宜长途运输。布袋比较洁净，适宜包装直接食用的食糖。塑料编织袋坚固耐用，耐撕裂，耐虫蛀，耐霉腐，价格便宜，原料充足，具有广阔的发展前景。蒲包和草袋主要用于包装赤砂糖和土红糖，蒲包和草袋的坚固性、防潮性和卫生性均较差，将趋于淘汰。瓦楞纸箱主要作为小包装的白砂糖、绵白糖、冰糖、方糖等的外包装，具有轻便、干净、密封性好，具有一定强度，易于印刷各种标志的特点。

食糖具有易潮解、结块性、吸味性、易燃性等特性，所以在对仓库做好密封、温控工作的前提下，还要做好防火措施。

三、糖果

（一）概述

糖果由于香甜可口，发热量大，营养价值高，风味好，为人们喜爱。糖果的主要原料是白砂糖、淀粉糖浆、饴糖、转化糖浆、油脂、乳品、有机酸、香精和色素等。目前我国的糖果企业约有5000多家，每年人均消费糖果0.8kg。

（二）糖果的分类

糖果的品种繁多，按其性质和特点分有以下几个品类。

1. 硬糖类

糖果中含水分在3%以下的称为硬糖。按其硬度状况分，有一般硬糖与苏式硬糖两种。

（1）一般硬糖。采用砂糖，饴糖，并加配各味香精或可可、咖啡等辅料，经熬制、切块而成。品种有橘子、香蕉、柠檬、菠萝、杏仁、奶油、椰子、可可、咖啡、茶叶等。从外表上看又有烤花、拉白、拌砂、丝光之分，这类糖果多数包以各种图案的包装纸。硬糖的品质特征是色泽光亮透明，质地坚硬脆裂，颗粒整齐均匀，基本成分是蔗糖，具有水果香味和纯净的甜味，不带有苦味、焦味，易保管，成本低，售价便宜。

（2）苏式硬糖。多配用较大比例的果仁或玫瑰酱等辅料，在色、香、味、形等各方面都有特点。这类糖果有松子糖、姜汁糖、脆松条、脆松糕、果条、麻条和果板糕等多种。其品质特征是色泽黄亮透明，内质坚实而带脆性，如果糖中含有果仁，要求果仁纯净无油哈味，颗粒大小均匀，入口酥脆，香甜而油润，嚼时不粘牙。

2. 硬脂糖类

硬脂糖类又名半硬糖。主要有乳脂糖和香脂糖两种，前者配用乳制品制成，后者不用乳制品，而用香味料制成，这类糖果的特点是组织细腻、润滑，并稍有弹性，含水分5%～8%，还原糖含量14%～20%，品种有可可、奶油、椰子、水果等品种。按组织来看，乳脂糖和香脂糖都有胶质和砂质之分。胶脂糖的特点是组织较紧密，软硬适中，微有弹性，形态整齐，无缺角、胖顶或厚薄不匀等现象，砂质糖的特性是组织稍松，带有砂性，色泽一般较淡。无论胶质的或砂质的糖，入口应香甜爽口，嚼食时不粘牙，没有异味。

3. 软脂糖类

软脂糖又名半软糖，是一种质地柔软、富有弹性的半软性糖果，因配料和操作方法的

不同，分有奶糖、蛋白糖和奶白糖。

（1）奶糖。采用砂糖、葡萄糖、乳制品、明胶和香草粉等原料，经数次熬制、搅打等加工制成。品种有香草、奶油、可可、薄荷、水果、“米老鼠”等数十种，成品含水分10%左右，还原糖（指麦芽糖、葡萄糖、乳糖、果糖等）含量14%～24%，这种糖果内部含有很多空气，切面有很多气孔，入口即趋软化而不粘牙，嚼食富有弹性，用手可以牵拉成丝，滋味甜润，奶香浓郁，是糖果中的上品。

（2）蛋白糖。用蛋白（或明胶）作起泡剂，并配以果仁、干果等辅料熬制而成。常见的品种有胡桃蛋白糖、花生蛋白糖、杏仁蛋白糖、三色蛋白、巧克力蛋白糖等。其品质特征是色泽艳美，组织疏松，富有弹性，切面有密集的气孔，甜润可口，有果仁的特殊香味。

（3）奶白糖。它类似奶糖和蛋白糖，但不够柔松和疏松，切面无气孔，并缺乏弹性，原因是油脂用量较少或不用乳制品，并且不配用明胶。其品种与奶糖相仿，含水分5%～10%，还原糖含量24%～30%，色泽要求洁白，但多数品种成型时，在白色的糖体上用色料配成各种花圈以示美观，食之甜而爽口，但略有粘牙。

4. 软糖类

软性糖果是一种柔软黏糯，透明或半透明，有胶体性和微和弹性，含水分10%～20%，含还原糖20%～30%的糖果。其品质特征是容易溶化、干缩、变形和变质，食时口感疏松，不粘牙，由于甜度较低，适合休息时或饭后食用，食用时不感腻味，更宜夏季食用。这类糖果品种很多，有透明晶亮的雪花软糖，有软似脂肪的棉花软糖，有地方风味的苏式软糖和山东高粱饴糖等。

（1）雪花软糖。又名琼脂软糖或水晶软糖，为夏令应时品种。口味有橘子、柠檬、香蕉、菠萝、薄荷、留兰香等多种。糖体透明似冻胶，五颜六色，十分美观，表面有拌砂糖和不拌砂糖两种，口嚼时有一定的弹性和韧性，入口有香甜软韧、清凉爽滑的特点。

（2）苏式软糖。主要采用砂糖、葡萄糖和各种果仁熬制而成。在加工过程中，掺入一定量的淀粉作为凝结剂，使糖体具有韧性、弹性和一定的透明度。这种糖果含有松仁、榛仁、瓜子仁等辅料，一般用量为35%～45%，食之入口香甜，不粘牙，回味有果仁香。品种有松子软糖、胡桃软糖、松子南枣、松子桂圆、芝麻薄皮等，利用果仁、玫瑰、山楂天然色泽，分别拼成多种色彩，外用纯白的透明纸包装，显得镶嵌均匀，光泽鲜艳。

5. 夹心糖类

夹心糖是以硬糖做外衣，内包各种馅心，口味随着馅心不同而变化。夹心糖内馅有软夹心和酥夹心两种，软夹心的内馅多采用各种果酱或棉花糖，亦有用高档酒作为夹心的，酥夹心的内馅采用各种果仁调制成酱，经隔水加热至43℃左右，然后装入果皮内制成。这类糖果的品种很多，有果酱夹心、果味夹心、酒味夹心、乳酪夹心、龙虾酥心、果仁酥心等。其质量要求外表光亮洁白，外皮和夹心包合均匀，厚薄一致，形态完整，不得有破碎和裂缝等现象，入口应甜润香酥，无异味。

6. 巧克力糖

巧克力糖又名朱古力糖。主要原料是可可、可可脂、砂糖，再加入奶粉、磷脂、香草粉和果仁等辅料制成。品种繁多，有纯巧克力、果仁巧克力、夹心巧克力三类。

（三）糖果的运输与保管

糖果的运输工具应保持干燥、清洁、平整、无异味；应防止污染；不能影响包装及质量；运输时要防止受热、受潮；运输时应轻装轻卸，平面堆放，防止倾倒、重压，防止包装破碎和产品变形，若有破损时，应及时加封；在周转堆放时，应防止日晒雨淋，不得在露天长期堆放或直接放在地上，以免受潮。

仓库堆放应有垫架，堆放整齐，不得靠墙，堆放不得过高，以防变形。仓库还应有良好的通风、保温、防潮条件。库内温度应低于 25℃，相对湿度应低于 75%。梅雨季节尤应注意保管，仓库内不得存放异味的物品。糖果的保质期为第一、第四季度生产的为 3 个月，第二、第三季度生产的为 2 个月（梅雨季节生产的为 1 个月）。

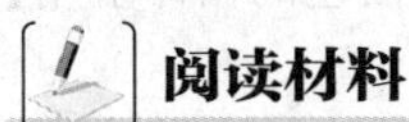

制糖工艺

甘蔗与甜菜在制糖的具体工艺技术上虽有区别，但都需经过糖料预处理、提取糖汁、澄清糖汁、蒸发、煮糖、分蜜、干燥等基本制糖过程。

1. 糖料预处理

甘蔗削去了根、梢、叶后被运送到糖厂，然后对蔗茎进行理平、切断、撕裂和压碎等预先处理。甜菜进厂时带有杂草、碎石、泥土等，需经除草机、除石器等除去大部分杂质，然后经洗菜机把甜菜洗涤干净。

2. 提取糖汁

压榨法是甘蔗制糖主要采用的方法。采用压榨设备把甘蔗中的糖汁提取出来。

渗出法是甜菜提取糖汁广泛采用的方法。渗出前，先要将甜菜切成“人”字形菜丝，以提高糖分抽出率和渗出效率。然后将其放入连续渗出器，利用菜丝与一定温度热水的逆流运动，通过扩散、渗透、渗析和对流等方式，提取菜丝中的糖分。

3. 澄清糖汁

澄清糖汁的目的是尽可能多地除去糖汁中的非糖分，提高糖汁纯度，并要求防止蔗糖转化。所以这是提高食糖质量和出糖率的重要环节。

4. 蒸发

蒸发工序的任务是利用加热蒸汽与糖汁之间的温度差，除去糖汁中的大量水分，在蒸发罐中将稀糖液蒸发浓缩成浓糖浆。

5. 煮糖

进一步浓缩糖浆达到一定的过饱和度，使蔗糖能形成晶体。

6. 分蜜和干燥

土糖生产没有分蜜和干燥过程，所以产品色值深，水分含量高，机制糖的生产必须经过分蜜和干燥过程，才能成为正式的产品。分蜜就是将母液与蔗糖晶粒分离，分蜜后还要进行洗糖，把蔗糖晶体表面残留的母液洗掉。

任务二　饮料

任务导读

世界三大无酒精饮料

可可、咖啡、茶并称当今世界的三大无酒精饮料，刺激兴奋的可可，浪漫浓郁的咖啡，自然清新的茶香，不同文化背景的国家在饮品选择方面有着各具特色的偏好。非洲是世界最大的可可生产区，多输往西欧和美国。发展中国家占世界咖啡栽培面积的99.9%和产量的99.4%，其中，拉丁美洲的总栽培面积和产量最高。消费则集中在发达国家，以美国、西欧各国和日本为多。亚洲是世界著名茶叶产区，亚洲茶文化源于中国，现以中国和日本最为发达。

任务分析

饮料一般可分为含酒精饮料和无酒精饮料。

知识链接

饮料是指以水为基本原料，采用不同的配方和制造工艺生产出来，供人们直接饮用的液体食品。饮料除提供水分外，由于不同品种的饮料中含有不等量的糖、酸、乳及各种氨基酸、维生素、无机盐等营养成分，因此有一定的营养。

一、酒

（一）概述

酒是人类生活中的主要饮料之一。中国制酒源远流长，品种繁多，名酒荟萃，享誉中外。黄酒是世界上最古老的酒类之一，约在三千多年前，商周时代，中国人独创酒曲复式发酵法，开始大量酿制黄酒。约一千年前的宋代，中国人发明了蒸馏法，从此，白酒成为中国人饮用的主要酒类。酒渗透于整个中华五千年的文明史中，从文学艺术创作、文化娱乐到饮食烹饪、养生保健等各方面在中国人生活中都占有重要的位置。中华民族的大家庭中的五十六个民族中，除了信奉伊斯兰教的回族一般不饮酒外，其他民族都是饮酒的。

随着生产的发展和人民生活水平的提高，国内市场对酒类消费也发生了根本的转变，即“普通酒向优质酒转变，高度酒向低度酒转变，蒸馏酒向酿造酒转变，粮食酒向水果酒转变”。

（二）酒的分类及其质量特点

根据酿酒方法的不同，可分为蒸馏酒、发酵原酒和配制酒三种。

1. 蒸馏酒

原料经过糖化和酒精发酵后，再通过蒸馏，使酒与酒糟分离，并提高了酒中的酒精含量。通过蒸馏获得的酒称为蒸馏酒，如白酒、白兰地等。

2. 发酵原酒

原料经过糖化（或不经过糖化）和酒精发酵后，用压榨或过滤使酒与酒糟分离，用此法获得的酒称为发酵原酒。发酵原酒的酒精含量较低，并含有糖分和少量蛋白质、氨基酸等，具有一定的营养价值。如啤酒、黄酒、葡萄酒和果酒等。

3. 配制酒

用成品酒或食用酒精，配合一定比例的糖分、芳香原料或中药材等，混合储藏后，经过滤而成。用芳香原料配制的酒一般称为露酒；用中药材配制的酒成为药酒。常见的露酒有青梅酒、橘子酒、玫瑰酒等；常见的药酒有莲花白、竹叶青、五加皮等。

根据商业上的传统分类，可分为黄酒、啤酒、白酒、葡萄酒等。

1. 黄酒

黄酒是以稻米、黍米、黑米、玉米、小麦等为原料，经过蒸馏，拌以麦曲、米曲或酒药，进行糖化和发酵酿制而成的各类黄酒。黄酒的度数一般在16%～20%［酒度是指20℃时酒中纯乙醇（酒精）所含的容量百分比（V/V）］。

（1）按黄酒的含糖量分类。

①干黄酒。“干”表示酒中的含糖量少，糖分都发酵变成了酒精，故酒中的糖分含量最低，其含糖量小于1.00g/100mL（以葡萄糖计）。

②半干黄酒。“半干”表示酒中的糖分还未全部发酵成酒精，还保留了一些糖分。在生产上，这种酒的加水量较低，相当于在配料时增加了“饭量”，故又称为“加饭酒”。酒的含糖量为1%～3%。酒质厚浓，风味优良。可以长久储藏，是黄酒中的上品。我国大多数出口酒，均属此种类型。

③半甜黄酒。这种酒含糖分3%～10%。其酒香浓郁，酒度适中，味甘甜醇厚，是黄酒中的珍品。但这种酒不宜久存。储藏时间越长，色泽越深。

④甜黄酒。这种酒一般是采用淋饭操作法，拌入酒药，搭窝先酿成甜酒酿，当糖化至一定程度时，加入40%～50%浓度的米白酒或糟烧酒，以抑制微生物的糖化发酵作用，酒中的糖分含量达到10.00～20.00g/100mL。由于加入了米白酒，酒度也较高。甜黄酒可常年生产。

⑤浓甜黄酒。糖分大于或等于20g/100mL。

⑥加香黄酒。这是以黄酒为酒基，经浸泡（或复蒸）芳香动、植物，或加入芳香动、

植物的浸出液而制成的黄酒。

（2）按酿造方法分类。

①淋饭酒。指蒸熟的米饭用冷水淋凉，然后拌入酒药粉末，搭窝，糖化，最后加水发酵成酒。口味较淡薄。这样酿成的淋饭酒，有的工厂是用来作为酒母的，即所谓的“淋饭酒母”。

②摊饭酒。是指将蒸熟的米饭摊在竹篦上，使米饭在空气中冷却，然后再加入麦曲、酒母（淋饭酒母）、浸米浆水等，混合后直接进行发酵。

③喂饭酒。按这种方法酿酒时，米饭不是一次性加入，而是分批加入。

（3）按酿酒用曲的种类分类。如小曲黄酒，生麦曲黄酒，熟麦曲黄酒，纯种曲黄酒，红曲黄酒，黄衣红曲黄酒，乌衣红曲黄酒。

黄酒在严密封口的情况下，酒的各种成分发生缓慢的变化，产生一种具有香味的新化合物，可以减少生酒味，增加香气。所以贮存的时间越长越好，久贮可使酒质醇厚，香气浓郁。

2. 啤酒

啤酒是以大麦芽（包括特种麦芽）为主要原料，加酒花，经酵母发酵酿制而成的、含二氧化碳的、起泡的、低酒精度（2.5%～7.5%）的各类熟鲜啤酒。啤酒生产是采用发芽的谷物作原料，经磨碎、糖化、发酵等工序制得。啤酒生产过程分为麦芽制造、麦芽汁制造、前发酵、后发酵、过滤灭菌、包装等几道工序。啤酒的度数为麦汁含糖量的浓度（如12°的鲜啤酒是指含糖量为12°的麦芽汁酿造的啤酒），鲜啤酒的酒精度是由麦芽糖经酵母发酵转换而成的酒精度（酒精度为麦芽糖的28%～31%）。

啤酒是当今世界各国销量最大的低酒精度的饮料，品种很多，一般可根据产品浓度、啤酒的色泽、生产方式、啤酒的包装容器、啤酒的消费对象、啤酒发酵所用的酵母菌的种类来分。

（1）按色泽分类

①淡色啤酒。淡色啤酒的色度在5～14EBC单位（EBC为浊度单位）。如高浓度淡色啤酒，是原麦汁浓度13%（m/m）以上的啤酒；中等浓度淡色啤酒，原麦汁浓度10%～13%（m/m）的啤酒；低浓度淡色啤酒，是原麦汁浓度10%（m/m）以下的啤酒；干啤酒（高发酵度啤酒）是实际发酵度在72%以上的淡色啤酒；低醇啤酒，酒精含量2%（m/m）[或2.5%（V/V）] 以下的啤酒。

②浓色啤酒。浓色啤酒的色度在15～40EBC单位，如高浓度浓色啤酒，原麦汁浓度13%（m/m）以上的浓色啤酒；低浓度浓色啤酒，是原麦汁浓度13%（m/m）以下的浓色啤酒；浓色干啤酒（高发酵度啤酒）是实际发酵度在72%以上的浓色啤酒。

③黑啤酒。黑啤酒色度大于40EBC单位。

④特色啤酒。在原辅材料或生产工艺方面有某些改变，成为独特风味的啤酒。如纯生啤酒，这是在生产工艺中不经热处理灭菌，就能达到一定的生物稳定性的啤酒。全麦芽啤酒：全部以麦芽为原料（或部分用大麦代替），采用浸出或煮出法糖化啤酒。小麦啤酒：

以小麦芽为主要原料（占总原料 40%以上），采用上面发酵法或下面发酵法酿制的啤酒。混浊啤酒：这种啤酒在成品中存在一定量的活酵母菌，浊度为 2.0～5.0EBC 浊度单位的啤酒。

（2）按生产方式分类。

①鲜啤酒。是指啤酒经过包装后，不经过低温灭菌（也称巴氏灭菌）而销售的啤酒，这类啤酒一般就地销售，保存时间不宜太长，在低温下一般为一周。

②熟啤酒。是指啤酒经过包装后，经过低温灭菌的啤酒，保存时间较长，可达三个月左右。

（3）按啤酒的包装容器分类。

瓶装啤酒有 350mL 和 640mL 两种；罐装啤酒有 330mL 规格的。

（4）按消费对象分类。

可将啤酒分为普通型啤酒、无酒精（或低酒精度）啤酒、无糖或低糖啤酒，酸啤酒等。

无酒精或低酒精度啤酒适于司机或不会饮酒的人饮用。无糖或低糖啤酒适宜于糖尿病患者饮用。

啤酒是一种低酒精度的营养饮料，在生产过程中，由于与空气中的氧接触，常常引起变味，状态混浊，所以不能久储，要在生产后的一定期间内饮用。啤酒的保管要注意温度和防止忽高忽低的变化。适宜生啤酒保存的温度通常为 0～10℃，适宜熟啤酒保存的温度为 10～25℃。由于品种不同，选料、水质、制造工艺技术的不同，季节的不同，保存时间长短也往往不同。一般保存时间为：桶装鲜啤酒在 10℃以下可保存 7 天左右；瓶装鲜啤酒在 15℃以下可保存 5～10 天；熟啤酒在 10～25℃下可保存 30～50 天；高级熟啤酒在10～25℃下可保存 100～150 天。

3. 白酒

白酒是以高粱等粮谷为主要原料，以大曲、小曲等为糖化发酵剂，经蒸煮、糖化、发酵、蒸馏、陈酿、勾兑而制成的蒸馏酒，是供人们直接饮用的食品，适量饮用不会对人体健康产生危害。白酒是我国传统的饮料酒，工艺独特，历史悠久，享誉中外。从古至今白酒在酒类消费者心目中都占有十分重要的位置，是社交、喜庆等活动中不可缺少的特殊饮品。

白酒的度数一般在 35%～60%。

（1）按香型分类。

①浓香型白酒。是以粮谷为原料，经固态发酵、储存、勾兑而成，具有以乙酸乙酯为主体的复合香气的蒸馏酒。典型代表有五粮液、剑南春、泸州老窖、全兴大曲等产品。

②清香型白酒。是以粮谷等为主要原料，以经糖化、发酵、储存、勾兑而酿制成，具有以乙酸乙酯为主体的复合香气的蒸馏酒。典型代表有汾酒、二锅头酒等产品。

③米香型白酒。是以大米为原料，经半固态发酵、蒸馏、储存、勾兑而制成的，具有小曲米香特点的蒸馏酒。典型产品为桂林三花酒。

④酱香型白酒。是以高粱、小麦为原料，经发酵、蒸馏、储存、勾兑而制成的，具有

酱香特点的蒸馏酒。典型产品为贵州茅台酒，在市场上常见商标为飞天牌和贵州茅台牌，酒精度常见的有 38%、43%、53%（V/V）的产品。

⑤兼香型白酒。是以谷物为主要原料，经发酵、储存、勾兑而酿制成，具有浓香兼酱香独特风格的蒸馏酒。典型代表有白云边、白沙液等产品。

此外，还有以西凤酒为代表的凤香型白酒，以四特酒为代表的特香型白酒，以景芝白干为代表的芝麻香型白酒，以广东生产的玉冰烧酒为代表的豉香型白酒等。

（2）按生产工艺分类。

①固体法白酒。以粮谷为原料，经酒醅固态发酵、储存、勾兑而成。固态法白酒大都香气浓郁，口感柔和，绵甜爽净，余味悠长。

②液态法白酒。是以谷物、薯类、糖蜜等为主要原料，以经液态法发酵蒸馏而得的食用酒精为酒基，再经串香、勾兑而成的白酒。液态法白酒一般没有固态法白酒那么好的香气和口感。

白酒在严密封口的情况下，酒的各种成分发生缓慢的变化，产生一种具有香味的新化合物，可以减少生酒味，增加香气。所以储存的时间越长越好，久储可使酒质醇厚，香气浓郁。

4. 葡萄酒

凡是葡萄成熟后，经采摘、榨汁、发酵、酿造的酒，都属于葡萄酒。各类葡萄酒酒精度不低于 7%（V/V），一般在 11%～12%。

（1）按酒的色泽分类。分为红葡萄酒、白葡萄酒、桃红葡萄酒三大类。

（2）按酒的含糖量分类。又可分为干红葡萄酒、半干红葡萄酒、半甜红葡萄酒和甜红葡萄酒。白葡萄酒也可按同样的方法细分为干白葡萄酒、半干白葡萄酒、半甜白葡萄酒和甜白葡萄酒。

按照国家标准，各种葡萄酒的含糖量如下所述。

①干葡萄酒。含糖（以葡萄糖计）小于或等于 4.0g/L。

②半干葡萄酒。含糖在 4.1～12.0g/L。

③半甜葡萄酒。含糖在 12.1～50.1g/L

④甜葡萄酒。含糖等于或大于 50.1g/L。

（3）按酒中二氧化碳的压力分类。

①无气葡萄酒（包括加香葡萄酒）。这种葡萄酒不含有自身发酵产生的二氧化碳或人工添加的二氧化碳。

②起泡葡萄酒。这种葡萄酒中所含的二氧化碳是以葡萄酒加糖再发酵而产生的或用人工方法压入的，其酒中的二氧化碳含量在 20℃时保持压力 0.35MPa（3.5bar①）以上，酒精度不低于 8%（V/V）。香槟酒属于起泡葡萄酒，在法国规定只有在香槟省出产的起泡葡萄酒才能称为香槟酒。

---

①　1bar=10^5Pa

③葡萄汽酒。葡萄酒中的二氧化碳是发酵产生的或是人工方法加入的，其酒中二氧化碳含量在20℃时保持压力0.0510～0.25MPa（0.51～2.5bar），酒精度不低于4%（V/V）。此外，葡萄酒经过再加工，还可生产加香葡萄酒和白兰地。

④加香葡萄酒（也称开胃酒）。是在葡萄酒中添加少量可食用并起增香作用的物质，混合而成的葡萄酒。按葡萄酒中所添加的主要呈香物质的不同，可分为苦味型、花香型、果香型和芳香型。

白兰地是葡萄酒经过蒸馏而制得的蒸馏酒。有些白兰地也可用其他水果酿成的酒制成，但需冠以原料水果的名称，如樱桃白兰地、苹果白兰地和李子白兰地。

葡萄酒保质期为6个月。

二、软饮料

软饮料是不含酒精成分的饮料，品种繁多，具体可分为矿泉水、果汁和果汁饮料、汽水等。

（一）矿泉水

矿泉水一种天然的饮料。不论是高山上的泉水，还是地下的泉水，只要其中含有对人体有益的的各种微量元素，都可称为矿泉水。矿泉水由于含有多种矿物质，无杂质污染，非常受人们的欢迎。

我国矿泉水的品种繁多，如青岛崂山矿泉水、北京的玉泉山矿泉水、可赛矿泉水等。

国际上有名的矿泉水产自法国，皮埃尔矿泉水是全世界唯一的一种天然含气矿泉水，价格高，被誉为矿泉水中的香槟。

矿泉水从口味上分为咸味和淡味两种，还可分为含气矿泉水和不含气矿泉水。

国家标准规定在未启封、存放适宜的条件下桶装矿泉水的保质期为3个月。当桶水上机后，由于二次污染或因饮水机放置位置不当，容易形成细菌和藻类繁殖生长。为避免出现问题，有关方面建议，桶装水的最佳饮用期为7～10天。瓶装矿泉水的保质期为1年。

（二）果汁、果汁饮料

果汁是指经过各种方法将水果加工制成未经发酵但能发酵的汁液，或者在浓缩果汁中加入果汁浓缩时失去的天然水分等量的水，具有原水果果肉的色泽、风味和可溶性固形物含量。果汁含量为100%。果汁的品种很多，按其生产方法的不同，可以分为鲜榨果汁、瓶装果汁、罐装果汁、浓缩果汁和粉状果汁等；按其原料的品种区分，有橘子汁、番茄汁、菠萝汁、西柚汁、苹果汁、葡萄汁和各种果茶等。

果汁饮料是指在果汁（或浓缩果汁）中加入水、糖液、酸味剂等调制成的清汁或混汁制品。成品中果汁含量不低于10%（m/V），如橙汁饮料、菠萝汁饮料、苹果汁饮料等。

果汁玻璃瓶装保质期为3个月，罐装保质期为6个月。果汁饮料的保质期都在1年，果汁饮料主要有纸包装和胶桶包装（PET）。高浓度果汁一直以新鲜著称，从制造、运输、售卖到保存，产品都严格要求储存在2～8℃，以减少维生素和其他营养素的流失。在存放时一般要求常温保存，饮用前摇匀；如果开启后，就需要放在5℃以下冷藏，并尽快饮用，

时间不宜超过48小时，以防营养和风味受到影响，同时避免发生腐败变质现象。

（三）汽水

碳酸饮料俗称汽水，其主要特点是在饮料中加入一定量的二氧化碳。汽水通常可分为果汁型汽水、果味型汽水、可乐型汽水、盐汽水、充气矿泉水等。汽水中的二氧化碳经口腔进入胃肠，由于胃肠不能吸收气体，也容纳不了那么多气体，因此又从口腔中排出体外。故饮用后带给人带来一种开胸顺气的感觉。又因二氧化碳在进入人体到排出体外的过程中会带走一部分热量，故饮汽水又有清凉消暑的作用。

汽水品种繁多，主要有可口可乐、百事可乐、天府可乐、雪碧、七喜、橙味汽水、苏打水、柠檬汽水等。

汽水玻璃瓶装保质期为3个月，罐装保质期为6个月。

三、固体饮料

固体饮料是指以果汁、动植物蛋白、植物提取物等原料制成的每100g成品水分不高于5g的制品，呈粉末状、颗粒状或块状，如豆晶粉、麦乳精，速溶咖啡、菊花晶等。

固体饮料分为蛋白型固体饮料和普通型固体饮料。蛋白型固体饮料如豆晶粉、麦乳精、豆奶粉；普通型固体饮料如速溶咖啡、菊花晶、速溶茶粉等。

由于固体饮料易吸潮霉变，特别是蛋白型固体饮料加工时稍有不慎，容易滋生繁殖细菌，所以在其生产加工过程中对卫生条件的要求很高。固体饮料不应有结块、潮解和杂质（观察饮料是否含有过多杂质时，除瓶装可直接观察外，其余包装的饮料应倒出观察）。

四、茶叶、咖啡和可可

（一）茶叶

1. 世界和我国的茶业产地分布

从世界上看，现在能够出产茶叶的国家一共有五十多个，主要集中在亚洲、非洲和拉丁美洲。其中中国、印度、斯里兰卡、印尼、肯尼亚、土耳其等几国的茶园面积之和就占了世界茶园总面积的80%以上。茶叶总产量最大的国家是印度。世界上每年的茶叶产量大约有300万吨，其中80%左右产于亚洲。

世界的茶叶产量中，品种最多的是红茶，占总产量的70%以上。但是红茶不是我国出产的强项，我国国民对红茶的喜爱不及绿茶。我国是出产绿茶最多的国家，所产绿茶占世界绿茶总产量的近60%。最少的是白茶。

在我国的许多省份都出产茶叶，但主要集中在南部各省。一般可以将我国的产茶区划分为四大茶区。

（1）江北茶区。这是我国最北的产茶区。包括长江中下游以北的山东、安徽、苏北、河南、陕西、甘肃等地。主要的产品是绿茶。

（2）江南茶区。这是我国茶叶市场最为集中的地区。包括长江中下游以南的浙江、安徽、苏南、江西、湖北、湖南、福建、四川等地。茶的品种较多，有红茶、绿茶、乌龙茶等，产量也很大，品质好。

（3）华南茶区。指南岭以南的产茶区，即广东、广西、海南、我国台湾等地，是我国最南的茶区，以生产红茶、乌龙茶为主。

（4）西南茶区。我国西南各省产茶区。一般认为这一带是茶树的原产地，地理和气候很适宜发展茶叶生产。目前产量最大的是绿茶和边茶。

2. 茶叶的种类

中国茶叶则可分为：基本茶类和再加工茶类两大部分。

（1）基本茶类。我国所产的茶叶分绿、红、青（乌龙）、白、黄、黑六大类。

①绿茶。绿茶是不经过发酵的茶，即将鲜叶经过摊晾后直接下到100～200℃的热锅里炒制，以保持其绿色的特点。

绿茶是我国产量最多的一类茶叶，全国18个产茶省（区）都生产绿茶。我国绿茶花色品种之多居世界之首，每年出口数万吨，占世界茶叶市场绿茶贸易量的70％左右。我国传统绿茶如眉茶和珠茶，以香高、味醇、形美、耐冲泡而深受国内外消费者的欢迎。其制作工艺都经过杀青、揉捻、干燥的过程。由于加工时干燥的方法不同，绿茶又可分为炒青绿茶、烘青绿茶、蒸青绿茶和晒清绿茶。

②红茶。红茶与绿茶恰恰相反，是一种全发酵茶（发酵程度大于80％）。红茶的名字得自其汤色红。红茶加工时不经杀青，而是萎凋，使鲜叶失去一部分水分，再揉捻（揉搓成条或切成颗粒），然后发酵，使所含的茶多酚氧化，变成红色的化合物。这种化合物一部分溶于水，一部分不溶于水，而积累在叶片中，从而形成红汤、红叶。

红茶主要有小种红茶、工夫红茶和红碎茶三大类。

③青茶（乌龙茶）。乌龙茶也就是青茶，是一类介于红绿茶之间的半发酵茶。即制作时适当发酵，使叶片稍有红变，是介于绿茶与红茶之间的一种茶类。它既有绿茶的鲜浓，又有红茶的甜醇。因其叶片中间为绿色，叶缘呈红色，故有“绿叶红镶边”之称。

乌龙茶在六大类茶中工艺最复杂费时，泡法也最讲究，所以喝乌龙茶也被人称为喝工夫茶。

④白茶。白茶基本上就是靠日晒制成的。白茶和黄茶的外形、香气和滋味都是非常好的。加工时不炒不揉，只将细嫩、叶背满茸毛的茶叶晒干或用文火烘干，而使白色茸毛完整地保留下来。

白茶主要产于福建的福鼎、政和、松溪和建阳等县，有“银针”“白牡丹”“贡眉”“寿眉”几种。

⑤黄茶。著名的君山银针茶就属于黄茶，黄茶的制法有点像绿茶，不过中间需要闷黄三天。在制茶过程中，经过闷堆渥黄，因而形成黄叶、黄汤。分“黄芽茶”（包括湖南洞庭湖君山银芽，四川雅安、名山县的蒙顶黄芽，安徽霍山的霍内芽），“黄小茶”（包括湖南岳阳的北港茶、湖南宁乡的沩山毛尖、浙江平阳的平阳黄汤、湖北远安的鹿苑），“黄大茶”（包括广东的大叶青、安徽霍山的黄大茶）三类。

⑥黑茶。黑茶原来主要销往边区，像云南的普洱茶就是其中一种。普洱茶是在已经制

好的绿茶上浇上水，再经过发酵制成的。原料粗老，加工时堆积发酵时间较长，使叶色呈暗褐色。

普洱茶具有降脂、减肥和降血压的功效。是藏族、蒙族、维吾尔族等兄弟民族不可缺少的日常必需品。有“湖南黑茶”“湖北老青茶”“广西六堡茶”，四川的“西路边茶”“南路边茶”，云南的“紧茶”“扁茶”“方茶”和“圆茶”等品种。在东南亚和日本很普及。

（2）再加工茶。

以各种毛茶或精制茶再加工而成的称为再加工茶，包括药茶、紧压茶，液体茶、速溶茶及花茶等。

①药茶。将药物与茶叶配伍，制成药茶，以发挥和加强药物的功效，利于药物的溶解，增加香气，调和药味。这种茶的种类很多，如“午时茶”“姜茶散”“益寿茶”“减肥茶”等。

②紧压茶。是以黑毛茶、老青茶、做庄茶及其他适合制毛茶为原料，经过渥堆、蒸、压等典型工艺过程加工而成的砖形或其他形状的茶叶。紧压茶的多数品种比较粗老，干茶色泽黑褐，汤色澄黄或澄红。在少数民族地区非常流行。紧压茶有防潮性能好，便于运输和储藏，茶味醇厚，适合减肥等特点。

③液体茶。是在传统茶叶制作的基础上，经过研磨深加工后萃取的浓缩液。

④速溶茶。是以成品茶、半成品茶、茶叶副产品或鲜茶叶为原料，通过提取、过滤、浓缩、干燥等工艺过程，加工成一种易溶于水而无茶渣的颗粒状或粉状的新型饮料。目前，速溶茶的种类主要有速溶红茶、速溶绿茶、速溶花茶等，以速溶红茶居多。

⑤花茶。这是一种比较稀有的茶叶花色品种。它是用花香增加茶香的一种产品，在我国很受喜欢。一般是用绿茶做茶坯，少数也有用红茶或乌龙茶做茶坯的。它根据茶叶容易吸收异味的特点，以香花、窨料加工而成的。所用的花品种有茉莉花、桂花等好几种，以茉莉花最多。

3. 茶叶的主要成分

从研究中发现刚摘下来的茶叶，应该是含有75%的水分和25%的固形物，现将固形物分析，可以发现含有好几种复杂的物质，主要成分如表2-2所示。

表2-2　茶叶成分和效能

成分	效能
咖啡因（布丁盐基类）	温和的兴奋作用 可以增加耐久力 可以增加记忆力
单宁类	形成茶的颜色和涩味 收敛作用
氨基酸	形成茶叶的甘美之味

续表

成分	效能
叶绿素、叶红素、叶黄素、 黄碱素、花色素	决定品种的差异 （越高级的茶，含量越多）
青叶酒精	形成新茶的香味
维生素C	预防坏血病 酒精、尼古丁的解毒
无机成分（钾、磷酸、锰等）	保持血液呈弱碱性
其他：包含碳水化合物、蜡质、树脂类、酵素等	

（1）咖啡因：越是好茶，含量越多。茶叶几乎是在发芽的同时，就已开始形成咖啡因，从发芽到第一次采摘时，所采下的第一片和第二片叶子所含咖啡因的量最高；相对地，发芽较晚的叶子，咖啡因的含量也会依序减少。咖啡因可以使大脑的兴奋作用旺盛。

（2）单宁：可制造颜色和涩味。决定茶的颜色和含在口中时的涩味，都是靠单宁和其他诱导体的作用。单宁并不是一种单一物质，而是由许多种物质混合而成，且很容易被氧化，又拥有很强的吸湿性。表2-2的结果显示，越是高级的茶，单宁的含量越多。

（3）氨基酸：形成茶味甘美的要素。茶叶中所含的蛋白质，在制造过程中与单宁化合而产生沉淀，并因加热而凝固，泡茶喝的时候几乎不会再出现。比较起来，氨基酸是属于水溶性的，所以用开水冲泡的茶汁中会含有。氨基酸就是决定茶的美味和涩味的重要因素。

（4）叶绿素：决定品种的差异。叶子之所以成为绿色的原因是由叶绿素造成的，除此之外，还有叶红素、叶黄素、花色素等。叶绿素是植物生长中不可缺少的成分，叶绿素中分为青绿色的叶绿素A和黄绿色的叶绿素B两种。茶的品种不同，含量也会不同，而茶品种的好坏，全视含量的多少。叶红素是一种红色的色素，会因发酵过程而有显著的变化。完全发酵的红茶，几乎都没有包含叶红素，反而在绿茶中却含有非常丰富的叶红素。叶黄素是一种黄色色素，在茶中含量极微。黄碱素诱导体可分为两种，在茶叶中是属于黄碱酮的一种，吸收紫外线的能力很强。

（5）青叶酒精：香味的制造者。茶是最注重香气的饮料，而新茶独特的清香味是青叶酒精所制造出来的。产生茶叶香味的是挥发性芳香植物油，但其含量很少。造成香味成分的种类很多，其中最重要的就是酒精类，因其沸点低，且容易挥发，只要碰到夏季、高温，新茶的香气就会消失，若想长期维持新茶的香味，最好储藏在冰箱里，并经常保持5℃的温度。

（6）维生素C：越新的茶，含量越多。维生素C是预防坏血病不可或缺的要素。越是新茶，维生素C含量越多。相对地，茶叶储存越久，含量越少。普遍来说维生素C都不耐高温，所以制茶时的热或泡茶时的高温开水，往往很容易就会破坏维生素C，所以在第一泡茶时，维生素C有80%，可是在第二泡茶时，会丧失10%左右，依次递减。所以要喝茶的话，最好是喝第一泡的茶。

(7) 无机成分：可以保持身体的弱碱性。若把茶叶拿来烧，在灰烬中会留下5%～6%的无机成分，其中50%是钾，15%是磷酸，其他则是石灰、镁、铁、锰、苏打、硫酸、钠、碘，其中锰与碘的含量较多。我们体内的血液，在健康的状况下是属于弱碱性的。而饭后喝茶可以把因吃过肉类或是酒类使血液变成酸性的状况，恢复到弱碱性。

4. 茶叶在存放中变质的原因

茶叶在存放中陈化变质的原因很多，归纳起来，有内因、外因两个方面。内因是变化的根据，外因是变化的条件。茶叶具有"后熟"的特点，即储藏过程中茶叶的许多化学成分发生氧化作用，导致茶叶陈化和劣变。影响品质的化学成分主要是叶绿素、茶多酚、维生素、胡萝卜素、氨基酸及多种香气成分等。

(1) 叶绿素的变化。叶绿素是形成绿茶色泽的重要成分。叶绿素在嫩芽叶中含量较高。它由呈蓝绿色的叶绿素a和呈黄绿色的叶绿素b两大部分组成。在茶叶中两者比例和保留量决定了成品茶的色泽。然而，它又是一种很不稳定的物质，在光和热的条件下（尤其是紫外线的照射下），易分解，失绿而变褐，形成脱镁叶绿素。一般情况下，脱镁叶绿素含量占70%时，茶叶色泽出现显著褐变。

(2) 茶多酚的氧化和聚变。茶多酚与茶叶滋味、汤色的关系最为密切，它的含量多少决定着茶汤的滋味浓度。茶多酚本身无色，但在红茶加工过程中被氧化、聚合形成茶黄素与茶红素，进而成为褐色素（高聚合物），使红茶汤色加深变暗。在绿茶中，茶多酚的保留量较多，同样在储藏过程中易发生氧化，生成醌类化合物，导致色泽变褐。同时这些物质还能与氨基酸类物质进一步反应，促使滋味劣变。

(3) 维生素C减少。维生素C是茶叶具有营养价值的重要成分，其含量多少与茶叶品质关系密切。维生素C也是一种易被氧化的物质，越是高级的绿茶，含量越高，也越难以保存。维生素C被氧化后生成脱氧维生素C，它与氨基酸相互作用，生成氨基羰基，既降低了茶叶营养价值，又使颜色变褐，同时滋味也失去了鲜爽味。如果绿茶中维生素C保留量达80%以上，绿茶品质不会发生变化；一旦下降到60%以下，品质就明显变劣。

(4) 类脂物质的水解与胡萝卜素的氧化。茶叶中约含有8%的脂肪类物质，在储藏过程中同样会被氧化、水解而成游离脂肪酸、醛类或酮类，进而出现酸臭味。已有研究证明，随着茶叶中的游离脂肪酸含量增加，不仅茶叶香味显陈，而且汤色也会加深，导致商品价值降低。

茶叶中还有一定含量的类胡萝卜素，这是一类黄色素，成分复杂，是光合作用的辅助成分，具有吸收光能的性质，所以易被氧化。氧化后的产物成类似胡萝卜储藏后产生的气味，使茶汤质变。

(5) 氨基酸的变化。茶树中氨基酸多集中于嫩梢中，老叶含量较低，因此级别越高的茶叶，氨基酸含量也就越多。茶叶在存放期间，氨基酸会与茶多酚类自动氧化的产物结合生成暗色的聚合物，致使茶叶既失去收敛性，也丧失新茶特有的鲜爽度，变得淡而无回味。红茶储存中，氨基酸与茶黄素、茶红素作用形成深暗色的高聚合物。同时氨基酸在一定的温度条件下还会氧化、降解和转化，因此储存时间越长，氨基酸含量下降得越多，茶叶也逐渐失去了新鲜感。

（6）香气成分的变化。茶叶中的芳香物质是指挥发性的香气成分。茶叶存放时间长，茶叶香气会日渐减低，陈味日渐突出，尤其是新茶特有的清香会荡然无存。

5. 储藏方法

目前家庭常用的茶叶保管方法主要有以下几种。

（1）瓦坛储茶法。用牛皮纸或其他较厚实的纸把茶叶包好，茶叶的水分含量不要超过6%，即通常用手捻茶叶易成粉末的含水水平，然后把茶包置于优质陶瓷坛的四周，中间放块状石灰包，石灰包大小视放置茶叶多少而定。用棉花或厚软草纸垫于盖口，减少空气交换。石灰视吸湿程度一二个月换一次，一般可以保存半年左右。如一时没有石灰或换石灰麻烦，也可以改用硅胶，当硅胶呈粉红色时取出烘干（呈绿色）又可再用。

（2）罐储法。本方法是采用目前市售的各种马口铁听，或是原来放置其他食品或糕点的铁听、箱，最好是有双层铁盖的，这样有更好的防潮性能。储藏方法简便，取饮随意，是当前家庭储茶较流行和常用的方法。为了能更好地保持听内干燥，可以放入一二小包干燥的硅胶。将装茶的听罐放置于阴凉处，更能够减缓听内茶叶陈化、劣变的速度。

（3）塑料袋储藏法。塑料袋是当今最普遍和通用的包装材料，价格便宜，使用方便。因此，可以说用塑料袋保存茶叶是目前家庭储茶最简便、最经济实用的方法之一。将茶叶用较柔软的净纸包好，置于密度高、有一定强度、无异味的密封塑料袋中。放入冰箱冷藏室中，即使放上一年，茶叶仍然可以芳香如初，色泽如新。

（二）咖啡

1. 概述

咖啡树的原产地在非洲的埃塞俄比亚。咖啡树在植物学上属于茜草科咖啡亚属的常绿树，而一般所俗称的咖啡豆是咖啡树所结果实的种子，只因为形状像豆子，所以被称为咖啡豆。气候是咖啡种植的决定性因素，咖啡树只适合生长在热带或亚热带，所以南北纬25°之间的地带最适合栽植咖啡。而这个咖啡生产地带，一般称为“咖啡带”或“咖啡区”。

咖啡豆的品牌有巴西（南美洲）、哥伦比亚（南美洲）、墨西哥（北美洲）、危地马拉（中美洲）、萨尔瓦多（中美洲）、洪都拉斯（中美洲）、哥斯达黎加（中美洲）、古巴（西印度群岛）、牙买加（西印度群岛）、肯尼亚（非洲）、埃塞俄比亚（非洲）、也门（亚洲）、印度尼西亚（东南亚）和夏威夷（夏威夷群岛）。巴西是世界第一咖啡生产、出口国。

2. 咖啡的成分（见图2-1）

（1）咖啡因。咖啡因是咖啡所有成分中最为人注目的。它属于植物黄质（动物肌肉成分）的一种，性质和可可内含的可可碱，绿茶内含的茶碱相同，烘焙后减少的百分比极微小。咖啡因的作用极为广泛，会影响人体脑部、心脏、血管、胃肠、肌肉及肾脏等各部位，适量的咖啡因会刺激大脑皮层，促进感觉判断、记忆、感情活动，让心肌机能变得较活泼，血管扩张，血液循环增强，并提高新陈代谢机能，咖啡因也可减轻肌肉疲劳，促进消化液分泌。除此由于它也会促进肾脏机能帮助体内将多余的钠离子（阻碍水分子代谢的

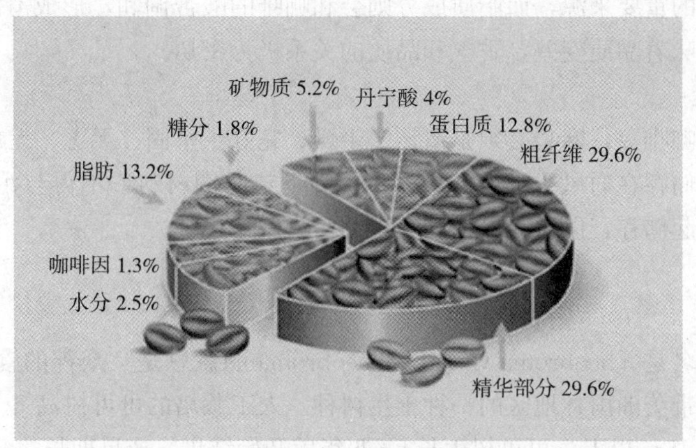

图 2-1　咖啡成分

化学成分）排出体外，所以在利尿作用提高下，咖啡因不会像其他麻醉性、兴奋性物（麻醉药品、油漆溶剂、兴奋剂之类）积在体内，约在 2 小时左右便会被排泄掉。咖啡风味中的苦味就是咖啡因所造成的。

（2）丹宁酸。经提炼后丹宁酸会变成淡黄色的粉末，很容易溶入水，经煮沸它会分解而产生焦棓酸，使咖啡味道变差，而如果冲泡好又放上好几个小时咖啡颜色会变得比刚泡好时浓，而且也较不够味，所以才会有“冲泡好最好尽快喝完”的说法。

（3）脂肪。咖啡内含的脂肪，在风味上占极为重要的地位，分析发现咖啡内含的脂肪分为好多种，而其中最主要的是酸性脂肪和挥发性脂肪，酸性脂肪是指脂肪中含有酸，其强弱会因咖啡种类不同而异，挥发性脂肪是咖啡香气的主要来源。烘焙过的咖啡豆内所含的脂肪一旦接触到空气，会发生化学变化，味道香味都会变差。

（4）蛋白质。热量的主要来源是蛋白质，而像是滴落式冲泡出来的咖啡，蛋白质多半不会溶出来，所以咖啡喝得再多摄取到的营养也是有限，这也就是咖啡会成为减肥者圣品的缘故。

（5）糖分。在不加糖的情况下，除了会感受到咖啡因的苦味、丹宁酸的酸味，还会感受到甜味，便是咖啡本身所含的糖分所造成的。烘焙后糖分大部分会转为焦糖，为咖啡带来独特的褐色。

（6）矿物质。矿物质有石灰、铁质、硫黄、碳酸钠、磷、氯、硅等，因所占的比例并不大，极少影响咖啡的风味，综合起来只带来稍许涩味。

（7）粗纤维。生豆的纤维质烘焙后会炭化，这种碳质和糖分的焦糖化互相结合，形成咖啡的色调，但化为粉末的纤维质会带给咖啡风味上相当程度的影响。

（8）香味。香味是咖啡品质的生命，也最能表现咖啡生产过程和烘焙技术，生产地的气候、标高、品种、精制处理、收成、储藏，消费国的烘焙技术是否适当等，都是左右咖啡豆香味的条件。咖啡的香味经色谱法气体分析结果，证明是由酸、醇、乙醛、酮、酯、硫黄化合物、苯酚、氮化合物等近数百种挥发成分复合而成。大致上说起来，脂肪、蛋白质、糖类是香气的重要来源，而脂质成分则会和咖啡的酸苦调和，形成滑润的味道。因此香味的消失正意味着品质变差，香气和品质的关系极为密切。

3. 包装储运

用麻袋包装咖啡豆，麻袋必须是清洁、干燥、完好、坚固、无害、无毒。

咖啡豆应该储存在通风、干燥的库房中，并下垫防潮材料，不得与污染性产品及油、水泥、焦油等一起储存，以免受异味和灰尘的污染。

（三）可可

1. 概述

可可树的学名是 Theobroma Cacao，Theobroma 的意思是“众神的食物”。属于梧桐科可可属，是热带美洲雨林地区的一种土生树种。人工栽培的可可树高 5～8m，但野生的可可树高度可达 15m 以上。可可树生长 5～6 年后开始结果，产果期长达 50 年。这种树主要生长在赤道地区，特别是在诸如南美、非洲和印度尼西亚这些地方。可可树结的果实就是可可豆。每棵可可树一年可收获 1～2kg 干可可豆。

可可豆是可可及巧克力工业的重要原料，可可脂是制作巧克力的主要原料，可可饼可制成可可粉，是饮料、糖果的重要配料。

2. 主要成分

可可豆（生豆）含水分 5.58%，脂肪 50.29%，含氮物质 14.19%，可可碱 1.55%，其他非氮物质 13.91%，淀粉 8.77%，粗纤维 4.93%，其灰分中含有磷酸 40.4%、钾 31.28%、氧化镁 16.22%。可可豆中还含有咖啡因等神经中枢兴奋物质及丹宁，丹宁与巧克力的色、香、味有很大关系。

可可脂的溶点接近人的体温，具有入口即化的特性，在室温下保持一定的硬度，并具有独特的可可香味，有较高的营养价值，不易氧化，是制作巧克力的主要原料。

可可饼可制成可可粉，可可粉富含碳水化合物、脂肪、蛋白质、维生素 B，如表2-3所示。

表 2-3　可可粉主要营养成分与营养元素

营养成分	g/100g	营养元素	mg/100g
蛋白质	18.5	钠	950
脂肪	21.7	钾	1500
碳水化合物	11.5	钙	130
能量值	312kcal	镁	520
		铁	10.5
		铜	3.9
		磷	660
		氯	460

3. 包装储运

装运可可豆的包装必须是清洁、干燥、完好、坚固的新麻袋。缝口要严密、良好。制作麻袋的材料必须无害、无毒。

可可豆应该储存在库房中，并用适当的防潮材料铺垫，不得与污染性产品及油、水泥、焦油等一起储存，以免受异味和灰尘的污染。必要时可通过薰蒸或喷杀虫剂灭虫。运输工具应该清洁、干燥，无异味，以免污染产品。

阅读材料

啤酒生产技术简介

啤酒生产过程分为麦芽制造、麦芽汁制造、前发酵、后发酵、过滤灭菌、包装等几道工序。

1. 麦芽制造

大麦（也正在试验用小麦）浸渍吸水后，在适宜的温度和湿度下发芽，发芽时产生各种水解酶，如蛋白酶、糖化酶、葡聚糖酶等，这些酶可将麦芽本身的蛋白质分解成肽和氨基酸，将淀粉分解成糊精和麦芽糖等低分子物质。发芽到一定程度，就要中止发芽，经过干燥，制成水分含量较低的麦芽。

2. 麦芽汁制造

麦芽经过适当的粉碎，加入温水，在一定的温度下，利用麦芽本身的酶制剂进行糖化（主要将麦芽中的淀粉水解成麦芽糖），为了降低生产成本，还可以加入一定比例的大米粉作辅料（大米粉中先加水煮沸）。制成的麦芽醪，用过滤槽进行过滤，得到麦芽汁，将麦芽汁输送到麦汁煮沸锅中，将多余的水分蒸发掉，并加入酒花。酒花是一种植物的花，加入到啤酒中，可使啤酒带有特有的酒花香味和苦味，同时，酒花中的一些成分还具有防腐作用，可延长啤酒的保存期。

3. 发酵

麦芽汁经过冷却后，加入酵母菌，输送到发酵罐中，开始发酵。传统工艺分为前发酵和后发酵，前发酵主要是利用酵母菌将麦芽汁中的麦芽糖转变成酒精，后发酵主要是产生一些风味物质，排除掉啤酒中的异味，并促进啤酒的陈熟，这一期间，控制一定的罐内压力，使发酵时产生的二氧化碳保留在啤酒中。

4. 过滤灭菌

经过两个星期左右的发酵（有些啤酒发酵期可能长达几个月），将啤酒经过过滤，除去啤酒中的酵母菌和微小的颗粒，再经过低温灭菌（62℃左右），冷却，啤酒就可以包装。包装方式主要有瓶装和罐装，还有桶装等。

技能检测

夏季白糖储存不当容易长螨虫

夏季潮湿闷热，白糖储存时间长了，会因吸潮导致晶体表面溶化，透明度降低，颜色变暗，此时对人体的影响不大。不过白糖久存会寄生螨虫，而且还会不停地繁殖，这种现象肉眼是看不见的。有人做过实验，从 500g 白糖中竟检出 1.5 万只螨虫。螨虫在潮湿及温暖的地方生长繁殖很快，尤其是粉螨，喜欢吃糖。人吃了被螨虫污染的白糖，螨虫会随白糖进入消化道寄生，引起不同程度的腹痛、腹泻等症状，医学上称之为肠螨病。

请思考：本案例中白糖出现螨虫是什么原因？食糖应如何储存？

项目小结

本项目主要阐述了食品部分的食用植物油、食糖、糖果的一些基本知识，以及饮料部分酒、软饮料、固体饮料、茶叶、咖啡、可可的一些基本知识。通过学习，对食品的种类、成分及包装保管有一个初步的了解与掌握。

复习思考题

1. 试述不同分类方式下食用植物油的分类。
2. 我国的植物油按理化指标的不同由低到高排序如何？其中质量最好的是什么油。
3. 结合食用植物油的性质说明其正确的储存方法。
4. 试述食糖的种类及成分。
5. 酒根据酿酒方法的不同，可分为哪几种？根据商业上的传统分类，可分为哪几种？
6. 什么是软饮料、固体饮料？
7. 如何区分市场上的果汁、果汁饮料？
8. 简述茶叶在储存中变质的原因及正确的储存方法。
9. 试述咖啡中各成分对咖啡品质的影响。
10. 试述可可的包装储运方式。

项目三　纺织、服装

知识目标

了解各类纺织品、服装、皮革、毛皮的特点、种类、编号、鉴别方法、包装、储运要求。

技能目标

能进行服装质量的鉴别和保养，皮革和毛皮制品的质量及保管，以及服装的除渍。

任务一　纺织品

任务导读

校服面料的特点：

校服面料应具有以下特点。

（1）保湿性：由于校服面料纤维是热和电的不良导体，热传导系数极化，又因棉纤维本身具有多孔性，弹性高的优点，纤维之间能积存大量空气，空气又是热和电的不良导体，所以，纯棉纤维纺织品具有良好的保湿性，穿着纯棉织品服装使人感觉到温暖。

（2）卫生性：校服面料与肌肤接触无任何刺激，无不适反应，久穿对人体有益无害，卫生性能良好。

（3）耐热性：洗涤印染等对织品都无影响，由此提高了纯棉织品耐洗、耐穿的校服性能。

（4）吸湿性：校服面料应具有较好的吸湿性，在正常的情况下，纤维可向周围的大气中吸收水分，其含水率为8%～10%，所以该面料的学生校服接触人的皮肤，使人感到柔软而不僵硬。如果棉布湿度增大，周围温度较高，纤维中含的水分会全部蒸发散去，使织物保持水平衡状态，使人感觉舒适。

任务分析

在服装大世界里，服装的面料五花八门，日新月异。但是从总体上来讲，优质、高档的面料，大都具有穿着舒适、吸汗透气、悬垂挺括、视觉高贵、触觉柔美等几个方面的特点。

知识链接

一、棉型纺织品

（一）棉型纺织品的特点

棉型纺织品是指由棉纱、线为原料组成的织物。近几十年，由于化学纤维的崛起，棉型纺织品曾一度被冷落，但它还是以透气性好，吸湿性好，穿着舒服的特性重新受到了人们的青睐。除了以上特点外，棉型纺织品还具有染色性能良好，光泽柔和，牢固耐用，经济实惠，手感柔软的优点。但它的弹性较差，很容易出现皱纹。

（二）棉型纺织品的种类

1. 按色相和花型分

（1）原色布：以本色原料织成的，未经漂染、印花加工的纯棉织物和棉型化纤织物。

（2）染色布：将各种坯布经漂白或染色加工后，成为单一色泽的织物。

（3）印花布：将各种坯布经印花加工，印成各种色彩花型的织物。

（4）色织布：将本色纱先经漂、染加工后再织成各种花纹的织物。

2. 按织物组织分

（1）平纹布：它是各种规格的平纹组织及平纹变化组织棉布的统称。

（2）斜纹布：它是各种规格的斜纹组织及斜纹变化组织棉布的统称。

（3）缎纹布：它是各种规格的缎纹组织及缎纹变化组织棉布的统称。

（4）其他织物组织棉型纺织品。

（三）棉型纺织品的主要品种

1. 平布

平布是采用平纹组织，用细度相近或相等的经纱和纬纱交织而成的织物。它根据所用纱线细度的不同分为细平布、中平布和粗平布。平布的特点是组织简单，结构紧密，布面平整。一般可用做单衣、衬衫、被里等。

2. 府绸

府绸是一种兼有丝绸风格的棉织物。最早是指山东省历城、蓬莱等县在封建贵族或官吏府上织制的织物，其手感和外观类似于丝绸，故称府绸。它的结构是经纬纱支较细，采用平纹组织，但由于经密度是纬密度的一倍左右，所以面料外观有明显的菱形小颗粒状。府绸的品种很多，根据所用纱线不同，分为纱府绸、半线府绸和全线府绸。根据纺纱工艺不同，分为普通府绸、半精梳府绸和精梳府绸。根据染整加工不同，分为漂白、杂色、印花府绸。府绸面料挺括，光泽丰润，有丝绸感，穿着舒适透气，布面匀净，织纹清晰。但

由于经、纬密度相差较大所以经纬之间强力不平衡，穿旧后会出现纵向裂纹。一般用于衬衫、夏令服装的制作，经树脂处理过的府绸，也用于羽绒衣的制作。

3. 麻纱

先要明确的是麻纱的面料不是麻纤维而是棉纤维，它是通过纺织工艺处理使棉织物具有麻织物的粗犷风格。麻纱纱线的捻度较一般平布纱线的捻度大，经纱的捻向和纬纱的捻向相同。采用平纹变化组织，密度较小。根据组织结构不同，分为普通麻纱、柳条麻纱、异经麻纱、提花麻纱。麻纱都具有穿着不贴身、凉爽、透气的特点，是夏季理想的服装面料。一般用于男女衬衫、童装、睡衣、裙子的制作。

4. 泡泡纱

泡泡纱是以平纹组织织制，布面呈凹凸状泡泡的薄型织物。泡泡纱外观别致，立体感强，质地轻薄，手感柔软，穿着不贴身，凉爽舒适，洗后不需熨烫，是夏令衣着用料的畅销品种。泡泡纱有三种类型。一种是表面散布着突出的小圆泡；一种是条子皱纹；一种是凹凸不平的花纹。这三种类型是由三种不同的工艺处理而形成的。泡泡型是利用棉纤维遇到碱会收缩的特性，在染整加工时，先将碱液按设计的花样印到布面上，接触到碱液的地方，布面收缩，使没有遇到碱液的地方形成突出的小圆泡泡。条子皱纹是在纺织机上采用一紧一松两个经轴直接织成的，由于张力松紧不一，织出的布就形成了条子皱纹。第三种方法是用机器将经树脂处理的布轧出所需凹凸不平的花纹。泡泡纱主要用作妇女、儿童夏令服装面料，以及窗罩、窗帘等装饰用品。泡泡纱洗涤时，不能用热水泡，不能用力搓洗和拧干，不要熨烫，否则泡形会逐渐平坦，衣服会越穿越大。

5. 斜纹布

采用二上一下（上为单纱上的经组织点数；下为单纱上的纬组织点数）左斜纹，倾斜角度为50°左右，经纬纱均为单纱，经纬纱的特数（纱线特数是1000m的纱线在公定回潮率时的重量克数。计算公式如下：$tex=1000G/L$。tex 表示经或纬纱特数；G 表示在公定回潮率时的重量（g）；L 表示长度（m）。）相近，经密度略大于纬密度。织物正面斜纹纹路明显，反面模糊，所以又称为单面斜纹。种类有粗斜纹和细斜纹两种。粗斜纹布用32特以上［18英支以下，英支（英制支数）指在公定回潮率时，1磅重的面纱线有多少个840码长］。棉纱做经纬纱；细斜纹布用18特以下（32英支以上）棉纱做经纬纱。有灰色、漂白、染色及印花等品种，斜纹布布身较平布紧密厚实，手感较平布柔软。一般适宜做制服、台布、被套等。

6. 卡其

卡其是斜纹组织棉织物中的一个重要品种。卡其经密往往是纬密的1倍以上，密度是斜纹布中最大的一种。采用二上二下斜纹组织织制的正反面纹路均清晰，故称双面卡，采用三上一下斜纹组织织制的正面纹路清晰，反面纹路模糊，故称单面卡。卡其织物结构紧密，坚牢耐磨，平整挺括，手感厚实。因为密度大，在染色时不易渗透，因而常摩擦之处易磨白，折边处易磨白折断。卡其根据组织织物不同，分为单面卡、双面卡、人字卡、缎纹卡等。根据所用纱线不同分为纱卡、半线卡和线卡等。卡其在服装中应用十分广泛，适合于各种年龄层次和性别的人穿着，它可用作春、秋、冬季外衣、军服的制作。

7. 哔叽

哔叽是斜纹组织中密度最小的一种。采用二上二下斜纹组织织制的织物，是移植毛哔叽风格而制成的一种织物。经密略大于纬密，斜向有左斜和右斜，纱哔叽为左斜，线哔叽为右斜。根据所用线不同，分为纱哔叽、半线哔叽、全线哔叽，以纱哔叽为主。根据印染整理不同有漂白、印花等多种。一般做男女外衣、裤、童装等衣料。

8. 华达呢

华达呢也是采用二上二下斜纹组织制的，是移植毛华达呢风格而制成的棉型织物。经纬纱密度处于卡其与哔叽之间，布面组织不明显，纹路间距比哔叽小，斜纹纹路比卡其粗而突起，布身略厚，比卡其柔软，比哔叽硬挺。根据经纬纱所用纱线不同，分为纱华达呢、半线华达呢、全线华达呢。坯布经染整加工后用作春秋冬季的男女服装面料。

9. 横贡

横贡是采用纬面缎纹组织织制的纯棉织物。由于织物表面主要以纬浮长覆盖，具有丝绸中缎类的风格，故又称为横贡缎。它的结构特点是经纬纱所用纱支较细，经纬纱交织点较少，纬纱在织物表面浮线较长，多采用五枚三飞纬面缎纹。横贡缎织物结构紧密，质地柔滑，富有光泽，布面细洁，手感柔软丰满，悬垂感好，经印染加工，再经轧光或电光整理，外观光亮美丽。一般主要用作妇女服装，睡衣面料和室内装饰用布。但横贡缎表面浮毛较长，易起毛，洗涤时不宜用力搓洗。

10. 直贡

直贡和横贡不同，它是采用经面缎纹组织织制的纯棉织物，由于表面大多被经浮线覆盖，具有丝绸中缎类的风格，又称为直贡缎。直贡缎手感柔软，布面光洁厚实，富有光泽。按纱线不同，分为纱直贡和半线直贡；按印染加工不同，分为色直贡和花直贡，主要用于被面服装面料。同样，直贡也不宜用力搓洗。

11. 灯心绒

灯心绒布面呈现粗、细条状耸立的绒毛。它是采用一组经纱和二组纬纱交织而成的。其中一组纬纱做地纬与经纱交织成平纹底布，也就是布身；另一组纬纱与经纱交织成所需宽窄条状或格状而浮在底布上，然后用割绒机将浮线割断，再经刷毛处理即成耸立的条状绒毛。灯心绒绒条圆润丰满，绒毛耐磨，风格淳朴、粗犷，手感柔软，质地厚实，保暖性好。灯心绒的品种很多，按绒条粗细不同，分为特细条、细条、中条、粗条、宽条，以及间条灯心绒等；按色相分有漂白灯心绒、染色灯心绒及印花灯心绒多种。灯心绒用途广泛，主要用做男、女、老、幼服装，鞋帽，也适宜做装饰布、工艺布。灯心绒洗涤时不宜用力搓洗，也不宜用硬毛刷用力刷洗，宜用软毛刷轻轻顺绒毛方向刷洗，不宜熨烫，收藏时也不宜重压，防止绒毛僵硬。

12. 绒布

绒布是棉布经拉绒机拉绒后表面出现一层丰润的绒毛的织物，由于这一层绒毛的存在，绒毛之间贮藏了大量的空气，所以具有较好的保暖性能。绒布采用普通捻度的经纱和低捻度的纬纱，且经细纬粗，一般纬纱的粗细是经纱的一倍左右，拉绒时，主要拉出的是纬纱的绒毛，这样可以减少对织物强力的损伤。绒布手感柔软，保暖性强穿着舒适，色泽柔和。根据拉绒面不同，可分为单面绒和双面绒。按印染加工不同，分为印花绒和色织绒等；按织物厚薄不同，分为厚绒布和薄绒布。绒布一般主要用作冬季睡衣、裤面料，还可以做外衣夹里、儿童内外衣裤、被套、其他衬里等。绒布洗涤时不宜多搓，注意漂洗干净，否则绒毛易起球，面料易发硬。

13. 巴厘纱

巴厘纱也叫玻璃纱，它是一种轻薄、半透明、细洁的平纹布，巴厘纱采用线密度值较小的纱，纱线多经精梳或烧毛加工，密度稀，经纬向紧度均为25%～40%，经纬向紧度比为1∶1，捻度高。巴厘纱外观看有清晰的空隙，透气性好，手感挺爽，质地轻薄。最早流行在热带国家，现在我国也较流行，大多用于夏装、衬衫、裙子、民族服装面料及面纱、头巾、台布、台灯罩、窗纱等制作。巴厘纱是稀疏薄型织物，所以洗涤时，只可轻轻揉搓，以免损伤织物。

14. 牛仔布

牛仔布是采用斜纹组织织制的较粗厚的色织棉织物，又称坚固呢、劳动布。牛仔布经纬纱常用粗支纱，经纱用靛蓝或硫化蓝染成靛蓝色，纬纱用白色，用经面斜纹或乱斜纹。牛仔布面料厚实，强力高，耐摩擦，有弹性，不贴身，结实耐用，穿着粗犷奔放。它一般可分为轻型、中型和重型三类。轻型牛仔布重量为200～340g/m^2，中型牛仔布重量为400～450g/m^2，重型牛仔布重量为450g/m^{2}以上。牛仔布现已受到越来越多青年人喜欢，为适应穿着，牛仔布从原型发展到薄型，从全棉发展到弹力较多原料交织的品种，色彩从单一靛蓝发展到红、蓝、绿等彩色牛仔布，工艺上也从防皱发展到石磨、水洗等多种。一般适宜做休闲服、夹克衫、风衣、衬衫等。

15. 牛津布

牛津布是用平纹变化组织中纬重平组织织制的色织物，经纱为涤/棉色纱，纬纱为纯棉漂白纱，经细纬粗，纬纱粗细一般，为经纱的三倍左右。牛津布光泽自然，透气性好，手感松软，穿着舒适，保型较好。牛津布花色较多，有素色、漂白、色经白纬、色经色纬等产品。一般用于衬衫、两用衫、童装的制作。

（四）棉型纺织物的编号规定

按GB406—78标准和GB411—78标准规定。编号规定用四位数字表示，第一位数字表示印染加工类别；第二位数字表示本色棉布的品种类别，具体如表3-1所示。第三、四位是棉织物的顺序号。若只有三位数则表示第一位没有代号，为本色棉布。例如：1130—漂白中平布；6213—印花纱府绸；125—本色中平布；405—本色纱哔叽。

表 3-1　　棉型纺织物的编号

代号	印染加工类别	代号	织物品种类别
1	漂白布类	1	平布
2	卷染染色布类	2	府绸
3	轧染染色布类	3	斜纹
4	精元染色布类	4	哔叽
5	硫化元染色布类	5	华达呢
6	印花布类	6	卡其
7	精元花印花布类	7	直贡、横贡
8	精元花印花布类	8	麻纱
9	本元漂色布类	9	绒布坯

二、麻型纺织品

(一) 麻型纺织品的特点

麻织物是用麻纤维纺织加工而成的织物，麻布类的特点是结实、粗犷、凉爽、吸湿性好，不贴身，但抗皱性差，适合做夏季服装面料。

(二) 麻织物的种类

1. 按所用原料分

(1) 苎麻布：可分为纯苎麻布，苎麻交织布，苎麻混纺布。

(2) 亚麻布：100%亚麻为原料织布的布。

(3) 其他麻类织物：洋麻织物、黄麻织物、大麻织物、剑麻织物。

2. 按加工方法不同分

(1) 手工麻布：俗称夏布，手工绩麻成纱，再用人工木织机织成的麻织物，是一种土法织物。

(2) 机织麻布：采用机器纺织加工而成的。

3. 按印染整理加工分

(1) 原色麻布：未经过任何印染整理加工保持织物原有色泽的布。

(2) 漂白麻布：经过漂炼加工而成的本白麻织物或漂白麻织布。

(3) 印花麻布：经手工或机器印花加工的麻布。

(4) 染色麻布：将麻匹经漂炼后进行染色加工的麻布。

(三) 常用麻织物品种介绍

1. 夏布

夏布是土法生产的苎麻布。生产历史悠久，主要产地有江西、四川、湖南、江浙一

带，现在随着机织工业的发展而衰落，仅在四川隆冒、江西万载和湖南浏阳还有生产。夏布为平纹组织，纱支粗细不均匀，密度稀松，手感粗糙，质地较硬，色泽黄暗，只适合做蚊帐和服装衬里。

2. 苎麻布

苎麻布是由工厂生产的布。纱支比土法生产的纱支均匀，采用平纹组织，经纬用25～36公支的单纱，面料外观比夏布细洁平整，柔软而富有弹性，并具有吸湿透气好，散热快，穿着凉爽，不贴身的优点。苎麻布可染成各种浅色布或印成浅色花纹，用来做男女衬衫、女裙等。

3. 亚麻布

亚麻布由亚麻纤维采用平纹组织纺织而成的。亚麻产于东北，亚麻纤维不但具有苎麻纤维的优点，而且比苎麻纤维更柔软、坚韧。亚麻分为原色和漂白两种，原色亚麻布在通过酸洗后，布面光洁、平整，手感柔软。漂白后的亚麻布不但平整光滑，而且富有弹性，适用于裙、衫面料。

4. 混纺麻织物

多采用平纹组织，种类有麻/棉混纺织物，毛/麻混纺织物，丝/麻混纺织物及化纤混纺织物。混纺后，两种纤维取长补短，既保持了麻织物的挺爽感，又克服了弹性差的缺点，所以这类织物柔而不烂，挺而不硬，易洗快干，是夏季衬衫、上衣及时装的适宜面料。

5. 其他麻类布

除了苎麻、亚麻外，还有罗布麻也可纺织成布。罗布麻比苎麻、亚麻纤维更细更长，具有一定光泽织成的面料更柔软，更细洁，主要产于淮河、秦岭一带。另外，大麻纤维虽未成为我国纺织业的主要纤维原料，但也有一定的应用，主要用作亚麻的代用品。

（四）纯苎麻织物的商品编号

纯苎麻织物的商品编号以四位数字表示。

第一位表示印染成品的加工类别。

1——漂白布类。

2——染色布类。

3——印花布类。

4——色织布类。

若为本色布类，则可省去第一位，成为三位数字表示。

第二位表示品种类别。

1——单纱平纹织物。

2——股线平纹织物。

3——单纱提花织物。

4——股线提花织物。

5——单纱交织物。

6——股线交织物。

7——单纱色织物。

8——股线色织物。

若为混纺苎麻织物，则在首位数字前冠以纤维的英文字代号，以比例高纤维为前，依次排队。以 R 为纯苎麻布，RC 为麻棉布，TR 为涤麻布，RT 为麻涤织物。

三、毛型纺织品

（一）毛型纺织品的特点

毛织物是主要以羊毛、兔毛、骆驼毛、人造毛为原料经过纺织染整工序加工所制成的产品，习惯上又称为“呢绒”。毛织品弹性好，挺括，不易折皱，吸湿性，耐磨性，保暖性都好，光泽柔和，手感柔软，是秋冬季理想的服装面料。毛织品不宜落水后做，否则影响外观，裁剪时要考虑缩率并加放一定尺寸。承受温度掌握在 180℃左右。

（二）毛型纺织品的种类

毛织物品种多，分类方法多样。但长期以来根据毛织物生产工艺及外观特征的不同分为以下几种。

（1）精纺呢绒：用精梳毛纱织制。

（2）粗纺呢绒：用粗梳毛纱织制。

（3）长毛绒：经纱起毛的立绒织物。

（4）驼绒：针织拉绒织物。

（三）常用毛型纺织品的品种介绍

1. 精纺呢绒

精纺呢绒是较好的原毛经过精梳以获得粗细均匀，纤维排列平直的毛条，再进行纺织、织、染、整理工序而得到。呢绒质地紧密，呢面平整光洁，光泽柔和，手感丰富而富有弹性，纹路清晰。

（1）华达呢。华达呢又称轧别丁，是英文 Gabardine 的音译，是精梳呢绒的主要产品，采用 64 支以上品质毛为原料，纺成双股线作经纬，常用二上二下或二上一下的斜纹组织，角度为 63°，比哔叽大。华达呢纹路清晰，手感滑糯，质地紧密，富有弹性，光泽柔和，大多为匹染。颜色以素色藏青为主。主要适合作男女西装、制服、大衣。华达呢可分为单面华达呢与双面华达呢。单面华达呢正面呈“撇”状斜纹，反面近似平纹；双面华达呢正面是“撇”状斜纹，反面呈“捺”状斜纹，质地厚重。

（2）哔叽。哔叽来源于英文词 Beige，意思是“天然羊毛的颜色”。采用二上二下斜纹组织，倾斜角为 50°左右。特点是手感滑糯，呢面光洁平整，织纹清晰，有身骨，以藏青和黑色为主，哔叽有单面、双面之分，还有厚型、薄型之分。适合做制服、套装。

（3）啥味呢。啥味呢是 Semifinishim 译音，意思“经缩绒整理的呢料”，也称“春秋呢”。它是由染色毛条与原色毛条按一定比例充分混条梳理后，纺成混色毛纱织制。采用二上二下斜纹组织，纹路倾角约 45°。啥味呢经轻微缩绒整理后，呢面有短小毛绒，且毛

脚平整，手感软糯，有身骨，有弹性，悬垂性好，颜色以灰、米、咖啡为主，适合做春秋两用衫和西裤。

（4）凡立丁。凡立丁是采用平纹组织织成的单色股线的薄型毛织物，其特点是纱支较细，捻度较大，经纬密度在精纺呢绒中最小，多采用匹染，以米色、灰色为主。特点是外观细洁，织纹清晰，光泽柔和，手感滑爽，适宜制作夏季服装。

（5）派立司。派立司是用精梳毛纱织制的轻薄型毛织物。属于平纺组织，纱支较细，重量较轻，比凡立丁更轻。派立司质地轻薄，身骨柔软，光洁平整，并均匀散布着，纵横交错，时断时续，深深浅浅的两丝条状花纹，颜色以中灰、浅灰为多，是夏季套装极好的面料。

（6）花呢。花呢是精纺呢中变化最大，品种最多的一个大类。按原料分为全毛花呢、毛黏花呢、毛涤花呢；按外观分为素花呢、条花呢、格花呢；按厚薄分有薄花呢、中厚花呢、厚花呢。不管哪一种类型，它们都具有光泽自然，手感丰满，柔软而富有弹性，颜色纯正的特点。适合做男女西服、套装及其他服装，常见品种如下。

①海力蒙（译音）。意思是这种面料具有像鱼骨的小人字花纹，属于中厚花呢。通常经纱用浅色，纬纱用深色，使花纹更加清晰。有光面和绒面两种。

②素花呢。属于中厚花呢。特点是呢面上有非常细小的不同色泽花点，均匀散布于全匹上，远看像素色，近看有微小的色点，显得素雅、大方、别致。

（7）女衣呢。女衣呢采用的是品质支数较高的细羊毛，经纬纱都用较高纱支的双股份，也有纬线用单纱的，属于薄型松结构组织。结构多变，有平纹组织、斜纹组织、绉组织及其他变化组织。女衣呢特点是分量轻，结构松，质地细洁，花纹清晰，色彩绚丽，主要用于做春秋女装、女裙、时装等。

（8）贡呢。贡呢在精纺呢绒中属中厚型品种。采用多种缎纹组织。表面有明显的倾斜纹路，由左向右上倾斜，倾角为75°以上，称直贡呢；倾角为15°左右的为横贡呢。贡呢大多为匹染素色，以藏青、灰色、黑色为主。它织纹清晰，呢面平整光洁，光泽极好，主要做鞋面、礼服、套装等。

（9）驼丝锦。驼丝锦又称克罗丁，来源于英文词Doeskin，原意为“母鹿皮”，比喻品质精美。驼丝锦一般以高级细羊毛为原料，经纬密度较大。特点是织纹清晰，呢面平整，光泽好，手感柔软，有弹性。主要用作大衣、套装等。

2. 粗纺呢绒

（1）麦尔登。麦尔登是用粗梳毛纱织制的质地紧密有绒面的毛织物，是粗纺的高档产品之一。其得名源于英国当时的生产中心，列斯特郡的Melton Mowbray地名，简称melton。它多采用二上二下或二上一下斜纹组织，密度较大。麦尔登表面细洁平整，身骨挺实，耐磨性好，不起球，色泽以藏青、原色、咖啡色为主。主要做冬季长短大衣、制服、中山装等。

（2）制服呢。现在的制服呢，就是过去的粗制服呢。采用较低档的三、四级国毛和部分回收毛，是粗纺呢绒中的大路品种，表面绒毛不丰满，稍露底，色泽不纯正，易掉毛，手感粗糙。制服呢的组织规格、色泽、风格与海军呢相仿。

（3）海军呢。制服呢原来分为粗制服呢和细制服呢，后来细制服呢逐渐形成一种独立的品种——海军呢。外观仅次于麦尔登，采用二上二下斜纹组织，密度略小于麦尔登。特点是质地紧密，不起球，不露底，绒面平整，保暖性好。海军呢多染成军绿色或藏青色，多用于制作海军服。海军呢由此而得名。主要用作军服、制服、大衣、帽子等。

（4）女式呢。女式呢比较适合做女装。多采用二上二下斜纹组织，用品质较好的粗梳毛纱织成，也有用混纺而织成的。特点是色彩鲜艳、纯正，呢面密度疏松。质地细腻平整，柔软而有弹性，有较好的悬垂感。品种多样，有平素、花纹、立绒、松结构四种。

（5）法兰绒。法兰绒（Flan，Flannel）也属于外来语，是优质粗纺呢绒。主要采用二级或二级以上的羊毛作原料，采用平纹及二上二下斜纹组织织成，有厚薄之分。特点是呢面有一层丰满细洁的混色夹花绒毛，不露底纹或稍露底纹，手感柔软、温暖，而有弹性，缺点是呢面易起球，适合做春秋各式服装。

（6）粗花呢。粗花呢属于粗纺呢绒中一个具有独特风格的大类品种。常用二种或二种以上的色纱合股，采用平纹、斜纹或各种变化组织而织成各类产品。特点是"花"，有人字形、方格形、混色夹花、星点等许多丰富的花纹。质地厚实，结实耐用，保暖性好。适合做春、秋、冬三季服装。

（7）钢花呢。属于粗花呢中的一种品种。最早由国外传入，也叫"火姆司本"，意思为家庭手工纺织的粗花呢。红、黄、蓝、绿的星点，像钢花四射一样，钢花呢由此得名。特点是质地紧密厚实，色彩丰富，风格独特。近年来又发展了镶嵌金银丝和异形涤纶丝的品种，使呢面显得更加美观。适用于春秋大衣、上衣等。

（四）毛型纺织品的编号

由5位数字组成，5位数字前面有拼音字母，拼音字母代表产地厂家。5位数的第一位数代表原料和精粗纺，第二位数代表品种类，第三、四、五位数代表不同规格。如是精纺则是第一位数为2，3，4，其中"2"代表全毛精纺，"3"代表混纺精纺，"4"代表精纺纯化纤。第二位数字代表具体品种，如：

1　代表哔叽；	6　代表女衣呢；
2　代表华达呢；	7　代表贡呢；
3、4　代表中厚花呢；	8　代表薄花呢；
5　代表凡力丁；	9　代表其他类。

如是粗纺则是第一位数为0，1，7，其中"0"代表全毛粗纺，"1"代表混纺粗纺，"7"代表粗纺纯化纤。第二位数字代表具体的品种，如：

1　代表麦尔登；	6　代表法兰绒；
2　代表大衣呢；	7　代表花呢类；
3　代表制服呢；	8　代表大众呢；
4　代表海力斯；	9　代表其他类。
5　代表女式呢；	

第三、四、五位数字代表具体规格：如Y06001，Y代表浙江嘉兴市毛纺厂，0代表全

毛粗纺，6 代表法兰绒。

四、丝纺织品

（一）丝纺织品的特点

丝纺织品来源于桑蚕丝、柞蚕丝、人造丝、合成纤维等，主要是桑蚕丝。它是纺织品中的高档产品，具有手感滑爽，穿着舒适，光泽柔和自然，富贵华丽的特点。我国素有“丝绸之国”的美称，生产的历史悠久，迄今为止已发展成一个品种繁多的大类。

（二）丝纺织品的种类

1. 按原料分类法

（1）真丝绸类。也叫桑蚕丝绸类，指经纬原料全部采用桑蚕丝，如双绉、杭罗、电力纺。

（2）绢丝纺绸类。经纬都是采用桑蚕的绢丝，（用丝和织造过程中的丝头和下脚丝制成的丝线）纺织而成。如：绢丝纺。

（3）柞丝绸类。指以柞蚕丝为主要纺织原料的纺品，外观比真丝绸粗糙一些，厚实一些，色彩更暗一些。但它坚牢耐用富有弹性，穿着舒适透气，而且价格便宜。如：柞蚕绸柞丝纺等。

（4）人造丝绸类。指经纬均采用黏胶人造丝、醋酯长丝、铜氨长丝等主要原料纺织的面料。如：美丽绸、人造丝古香缎、斜纹绸等。

（5）合纤绸类。指经纬采用涤纶锦纶或其他合成纤维长丝为主要原料的各种丝织物。如：尼龙纺、尼龙绸、尼龙织锦缎等。

（6）交织绸与混纺绸。指经纬采用人造丝或天然丝与其他纤维混纺或交织的仿丝绸织品。如：织锦缎、交织缎、涤纤交织绸等。

2. 按组织结构分类法

可分为纺、绉、缎、绢、绸、葛、绫、纱、罗、锦、绒、绨、呢、绡等十四大类。

（三）常用丝织物品种介绍

1. 纺

采用平纹组织，经纬丝不加捻。由生丝先织成面料，再经炼染或印花处理，使面料具有平整细腻，质地轻薄的外观。

（1）电力纺。它是以桑蚕丝为经纬采用平纹组织制成。因采用厂丝和电动丝织机取代土丝和木机制织而得名。电力纺有厚型和薄型之分。厚型的 $40g/m^2$ 以上，薄型的在 $20g/m^2$ 以下。电力纺质地紧密，光泽柔和，柔软滑爽。厚型适合做男女衬衫、裙类；薄型适合用作衬裙、头巾等。

（2）绢丝纺。经纬采用绢丝，用平纹组织织成。质地轻薄，光泽悦目，手感柔软，本色呈淡黄色，适合做夏季服装、睡衣裤等。

（3）尼龙纺。采用锦纶长丝织成的丝绸，又称尼丝纺。有薄型、厚型两种。薄型 $40g/m^2$，厚型 $80g/m^2$。特点是绸面光滑细洁，质地坚韧，耐磨性和牢度高，色泽鲜艳，易洗快干。主要用作男女服装，涂层尼龙纺，不透风不透水，可用作滑雪衫、雨衣、伞面等。

（4）杭纺。经纬均采用（3/50/70D）农工丝，采用平纹组织。主要产于浙江杭州，故得名杭纺，又名“素大绸”。它的重量是纺类产品中最重的一种。质地紧密厚实，绸面平整，穿着舒适凉爽。此种面料在洗涤时不宜用碱性肥皂洗，以免发花。适合做男女衬衫、裤料。

（5）富春纺。用黏胶人造丝与人造棉纱交织的纺绸。经纱采用 120D（D 为旦尼尔数，指 9000m 长的纱线有多少重）制无光人造丝，纬丝采用 18 支有光人棉纱纺织而成。采用平纹组织，经密大于纬密。特点是绸面光洁，手感柔软，色泽鲜艳，吸湿性好，穿着舒适。主要用作夏季衬衫、裙子面料或儿童服装等。

2. 绉

属于平纹组织。经、纬纱采用不同的捻度，使经、纬向伸缩各异，出现皱缩现象。手感柔软而富有弹性，光泽柔软。

（1）双绉。又称双纾绉，属于真丝织品。经向采用弱捻或不捻的生丝，纬向采用强捻生丝每两根左捻，两根右捻，依次轮流交替织成。炼染后，绸面出现隐约可见的均匀的闪光细鳞纹，别具风格。特点是质地柔软，平整紧密，穿着凉爽、透气，是夏季的高档面料。双绉的缩率特别大，一定要落水或放缩率。主要用作男女衬衫、衣裙等。

（2）碧绉。也叫单绉，是采用螺旋形捻丝作纬织成的丝织物。织法同双绉，所不同的是纬纱采用二根捻度不同的丝相互抱合成线，从单方向织入。特点绉纹略粗，光泽柔和，质地润滑，有弹性。适用于夏季衣料。

（3）留香绉。是我国的传统织品，具有民族特色，属于交织绸类，经纱为（20/22D）两合股厂丝及 75D 有光人造丝，纬用（20/22D）三合股强捻桑蚕丝，组织多采用平纹提花组织或皱纹提花组织。特点是质地柔软，花纹大方雅致，色彩鲜艳夺目。主要用于妇女春秋装、少数民族服装、舞台戏装等。

（4）乔其纱。采用平纹组织，经纬纱均采用 20/22D 厂丝，双股强捻织成，经纬密度很小。坯绸经精炼后，由于丝线的退捻作用而收缩起皱，形成绸面布满均匀的皱纹，结构疏松的乔其纱。特点是质地轻薄透明，透气性好，飘逸舒适，主要制作连衣裙、晚礼服等。

3. 缎

全部或大部分采用缎纹组织，经纬不加捻或加弱捻，原料是人造丝与真丝交织而成。缎类织物外观平滑光亮，柔软紧密，是具有悠久历史的丝织品。

（1）软缎。软缎是真丝与人造丝交织的结构。是缎类织品中最简单的一种，分为素软缎与花软缎。素软缎质地柔软，色泽鲜艳，高雅大方，洁净无花。花软缎以牡丹、月季、菊花等花为主，色泽绚丽，花纹突出，层次分明。素软缎适合舞台服装、刺绣、印花等艺术加工的坯料。花软缎适宜做旗袍、晚礼服、儿童披风斗篷等。

（2）绣锦缎。经线采用有捻真丝，纬线为有光黏胶丝，经线为一组，纬线为三组，在五枚经面缎纹上起出纬花。根据旗袍要求在前片的胸部和前、后片下摆处织入花纹，其余为缎地。缎面精细、夺目。

4. 纱

采用加捻真丝线织成透明轻薄的略有起皱的丝织物。

（1）香云纱。又称莨纱绸。黑胶绸或拷皮绸，是经茨莨液浸渍处理的桑蚕丝生织的提花绞纱丝织物。原产于广东省，曾一度消失，现又出现。香云纱表面乌黑油亮像皮革，手感凉爽滑润，挺括不皱并富有弹性，耐洗（洗时只需在清水中漂洗几次即可）、耐晒。缺点是经常摩擦之处易脱胶变黄。适用作东南亚地区的夏季便服、香港衫等。

（2）夏夜纱。以桑蚕丝作经，黏胶丝、金银线作纬，平纹地组织，纹纱组织作花的色织提花。织物平整挺爽，花纹纱孔清晰，地纹金银闪烁，适宜做高档妇女衣料等。

5. 罗

两组经纱和一组纬纱织成的表面呈现条状纱孔的丝织物。分为横罗和直罗，代表品种是杭罗。

杭罗经纬均采用工农丝，以平纹组织和纱罗组织交织而成。质地紧密、结实，孔眼清晰，凉爽透气，适宜做夏季男女衬衫。

6. 绫

属于斜纹或斜纹变化为地纹的组织。经、纬纱均采用单纱，一般不加捻或加弱捻，质地轻薄。

（1）桑丝绫。又称真丝斜纹绸，经纬采用桑蚕丝，用二上二下斜纹组织，质地柔软轻薄，有飘逸感，光泽柔和，适合做衬衣、连衣裙。

（2）美丽绸。经纬采用 120D 有光人造丝织成的斜纹组织。绸面纹路清晰，正面有明亮的光泽，反面暗淡一些，手感润滑，缩水率 8%，是较好的衣服里料。

7. 绒

其外表面有耸立或平卧的紧密绒毛或绒圈，外观华丽富贵，手感糯软，光泽美丽耀眼，是丝绸类中的高档丝品，悬垂感很强。

（1）乔其绒。是用桑蚕丝和黏胶丝交织的双层起绒丝织物。地经、地纬均为两种捻向的强捻桑蚕丝，绒经为有光黏胶丝。经纬交织形成双层织物，经割绒后分为两片织物。乔其绒绒毛浓密，光彩夺目，手感柔软，富有弹性。主要做妇女晚礼服、长裙等。

（2）金丝绒。作为地组织的经纬纱均采用 20/22D 厂丝，起绒丝用 120D 人造丝，平纹双层组织。绒面绒毛浓密，并呈顺向倾斜。质地坚牢，富有弹性。只能在反面轻烫，不可重压，不可喷水。主要做妇女衣裙及服饰的镶边等。

8. 呢

采用绉组织、平纹组织、浮点较小的斜纹组织或其他混合组织，采用较粗的有捻或无捻经纬丝制织的丝织品，外观粗犷，质地丰满富有弹性，光泽不明显。主要用于秋冬季女装、夹衣等。

9. 绸

绸类织物所概括的范围较广。除纱、罗、绒组织外，无其他类特征的丝织物都可归于绸类。

(1) 双宫绸。经采用 28/30D 桑蚕丝，纬采用 100～200D 的双宫丝织成的平纹组织。绸面不平整，纬粗经细，纬向呈不规则雪花状的疙瘩状。手感粗糙，给人以清新的独特风格。主要做男女衬衣、外套等。

(2) 花线春。也称“花大绸”，是金桑蚕丝纺织品，以平纹组织为地纹。起小提花，质地紧密、厚实、坚韧耐穿。正面花纹明亮，反面花纹暗淡，适合各季服装。

(3) 绵绸。又称疙瘩绸，以桑蚕䌷丝为原料。由于䌷丝纤维较短，整齐度差，含蛹屑多，纱支粗细不均匀，所以绸向上有黑色屑粒和疙瘩，手感粗糙，但质地厚实。悬垂性和弹性较好，舒适透气，主要用于衬衣、睡衣、裤、练功服面料。

10. 绢

采用平纹或重平组织（重平组织是经采用双根并列排列）绸面细密、平挺、质地轻薄，经丝弱捻，纬丝不捻。

(1) 塔夫绸。采用 20/22D 真丝，经炼熟以后织成的。绸面紧密细洁，平挺美观，光泽柔和，不易沾尘。但折皱后易产生折痕。主要用作妇女春、秋服装，节日礼服、羽绒服面料等。

(2) 天香绢。用 20/22D 厂丝作经纱，120D 有光人造丝作纬纱的平纹提花织品。绸面有闪光明亮的缎花。它是传统老产品，大多用于儿童斗篷。

11. 锦

锦是中国传统的高级多彩提花丝织物，采用真丝与人造丝交织而成。质地紧密厚实，手感光滑，外观五彩缤纷。宋锦、蜀锦、云锦、壮锦被称为中国四大名锦。

(1) 宋锦。主产地在苏州，经纬均采用真丝的提花组织，花纹一般有龟背纹、绣球纹等传统吉祥动物。装饰花朵、文字等。宋锦质地柔软、色泽光亮，古色古香。主要用于名贵字画、高级书籍封面装饰。

(2) 蜀锦。产于四川。质地坚韧丰满，织纹细腻，图案丰富多彩，色彩绚丽，对比色强，富有民族特色和地方风格。

(3) 云锦。产于江苏南京一带，有六百多年的历史。用料考究，采用金、银丝和五彩丝交织而成。面料上呈现瑰丽的云彩故名云锦。

(4) 壮锦。产于广西壮族自治区，以梅花、蝴蝶、鲤鱼等为题材。色泽艳丽，显示壮族人民热爱生活，热爱大自然的本色。

(四) 丝织物的统一编号

1. 外销编号

由 5 位阿拉伯数字组成。编号大致分为七类，其中与服装有关的有六类，左起第一位数是：1 代表桑蚕丝类原料或桑丝含量占 50%以上的桑柞交织的织物。2 代表合成纤维长丝、合成纤维长丝和合成短纤纱、线。3 代表天然短纤与其他短纤混纺的纱线所织成的织

物。4代表柞蚕丝类原料及柞丝含量占50%以上柞桑交织的织物。5代表黏胶纤维长丝或醋酯纤维长丝与其他短纤纱交织的织物。6代表交织绸类（除以上五类外的交织绸类）。

5位数字的第二位数字（0，1，2，3，8，9）或第二位和第三位数字（40～49），（50～59）（60～69）（70～79）分别表示丝织物所属大类的类别。

5位数的第三、四、五数字表示品种规格序号，第三位数既表示所含大类的类别，又表示品种规格序号。

2. 内销编号

内销编号由4位数字冠上地区代号组成。为区别，左起第一位数字不用1～7，而用8～9。8代表衣着用绸，9代表装饰用绸。第二位数字代表所用原料，第三位数字代表品种，第四位数字代表规格。由于内销产品是各省、地自编的，因此，对具体情况应具体分析。各省、市新产品编号前一段加各省代表字母，如浙江用H，然后由4位数编号。

五、几种纺织物的鉴别

（一）感官法

感官法是通过人的感觉器官（眼、耳、鼻、手等）根据织物的特性，直观地对被测纺织物进行判断。

1. 判断纯棉与棉混纺织物

（1）纯棉织物。外观光泽柔和，有纱头或杂质，手感柔软，弹性差。手捏紧后松开，布易皱，且折痕不易褪去。如果抽几根经纬纱捻开看，纤维长短不一；一般为25～35mm，用水弄湿纤维强力反而增强。

（2）涤/棉布。外观光泽较明亮，布面平整光洁，几乎看不到纱头或杂质。手感、布面感觉平整、滑爽、挺括、弹性好。手捏紧后放松，虽有折痕，但不明显，且能短时间恢复厚状。色彩多数淡雅素净。

（3）黏/棉布。光泽柔和明亮，色彩鲜艳。仔细观察纤维间有亮光，手摸面料光滑平整，捏紧后松开，折痕明显，且不易退去。经、纬纱用嘴弄湿后，牢度明显下降。织物浸水后增厚发硬。

2. 判断纯毛织物与毛混纺织物

（1）纯毛精纺呢绒。多数面料较薄，外观光泽柔和，色彩纯正。呢面光洁平整，纹路清晰，手感滑糯。富有弹性，悬垂性好。捏紧后松开，折痕不明显，且能迅速恢复原状，纱线大多为双股线。

（2）纯毛粗纺呢绒。大多呢身厚实，呢面丰满，不露底纹，手感丰满，温暖，富有弹性。质地紧密，有光，质地疏松，悬垂感较好。纱支数为单股。

（3）黏胶混纺呢绒。光泽不柔和，手感差。粗纺呢绒具有松散感，捏紧后放松。折痕明显，且恢复速度极慢，悬垂性差。多为粗纺，精纺少。已逐渐淘汰。

（4）涤纶混纺呢绒。以精纺为主，如派力司，花呢等。呢面平整，光滑，挺括，织纹清晰。弹性超出全毛和毛黏，毛感差于全毛或毛腈，糯性差。

3. 判断真丝绸与化纤绸

（1）真丝绸。光泽柔和，色彩纯正，手感滑润。轻薄柔软，绸面平整、光洁，富有弹性。干燥气候下，手摸绸面有拉手感，撕裂时有“丝鸣声”。

（2）黏胶丝织物。绸面光泽明亮不柔和，手感滑润，柔软飘逸感差。手捏易皱，而且不易恢复。撕裂时声音“嘶嘎”。经纬纱用嘴弄湿后，极易扯断。

（3）涤纶长丝织物。光泽明亮，但不柔和，手感滑爽平挺，弹性好。质地轻薄透明，悬垂感差，柔软性差。手捏紧后放松，无明显折痕。但经纬纱用嘴弄湿不易扯断。

4. 判断麻与化纤仿麻织物

（1）麻织物：手感硬挺、凉爽，弹性差，容易折皱，折痕较粗，不易退去，布面粗糙。

（2）化纤仿麻织物：外观较像麻织物粗糙，色彩比麻织物鲜亮，手感挺爽，弹性好，织物紧捏不皱，悬垂性较好。

感观法主要凭经验，方法简单。但随着纺织业发展，光靠感观法很难判断，需用其他方法。

（二）燃烧法

一般只适用于纯纺或交织。其方法是用火柴或酒精灯分别点燃从面料上抽出的几束经、纬纱，观察燃烧时的火焰颜色，燃烧速度，散发的气味，灰烬状态等。做试验时，应严格按照靠近→接触→离开三步进行，不能将抽出的纱直接放入火中。表 3－2 所列的是常见纤维燃烧时的特征。

表 3－2　　几种常见纤维燃烧时表现的特征

纤维种类	燃烧特征	气味	灰烬
棉	靠近火焰，不缩不熔；迅速燃烧；火焰橘黄色，有蓝色烟，离开火焰，继续燃烧	烧纸气味	灰烬少，呈线状，灰末细软，呈浅灰色，手触易成粉末
麻	同上	同上	灰烬少，浅灰色，或灰白色，手触易成粉末
丝	靠近火焰，蜷缩不熔；接触火焰，缓慢燃烧；离开火焰，自行熄灭；火焰橘黄色，并很小	烧羽毛或烧毛发的气味	黑褐色小球，手触易成粉末状
毛	靠近火焰，卷曲不熔；接触火焰，冒烟燃烧，有气泡；离开火焰，继续燃烧，有时自行熄灭，火焰橘黄色	烧羽毛或烧毛发的气味	灰烬多，形成有光泽的不定型的黑色块状物，手触成灰末状
黏胶	靠近火焰，迅速燃烧，橘黄色火焰	烧纸气味	灰烬少，深灰色或浅灰色
涤纶	靠近火焰，先收缩，后熔融；接触火焰，熔融燃烧；离开火焰，继续燃烧。火焰黄白色，亮，顶端有线状黑烟	特殊芳香味	黑褐色不定型硬块或小球状

续　表

纤维种类	燃烧特征	气味	灰烬
锦纶	靠近火焰，收缩熔化；接触火焰，熔融燃烧；离开火焰，继续燃烧。燃烧时，有融熔物滴下，趁热能抽成细丝。火焰小，下部呈蓝色火焰	难闻的刺激性气味	坚韧的褐色硬球，不易压碎
腈纶	靠近火焰，先软化，再收缩；接触火焰，收缩、燃烧；离开火焰继续燃烧。火焰亮黄色，闪光。燃烧时，有急促的“呼呼”声	似辛辣味	黑色，脆性小的硬快，易压碎
维纶	靠近火焰，收缩，接触火焰，收缩、燃烧，有浓黑烟；离开火焰，继续燃烧	难闻的特殊臭味	黄褐色，不定型硬块，凝结在纤维顶端，用指压，不易碎
丙纶	靠近火焰，收缩熔融；接触火焰，缓慢燃烧；离开火焰，继续燃烧，燃烧时有熔融物滴下，趁热可拉成丝。火焰明亮，顶端冒着黑烟	烧蜡气味	褐色，不定型透明块状，易压碎
氯纶	靠近火焰，收缩软化；接触火焰，难燃烧；离开火焰，即熄灭	氯气的刺激性气味	不规则的黑色硬块

（三）显微镜观察法

即借助显微镜来观察各种纤维的外观和横截面形态，从而达到鉴别纤维的目的（见表 3－3）。这是鉴别天然纤维的好方法，对于化学纤维只适用于湿纺纤维。

表 3－3　　各种纤维的外观和横截面形态

纤维名称	纵向形态	截面形态
棉	扁平形，具有天然扭曲	腰圆形，中间有空腔
苎麻	竖纹，有横节	腰圆形，中间有空腔及裂缝
亚麻	同上	多角形，空腔较小
羊毛	表面有鳞片	圆形或近似圆，有的有髓质层
桑蚕丝	平直，粗细不均	不规则三角形
黏胶纤维	纵向有沟槽	锯齿状，有皮芯层
维纶	有 1～2 根沟槽	腰圆形，有皮芯层
纶	平直或有 1～2 根沟槽	圆形或哑铃形
氯纶	同上	接近圆形
涤纶	平直，粗细均匀	圆形
丙纶	同上	同上

六、纺织品的保管

（一）纺织品在保管中的质量变化

1. 霉烂

霉烂是微生物作用于纺织品，破坏了原成分的结果。凡是含有纤维素、蛋白质、脂肪类和有机酸等物质的商品都是易霉腐商品。其中棉麻、黏纤等织品，主要成分是纤维素，最易霉变；毛、丝织品是蛋白质纤维，织品也会霉变。上述纤维与合成纤维混纺也会霉变，但程度甚微。

2. 虫蛀

天然纤维及其混纺织品，含有纤维素、蛋白质等营养，是衣蛾、白蚁等虫的良好食料，特别是羊毛、丝绸等织品，主要成分是角质蛋白质，虫最喜欢吃。特别要注意做好防蛀工作。

3. 脆化

脆化是指纺织品的强力下降。发脆的原因很多，主要是由于：①织物霉烂，引起织物发脆；②经过染整后加工的织物由于染料和整理剂与阳光和水分的作用，发生水解及氧化等反应，最后导致材料发脆；③由于储存过久，保管不良，使纺织品长期受到空气、潮气、闷热、日光等的影响而导致纤维遭到破坏，也会发脆。

4. 鼠咬

纺织品在仓储、搬运过程中，如果保管不当，会发生鼠咬现象。一旦发生会造成纺织品的损伤及品质变化。

（二）纺织品的保管工作

1. 霉烂的防治

（1）使用防霉药剂。

（2）保持清洁干燥。

（3）对织物进行防霉整理。

2. 虫蛀的防治

（1）保持清洁干燥，控制湿度。

（2）使用防蛀药剂。常使用的是符合国家标准的樟脑精。

3. 脆化的防治

（1）注意做好防潮的工作。

（2）避免阳光的直接照射。

4. 鼠咬的防治

（1）保持清洁干燥。

（2）使用灭鼠药剂或使用灭鼠工具。

阅读材料

纺织纤维

（1）定义：纤维是天然或人工合成的细丝状物质，纺织纤维则是指用来纺织布的纤维。

（2）纺织纤维特点：纺织纤维具有一定的长度、细度、弹性、强力等良好物理性能。还具有较好的化学稳定性，例如：棉花、毛、丝、麻等天然纤维是理想的纺织纤维。

（3）纺织纤维分类：天然纤维和化学纤维。

①天然纤维包括植物纤维、动物纤维和矿物纤维。

A. 植物纤维。如：棉花、麻、果实纤维。

B. 动物纤维。如：羊毛、兔毛、蚕丝。

C. 矿物纤维。如：石棉。

②化学纤维包括再生纤维、合成纤维和无机纤维。

A. 再生纤维。如：黏胶纤维、醋酯纤维。

B. 合成纤维。如：锦纶、涤纶、腈纶、氨纶、维纶、丙纶等。

C. 无机纤维。如：玻璃纤维、金属纤维等。

（4）常见纺织纤维的纺织性能：

①羊毛：吸湿、弹性、服用性能均好，不耐虫蛀，适用酸性和金属结合染料。

②蚕丝：吸湿、透气、光泽和服用性能好，适用酸性及直接染料。

③棉花：透气、吸湿、服用性能好，耐虫蛀，适用直接还原偶氮、碱性媒介、硫化、活性染料。

④黏胶纤维：吸湿性、透气性好、颜色鲜艳、原料来源广、成本低，性质接近天然纤维，适用染料同棉花。

⑤涤纶：织物挺、爽、保形性好、耐磨、尺寸稳定、易洗快干，适用分散染料、重氮分散染料、可溶性还原染料。

⑥锦纶：耐磨性特别好、透气性差，适用酸性染料、散染料。

⑦腈纶：蓬松性好、有皮毛感，适用分散染料、阳离子染料。

任务二 服装

任务导读

亚麻织物储藏

亚麻织物最好保存在阴凉、干燥通风的地方。在亚麻织物储藏前应当先清洗，防止霉变。如果有霉变发生，请把亚麻织物拿到户外（防止霉菌孢子留在室内）用刷子刷去霉斑，刷完后浸泡在含氧型漂白清洁剂中清洗晾干。最后用纯亚麻、纯棉或无酸纸袋把洗好的亚麻织物包好储藏。不要用人工复合材料，普通棉纸或塑料袋包装亚麻织物，也不要将亚麻织物放入雪松木的柜子或硬板纸箱储藏。如果要长时间储藏亚麻织物，应该时常把叠好的亚麻织物打开重新叠好再储藏，以免留下明显折痕。

任务分析

织物吸湿易使天然纤维织物或再生纤维织物发霉，要防止织物的发霉、变质，就要学会保管。棉、呢绒、化纤等不同面料的服装保管的方法也不同。

知识链接

一、服装的种类

服装的种类很多，主要有以下几种分法。

（一）按用途分类

1. 内衣

内衣紧贴人体，起护体、保暖、整形的作用。

2. 外衣

外衣则由于穿着场所不同，用途各异，品种类别很多。

外衣按用途又可分为：社交服、日常服、职业服、运动服、室内服、舞台服等。

（二）按服装面料与工艺制作分类

按服装面料与工艺制作可分为中式服装、西式服装、刺绣服装、呢绒服装、丝绸服装、棉布服装、毛皮服装、针织服装、羽绒服装等。

（三）其他分类法

1. 按性别分类

按性别分类可分为男装、女装。

2. 按年龄分类

按年龄分类可分为婴儿服、儿童服、成人服（青年服、中年服）。

3. 按季节分类

按季节分类可分为春装、夏装、秋装、冬装。

4. 按特殊功用分类

按特殊功用分类可分为耐热的消防服、高温作业服、不透水的潜水服、高空穿着的飞行服、宇航服、高山穿着的登山服等。

二、服装号型标准及质量标准

（一）服装号型标准

服装号型标准是表示服装规格尺寸、长短、肥瘦的标志。我国制定了《服装号型标准》（GB 1335—91）作了规定。

1. 号型定义

标准将身高命名为“号”，以 cm 为单位表示，它是设计和选购服装长短的依据。将人体胸围和人体腰围分类代号为“型”，以 cm 为单位表示，它是设计和选购服装肥瘦的依据。为了准确反映人体在体型上的变化，该标准依据男女的胸围或腰围的差数将男子、女子体型分为 4 类，即 Y、A、B、C 型（表 3-4）。

表 3-4　服装号型标准

体型代号	男式胸腰围差（cm）	女式胸腰围差（cm）
Y	17～22	19～24
A	12～16	14～18
B	7～11	9～13
C	2～6	4～8

2. 号型标志

标准规定，成品服装必须标明号、型，号型之间用线分开，后接体型分类代号。例如：号型为 160/84A 的女式服装，则适合于身高在 158～162cm，净胸围在 82～85cm 且胸围和腰围差在 14～18 的女子；号型为 160/68A 的女式下装，则适合于身高在 158～162cm，净胸围在 67～69cm 的，且体型为 A 类型女子。套装的上下装分别标明。儿童不分体型，不带体型分类代号。

服装上标明的号的数值，表示该服装适合于身高与此相类似的人。服装上标明的型的数值，表示该服装适合于胸围或腰围与此相似的人；服装上标明的体型分类代号，表示该服装适合于胸围、腰围之差在此范围的人。

3. 号型系列

将人体的号和型进行有规律的分档排列就称之为号型系列，在号型标准中以 5cm 为身高分档，胸围以 4cm 和 3cm 为上装的分档，腰围以 4cm、3cm、2cm 为下装的分档。上装一般采用 5·4 系列、5·3 系列，下装为 5·4 系列、5·3 系列、5·2 系列。5 号型的配置应用，要灵活配置。号和型同步配置，如：155/80、160/84、165/88、170/92 等；一号多型配置，如：165/80、165/84、165/88、165/92 等；多号一型配置，如：155/88、160/88、165/88、170/88 等。

（二）服装质量标准

1. 号型规格要求

用量尺测量成衣各部位的尺码，对照工艺单，按照各种服装的最大允许偏差规定，检查是否符合要求，如表 3－5 所列。

表 3－5　服装测量方法

部　位	测量方法	允许偏差（cm）
衣　长	由前身肩缝最高点垂直量至底边	±1
胸　围	纽扣扣好、前身摊平	±1.5
领　大	领子摊平横量，立领量上口	±0.6
袖　长	由袖子最高点量至袖口	±0.7
总肩宽	由肩袖缝交叉摊平横量	±0.7
裤　长	由腰上口沿侧缝垂直量至裤脚上	±1
腰　围	裤钩扣好沿腰宽中间横量	±1.2
臀　围	前后裤片摊平，上裆 1/3 处横量	±1.5

2. 辅料规定

要求衬布的缩水率与布料相一致，缝线与面料的颜色，缩水性等相适应；纽扣的色泽、质地与面料相称等。

3. 技术要求

（1）对条对格规定。面料有明显条、格 1.0cm 以上者，规定进行检验；面料有明显条、格 0.5cm 以上的，手巾袋与前身条料对条，格料对格，互差不大于 0.1cm。

（2）拼接规定。挂面、领里允许两接一拼，腰面允许两块一拼，拼缝应与侧缝或后裆缝对齐，避开扣眼位，在两眼距之间拼接。

（3）色差规定。色差应按 GB 250—84 或 ISO/AOI1984 标准，用色卡在一定条件下对成衣进行色差对比检验。

（4）外观疵点。服装的每个独立部位要求只允许有一处疵点，如超过要降级。

（5）缝纫要求。各部位线路顺直，无跳针、抛线；针迹均匀清晰，起止回针牢固，无漏针、脱线，明线的针距密度为每 3 厘米 14～18 针；上袖圆顺，前后基本一致，眼位不偏斜，扣与眼位相对；领头平服，不翻翘，对称部位基本一致。

（6）熨烫外观。整烫平整，缝纫要烫制、烫干，无水花、无极立。

（三）等级划分

服装划分为一、二、三等品，有规格、缝制、外观、色差、疵点 5 项指标。只要成品不符合其中一项，就要根据情况进行降级等。

三、服装的保养

（一）棉麻服装的保养

1. 洗涤

棉麻服装因棉纤维耐碱性强，耐热性好，湿态强度高于干态强度，因此，可选用各种

洗涤剂进行洗涤，既可以手洗，也可以机洗。

洗涤温度由织物的颜色而定。一般温度控制在 40℃～50℃。浅色服装和染色牢度高的服装温度可高一些，深色服装和染色牢度差的服装则温度低一些，以防温度过高而引起褪色。

洗涤方法应根据织纹组织而定。提花面料不宜用硬刷刷洗，以免布面起毛或撕破，影响织纹刷洗。

麻织物的服装由于麻纤维与棉纤维相似，因此，洗涤方法也与棉织物相似。只不过麻纤维刚硬、抱合力差，洗涤时应比棉布服装轻柔些，不要在搓板上猛力搓揉，切忌用硬刷刷洗，也不能用力拧绞，否则布面会起毛，影响服装的内在质量和外观效果。

棉麻服装在日光下晾晒时，除浅色衣物外，一般反面朝外，并避免在日光下暴晒。

2. 熨烫

熨烫温度范围应在 180℃～200℃之间，并加上垫布，以避免产生亮光。

3. 收藏

应置于阴凉干燥处收藏。

（二）呢绒服装的保养

1. 洗涤

一般高档的呢绒服装做工精良、辅料多，服装保型挺括要求高。因此，对于这类服装应尽量干洗而不要水洗。以免服装皱缩变形，手感僵硬和失去弹性。

一般呢绒服装在冷水中浸泡，时间不宜过长。根据面料的色泽、肮脏程度和厚薄等情况来确定时间的长短。浅色的服装浸泡时间可长一些，深色、染色牢度差的服装浸泡时间应短一些。洗涤温度应控制在 40℃以下，否则会产生缩绒，影响手感和弹性。由于羊毛纤维耐碱性差，因此，洗涤时应选用中性洗涤剂，最好使用羊毛专用洗涤剂。羊毛专用洗涤剂对羊毛具有高效、快速的去污作用，对羊毛具有保护作用。

呢绒服装的洗涤采用挤压和刷洗的方法。洗涤时间不宜过长，以防止纤维相互咬合而产生缩绒。刷洗应顺着纹路，选用软毛刷刷洗，切忌用力过猛。

服装漂洗时的水温与洗涤时的温度相同，防止因水温差异过大而导致缩绒。洗涤后不要拧绞，用手挤出水分后，最好平摊使其晾干，直挂时用折半挂法。晾晒时应选择阴凉通风处，不要在阳光下暴晒，以防毛料失去油润的光泽和强度下降。衣服晾至半干，再进行一次整形，去除皱纹，便于熨烫。

2. 熨烫

熨烫温度应控制在 160℃以下，熨烫时，熨板上要垫上毯子或湿布，衣服上要放垫布，以免产生亮光。

3. 收藏

由于羊毛纤维易霉烂，所以呢绒服装收藏前一定要晾晒干燥。另外，为防止虫应加放樟脑丸收藏。

（三）丝绸服装的保养

1. 洗涤

丝绸服装中棉类、缎类和绒类服装最好干洗，其他服装都可以水洗。手洗的效果比机洗的效果好。

丝绸服装因丝纤维耐碱性差而特别怕盐，因此，丝绸服装沾上汗液应及时洗涤。洗涤时不要在冷水中浸泡时间过长，要随浸随洗，洗涤应在微温或冷水中进行，速度应快些，防止织物褪色。洗涤时用力不能过猛，应轻轻大把大把揉搓。大多数丝织面料具有独特的天然光泽，为了保护这种光泽，洗涤时选用中性洗衣粉或洗涤剂，最好使用丝绸专用洗涤剂，这种洗涤剂性能温和，不损伤织物，洗涤后织物不缠绕、不起皱，衣物色彩更艳丽、更洁净。

洗后用温水或冷水漂洗干净，挤去水分后用衣架挂在阴凉通风处阴干。切忌在阳光下暴晒，否则会使织物强度显著下降，褪色，手感变硬。

2. 熨烫

熨烫温度应控制在100℃以下，并加放上垫布，熨烫时压力要小，应轻提起熨。

3. 收藏

折叠后，将服装包其置于干燥处收藏。

（四）人造纤维服装的保养

1. 洗涤

人造纤维服装主要是黏胶纤维服装。因黏胶纤维湿态强度比干态强度下降得多，所以，黏胶纤维服装在冷水中浸泡的时间要短，最好随浸随洗。洗涤方法以手洗大把揉搓为宜，切忌用板刷刷洗，用力要均匀。

黏胶纤维的耐碱性较好，因此，一般的洗衣粉和洗涤剂均可。洗涤温度一般控制在常温下，浅色的和染色牢度高的服装洗涤温度可高一些，而深色和染色牢度低的服装洗涤温度可适当低一些。

洗后用温水或冷水漂洗干净，晾晒前切忌用手拧绞，应放在阴凉通风处阴干，切忌在阳光下暴晒。

2. 熨烫

此类织物熨烫比较容易，但熨烫时不宜用力拉扯服装材料，以防变形。温度控制在165℃～185℃。在织物反面直接熨烫。

3. 收藏

折叠后置干燥处，作好防霉工作。不能长时间在衣柜中悬挂，以免伸长变形。

（五）合成纤维服装的保养

1. 洗涤

合成纤维的耐碱性强，因此对洗涤剂的要求不高，一般中性洗衣粉和洗涤剂均可使用。洗涤方法既可以水洗，也可以机洗。以大把大把轻轻揉搓为主，用力过猛会使面料表面起毛起球。重点部位或较脏的部位用软毛刷刷洗。洗涤温度可控制在常温下。洗后漂洗干净，不宜用力拧绞，衣服带水在通风处阴干。

2. 熨烫

熨烫温度应控制在160℃以下，熨烫薄型化纤服装时熨烫压力和时间应适当扣减。

3. 收藏

折叠整齐后置阴凉干燥处收藏。

（六）羽绒服装的保养

1. 羽绒服装可以干洗也可以水洗

水洗时先用冷水浸泡润湿，再挤出水分，放在30℃左右的洗衣粉中浸透，然后把服装平瘫在台板上，用软毛刷刷洗。洗好后用清水漂清，再将服装摊平，用干毛巾盖上，包好后挤出羽绒服的水分，也可以将其放入网兜沥干水分。最后，用衣架将羽绒服挂于阴凉通风处晾干。等羽绒服干透后，用小棒轻轻拍打，使其蓬松，恢复原样。

2. 收藏

适量放入用纸包好的樟脑精，防止虫蛀。避免长期重压。

四、服装的除渍

（一）服装除渍的原则

1. 及时除渍

衣服上沾上污渍要及时除渍，否则污渍会渗入纤维的内部与纤维紧密沾住或与纤维发生化学变化，以致不易或难以除渍。

2. 正确识别污渍

如果识别不清会导致选择错误的除渍方法，加剧污渍的程度。正确识别污渍是科学地选择除渍方法的前提。如果没法知道，只能凭视觉、嗅觉鉴别，必要时平悬在蒸汽上再嗅。

3. 污渍不明之前不宜用热水浸泡

因为有些污渍受热会凝固在衣物上更难以洗除。除渍剂一次不要用得太多，“多次少用”一般比“一次多用”有效，因为多数除渍剂清除污渍需要一定的时间。

4. 选择合适的操作方法

动作要轻快，切忌激烈硬刷。擦拭时，应从污渍的边缘向中心擦拭，以防污渍向外扩散。硬性污渍须待软化后再刷。

5. 除渍后衣服应洗净

衣服除渍后应及时漂洗干净，避免化学药剂残留在衣服里损伤衣料，留下色圈，并给穿着者带来不适。

（二）不同污渍的去除方法

1. 墨渍

如果一旦沾上墨渍，应立即用肥皂洗涤，否则难以去除。一般取米饭、粥等热淀粉加少许食盐用手搓揉，再放到温肥皂水中搓洗。如果浅色织物上有残渍，一方面可用上述方法重复几次；另一方面可以用较浓的肥皂和酒精液反复擦洗，最后清水漂净。

2. 汗渍

除毛、丝织物外，可先把织物浸泡在氨水液中，使汗渍中的脂肪质有机酸与氨水中和，然后用清水清洗，最后用苯去除汗渍中的脂肪渍，再用水漂净。如果是毛、丝织物则用柠檬酸或1%的盐酸液洗涤，然后再清水漂净，切忌用氨水。

3. 血渍

切忌用热水洗，因为血遇热会凝固粘牢。丝、毛织物上的血渍可先在冷水中或稀氨水液中浸泡，然后再用肥皂液洗净，清水漂净。如有残渍，可用蛋白质酶化剂温湿处理，然后用肥皂洗，最后用水漂洗净。其他织物上染有血渍可用冷水或肥皂的酒精液洗涤。如有残渍，可先滴几滴双氧水在血渍处，然后用肥皂的酒精液洗除，最后清水漂净。

4. 油漆渍

一旦沾上油漆应尽快除去，否则变成陈渍难以去除。毛、丝织物和合成纤维织物上沾有油漆渍，可用氯仿与松节油或松节油与乙醚的等量混合液搓洗。如果是陈渍则除此之外，还要用苯、石脑油或汽油擦洗。如果留有残渍可用上述方法重复几次，纤维素纤维织物则可选用苯、石脑油、汽油、火油、松节油、肥皂的酒精液擦洗，再用肥皂液搓洗，最后用水漂净。

5. 鞋油渍

鞋油渍可用汽油、松节油或酒精擦除，再用肥皂洗净，最后用水漂洗净。

6. 酸渍

酸渍对织物有腐蚀作用，它会使织物颜色褪变。一旦沾上酸渍应立即用冷水冲洗，然后用海绵或毛巾吸干，再用10%氨水或小苏打溶液倒在污渍上进行中和，最后清水漂净。如有残渍可重复多洗几次。

7. 圆珠笔芯油渍

切忌用汽油。应用酒精或香蕉水和四氯化碳的等量溶液进行揩洗，最后用水漂净。如有残渍，可加混少量苯，然后轻轻擦洗，最后用水漂净。

8. 复写纸渍

复写纸渍可用肥皂液洗刷，如有残渍，可用石脑油、汽油或酒精擦除，然后用水漂净。

9. 指甲油渍

先用汽油或四氯化碳润湿，然后用含氨水的皂液刷洗，再滴上香蕉水轻擦，最后用汽油擦拭干净。

10. 染发水渍、香水渍

先用水润湿，然后用温甘油刷洗，洗净后加几滴醋酸再洗，最后用水漂净。白色织物如有残渍可用3%双氧水漂白处理。

11. 口红渍

先用汽油、石脑油或四氯化碳润湿，然后用含氨水的皂液清除。切忌当织物沾上口红时摩擦，防止污渍渗入织物难以去除。如有残渍可用太古油2份，氯仿1份，四氯化碳1

份，酒精和氨水各 1/2 份的混合液进行揩洗，最后用水漂洗。

12. 碘酒渍

比较淡的碘酒渍可用酒精或碘化钾溶液擦洗，浓的可用稀大苏打液或大苏打和酒精的混合液进行揩洗，然后充分用水洗漂净。

13. 红药水渍、紫药水渍

先用甘油刷然后用含氨的皂液多洗几次，最后用水漂净。白色织物可再用 3%双氧水处理。

14. 酒类渍、酱油渍、醋类渍

切忌用热水泡，应立即用清水或肥皂搓揉。如有残渍可用加氨液的硼砂水洗涤。

15. 芥末渍

切忌用热水和碱液洗涤，否则难以去除。可先在污渍上洒上淀粉，再用温甘油刷洗，然后用清水漂净，再用 10%的醋酸润湿，刷洗后用清水漂净。如还有残渍可用双氧水漂除。

16. 茶渍、咖啡渍

新渍用热肥皂水洗涤，陈渍先将甘油倒在织物上使之渗透，然后用硼砂水或含酒精的皂液洗，最后用水洗净。为了加强去污效果可用蛋白质酶化剂温湿处理或用双氧水进行漂白。

17. 红墨水渍

可先放在冷水中较长时间的浸泡，然后在皂液中搓洗，最后用水漂净。也可先用 40%的洗涤剂洗，再用 20%的酒精洗。

阅读材料

新型环保型纤维

一、天丝

天丝（TENCEL）是一种全新的再生纤维素纤维（木浆纤维），采用以氯化铵为基础的溶剂纺织技术制取而成。它是一种环保型纤维，天丝面料湿强度高，有良好的尺寸稳定性和吸湿性，面料色泽鲜艳，手感柔顺滑糯，具有天然纤维的舒适感。当有湿度时，天丝织物会膨胀，可以在防雨水和雪的侵入同时，仍保持它良好的透气性。

手洗、机洗、干洗皆可，柔软不会变型。但不可使用漂白剂，适宜阴干，不可拧干。

二、莫代尔

莫代尔（MODAL）是由山毛榉木浆粕制而成，浆粕的产生和纤维的产生是在对环境无污染的情况下进行的，所以是一种新型绿色纤维科技产品。

具有棉的柔软、丝的光泽、麻的滑爽。所以它号称“人的第二皮肤”。与棉混纺可达到丝般的光泽，面料有柔软的触摸感、悬垂性良好，经久耐穿，是一种绿色环保型纤维。价格介于天丝和普通黏胶之间。

手洗、机洗、干洗皆可，柔软不会变型。

任务三　皮革、毛皮及其制品

任务导读

暂时不穿的皮鞋怎样储存

我们穿用皮鞋都有季节性，过季换下的皮鞋要储存和保存起来。重点要以防潮、防霉和防止皮鞋变形为中心。换季的皮鞋要及时认真地清除污垢、污泥和尘土。鞋面出现裂纹的，要修补一下，然后仔细地打上鞋油。收藏时鞋油也不能涂得太多，因为鞋有一定的挥发性和干燥性，涂得过多，存放的时间一长，反而造成皮面干裂。收藏时最好涂少许生鸡油、生猪油或甘油，可使皮面保持柔软润泽而不变形。

任务分析

皮革如果储存的方法不当很容易导致皮革的变质，影响到皮革的整体美观。

知识链接

一、皮革及其制品

（一）皮革的性能

皮和革是不同的，它们既有密切的关系，又有严格区别。皮是指各种动物的皮（即生皮），它在经过了一系列的物理与化学加工鞣制后转变成一种固定、耐用的物质，称为革。未经物理与化学鞣制过的生皮，干燥后特别硬，但遇到水后又变软，容易腐烂。经化学鞣制后，由于鞣皮剂与生皮中的蛋白质、纤维结合固定，就使动物皮变成了是有柔软、坚韧，遇水不易变形，干燥不易收缩，耐湿热，耐化学药剂作用等性能，并且有透气性、透水气性和防老化性等优点的革。

（二）皮革的种类及其特性

1. 按原料的不同分类

分为猪、牛、羊、人造皮革等。它们的性能各不相同。真皮革断面有网状纤维层和真皮层。人造皮革只有底基和泡沫层。

（1）猪皮革的特性。猪皮革表面的毛孔圆且粗大，毛孔深且呈一定角度，毛孔的圆形是三根一组。从侧面看有鱼鳞状花纹，毛孔眼深，能透过纤维层，皮革反面有清晰的毛孔眼和花纹。

（2）牛皮革的特性。毛孔呈圆形，较垂直地伸入到革内，毛孔紧密而均匀；牛皮革表面有细小花纹，手感好，花纹较深，用手指在皮革背面用力外顶表面花纹仍不消失。

（3）羊皮革的特性。表面毛孔清楚、深度较浅，毛孔呈扁圆鱼鳞状。羊皮革具有轻、软，手感舒适的特点，表面花纹细小，清晰。

（4）人造皮革的特性。人造皮革有人造革和合成革两类，是由纺织布底基或无纺布底基，分别用聚氯乙烯糊状树脂、聚氨酯等涂复并采用特殊发泡处理制成的，表面手感酷似真皮，但透气性、耐磨性、耐寒性都不如真皮。

人造革的性能主要取决于塑料的特性，它具有比重轻，机械强度幅度大，耐酸、耐碱、耐油、耐折，不透水等优良性能。在外观上，人造革的色泽鲜艳，花纹多样，极为美观。因此，它的用途十分广泛，可用来制作鞍具、装饰具、地板墙壁、服装、箱子、包装和靴鞋等。但人造革透气性和吸湿性差。

合成革有着近似天然皮革的纤维结构，所以它具有一般天然皮革透气、吸水等特征，各方面的性能都优于人造革，可以制成各种色彩鲜艳的皮革制品，几乎所有的天然皮革生产的产品，合成皮都能代替。它可以用于制作皮鞋、服装、手套、裤带、表带等。但合成革还是存在透气性差的问题。

2. 按用途分类

分为鞋用革、工业用革、服装革、手套革、箱包革、沙发革、体育用革、装具革、带子革等。

3. 按加工方法分类

分为轻革、重革、二层革、绒面革等。

（1）轻革。即加工后具有轻而柔软、多数染有颜色等特性，可制作鞋面、服装、手套和软包、皮件等的皮革。

（2）重革。即加工后具有较厚且坚韧耐磨等特性，可供制作鞋底，以及军需、工业及民用皮件等的皮革。

（3）二层革。皮革在生产过程中剖下的第二层，没有粒面花纹，而是通过不同的装饰方法造出一个假粒面以模仿全粒面革的皮革。

（4）绒面革。在粒面磨出天鹅绒般细绒的皮革，绒毛细致并隐约可见毛孔。

（三）皮革的缺陷及其鉴别

1. 皮革缺陷

（1）生产过程造成的缺陷

①松面与管皱。检查时将革面向内弯曲 90°，粒面上出现较大皱纹，放平后皱缀：不消失，即为松面；若出现粗大皱纹，放平后不消失，即为管皱，管皱也可以说是严重的松面。

②龟纹（粒面粗皱）。在革面不松壳的情况下，粒面上出现条形或圆形粗皱。

③裂面（未经涂饰的革粒面）。皮革在拉伸、弯曲、折叠、强压时，粒面上出现裂纹的现象叫做裂面。造面裂面的原因很多，有原料皮的质量问题，也有操作不当所造成的问题。

④僵硬。皮革的革身偏平、板硬，手感无弹性，不柔软，晃动时会发出似牛皮纸的响声，似木板状，都称僵硬。这种皮革不耐曲折、易断裂，原因是鞣制不良或操作不当或原料皮胶化所致。

⑤散光、裂浆、露底。皮革拉伸时，涂层的颜色改变为散光。皮革拉伸时用食指在皮革肉面往上顶并来回移动时，涂层裂开即为裂浆。在做裂浆试验时皮革呈现底色叫露底。产生掉浆及散光、裂浆、露底的原因很多，有可能是使用的原材料或配方不当，还有操作及皮革本身的缺陷所造成的。

⑥油霜、盐霜。油霜是指革面所形成的白色粉状油脂渗出物，是原料皮本身所含高熔点硬脂酸类物质未除净或加脂剂中含过多该种物质造成的。不严重的油霜，可用电熨斗熨烫后，用热湿布擦除。盐霜是指皮革在干燥过程中，粒面上出现的灰色霜状物，是革在中和后未经充分水洗，致使革中含有大量可溶性盐类造成的。

⑦掉浆。涂饰层粘着不牢或脆裂，易从革的粒面上脱落下来。

（2）原料皮上的天然缺陷

①蛇眼和蛇底。由于蛇眼钻透皮层，特别是背脊部，如已穿透形成孔眼的称为蛇眼。蛇眼愈合后，在革里留有明显不平的小坑痕迹称为蛇底。这种缺陷不仅影响外观质量，也影响机械强度，服装和皮革面等都不能选做。

②虱疗。经虱咬伤粒面的伤残，或粒面上的咬伤虽已愈合，原仍留有严重的疤点伤痕，称为虱疗，严重的整张皮遍布虱疗，影响正面革外观，但对磨面革没有影响。

③痘疤。由于家畜出了天花传染而形成的，绵羊、山羊常常受感染而遍布于全身，皮革上呈现出小斑点。

④鞭伤。在饲养期间，人们用皮鞭、棍或尖锐器械抽打驱赶家畜，造成鞭伤。对皮革的美观和质量影响较大。

⑤血管腺。俗称血筋，皮革里的血管腺，在痕迹处不起绒毛，形成痕状，虽经制革削匀或磨里后，仍留有血管痕，则明显血管腺轻的皮革仍可制作各种革制品，重则报废。其他还有咬伤、癣癞、颈折、折纹、烙印、剪伤等缺陷。

2. 缺陷的鉴别

（1）显微结构检验。把皮革切成薄薄的片，用显微镜或电子显微镜放大观察，纤维组织结构状况，以确定生产工艺流程中皮革的变化，质量的好坏。一般大型制革厂或新产品试验研究，要制定工艺路线采用此方法。

（2）化学分析检验。此法用以测定皮革中各种化学成分的含量，从而鉴别质量的好坏。一般分析的项目有水分、结合鞣、三氧化二铬，油脂、灰分、皮质、水溶物等。通过化学分析就知道皮革内的成分，从而达到质量鉴别的目的。

（3）物理测定检验。物理测定检验对鉴定皮革的质量具有很大的说服力。物理测定检验与感官法基本上一致，但物理测定准确，项目更全面。物理性测定用专门仪器来测定皮革的抗张强度、延伸率、收缩温度、吸水性等物理机械性能。

（4）感官检验。根据人的手感、目测来评定皮革质量的方法，称为感官检验。由于皮革的某些性能如弹性，丰满、软硬程度、粒面的细致光滑、伤残的多少、大小、花色、散光程度等，还无法用仪器检验出来，而感官鉴定是一个简单又迅速的方法。

（四）皮革的包装、标志、保管及运输

1. 包装

各种皮革成品均应按鞣制方法、种类和等级的不同，分别按下列规定进行包装。

（1）底革和工业用重革。应将粒面向外，包装成平捆或卷筒，用结实的绳索或塑料带捆牢，每捆（卷）的重量不得超过 50kg。

（2）鞋面革、服装用革和装具用革。应按幅面大小，粒面向外，每 5 张或 10 张包装成平捆或加卷心卷成筒，用塑料带捆牢。

（3）彩色革、油鞣革、白色革和皮辊、皮圈革。在包装时应先将戳印部位保护好，不得沾污革面；漆革应肉面与粒面相叠。将 5 张或 10 张包装成平捆或加卷心卷成筒；浅色和艳色的小捆必须用包装纸包装，并用塑料带捆牢。

（4）绒面革。应将绒面和绒面相对，将 5 张或 10 张包装成小捆或加卷心卷成筒，用塑料带捆牢。

（5）手缝球革。应从背脊线粒面向内对叠，将 5 张或 10 张包装成小捆或卷筒，用结实的绳索或塑料带捆牢。另外，运往外地的成品革，除按上述规定包装外，还应用结实的麻袋、席包、塑料箱或纸箱包装，用结实的绳索捆牢。彩色革和绒面革应用纸箱包装，所用包装箱的式样、规格尺寸和要求，可根据订货合同的规定。

2. 标志

（1）皮革成品都应用牢固不易褪色的印色，在每张革的里面右下方应印有以下标志：

①产品名称；

②制造厂名称；

③商标或商标名称；

④生产日期；

⑤等级；

⑥检验员代号；

⑦面积或重量。

（2）凡成件的产品，在包装内应附产品合格证，在外包装皮上应用不褪色的颜料刷写以下标志：

①产品名称（鞋面革、服装革应注明颜色）；

②等级；

③数量；

④面积或净重；

⑤出厂年、月、日；

⑥制造厂名称；

⑦商标；

⑧标准号。

并在外包装皮上，用大字标明“请勿用钩”“防止受潮”等字样。

3. 保管

（1）皮革成品必须存在库房内妥善保管，以防风、雨、雪、日光照射和地下湿气的影响，严禁露天堆放。

（2）库房内应保持通风干燥：空气的相对湿度在50%～80%范围内；温度夏季不得高于25℃，冬季应在5～15℃范围内。

（3）库房内不得存放污染物品及化学材料，并应注意打扫，保持整洁。

（4）皮革成品存放应离地面0.3m以上，离天花板1m以下。堆与堆之间和堆与墙之间均应有0.5m以上的距离，堆与暖气设备之间应有1m以上距离。

（5）底革或其他重革可平放于木板上，或成捆堆放，皮堆高度不应超过1.8m；背革的堆高不应超过1.5m。

（6）轻革应按颜色不同分别平放或成捆存放；存放一个月以上者应平铺放置，堆高不应超过1m。

（7）球革应将粒面对粒面平铺放置，堆高不应超过1m。

（8）皮革成品堆上面需用遮盖物盖好，以防止灰尘及强光线照射。

（9）在库房内存放一个月以上的皮革成品，必须倒堆，每月至少1～2次，并检查成品的质量情况。在梅雨潮湿季节或空气湿度较高时，更应勤加翻动。

（10）皮革成品在保管期间，应严格保证质量。呈现霉斑时，必须逐张仔细擦掉或进行防霉处理，然后进行干燥，再行存放。

（11）库房内应有专用记录表，记录所存放的皮革成品的情况。每堆革上应有固定的记录牌，写明革的名称、等级、入库时间和复查倒堆日期等。

（12）按上述规定存放的皮革产品，一年内如发生霉坏变质等现象时，由生产厂负责。

4. 运输

（1）运输时必须用苫布盖严，防止受潮、受雨雪淋和风吹、日晒。禁止与容易引起污染的物品接触，不能和油类、酸碱类或其他化学材料混放在一起。

（2）装卸时，必须在清洁干燥的地面上进行，成品应有防雨布遮盖。

二、毛皮及其制品

（一）毛皮概述

毛皮是动物毛皮经检疫、消毒和防疫，除掉虫卵，消灭病菌；经浸水、去肉和洗涤脱脂；经浸酸、软化和鞣制，交联皮纤维，使皮蛋白质变性，将易腐烂变质的生皮变成易于

保存，耐水耐用的裘皮；再经过干燥、染色和整饰，赋予毛皮的各种色泽，以满足不同用途毛皮制品各种要求。鞣制是将生皮变成熟皮的关键工序，它是利用化学物质的作用，交联胶原纤维，提高皮板抗张强度和耐用性。鞣制的毛皮可长期存放而不腐烂变质。毛皮常用的鞣制方法有醛鞣、铝鞣和铬鞣。

（二）毛皮的用途

1. 毛皮服装加工

指用各种动物皮毛和人造毛皮为面料或里料，加工制成毛皮服装的生产活动。包括：翻毛、毛革两用皮外衣；挂面毛皮服装、毛皮背心。

2. 其他毛皮制品加工

指用各种动物毛皮和人造毛皮为材料，加工制作上述类别未列明的其他各种用途毛皮制品的生产活动。包括：皮褥子、毛皮围巾、皮筒子、皮领子；用毛皮作面料制成的其他毛皮制品。

（三）毛皮的质量

毛皮的质量取决于原料皮的天然性质、规格、价值和加工方法等。毛皮的质量和性能可用以下指标衡量。

1. 毛被的疏密度

毛皮单位面积上毛的数目和毛的细度称为毛被（毛被由针毛、绒毛和粗毛等三种体毛构成）的疏密度。毛被的疏密度首先与毛被的品种有关，水獭、水貂等高档毛皮毛密绒足，毛皮价值高且名贵。旱獭、黄鼬、细毛羊等的毛皮亦平整、细腻、丰满。另外，冬季产的毛皮底绒足，皮板壮，质量好。疏密度好的毛皮保暖性、耐磨性、外观质量和染色性均好。

2. 毛被的颜色、色调和光泽

不同品种和品质的毛被颜色不同，所以可根据毛皮的天然花色区分毛皮的种类，判定毛皮的质量和档次。

同一毛被的色调不完全一致，一般动物脊部色泽较深，花纹明显，质量最佳，由脊部向两肋，颜色逐渐变浅，质量逐步下降，腹部颜色最浅。

毛被的光泽是由毛的鳞片形态，毛的质量以及油脂含量决定的。质量好、油脂含量高的毛被光泽好。细毛的鳞片密度大，呈环状覆盖，毛粗细均匀，对光的反射小，光泽柔和，近似银光。相反，毛越粗，毛的鳞片越稀，且紧贴于鳞片上，使毛表面光滑，光泽强。

3. 毛被的柔软度

毛被的柔软度取决于毛的长细度及品质，细而长的毛被柔软，毛粗而长，含髓毛比例高的毛被硬涩。一般成年兽的毛皮毛被丰满柔软，宜制高档服装。

4. 皮板的厚度

皮板厚的毛皮强度高，重量大，御寒能力强。毛皮的厚度取决于皮毛的种类、兽龄、性别、部位以及毛皮加工工艺。一般年龄大的公兽的毛皮较厚，脊背部和臀部的皮最厚。

5. 毛、皮板、毛被与皮板结合的强度

毛的断裂强度与毛皮的品种、产皮季节、皮板肥瘦等有关，冬皮毛、肥皮板毛以及皮质层发达的优质毛皮毛的断裂强度高。

皮板的强度取决于皮板的厚度、纤维的组织特性和紧密性，以及脂肪层和乳头层的厚薄等因素。皮板厚、纤维束粗壮和纤维组织紧密的皮板强度高。

毛和皮板的结合牢度取决于毛皮品种、产毛季节，以及加工保存方法等。皮板厚的毛皮、毛板与毛结合牢度较轻薄板毛好。秋皮的真皮纤维包围毛束紧密，毛与毛板结合牢度高，春皮则差。毛皮适宜在干燥、凉爽的环境下保存，以防受潮、霉变而破坏毛皮与皮板的结合牢度。

（四）毛皮的保养

1. 不要淋雨沾雪

不要淋雨沾雪，会使皮板发硬而脱毛，并会降低保暖性能，万一遇到雨雪，要及时用吸水布或纱布揩干，晾晒。

2. 经常保持整洁

用粗糙木梳或长毛软刷，在毛面上梳刷使表面保持长新。

3. 收藏保管好

不用时要在温和阳光下晾晒两三次放好，最好盛放在箱子里，放四五粒药，如：防腐驱虫丸。切忌放在潮湿的地方，造成霉变、虫蛀。

阅读材料

头层牛皮

牛皮主要分为头层牛皮和二层牛皮即复合牛皮，头层牛皮是牛身上皮，表面有原始的皮肤特征，毛孔、皮肤纹理清晰，由又密又薄的纤维层以及与其紧密连在一起的稍疏松的过渡层共同组成，具有良好的强度、弹性和工艺可塑性等特点。头层牛皮又分为一级头层牛皮和二级头层牛皮，二层牛皮为复合牛皮即碎皮。头层牛皮分为六种，最好的是软粒面皮，其次是硬粒面皮（也称作光面牛皮），第三是软修面皮，第四是轻修面皮，第五是软面皮，最次的是荔枝纹牛皮。真皮面有自然的疤痕和血筋痕等，偶尔还有加工过程中的刀伤以及利用率极低的肚腩部位，进口头层皮还有牛只的编号烙印。全粒面皮可以从毛孔粗细和疏密度来区分属于何种动物皮革。

技能检测

夏季如何保存貂皮大衣？

一、入箱保存前

（1）应除净裘皮服装上的油污和灰尘，因为灰尘中带有大量的霉菌，长期依附于裘皮

服装内，易引起裘皮蛋白质变性。

（2）即使是清洁的裘皮大衣，也要先掸去表面的灰尘，晾晒一下，待余热散尽后再行存放。

（3）晾晒时特别要注意，不可使皮毛在阳光下直接暴晒，最好在上面遮盖一层布，以保证皮毛的光泽，否则易使皮板变硬老化，失去弹性。

二、入箱保存

（1）裘皮服装挂在衣柜里时千万不要挤压，要留出足够的空间，以免压坏毛面。

（2）千万不要给裘皮服装罩上塑料袋或塑胶袋，它们会阻碍空气流通，使皮衣的皮板变干。

（3）最好在衣服里面放上用纸包好的卫生球，叠放在干燥的衣柜中，上面不能有重物压放。

（4）雨季前最好将衣物取出晾晒一下，通通风，散散潮气，防止发霉和虫蛀。

毛锋抖松，就能够恢复原样了，一件新的裘皮大衣又会出现在你的面前。

请思考：本案例中保存裘皮服装要求通风、干燥原因何在？

项目小结

本项目从各类纺织品的特点入手分析，阐述了各类纺织品及主要品种特点、纺织品的编号、纺织品的鉴别方法、纺织品的保管；服装的分类、号型标准、质量标准、保养、除渍；皮革、毛皮制品的性能、特点、种类、质量鉴别、包装、保管、运输。

复习思考题

1. 简述棉型纺织品、丝纺织品的种类各有哪些？各列举 4 种主要的品种，并说出它们的结构特点、织物风格。

2. 简述棉型纺织品、麻型纺织品、毛型纺织品、丝型纺织品的编号方法。

3. 简述纺织品的鉴别方法，并结合实物进行实践。

4. 如何进行纺织品的保管？

5. 我国对服装的号型标准作了哪些规定？

6. 服装的质量标准有哪些内容？

7. 各类服装如何保养？

8. 服装除渍要遵循什么原则？列表说明在日常生活中，你是如何除渍的？去除服装上 5 种常见污渍的效果如何？

9. 什么是皮革？什么是毛皮？

10. 如何鉴别皮革、毛皮的质量？

项目四　金属及制品

知识目标

了解常用金属商品的分类、牌号、成分、性能、用途，以及金属商品质量的基本要求、金属商品的标准，金属商品的储存、养护等知识。

技能目标

能解释钢牌号中各符号、数字的含义及钢类名称。

任务一　黑色金属产品

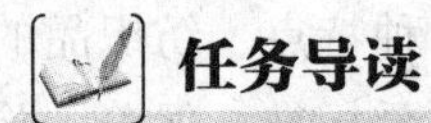

任务导读

合金工具钢

合金工具钢广泛用作刃具、冷、热变形模具和量具，也可用于制作柴油机燃料泵的活塞、阀门、阀座以及燃料阀喷嘴等。

合金工具钢的淬硬性、淬透性、耐磨性和韧性均比碳素工具钢高，按用途大致可分为刃具、模具和量具用钢三类。其中碳含量高的钢（碳质量分数大于 80%）多用于制造刃具、量具和冷作模具，这类钢淬火后的硬度在 HRC60 以上，且具有足够的耐磨性；碳含量中等的钢（碳质量分数 0.35%～0.70%）多用于制造热作模具，这类钢淬火后的硬度稍低，为 HRC50～55，但韧性良好。

任务分析

黑色金属包括生铁，铁合金、钢合金、钢。合金工具钢是在碳素工具钢基础上加入铬、钼、钨、钒等合金元素以提高淬透性、韧性、耐磨性和耐热性的一类钢种。

知识链接

一、生铁

含碳量大于2.11%，并含较多硅、锰、硫、磷等杂质的铁碳合金称为生铁。

（一）炼钢用生铁

在此类生铁中，碳以化合物形式存在，含硅量较低，断口呈银灰色，故也叫白口铁。其主要用作炼钢原料，牌号由“L”（“炼”字的汉语拼音）和表示平均含硅量千分之几的数值组成，牌号有L04、L08、L10。例如：含硅量为0.85%～1.25%的炼钢用生铁，其牌号表示为“L10”。

（二）铸造用生铁

此类生铁含硅量较高，其中碳以石墨形式存在，呈深灰色，也叫灰口铁，用作铸铁的原料。铸造用生铁具有良好的铸造性和切削加工性。铸造用生铁按用途分为普通铸造用生铁、球墨铸铁用生铁等。牌号分别用Z、Q和NMZ（“铸”、“球”和“耐磨铸”字的汉语拼音）表示，后面数字表示平均含硅量的千分之几。铸造用生铁牌号有Z14、Z18、Z22、Z26、Z30、Z34。球墨铸铁用生铁是球墨铸铁专用原料，其含硫、含磷量限制很严格，牌号有Q10、Q12、Q16。阿拉伯数字表示平均含硅量（以千分之几计）。例如：含硅量为2.75%～3.25%的铸造用生铁，其牌号表示为“Z30”。

（三）铸铁

铸铁含碳量在2.11%以上，由铸造用生铁、废钢和铁合金按比例配合冶炼而成。通常分为以下几种。

1. 灰铸铁

灰铸铁的特征是强度和塑性较低，但铸造性好、耐磨、切削加工性好。牌号用HT和代表抗拉强度（单位MPa）的一组数字表示。牌号有HT100、HT150、HT200、HT250、HT300、HT350。如灰铸铁“HT200”中“200”表示抗拉强度的最低值(MPa)。灰铸铁适用于低应力和不重要的零部件，例如：盖、外罩、手轮、底座、床身、主轴箱等。

2. 可锻铸铁

可锻铸铁是指将白口铸铁件通过可锻退火处理所得的铸铁。其强度高于灰铸铁，有较高的塑性和韧性。牌号用KT和代表抗拉强度及伸长率（%）两组数字表示。分黑心体、珠光体、白体可锻铸铁三类。牌号有：黑心体可锻铸铁KTH300－206、KTH330－08、KTH350－10、KTH370－12；珠光体可锻铸铁KTZ450－06、KTZ550－04、KTZ650－02、KTZ700－02；白体可锻铸铁KTB350－04、KTB380－12、KTB400 - 05、KTB450－07。如KTH350—10牌号后面的数值分别表示抗拉强度（MPa）和断后伸长率（%）的最低值。黑心体可锻铸铁具有较高的冲击韧性和较好的强度，用于承受冲击、震动和扭转负荷下的工作零件，以及管道配件等。珠光体可锻铸铁韧性较低、强度大、硬度高、耐磨与加工性也

良好，用来代替低碳、中碳、低合金钢及有色合金，制造强度较高和耐磨的零件，如曲轴、连杆、齿轮等。白体可锻铸铁有较好的韧性和优良的焊接性，可与钢钎焊在一起，切削性好，适用于厚度15mm以下铸件和焊后不需热处理的零件。它的工艺复杂，强度和耐磨性较差。

3. 球墨铸铁

球墨铸铁是指通过浇铸前在铁水中加入球化剂和墨化剂促使碳呈球状石墨所获得的铸铁。兼有铸铁和钢的性能，具有较高的强度和耐磨性，其抗氧化性和消震性高于钢。其牌号用QT和代表抗拉强度及伸长率的两组数字表示。牌号有QT400－18、QT400－15、QT450－10、QT500－7、QT600－3、QT700－2、QT800－2、QT900－2。如QT400－15牌号后面的数值分别表示抗拉强度（MPa）和断后伸长率（%）的最低值。QT400－18、QT400－15适用于做高塑性低强度阀体、泵、受压容器、壳、箱、汽车底盘悬挂件等。QT450－10、QT500－7适用于中等塑性和中等强度的机器底架、支架、千斤顶座、液压缸体、齿轮、连杆等。QT600－3、QT700－2通用于低塑性高强度的曲轴、凸轮轴、连杆、齿轮轴等。QT800－2、QT900－2适用于高强度并具有适当韧性的高速重负荷齿轮、花键轴、凸轮轴、轴承套圈等。

二、钢

钢是指含碳量小于2.11%的铁碳合金。钢的机械性能和工艺性能要比生铁好得多，可以加工成各种重要的钢材。钢中的成分主要有铁和碳，还常常含有少量由原料和冶炼过程中带入的硅、锰、硫、磷等杂质元素（称“常存杂质元素”）；另外，为了炼成合金钢，还会人为加入一些合金元素。

钢是目前地球上最适宜于人类大规模生产和使用的金属之一。它广泛地应用于国防、工业、农业及人民生活等各个方面。

（一）钢的分类及牌号表示法

钢的品种繁多，为了便于生产、选用、科研和管理，人们对钢进行了分类和分牌号。

钢的分类方法很多，常用的有以下几种。

1. 按品质分类

主要按钢中硫、磷含量来区分，分为：

（1）普通钢（P≤0.045%，S≤0.050%）；

（2）优质钢（P、S均≤0.035%）；

（3）高级优质钢（P、S均≤0.025%）；

（4）特级优质钢（P≤0.015%，S≤0.025%）。

2. 按化学成分分类

（1）碳素钢。按含碳量不同又可分为：

①低碳钢（C≤0.25%）；

②中碳钢（C≤0.25%～0.60%）；

③高碳钢（C≤0.60%）。

（2）合金钢。按钢中所含合金元素的多少分为：

①低合金钢（合金元素总含量≤5%）；

②中合金钢（合金元素总含量>5%~10%）；

③高合金钢（合金元素总含量>10%）。

3. 按用途分类

（1）建筑及工程用钢。包括普通碳素结构钢、低合金结构钢、钢筋钢。

（2）结构钢。包括：①机械制造用钢：调质结构钢、表面硬化结构钢（包括渗碳钢、渗氨钢、表面淬火用钢）、易切结构钢、冷塑性成形用钢（包括冷冲压用钢、冷镦用钢）；②弹簧钢；③轴承钢。

（3）工具钢。包括碳素工具钢、合金工具钢、高速工具钢。

（4）特殊性能钢。包括不锈耐酸钢、耐热钢（包括抗氧化钢、热强钢、气阀钢）、电热合金钢、耐磨钢、低温用钢、电工用钢。

（5）专业用钢。包括桥梁用钢、船舶用钢、锅炉用钢、压力容器用钢、农机用钢等。

4. 综合分类

这是实际工作中最常用的分类方法。它是综合了钢的质量、用途、化学成分特点对钢进行的分类。

（1）普通钢。包括：①碳素结构钢；②低合金结构钢；③特定用途的普通结构钢。

（2）优质钢（包括高级优质钢）。包括：①结构钢：优质碳素结构钢；合金结构钢；弹簧钢；易切钢；轴承钢；特定用途的优质结构钢。②工具钢：碳素工具钢；合金工具钢；高速工具钢。③特殊性能钢：不锈耐酸钢；耐热钢；电热合金钢；电工用钢；高锰耐磨钢。

5. 按冶炼方法分类

（1）按炉种分。根据不同炼钢方法所用炉子类型分为：①平炉钢：酸性平炉钢；碱性平炉钢。②转炉钢：酸性转炉钢；碱性转炉钢。③电炉钢：电弧炉钢；电渣炉钢；感应炉钢；真空自耗炉钢；电子束炉钢。

（2）按脱氧程度和浇注制度分。包括沸腾钢、半镇静钢、镇静钢、特殊镇静钢。钢的牌号，也称钢号，它是每个化学成分及性能、用途、工艺不同的具体钢种的名称符号。我国常见的钢号有一千多个。根据《钢铁产品牌号表示方法》（GB/T 221—2008）的规定，我国钢号用汉语拼音字母、国际化学元素符号及阿拉伯数字结合起来表示。即用汉语拼音字母表示钢的名称、用途、冶炼方法、脱氧程度、冶炼质量等；用国际化学元素符号表示钢中的主要元素（稀土元素用RE表示）；用阿拉伯数字表示钢中碳元素的平均含量、合金元素的平均含量、性能参数和顺序号。如表4-1所示。

表 4－1　钢铁产品名称、用途、特性和工艺方法表示符号（摘自 GB/T221—2008）

名称	采用的汉字及汉语拼音		采用符号	字体	位置
	汉字	汉语拼音			
炼钢用生铁	炼	LLAN	L	大写	牌号头
铸造用生铁	铸	ZHU	Z	大写	牌号头
球墨铸铁用生铁	球	QIU	Q	大写	牌号头
脱碳低磷粒铁	脱炼	TUOLIAN	TL	大写	牌号头
含钒生铁	钒	FAN	F	大写	牌号头
耐磨生铁	耐磨	NAIMO	NM	大写	牌号头
碳素结构钢	屈	QU	Q	大写	牌号头
低合金高强度钢	屈	QU	Q	大写	牌号头
耐候钢	耐候	NAIHOU	NH	大写	牌号头
保证淬透性钢			H	大写	牌号头
易切削非调质钢	易非	YIFEI	YF	大写	牌号头
热锻用非调质钢	非	FEI	F	大写	牌号头
易切削钢	易	YI	Y	大写	牌号头
电工用热轧硅钢	电热	DIANRE	DR	大写	牌号头
电工用冷轧无取向硅钢	无	WU	W	大写	牌号头
电工用冷轧取向硅钢	取	QU	Q	大写	牌号头
电工用冷轧取向高磁感硅钢	取高	QUGAO	QG	大写	牌号头
（电信用）取向高磁感硅钢	电高	DIANGAO	DG	大写	牌号头
电磁纯铁	电铁	DIANTIE	DT	大写	牌号头
碳素工具钢	碳	TAN	T	大写	牌号头
塑料模具钢	塑模	SUMO	SM	大写	牌号头
（滚珠）轴承钢	滚	GUN	G	大写	牌号头
焊接用钢	焊	HAN	H	大写	牌号头
钢轨钢	轨	GUI	U	大写	牌号头
铆螺钢	铆螺	MAOLUO	ML	大写	牌号头
锚链钢	锚	MAO	M	大写	牌号头
地质钻探钢管用钢	地质	DIZHI	DZ	大写	牌号头
船用钢	采用国际符号				
汽车大梁用钢	梁	LIANG	L	大写	牌号尾
矿用钢	矿	KUANG	K	大写	牌号尾

续　表

名称	采用的汉字及汉语拼音		采用符号	字体	位置
	汉字	汉语拼音			
压力容器用钢	容	RONG	R	大写	牌号尾
桥梁用钢	桥	QIAO	q	大写	牌号尾
锅炉用钢	锅	GUO	g	大写	牌号尾
焊接气瓶用钢	焊瓶	HANPING	HP	大写	牌号尾
车辆车轴用钢	辆轴	LIANGZHOU	LZ	大写	牌号头
机车车轴用钢	机轴	JIZHOU	JZ	大写	牌号头
管线用钢			S	大写	牌号头
沸腾钢	沸	FEI	F	大写	牌号尾
半镇静钢	半	BAN	b	大写	牌号尾
镇静钢	镇	ZHEN	Z	大写	牌号尾
特殊镇静钢	特镇	TEZHEN	TZ	大写	牌号尾
质量等级			A	大写	牌号尾
			B	大写	牌号尾
			C	大写	牌号尾
			D	大写	牌号尾
			E	大写	牌号尾

注：没有汉字及汉语拼音的，采用符号为英文字母（钢材网 www. gangcai. com）。

（二）结构钢

用作各种工程结构和机器零部件结构的钢称为结构钢，包括碳素结构钢、低合金结构钢、优质碳素结构钢、合金结构钢和专门用途的结构钢。

1. 碳素结构钢

结构钢一般硫≤0. 050%，磷≤0. 045%，冶炼容易，价格低廉，是各类钢中产销量最大的钢种。由原料带入钢中的其他合金元素含量，如铬、镍、铜一般不超过0. 30%，按成分和性能要求，此类钢的牌号由 Q195，Q215A、B，Q235A、B、C、D，Q255A、B，Q275 等钢级表示。“Q”是屈服的“屈”字的汉语拼音大写字头，其后数字为该牌号最小屈服点（σ_s）（单位为 MPa）值（钢材或试样在拉伸时，当应力超过弹性极限，即使应力不再增加，而钢材或试样仍继续发生明显的塑性变形，称此现象为屈服，而产生屈服现象时的最小应力值即为屈服点），其后的符号是质量等级、脱氧方法等符号。按照该钢杂质元素（硫、磷）含量由高到低并伴随碳、锰元素的变化，而分为质量等级 A、B、C、D 四等。脱氧方法为沸腾钢和半镇静钢，在牌号尾部分别加符号“F”和“b”，镇静钢符号“Z”和特殊镇静钢符号“TZ”可以省略，例如：碳素结构钢中质量等级分别为 A 级沸腾钢 Q235，其牌号表示为：Q235AF。碳素结构钢用途很广，多轧制成板材、型材（圆、方、扁、工、槽、角等）及异型材，以及制造焊接钢管。主要用于厂房、桥梁、船舶等建筑结构和一般输送流体用管道。

2. 低合金结构钢

低合金结构钢（也称低合金高强度钢，过去简称普低钢）是含有少量合金元素，如钒（V）、铌（Nb）、钛（Ti）、铝（Al）、钼（Mo）、氮（N）和稀土（RE）等微量元素（总量不大于3%），同时保证化学成分和力学性能符合规定的普通结构钢。低合金结构钢的屈服点比碳素结构钢高25%～150%，并具有良好的塑性、韧性和焊接性能，有的还具有耐腐蚀、耐低温等特性。据《低合金高强度结构钢》（GB/T 1591—1994）、《高强度结构用调质钢板》（GB/T 16270—2009）按化学成分和性能要求，其牌号由Q295A、B，Q345A、B、C、D、E，Q390A、B、C、D、E，Q420A、B、C、D、E，Q460C、D、E等钢级表示，其含义同碳素结构钢。例如：低合金高强度结构钢中质量等级分别为C级镇静钢Q345，其牌号表示为：Q345C。低合金结构钢多轧制成板材、型材、无缝钢管等，被广泛用于桥梁、船舶、锅炉、车辆及重要建筑结构中。

3. 优质碳素结构钢

优质碳素结构钢简称碳结钢，是优质钢中应用最广泛的钢种。碳结钢只含铁和碳，不含合金元素。碳结钢的性能主要取决于碳，含碳越多，钢的强度、硬度越高，塑性、韧性越低。根据含锰量的不同，碳结钢分为普通含锰量（0.25%～0.80%）和较高含锰量（0.70%～1.2%）两组，与普通含锰量的碳结钢相比，含碳量相同的较高含锰量的碳结钢具有较高的强度硬度和较好的淬透性。优质碳素结构钢采用两位阿拉伯数字（以万分之几计表示平均含碳量）和元素符号组合成牌号。据《优质碳素结构钢》（GB/T 699—1999）优质碳素结构钢的牌号有：08F、10F、15F、08、10、15～85和15Mn、20Mn～70Mn。沸腾钢和半镇静钢，在牌号尾部分别加符号“F”和“b”。例如：平均含碳量为0.08%的沸腾钢，其牌号表示为“08F”；平均含碳量为0.10%的半镇静钢，其牌号表示为“10b”。镇静钢（S、P分别≤0.035%）一般不标符号。例如：平均含碳量为0.45%的镇静钢，其牌号表示为“45”。较高含锰量的优质碳素结构钢，在表示平均含碳量的阿拉伯数字后加锰元素符号。例如：平均含碳量为0.50%，含锰量为0.70%～1.00%的钢，其牌号表示为“50Mn”。高级优质碳素结构钢（S、P分别≤0.030%），在牌号后加符号“A”。例如：平均含碳量为0.45%的高级优质碳素结构钢，其牌号表示为“45A”。特级优质碳素结构钢（S≤0.020%、P≤0.025%），在牌号后加符号“E”。例如：平均含碳量为0.45%的特级优质碳素结构钢，其牌号表示为“45E”。优质碳素结构钢产量较大，用途较广，一般多轧（锻）制成圆、方、扁等型材、板材和无缝钢管。主要用于制造一般结构及机械结构零、部件，以及建筑结构件和输送流体用管道。

4. 合金结构钢

合金结构钢是在优质碳素结构钢的基础上，适当加入一种或数种合金元素，用来提高钢的力学性能、韧性和淬透性。合金结构钢牌号采用阿拉伯数字和标准的化学元素符号表示。用两位阿拉伯数字表示平均含碳量（以万分之几计），放在牌号头部。据《合金结构钢》

（GB/T 3077—1999）合金结构钢的牌号有：20Mn2～50Mn2、20MnV、27SiMn～42SiMn、25SiMn2MoV、37SiMn2MoV、40B～50B、40MnB、45MnB、20MnMOB、15MnVB～40MnVB、20MnTiB、25MnTiBRE、15Cr、15CrA、20Cr～50Cr、38CrSi、12CrMo～35CrMo、30CrMoA、42CrMo、12CrMoV、35Cr2MoV、12Cr1MoV、25Cr2MoVA、25Cr2Mo1VA、38CrMoAl、40CrMoV（40CrV）、50CrMoVA（50CrVA）、15CrMn～40CrMn、20CrMnSi、25CrMnSi、30CrMnSi、30CrMnSiA、35CrMnSiA、20CrMnMo、40CrMnMo、20CrMnTi、30CrMnTi、20CrNi～50CrNi、12CrNi2、12CrNi3～37CrNi3、12Cr2Ni4、20Cr2Ni4、40CrNiMoA、45CrNiMoVA、18Cr2Ni4WA、25Cr2Ni4WA、20CrNiMo、18CrNiMnMoA。合金元素含量表示方法为：平均含量小于1.50%时，牌号中仅标明元素，一般不标明含量；平均合金含量为1.50%～2.49%、2.50%～3.49%、3.50%～4.49%、4.50%～5.49%……时，在合金元素后相应写成2、3、4、5……。例如：碳、铬、锰、硅的平均含量分别为0.30%、0.95%、0.85%、1.05%的合金结构钢，当S、P含量分别≤0.035%时，其牌号表示为“30CrMnSi”。高级优质合金结构钢（S、P含量分别≤0.025%），在牌号尾部加符号“A”表示。例如：“30CrMnSiA”。合金结构钢多轧（锻）制成圆、方、扁型材和无缝钢管，多用于制作机械产品中较重要和尺寸较大的零、部件，以及高压管道、容器等。此类钢制造的无缝钢管被广泛用于液压支柱、高压气瓶、高压锅炉、化肥设备、石油裂化、汽车半轴套、柴油机、液压管件等用管。

5. 专门用途的结构钢

（1）易切削结构钢。易切削钢是在钢中加入硫、铅、钙、硒等合金元素，使钢具有良好的切削加工性能。易切削钢牌号表示方法由英文字母“Y”和阿拉伯数字表示。阿拉伯数字表示平均含碳量（以万分之几计）。易切削结构钢的牌号有：Y12、Y12Pb、Y15、Y15Pb、Y20、Y30、Y35、Y40Mn、Y45Ca。加硫易切削钢和加硫、磷易切削钢，在符号“Y”和阿拉伯数字后不加易切削元素符号。例如：平均含碳量为0.15%的易切削钢，其牌号表示为“Y15”。较高含锰量的加硫或加硫、磷易切削钢在符号“Y”和阿拉伯数字后加锰元素符号。例如：平均含碳量为0.40%，含锰量为1.20%～1.55%的易切削钢，其牌号表示为“Y40Mn”。含钙、铅等易切削元素的易切削钢，在符号“Y”和阿拉伯数字后加易切削元素符号。例如：“Y15Pb”、“Y45Ca”。自动机床加工的零件，大多选用低碳碳素易切钢。若切削加工性要求高的，可选用含硫量较高的Y15；需要焊接的选用含硫较低的Y12。强度要求稍高的选用Y20或Y30，车床丝杠选用中碳含锰高的Y40Mn。

（2）弹簧钢（GB/T 1222—2007）。弹簧是机械中的重要零件。它主要是利用弹性变形吸收和储存能量以减少震动、冲击或使机件完成某些动作。因此，要求弹簧钢必须具有高的屈服强度、高的屈强比和高的疲劳强度。为了便于加工成型，弹簧钢还须有一定的塑性和均匀的韧性，有的还要求有足够的淬透性。弹簧钢按化学成分可分为碳素弹簧钢和合金弹簧钢。碳素弹簧钢经淬火和冷拔后有很高的强度，而且价格低廉，广泛用于制造各种冷成型弹簧。如各种扁、圆的压簧拉簧。碳素弹簧钢牌号有：65Mn、70Mn、85Mn、65Mn。合金弹簧钢是在中高碳碳结钢基础上加入少量钼、钒、铌、硼等元素，使之有较高的强度、耐疲劳、寿命长并且有良好的淬透性。适于制造重型汽车、越野汽车的板簧，以及大于 12mm 的螺旋弹簧。钢的牌号有：55Si2Mn、55Si2MnB、55SiMnVB、60Si2MnA、50CrVA、60Si2CrA、60Si2CrVA、55SiMnA、60CrMnA、60CrMoMnA、50CrVA、60CrMnBA、30W4Cr2VA、55CrSiA、70Si2CrA。合金弹簧钢牌号的表示方法与合金结构钢相同。例如：碳、硅、锰的平均含量分别为0.60%、1.75%、0.75%的弹簧钢，其牌号表示为“60Si2Mn”。高级优质弹簧钢，在牌号尾部加符号“A”，其牌号表示为“60Si2MnA”。

(3) 轴承钢。轴承钢可分为高碳铬轴承钢、渗碳轴承钢、高碳铬不锈轴承钢和高温轴承钢等四大类。按 GB/T18254—2000 高碳铬轴承钢的牌号有：GCr4、GCr15、GCr15SiMn、GCr15SiMo、GCr18Mo。渗碳轴承钢的牌号有：G20CrMo、G20CrNiMo、G20Cr2Ni4、G20Cr2Mn2Mo 等。不锈轴承钢的牌号有：9Cr18、9Cr18Mo。高温轴承钢的牌号有：Cr4Mo4V、Cr14Mo4。高碳铬轴承钢在牌号头部加符号“G”，但不标明含碳量。铬含量以千分之几计，其他合金元素按合金结构钢的合金含量表示。例如：平均含铬量为1.50%的轴承钢，其牌号表示为“GCr15”。渗碳轴承钢，采用合金结构钢的牌号表示方法，另在牌号头部加符号“G”。例如：“G20CrNiMo”。高碳铬不锈轴承钢和高温轴承钢，采用一位阿拉伯数字表示平均含碳量（以千分之几计）；当平均含碳量≥1.00%时，用两位阿拉伯数字表示，合金元素含量表示方法同合金结构钢，牌号头部不加符号“G”。例如：高碳铬不锈轴承钢“9Cr18”。轴承钢是专用于制造滚动轴承内、外圈、滚动体（滚珠、滚柱等）的钢种，也可用于制造精密量具、冷冲模、柴油机油泵及其他耐磨零件等。

（三）工具钢

工具钢是用来制造各种切削刀具（刃具）、量具、模具及其他工具的钢种。按照成分不同，工具钢以可分为碳素工具钢、合金工具钢和高速工具钢。作高速切削的刃具用钢必须有高的热硬性（在较高温度下仍能保持高硬度的性能，叫红硬性）。为了满足对硬度、耐磨性的要求，多数工具钢均是高碳钢，个别钢号的含碳量达2.3%。工具钢还要求有足够的强度和韧性；对于工作时温度较高，反复受热变冷的热作模具要求有良好的高温力学性能和耐热疲劳性；量具和精度要求高的工具还要求热处理及使用过程中的形状、尺寸稳定。为了形成上述性能，在工具钢中加入较多的碳之外，还需要加入足够的多元合金元素，如铬、钼、钨、钒等。

1. 碳素工具钢

碳素工具钢含碳量在0.65%～1.35%之间，不含合金元素，属于优质钢。碳素工具钢价格比合金工具钢、高速工具钢要便宜。由于碳素工具钢淬火工艺相同，所以热处理后的硬度相同，但含碳量越高耐磨性越好。但它的热处理性能稍差，工作温度超过 250℃时，其硬度明显下降。普通含锰量碳素工具钢，在工具钢符号“T”后为阿拉伯数字。阿拉伯数字表示平均含碳量（以千分之几计）。碳素工具钢的牌号有：T7、T8、T8Mn、T9、T10、T11、T12、T13。例如：平均含碳量为0.80%的碳素工具钢，其牌号表示为“T8”。较高含锰量的碳素工具钢，在工具钢符号“T”和阿拉伯数字后加锰元素符号。例如：“T8Mn”。碳素工具钢较适宜制作尺寸不大，形状简单，受力也不很大的工具，多作

钳工、木工的手工工具。如锯片、钢钎、丝锥等。

2. 合金工具钢

合金工具钢属于中高碳含量钢（0.28%～1.45%），有部分牌号碳含量达（2.00%～2.30%）。含有多种合金元素，如Cr、W、Mn、Mo、V、Si，属于优质和高级优质钢。合金工具钢热处理后的硬度、强度很高，具有较好的红硬性和耐热疲劳性。合金工具钢牌号表示方法与合金结构钢牌号表示方法相同，采用标准规定的合金元素符号和阿拉伯数字表示，但一般不标明平均含碳量数字，若平均含碳量小于1.00%时，可采用一位阿拉伯数字表示含碳量（以千分之几计）。按GB/T1299—2000合金工具钢的牌号有9SiCr、8MnSi、Cr03、Cr06、Cr2、9Cr2、W、Cr12、9Cr12MoV、9CrWMn、6CrW3Mo2VNb、9CrWMn、Cr12、9Cr12MoV、9CrWMn、6CrW3Mo2VNb、9CrWMn等。例如：平均含碳量为0.80%，含锰量为0.95%，含硅量为0.45%的合金工具钢，其牌号表示为"8MnSi"。低铬（平均含铬量<1.00%）合金工具钢，在含铬量（以千分之几计）前加数字"0"。例如：平均含铬量为0.60%的合金工具钢，其牌号表示为"Cr06"。合金工具广泛用作各种大型的形状复杂的以及受冲击力的工具。用作量具、刃具钢的合金工具钢如9SiCr、8MnSi、Cr03、Cr06、Cr2、9Cr2、W等钢号，碳含量高，具有较高的硬度耐磨性和红硬性，常制作成游标、铰刀、刀片、丝锥、锯片。用作冷作模具的合金工具钢有Cr12、9Cr12MoV、9CrWMn、6CrW3Mo2VNb、9CrWMn等钢号，含有高的碳含量和较高的合金含量，具有足够硬度、强度和耐磨性，可制作成冷冲模、冷拉拔模、冷顶锻模。用作热作模具的合金工具钢有5CrMnMo、3Cr2W8V、5CrNiMo、3Cr3Mo3W2V、4Cr5MoSiV等钢号，具有耐热疲劳耐冲击和高温力学性能，主要用作热冲模、热锻模、压铸模、热挤压模。耐冲击工具钢有4CrW2Si、6CrW2Si等钢号，具有较高的硬度耐磨性和冲击韧性，主要用作冲头、锤、风动工具、冷剪机刀片等。

3. 高速工具钢

高速工具钢简称高速钢，又称"风钢"、"锋钢"、"白钢刀"等，用于制造各种高速切削工具。它含有较高的碳含量（0.7%～1.65%）和合金元含量（10%～20%）。具有高红硬性（600℃时硬度不低于HRC62，硬度：指材料抵抗其他更硬物压其表面的能力，HRC——洛氏硬度）、高硬度和高耐磨性。主要用作高速切削及高硬高韧性材料切削刀具。高速工具钢按成分和用途可分为钨系、钨钼系、超硬型等几类。高速工具钢牌号表示方法与合金结构钢牌号表示方法相同。钨系主要有W18Cr4V等钢号，具有较高的红硬性和硬度，以及高温强度。用作各种高速切削刀具，如车刀、刨刀、铣刀、拉刀、铰刀、钻头、锯条等。钨钼系主要有W6Mo5Cr4V2、CW6Mo5Cr4V2（钢号冠以字母"C"者，表示其碳含量高于未冠"C"的通用钢号）、W6Mo5Cr4V3等钢号，具有较好的红硬性和硬度，以及热塑性好的特点。用作加工各种难切削材料的刀具和拉拔模。超硬型主要有W7Mo4Cr4V2Co5、W2Mo9Cr4Vco8、W6Mo5Cr4V2Al等钢号，具有高硬度、高红硬性特点。用于加工高温合金、超高强度钢、钛合金等最难切削的材料。

（四）特殊性能钢

特殊性能钢是指那些有特殊的物理性能、化学性能的钢，并应用于有特殊的物理、化学性能的要求的场合。

1. 不锈耐酸钢

不锈耐酸钢是不锈钢和耐酸钢的总称，简称不锈钢。不锈钢是指能够抵抗大气及弱腐蚀性介质（如水、水蒸汽）腐蚀的钢。耐酸钢是指能够抵抗强腐蚀性介质（如酸、碱、盐溶液）腐蚀的钢。不锈钢的牌号表示方法采用标准规定的合金元素符号和阿拉伯数字表示，为切削不锈钢在牌号头部加“Y”。牌号有：1Cr13、2Cr13、3Cr13、7Cr17、8Cr17、1Cr13Mo、1Cr17Ni2、Y1Cr17、0Cr18Ni9Ti、1Cr18Ni9Ti、1Cr17Ni7、Y1Cr18Ni9、0Cr19Ni9、0Cr17Ni12Mo2、0Cr25Ni20、1Cr17Mo、00Cr27Mo、0Cr13Al、00Cr30Mo2、Y1Cr17、Cr26Ni5Mo2、00Cr18Ni5Mo3Si2、Cr17Ni7Al、0Cr15Ni7Mo2Al。钢号中碳含量以千分之几表示，若钢中含碳量≤0.03%或≤0.08%者，钢号前分别冠以“00”及“0”表示之，对钢中主要合金元素以百分之几表示，而钛、铌、锆、氮……等则按上述合金结构钢对微合金元素的表示方法标出。例如：平均含碳量为0.20%，含铬量为13%的不锈钢，其牌号表示为“2Cr13”；含碳量上限为0.08%。含碳量上限为0.12%，平均含铬量为17%的加硫易切削铬不锈钢，其牌号表示为“Y1Cr17”。不锈钢主要用作耐腐蚀耐热的材料，也用作美观耐用的装饰材料和金属制品。如做化工、医药行业的容器、管道、构件、设备；轻工行业的日用品、器皿、小家电；建筑装饰的门面、扶手、结构件。

2. 耐热钢

耐热钢是在高温下有良好的化学稳定性和较高强度的合金钢，包括抗氧化钢（高温不起皮钢）和热强钢。抗氧化钢在高温下能抵抗氧和其他介质的侵蚀。热强钢在高温下具有较高的强度、韧性和一定的抗氧化性。它们常常被用作热工中的重要结构件。耐热钢的牌号表示方法同不锈钢。例如：含碳量上限为0.08%，平均含铬量为18%，含镍量为9%的铬镍不锈钢，其牌号表示为“0Cr18Ni9”。抗氧化钢主要用在热工（在高温中的工作）行业中作不受力的零件，如烧嘴、炉门、燃烧室等，牌号有0Cr18Ni9、0Cr23Ni13、0Cr25Ni20等。热强钢作受力的零件，如燃气轮机叶片、气阀、加热炉炉心管等。牌号有4Cr14Ni14W2Mo、2Cr12MoVNbN、4Cr10Si2Mo等。

3. 电工硅钢

电工硅钢是以硅作主要合金元素，具有高导磁率，低矫顽力，低铁损的低碳合金钢。它主要用作电机、变压器及磁放大器等的铁芯，它是电子、电力工业中重要的金属功能材料。电工硅钢按含硅量不同分为高硅钢（含硅量大于2.80%）和低硅钢（含硅量小于2.80%）两种。高硅钢含硅量高，故电磁性能好，但塑性、韧性较差，一般用作不受振动的变压器铁芯。低硅钢含硅量低，塑性、韧性较好，可用作受振动的电动机铁芯。电工硅钢也可根据加工工艺和组织特征不同分为热轧电工硅钢、冷轧晶粒取向硅钢、冷轧晶粒无取向硅钢。钢号由字母和数字组成。钢号头部字母DR表示电工用热轧硅钢，W表示电工用冷轧无取向硅钢，Q表示电工用冷轧取向硅钢。字母之后的数字表示铁损值（W/kg）的100倍。

钢号尾部加字母“G”者，表示在高频率下检验的；未加“G”者，表示在频率为50周波下检验的。钢号头部（或尾部）可加公称厚度，数字是公称厚度（mm）的100倍。

热轧电工硅钢钢号有DR400—50、DR420—50、DR450—50、DR510—50等。如DR400—50表示热轧电工钢，最大铁损为4W/kg，钢板厚度为0.5mm，检测时的频率为50周波。

冷轧无取向电工钢根据《冷轧取向和无取向电工钢带（片）》（GB/T 2521—1996）的规定牌号有：35W230、35W300、35W440、50W230、50W330、50W1300、65W600、65W1300等。如钢号35W270表示冷轧无取向电工钢，最大铁损为2.7W/kg，钢板厚度为0.35mm，检测时的频率为50周波。

冷轧有取向电工钢（有织构组织）根据《冷轧取向和无取向电工钢带（片）》（GB/T 2521—1996）的规定牌号有：27Q100、27Q120、27Q140、30Q110、30Q150、35Q125、35Q135、35Q165等。如30Q120表示冷轧有取向电工钢，最大铁损为1.2W/kg，钢板厚度0.3mm，检测时的频率为50周波，若检测时的频率为高频，须在钢号中加注G，如36QG125。

三、铁合金

铁合金是由一种或一种以上的金属或非金属元素与铁元素组成的，并作为钢铁冶炼和金属铸造的脱氧剂、脱硫剂和合金添加剂用的合金。铁合金一般以主要成分命名，如硅铁是硅与铁的合金；锰铁是锰与铁的合金；硅钙合金是硅与钙组成的合金。铁合金还包括含铁量极低的锰、铬、钒及工业硅等合金金属。

铁合金主要用途，一是作为脱氧剂，消除炼钢过程残留在钢液中多余的氧；二是作为合金元素添加剂，改善钢的质量与性能。不同的合金元素具有不同的性能，常用的合金剂有硅、锰、铬、钼、钒、钨、钛、镍、硼、铌、锆等铁合金。另外，铁合金还可以用作铸造晶核孕育剂，使组织的晶粒细化，从而提高铸件的性能。在有色冶金工业中常常用铁合金冶炼添加剂。

（一）铁合金的牌号表示方法

各类铁合金产品牌号表示方法按下列格式编写，如图4-1所示。

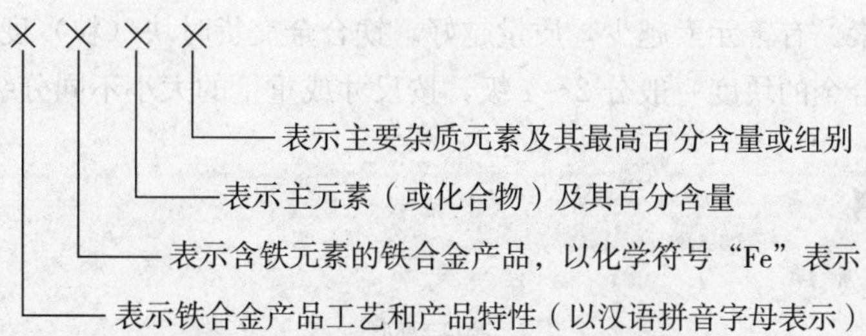

图4-1 铁合金的牌号示意

注：如无必要，可省略相应部分。

含有一定铁量的铁合金产品其牌号中必须有“Fe”的符号；必须表示产品特性和工艺特点时，其牌号以汉语拼音字母开始。例如：高炉法有“G”（“高”字汉语拼音中的第一个字母）；电解法用“D”（“电”字汉语拼音中的第一个字母）；纯金属用“J”；真空法用“ZK”；氧化物用“Y”表示；需表明产品的杂质含量时，以元素符号及其最高含量或以组别符号“－A”、“－B”等表示。

（二）常用铁合金

1. 硅铁

硅铁是铁合金工业最早和最重要的产品之一。硅铁是在开口式或半封闭式的电炉内采用还原法进行冶炼的。冶炼硅铁的主要原料是硅石、焦炭和钢屑。硅石是主要原料，由石英颗粒被黏合而成的岩石，硅石中 S_iO_2 含量应大于97%。焦炭作还原剂，钢屑是硅铁成分的调节剂，钢屑含铁量应大于95%。除钢屑外，硅铁冶炼也可以选用碳素钢的轧钢铁皮和铁精矿球团等。硅铁呈灰色，带有孔洞。含硅量越高，灰色越浅。硅铁主要用作炼钢的脱氧剂和合金剂。硅铁在钢铁生产中用量很大，其产量在铁合金总产量中约占三分之一。据《硅铁》（GB 2272—2009）硅铁的牌号有：FeSi90Al1.5、FeSi90Al3、FeSi75Al0.5－A、FeSi75Al0.5－B、FeSi75Al1.0－A、FeSi75Al1.0－B、FeSi75Al1.5－A、FeSi75Al1.5－B、FeSi75Al2.0－A、FeSi75Al2.0－B、FeSi75Al2.0－C、FeSi75－A、FeSi75－B、FeSi75－C、FeSi65、FeSi45。

2. 锰铁

锰铁可以在电炉或高炉中冶炼而成。锰铁呈深灰色，氧化后带暗褐色。锰铁主要用作炼钢的脱氧剂和脱硫剂，锰铁还是冶炼锰钢、合金工具钢、不锈钢、耐热钢和耐磨钢的合金剂。锰铁按工艺分为电炉锰铁和高炉锰铁，电炉锰铁的杂质少纯度高，价格也高，应用较为广泛。据《锰铁》（GB 3795—2014）的规定电炉锰铁的牌号有：FeMn88C0.2、FeMn84C0.4、FeMn84C0.7、FeMn82C1.0、FeMn82C1.5、FeMn78C2.0、FeMn78C8.0、FeMn71C7.5、FeMn68C7.0。高炉锰铁的牌号有：FeMn78、FeMn74、FeMn68、FeMn64、FeMn58。

（三）铁合金的质量要求

铁合金的质量与钢铁冶炼、铸造质量密切相关。铁合金质量检验的首要指标是化学成分，铁合金的化学成分要符合国家标准。一般来说，铁合金的有效成分即主合金元素的含量越高，杂质元素、有害元素越少，质量越好。铁合金交货时块（粒）度的大小还应符合标准的要求。铁合金的块度一般分2～4级，按尺寸或重量的大小不同分级。

阅读材料

弹簧钢

弹簧钢是一种重要的机械设备基础材料，主要用于航天航空、汽车、铁路车辆等诸多领域。如汽车用弹簧钢可分为悬架用弹簧钢和气门弹簧用弹簧钢。悬架用的弹簧可分为螺旋弹簧、钢板弹簧和扭杆弹簧。由于汽车轻量化的要求，使悬架各类弹簧的设计应力大幅度提高，尤其是变截面板簧的发展，不仅要求板簧在高应力下具有高的疲劳寿命，同时也要求板

簧工作可靠，并具有高的淬透性。气门弹簧工作时承受高频交变负荷，一般发动机转速可达2000r/min～5000r/min，气门弹簧的平均剪应力在500Mpa～800Mpa，高则达到900Mpa～1000Mpa，要求气门弹簧具有高的疲劳极限，另一方面气门弹簧在150℃～200℃的润滑油环境下工作。因此，希望具有一定的耐热性，并希望对发动机排出气体具有良好的抗腐蚀性能。

任务二　钢材产品

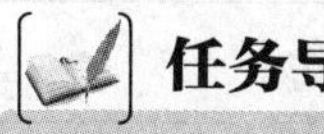

任务导读

H型钢

H型钢是当今钢结构建筑中应用广泛的型材，它与工字钢相比有很多区别。首先是翼缘，其次翼缘内表面没有倾斜度，上下表面平行。H型钢的截面特性要明显优于传统的工字钢、槽钢和角钢。H型钢，是一种截面面积分配更加优化、强重比更加合理的经济断面高效型材，因其断面与英文字母“H”相同而得名。H型钢的两条外边内侧没有斜度，是平直的。这使H型钢的焊接拼接比工字钢操作简单，单位重量的力学性能更好，可以节省大量的材料和施工时间。

任务分析

钢材品种繁多，根据断面形状的特点，可归纳为型材、板材、管材和金属制品四大类。

知识链接

钢材是由炼钢炉冶炼出来的钢锭或钢坯再经轧制、锻造、拉拔、挤压等压力加工制成的具有一定的形状和尺寸的钢产品。

为了便于管理、销售和使用，可以将钢材分为十六大品种，如表4－2所示。

表4－2　钢材分类

类别	品种	说　明
型材	重轨	每米重量大于30kg的钢轨
	轻轨	每米重量小于或等于30kg的钢轨
	大型型钢	用普通质量钢轧成，按尺寸大小分为大、中、小型
	中型型钢	
	小型型钢	
	线材	热轧成的直径5～9mm的圆钢和螺纹钢
	冷弯型钢	以带钢、板材为坯料，在常温下弯曲成型制成的型材
	优质型材	用优质钢轧成的型材
	其他钢材	包括重轨配件、车轮、轮箍、锻件坯、车轴坯等

续表

类别	品种	说明
板材	中厚钢板	中板（厚度大于 4mm 小于 20mm）、厚板（厚度大于 20mm 小于 60mm）、特厚板（厚度大于 60mm）
	薄钢板	厚度小于或等于 4mm 的钢板
	钢带	也称带钢，是长而窄的薄钢板
	电工硅钢薄板	也叫硅钢片或矽钢片
管材	无缝钢管	管壁无接缝的钢管
	焊接钢管	又称缝焊管
金属制品	金属制品	包括钢丝、钢绞线、钢丝绳等

一、型材

（一）型钢

型钢是具有一定断面形状和尺寸的长条形钢材的总称。型钢按质量不同可分为普通型钢和优质型钢；按断面形状不同分为简单断面型钢和复杂断面型钢；按用途不同可分为常用型钢和专用型钢；按加工方法不同可分为热轧型钢、冷轧型钢、冷拉型钢等。

普通型钢是用普通质量钢热轧成的型钢。材质主要是碳素结构钢和低合金结钢。这类钢价格较低，品种繁多，产销量很大，应用广泛。普通型钢按断面尺寸的大小分为大、中、小型钢三种。普通型钢主要用于制各种钢结构件。既可制造大型的钢结构件，如工程建筑结构、桥梁、车辆、船舶、压力容器、农业机械等，也可制造小型的普通机械钢结构件，如螺栓、螺帽、垫片、销子等。

优质型钢是用优质钢加工成的型钢。优质型钢的材质包括优质碳素结构钢、合金结构钢弹簧钢、轴承钢、碳素工具钢、合金工具钢、高速钢、不锈钢、模具钢八种。按加工方法分类，有热轧和冷拉两种；按再加工方法分类，有压力加工用和切削加工用两种。优质型钢断面形状较为简单，品种不多，但尺寸精度较高，技术条件要求较严，价格较高。优质型钢主要用作机械机构中较关键的零件和工装模具，如轴承、主轴、齿轮、弹簧、连杆、车刀、钻、冲压模等。

常用型钢一般是指应用最广，通用性强，用量最大的几种常见普通型钢。按断面形状可分为方钢、圆钢、扁钢、六角钢、工字钢、等边角钢、不等边角钢、槽钢等几种。型钢的规格通常以反映其断面形状的主要尺寸或参数来表示。常用型钢的规格表示方法如图4 -3 所示。

表 4-3　　常用型钢的规格表示方法

名称	断面形状	规格表示方法	名称	断面形状	规格表示方法
圆钢	d d=直径	直径 例： Φ 25	工字钢	b h d h=高度　b=腿宽　d=腰厚	高度×腿宽×腰厚 （或号数） 例： 160×88×6 或 16 号
方钢	a a=边长	边长 或 边长×边长 例： 38 或 38×38	槽钢	h d b h=高度　b=腿宽 d=腰厚（或号数）	高度×腿宽×腰厚 （或号数） 例： 80×43×6 或 8 号
扁钢	d b b=边宽　d=边厚	边厚×边宽 例： 8×25	等边角钢	d b b=边宽 d=边厚	边宽×边宽×边厚 （或号数） 例： 50×50×5 或 5 号
六角钢 八角钢	a　a a=对边距离 （内切圆直径）	对边距离 （内切圆直径） 例： 20 或 Φ20	不等边角钢	d B b B=长边　b=短边 d=边厚	长边×短边×边厚 （或号数） 例： 100×63×8 或 10/6.3 号

1. 工字钢

工字钢有普通工字钢、轻型工字钢和 H 型钢三种。工字钢和槽钢的轻型与普通工字钢相比，当高度相同时，其腰较薄，腿较宽，重量较轻，使用轻型工字钢既可保证有同等的强度和承载能力，又能节约钢材。工字钢是具有符合力学原理的理想断面的型钢，被广泛用于建筑、建造工程作重要结构件，如车辆、工业厂房的大梁，起重设备、桥梁的杆件柱架等。H 型钢也称万能工字钢，其截面稳定性好，便于拼装组合和焊接，主要用在高层建筑、大型桥梁中。工字钢的规格可用“高度×腿宽×腰厚”表示之外，还可用型号表示。型号又称号码数，用工字钢的高度厘米数表示。如 25 号工字钢即表示其截面高度为 25cm。同一号数（即高度相同）的工字钢若其有几种不同的腿宽、腰厚时，须在号码数后加注脚码 a、b、c 以示区别。

2. 槽钢

槽钢有普通槽钢、轻型槽钢之分。槽钢的抗侧向弯曲载荷的性能优于工字钢，因此，也被广泛地应用于建筑、建造工程中作重要结构件。槽钢的规格可用“高度×腿宽×腰厚”表示之外，还可用型号表示。型号又称号码数，用槽钢的高度厘米数表示。同一号数（即高度相同）的槽钢若其有几种不同的腿宽、腰厚时，须在号码数后加注脚码 a、b、c 以示区别。

3. 角钢

角钢分为等边角钢和不等边角钢两种。角钢可以单独使用，也可与钢材组合成各种构件再使用，用途广泛而灵活。角钢的规格可用“边宽×边宽×边厚”或“长边×短边×边厚”表示之外，也可用型号即边宽的厘米数表示。但是，在填写合同、单据时不要用型号简单表示，应用详细规格写明尺寸。

4. 圆钢、方钢、六角钢

圆钢、方钢、六（或八）角钢被广泛地用于制造各式各样的圆、方、六（八）角形断面的结构件，例如：栅栏、杆件、螺栓、螺帽、轴类、连杆、销钉、钢筋、钢钎、骨架等。圆钢用直径表示；方钢的规格以边长表示；六角钢的规格以对边距离（内切圆直径）表示。

5. 扁钢

扁钢主要用作农用工具、小五金、建筑结构件和各种机械构件。扁钢的规格以“边厚×边宽”表示。

常用型钢用于大型建筑建造工程中作结构时，抗弯能力是它们必须具备的主要能力之一。它们的抗弯能力除了与材质有关外，还与材料的截面形状及尺寸有关。一般来说，在单位理论重量相似的条件下，工字钢、角钢、槽钢的抗弯能力大于圆钢、扁钢、六角钢、方钢。在工字钢、角钢、槽钢中又以槽钢抗弯能力最好，工字钢次之，角钢较差。在同种工字钢、槽钢、角钢中，号数大厚度薄的抗弯能力优于号数小厚度厚的。

（二）冷弯型钢

冷弯型钢是采用普通碳素结构钢板（带），经过冷弯成型制成的型钢。冷弯型钢的壁不仅可以做得很薄，而且生产容易，同时还可以生产许多用轧制工艺无法生产的异型型钢。对于受力不太大的金属结构，采用冷弯型钢能比热轧型钢节约金属 25%～50%，会大大降低成本，减轻结构重量，因此，冷弯型钢在国内外发展很快，被广泛使用在建筑结构、车辆、船舶、高速公路、集装箱、家具、广告牌、农机具等方面。

冷弯型钢的规格表示与常用型钢相似，一般以其断面的主要部位尺寸表示。冷弯型钢的品种很多，按断面形状分为开口断面、半开口断面、闭口断面、周期性断面及组合式型

钢等；按用途分为通用和专用冷弯型钢。冷弯型钢的断面如图 4-2 所示。

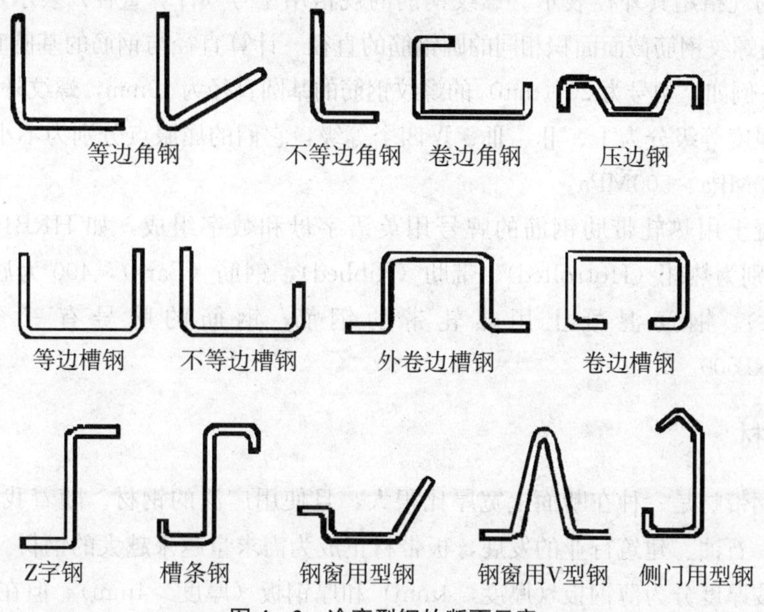

图 4-2　冷弯型钢的断面示意

（三）线材

线材是直径为 5～9mm 的热轧圆钢。线材多数以盘卷状供货，成盘供应的线材叫热轧圆盘条、盘条或盘圆。盘条包括普通低碳钢热轧盘条、碳素电焊钢盘条、制绳钢丝用盘条、焊接用不锈钢盘条、琴钢丝用盘条等。

低碳钢热轧圆盘条也叫普碳线材，其材质是低碳碳素结构钢。它是线材中产销量最大，用途最广的一种。按尺寸允许偏差可分为普通精度和较高精度两种。在摩根式（万能式）高速轧机上用无扭控冷工艺生产的线材尺寸精度高，力学性能优良，质量均匀，它在市场上被称为“高线”。在横列式或串列式轧机上用传统的工艺生产的线材尺寸精度、力学性能均较低，在市场上被称为“普线”。低碳钢热轧圆盘条的规格用公称直径即外径表示。低碳钢热轧圆盘条主要用作建筑钢筋，同时也大量用作拉丝、制钉材料和制作小螺栓、螺母、铆钉、小五金，以及各种小结构件。

碳素电焊钢盘条、制绳钢丝用盘条、焊接用不锈钢盘条、琴钢丝用盘条，分别用作电焊条、钢丝绳、不锈钢焊条、琴丝和弹簧等。

（四）钢筋

钢筋是用作钢筋混凝土骨架的小型型材和线材。它在混凝土中主要受拉应力。由于其表面不同形状的肋与混凝土有较大的握裹力和黏结能力，使混凝土建筑构件能很好地承受拉力作用，提高构件的安全性和使用寿命。钢筋广泛应用于各种建筑结构，特别是大型、重型、高层建筑结构件。

钢筋按形状分为圆钢筋、带（扭）耳钢筋和螺纹钢筋。螺纹钢筋又称变形钢筋。按生产加工方法不同，分为热轧钢筋、热处理钢筋、预应力钢丝、预应力钢筋混凝土用钢绞线等。圆钢筋的规格用其外径表示。螺纹钢筋的规格用型号（计算直径）表示，也叫公称直径，它等于与螺纹钢筋截面面积相同的圆钢筋的直径。计算直径与钢筋的基圆直径或螺纹外径都不相等。例如，型号为20（mm）的螺纹钢筋的基圆直径为19mm，螺纹外径为22mm。

钢筋按强度等级分为Ⅰ、Ⅱ、Ⅲ、Ⅳ四个等级，它们的屈服点分别为不小于240MPa、335MPa、400MPa、500MPa。

钢筋混凝土用热轧带肋钢筋的牌号用英语字母和数字组成，如HRB400；其含义：H、R、B分别为热轧（Hotrolled）、带肋（Ribbed）、钢筋（Bars），400为屈服点最小值（单位：MPa）。钢筋混凝土用热轧带肋钢筋，钢筋的牌号有三个：HRB335、HRB400、HRB500。

二、板材

钢板和钢带材是一种在断面上宽厚比很大，且使用广泛的钢材。随着我国家用电器、汽车、造船、石油、建筑行业的发展，板带材正成为需求量越来越大的钢材。

钢板可按厚度分为薄钢板（厚度≤4mm）和厚钢板（厚度＞4mm）。但在实际工作中，常将厚度≤20mm的钢板称为中板，厚度为20～60mm的钢板称为厚板，厚度＞60mm的钢板称为特厚板。钢板的规格用厚度×宽度×长度表示，钢板是成张供货的；钢带或钢卷板的规格用厚度×宽度表示，钢带或钢卷板是成卷供货的。

（一）厚钢板

厚钢板均为热轧板，有普通钢厚钢板、专门用途厚钢板、优质钢厚钢板和复合钢厚钢板四种。厚钢板的宽度一般为600～3000mm，间隔为50mm；长度一般为1200～12000mm，间隔为100mm。

1. 普通钢厚钢板

普通钢厚钢板包括普通碳素钢和低合金结构钢厚钢板。普通厚钢板通用性好，具有较好的弯曲成型性和焊接性，能用于一般无特殊要求的各种工程结构，如制造大型贮存容器、外壳、护板、闸门、桥梁及机器设备零部件。它们的用途较广，用量很大。

2. 专门用途厚钢板

专门用途厚钢板主要用于锅炉、桥梁、压力容器、汽车大梁等方面，这类钢板具有较高的强度，足够的韧性、塑性和较好的焊接性能外，还具有适合于专门用途的专项性能。

3. 优质钢厚钢板

优质钢厚钢板由优质钢轧制而成。按材质不同分为优质碳结构钢、合结钢、合工钢、高速钢、弹簧钢、不锈钢、轴承钢、耐热钢、耐候钢钢板。优质碳结构钢、合结钢主要用于制作机械结构的零部件。碳工钢、合工钢、高速钢主要用作工装模具、量具、刀具。不锈钢用作大型耐腐蚀的容器、外壳和结构件。耐候钢用作在露天中耐大气腐蚀的大型构件，如车辆、塔架、桥梁等。

4. 复合钢厚钢板

复合钢厚钢板主要有犁壁用热轧三层钢板和不锈钢复合厚钢板。

(1) 犁壁用热轧三层钢板。是用 60Mn、65Mn、65Mn 高碳的优质碳素结构钢作硬外层，Q215 低碳的碳素结构钢作韧性的中层，能承受犁地时既受磨擦又受冲击的工作条件。

(2) 不锈钢复合厚钢板。用 1Cr18Ni9Ti 等不锈钢作耐腐蚀的外层，强韧的 Q235 碳素结构钢作中层，使它既有耐腐蚀的作用，又能节省较贵重的不锈钢，降低成本。

(二) 薄钢板

薄钢板有普通碳素结构钢薄钢板、低合金结构钢薄钢板、优质碳素结构钢薄钢板、合金结构钢薄钢板、不锈钢薄钢板、电工硅钢薄钢板、彩色涂层薄钢板、镀锌薄钢板、镀锡薄钢板、镀铅薄钢板、搪瓷用薄钢板、深冲用薄钢板、塑料复合薄钢板等。

薄钢板还可按材质分为普通钢和优质钢薄钢板；按生产工艺分为热轧和冷轧薄钢板；按用途分为一般用途和专门用途薄钢板；按表面形状分为平面和花纹板；按表面复盖层分为镀层板、涂层板和黑皮板。

热轧薄钢板大多数厚度为 0.35～4mm，宽度为 500～1500mm，长度为 500～4000mm；冷轧薄钢板厚度为 0.2～4mm，宽度为 500～1500mm，长度为 500～3500mm。

1. 普通钢薄钢板

普通钢薄钢板（又称黑皮板）由碳素结构钢或低合金结构钢轧成。这类板一般要经退火后交货，所以表面有蓝黑色的氧化铁皮。它可以用于制造对表面要求不高，不需深冲加工的构件，如通风管道、机器外壳、开关箱、文件柜等。普通钢薄钢板经酸洗后就是酸洗薄钢板（又称引深铁皮），其表面氧化铁皮被洗去，呈亮白色，冲压性能有所提高。可以用于制造强度要求不高的冲压件，如闹钟外壳、电筒壳、汽车刹车盘等。

2. 优质钢薄钢板

优质钢薄钢板的材质是优质碳素结构钢和各种合金钢，如优质碳结构钢、合结钢、碳工钢、合工钢、高速钢、弹簧钢、不锈钢、轴承钢等。优质碳结构钢薄钢板是其中应用量较大的一种。它主要用于汽车、轻工、航空等工业部门制作强度较高的薄板结构及冲压件，其中 08F 优质碳素结构钢是使用最广的钢号。合结钢、碳工钢、合工钢、高速钢、弹簧钢、不锈钢、轴承钢薄钢板分别用作重要的机械结构件、弹簧、轴承、工具等。

3. 镀涂层板

为改善钢板的耐腐蚀能力而在表面镀上或涂上其他金属或涂料形成保护层的钢板。这类钢板既有良好的力学性能、工艺性能，又有耐腐蚀耐热性能和多彩美观的外表，因而得到广泛的应用。

(1) 镀锌薄钢板。镀锌薄钢板又称“白铁皮”，它用 Q215、Q235 碳素结构钢板经酸洗后镀锌而成。由于表面镀锌层能耐大气和水的腐蚀，有美观的外表，并且价格是镀层板中最低的，因而得到广泛的应用。主要用作建筑的瓦垄板、风管、雨水挡板，生活用品中的水桶、水壶、洗衣盆，以及包装桶、机器外壳、公文箱等等。

(2) 镀锡薄钢板。镀锡薄钢板又称“马口铁”，用 0.18～0.5mm 厚的 08F 优质碳素结构钢或碳素结构钢 Q195F 等冷轧薄钢板经镀锡制成。分为热镀锡和电镀锡两种。镀锡薄钢板的主要特点是对各种食品有较高耐蚀能力，即使有少量锡溶于食品中或与食物形成锡化物，对人体也不会有毒害作用。另外，在大气中也很耐蚀，有良好的冷变形能力，表面适于涂料印刷。因此，主要用来制造食品罐头、茶叶、调味品、医药等的包装容器及儿童玩具。

(3) 镀铅薄钢板。镀铅薄钢板多用 08Al（是用铝脱氧的镇静钢板）冷轧薄钢板经热镀铅制成。所镀的铅是铅与锡、锑的合金，其作用是提高镀层的硬度和强度，改善抗蚀性。铅镀层的作用是提高钢板的耐蚀性能，它在硫化氢和二氧化硫等介质中具有很好的耐蚀性。因此，镀铅薄钢板常用于汽车油箱及其他贮油容器制造。

(4) 彩色涂层薄钢板。彩色涂层钢板是以镀锌钢板为基础，单面或双面涂层工艺制成。具有耐腐蚀、抗折弯、高强度、表面色泽丰富多彩、耐候性强、使用寿命长的特点。主要用于建筑、家电、汽车、火车、船舶等行业制造家电外壳、建筑物屋面、墙面、外檐、天花板、门、汽车外板、火车车厢内外板等。

4. 电工硅钢薄钢板

电工用硅钢薄板又叫硅钢片或矽钢片。它是用含硅 0.8%～4.8%的电工硅钢轧制成。它有良好的电磁性能，是制造电机、变压器、电工仪表和电磁器件的重要材料。硅钢薄板不允许沾有油污，因为它会在电机或变压器运行时由于温度升高而破坏片间绝缘层，从而降低电机或变压器的使用寿命，严重时造成烧毁事故。因此，保管时应注意表面的清洁，切不可涂油防锈。硅钢薄板易生锈，交货时要采用衬垫防潮，然后用铁箱包装。在储运时应注意勿使钢板因弯曲、卷边或受钝器剪切和冲切而发生塑性变形。

5. 塑料复合薄钢板

塑料复合薄钢板是用碳素结构钢薄钢板与聚氯乙烯塑料薄膜复合制成。塑料复合钢板既有薄钢板的良好力学性能和工艺性能，又有表层塑料的艳丽色彩和良好的耐腐蚀性能，可耐浓酸浓碱及醇类的侵蚀。在温度 60℃时可长期工作，因而被广泛用作屋面板、通风管道、各种耐蚀的桶、槽、容器，电器外壳等。

（三）带钢

带钢也称钢带，是长度较长的薄钢板，一般成卷供货。其规格用厚度×宽度表示。与薄钢板比较，带钢具有生产容易、尺寸精度高、表面质量好、便于运输和使用的优点，常用作生产焊管和冷弯型钢的坯料，也制作成自行车架、轮圈、垫圈、弹簧片、锯条、刀片、打包铁皮、工具、小五金等等。

带钢的品种很多，它的分类与薄钢板的分类相似，可按材质分为普通钢带钢和优质钢带钢；按生产工艺分为热轧和冷轧薄带钢；按一般用途分为自行车用、包装用、锯片用、刮脸刀片用、电信用带钢等；还可按表面镀层分为镀锌带钢、镀锡带钢、涂漆电缆带钢等。常用的带钢标准有：《冷轧钢板和钢带的尺寸、外形、重量及允许偏差》(GB/T 708—2006)、《优质碳素结构钢冷轧钢板和钢带》(GB/T 13237—2013)、《冷轧低碳钢板及钢带》(GB/T5213—2008) 等。

三、管材

中空长条形钢材称为钢管。大多数的钢管断面是圆形的，此外，也有方矩形、椭圆形、六角形及其他异形断面钢管。钢管主要用作输送流体，也常常用作重要的抗弯抗扭的机械构件。

钢管可按材质分为普通钢管和优质钢管；按用途分为一般用途和专门用途钢管；按断面形状分为圆形和异形断面钢管；按生产工艺分为无缝钢管和焊接钢管。

（一）无缝钢管

无缝钢管是用圆管坯热穿孔后轧制和拉拔而成的，由于管壁上无焊接缝，它的力学性能和组织的均匀性要比焊接钢管高。

无缝钢管的规格以外径（mm）×壁厚（mm）表示。

按用途可将无缝钢管分为一般用无缝钢管和专门用无缝钢管。

1. 一般用无缝钢管

一般用无缝钢管的材质为10～50号优质碳素结构钢和Q245、40Mn2、Q460、42Mn2等低合金结构钢或40Cr、35CrMo等合结钢经热轧或拉拔制成。10～20号低碳优质碳素结构钢无缝钢管主要用于流体输送管道。中碳优质碳素结构钢及低合金结构钢无缝钢管，主要用于输送流体的管道及制作各种机器的零部件。如氧气瓶嘴、汽车及拖拉机的零件等。

2. 专门用无缝钢管

专门用无缝钢管主要有锅炉用无缝钢管、锅炉用高压无缝钢管、地质钻探用无缝钢管、石油裂化用无缝钢管、化肥用高压无缝钢管和不锈耐酸钢无缝钢管。

（1）锅炉用无缝钢管。用于制造各种结构低、中压锅炉的过热蒸汽管、沸水管及烟管。这类钢管用10号、20号碳结钢制成，在450℃以下温度使用。

（2）锅炉用高压无缝钢管。在高温、高压中工作，受烟气、水蒸气的腐蚀作用，钢管的材质是合金结构钢、耐热钢和碳结钢。主要用作高压锅炉的过热器管、再热器管、导汽管和主蒸汽管等。

（3）地质钻探用无缝钢管。用专门的地质钻探用优质碳素结构钢制造，其钢号以“地质”的汉语拼音字头“DZ”及代表钢的屈服点的两位阿拉伯数字组成，如DZ40、DZ50、DZ55等。地质钻探用无缝钢管主要用作钻杆、岩心管、套管、钻头管等部件。

（4）石油裂化用无缝钢管。主要用作石油炼炉的炉管、热交换器管和管道管等。这类钢管具有好的高温强度、抗氧化性、耐蚀性。这些钢管除用10号、20号优质碳素结构钢制造外，也常用12CrMo、15CrMo耐热钢或12MoAlV、15Al3MoWTi低合金耐蚀钢制造。

（二）焊接钢管

焊接钢管是用钢带经弯曲成型再焊接制成的钢管。这类钢管具有生产工艺简单、生产效率高、成本低的优点，因而得到飞速的发展，其产量大大超过了无缝钢管。

焊接钢管按焊缝形式可分为直缝焊管和螺旋缝焊；按用途分为低压流体输送用焊管、

电线套管等。

1. 直缝电焊管

直缝电焊管包括公制电焊管、电焊薄壁管、变压器冷却油管等。这类钢管的规格用外径（mm）×壁厚（mm）表示。

公制电焊管主要用于工程和设备的构件及机器零件制造，也用于输送流体的管道。如汽车传动轴等。电焊薄壁管主要为厚度不大于 2mm 的钢管，用作喷雾器管、自行车管、家具、玩具、儿童车等。变压器冷却油管主要作变压器自然冷却散热用。

2. 螺旋缝焊管

螺旋缝焊管是用碳素结构钢和低合金结构钢将做原料，将钢带按一定的螺旋线角度形成管形并焊接制成的。螺旋缝焊管生产工艺的特点是可用窄带钢生产大口径管；一般制成高强度、耐高压厚壁、大直径的钢管。其主要用于石油、天然气、水和蒸气输送管道，也做建筑结构、码头、桥梁的基础桩用钢管和结构件用。它的规格可用外径（mm）×壁厚（mm）表示。

3. 低压流体输送用焊接钢管

低压流体输送用焊接钢管主要用于输送水、煤气和取暖蒸汽等压力较低的流体管道。也用于制造结构件、栏杆和建筑脚手架等。低压流体输送用焊接钢管用碳素结构钢如 Q195、Q215、Q235 制造。它的规格用“公称口径”表示，公称口径是钢管内径的近似尺寸，其单位用英寸或毫米表示。低压流体输送管有不镀锌钢管（俗称黑管）和镀锌钢管（俗称白管）之分。镀锌钢管的镀锌工艺采用热浸镀锌法，管内外的耐蚀性很好，大量用作自来水管。

4. 电线套管

电线套管是用于布置各类电器线路，作为电线保护套的钢管。电线套管用碳素结构钢制成；钢管的规格也用公称口径表示，其公称口径是外径的近似值。

四、金属制品

（一）钢丝

钢丝的种类很多，可按断面形状分为圆形和异形；按用途分为一般用和专用钢丝；按材质分为普通钢丝和优质钢丝。

常用的钢丝是圆形钢丝，规格表示可用直径（mm）表示；实际工作中也用线规号来表示。线规号是一种英制单位的钢丝规格系统。

（1）一般用钢丝有低碳冷拉钢丝、退火钢丝和镀锌钢丝。冷拉钢丝强度硬度较高，退火钢丝则较软，镀锌钢丝较耐腐蚀。它们主要用作捆扎、拉张、制钉、日用等方面。

（2）专用钢丝有制绳钢丝、弹簧钢丝、结构钢丝、轮胎钢丝、冷顶锻用钢丝、电工用钢丝、纺织工业用钢丝、工具钢丝、钢筋钢丝、制鞋钢丝等。

（二）钢丝绳

钢丝绳是用钢丝或钢绞线与绳心按一定的方法捻制而成的绳子。它具有强度大、韧性好、无噪声、使用方便等特点。钢丝绳作起吊、牵拉、捆扎、固定之用，广泛用于工业、矿业、运输业、建筑业、旅游业等方面。

钢丝绳按工艺的不同，可分左捻和右捻，同向捻和交互捻钢丝绳。与交互捻的相比，同向捻钢丝绳表面较平，磨损较慢，寿命较长，但自行旋转倾向大。

钢丝绳还可按结构和表面状态分为：光面钢丝绳、镀锌钢丝绳、其他钢丝绳。

光面钢丝绳（NAT）又称普通钢丝绳价格较低，用量很大。镀锌钢丝绳耐蚀性高，主要用于腐蚀比较严重的船舶装卸机械、渔业拖网、化工车间等方面。其他钢丝绳包括航空钢丝绳、异型股钢丝绳、面接触钢丝绳、西鲁氏钢丝绳、瓦林吞钢丝绳、密封式钢丝绳。这类钢丝绳主要用于负荷较大的起重机和卷扬机中，如用于矿山、山区风景点的缆车，电梯，重型起重机等。

钢丝绳的规格表示如图 4－3 所示，其规格用公称直径表示。

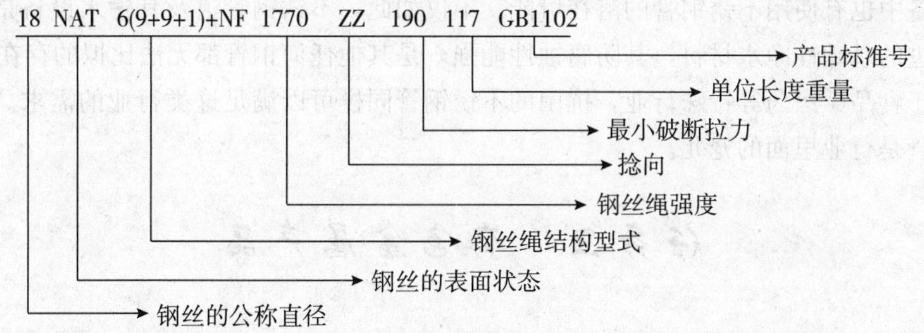

图 4－3 钢丝绳的规格表示

简化标记可写作：18NAT6×19＋NF1770ZZ/90

其中 18——表示光面钢丝捻成公称直径 18mm；NAT——表示光面钢丝绳；6——表示六股钢丝；（9＋9＋1）＝19——表示每股逐层钢丝根数；NF——表示天然纤维芯；1770——表示公称抗拉强度为 1770N/mm²（牛/毫米²）；ZZ——表示右同向捻；190——表示最小破断拉力为 190N。长度：按 250m 及其倍尺交货。

五、钢材产品的保管

大尺寸（大于 50mm）的热轧圆钢、钢管和型钢以及中、厚钢板等，可露天堆放，盖上油布或用油毛毡封包，下垫 25cm 厚的枕木或方石，有条件的最好搭棚。钢材表面要进行防锈处理。小尺寸钢材须存放库房内，下垫枕木。带螺纹的钢管应注意保护螺纹部分。各类冷拉、冷轧的圆钢、钢丝、钢带、钢板、钢管及钢丝绳等，表面质量和使用要求很高，不允许锈蚀，均应存放在干燥、通风的库房内，钢材表面必须涂油，并用防潮物包裹起来，堆放在枕木或方石上，钢材与枕木的接触处垫上油纸或油毛毡。

阅读材料

无缝钢管的应用市场发展

目前，不锈钢管在我国市面上的流通量虽然较大，但是相对于外国的无缝钢管工业的应用来说，还是有不小的差距。我们的生活中还将会有哪些地方可以应用到这些重要的物质材料呢？正所谓，要用发展的眼光来看待问题，从目前的现状中，通过对当前环境的分析，可以相对地预测出未来不锈钢管的发展之路。

首先，汽车工业就是一大巨大的市场潜力。虽说现在有车族已经很多，但是随着新能源的不断开发，车子的性能等各方面也将变得更加高科技，相信在以后几乎每个家庭都能够拥有自己的一台车，而这就为不锈钢的使用创造了巨大的机遇，不锈钢在汽车中的排气系统、消声器中有广泛应用。

其次，石化工业（包括化肥工业）为了对物料进行输送也会采用不锈钢管，同时，它们的设备中也有使用不锈钢管的潜在可能。不仅如此，不锈钢管道及其输水设备是当今世界最先进的基础性净水材料，其防腐蚀性能强，是其他任何钢管都无法比拟的存在。

对于食品、医药等特殊行业，抗菌的不锈钢管同样可以满足这类行业的需求。可以说不锈钢管是行业里面的宠儿。

任务三　有色金属产品

任务导读

电子及家电用镁合金

汽车行业对镁合金的大量需求，推动了镁合金生产技术的多项突破，镁合金的使用成本也大幅度下降，从而促进了镁合金在计算机、通信、仪器仪表、家电、医疗、轻工等行业的应用发展。其中，镁合金应用发展最快的是电子信息和仪器仪表行业。在薄壁、微型、抗摔撞的要求之下，加上电磁屏蔽、散热和环保方面的考虑，镁合金成了厂家的最佳选择。另外，镁合金外壳可使产品更豪华、美观。在电子信息和仪器仪表行业的镁合金制品的单位重量和尺寸不如汽车零部件，但它的数量大、覆盖面广，其用量也是巨大的。所以，近几年电子信息行业镁合金的消耗量急剧增加，成为拉动全球镁消耗量增加的另一重要因素。

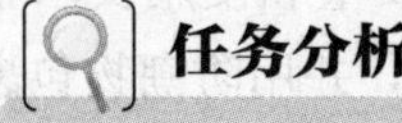

任务分析

有色金属通常指称黑色金属以外的金属，有色金属也称非铁金属。有色金属及其合金

的种类繁多，它们具有很多可贵的特殊性能。如良好的导电、导热性；摩擦系数低；耐磨、耐蚀、轻质，以及良好的可塑性和良好的铸造性能等，故其在国民经济中占有极重要的地位。

知识链接

一、有色金属的分类

（一）有色纯金属

有色纯金属大约有八十多种。按其比重、价格、在地壳中的储量及分布情况和被人们发现与使用的早晚等分为五大类。

1. 重有色金属

重有色金属指比重大于4.5g/cm^{3}的有色金属。其中有铜、镍、铅、锌、钴、锡、锑、汞、镉、铋。每种重有色金属根据其特性，在国民经济各部门中都具有其特殊的应用范围和用途。例如，铜是军工及电气设备的基本材料；铅在化工方面制耐酸管道、蓄电池等有着广泛应用；镀锌的钢材广泛应用于工业和生活方面；而镍、钴则是制造高温合金与不锈钢的重要战略物资。

2. 轻有色金属

轻有色金属指比重小于4.5g/cm^{3}的有色金属。包括铝、镁、钠、钾、钙、锶、钡。这类金属的特点是：比重小（0.53～4.5g/cm^3），与氧、硫、碳和卤素的化合物都相当稳定。轻金属铝在自然界中占地壳重量的8%（铁为5%）。随着近代炼铝技术的发展及铝在国民经济各部门的广泛应用，铝已成为有色金属中生产量最大的金属，其产量已超过总产量的三分之一。

3. 贵重金属

贵重金属指在地壳中含量少，开采和提取都比较困难，价格比一般金属贵的有色金属。包括金、银和铂族元素（铂、锇、铱、钌、钯和铑）。这类金属除金、银、铂有单独矿物，可以从矿石中生产一部分外，大部分要从铜、铅、锌、镍等冶炼厂的副产品（阳极泥）中回收。这类金属的特点是比重大（10.4～22.4g/cm^3），其中铂、铱、锇是金属元素中最重的几种金属；熔点高（916℃～3000℃）；化学性质稳定，耐蚀性好，能抵抗酸、碱腐蚀（除银和钯外）。另外，金和银具有高度的可锻性和可塑性，钯、铂也有良好的可塑性，其他均为脆性金属。金银有良好的导电性和导热性，铂族元素却很低。贵金属在工业上则广泛地应用于电气、电子工业，宇宙航空工业，以及高温仪表和接触剂等。此外，金和银在各国一直作为货币储备和装饰品使用。

4. 半金属

半金属一般是指硅、硒、碲、砷和硼等五种元素。其物理、化学性质介于金属和非金属之间，如砷是非金属，但它又能传热、导电。此类金属根据各自特性，具有不同用途。

硅是半导体主要材料之一；高纯碲、硒、砷是制造化合物半导体的原料；硼是合金的添加元素等。

5. 稀有金属

稀有金属并不是都很稀少，只是这类金属中有些在地壳中的分布不广或较分散，开采冶炼较难，在工业上应用较晚，故称之为稀有金属。但是，随着科学技术的发展以及使用量的增加，一些原先称为稀有金属的也可能不再是稀有金属了。如在工业上已获得了广泛的应用，在地壳中埋藏量仅次于铝、铁和镁而居第四位的钛。稀有金属包括的范围很广，根据其各自的特点又可分为五种。

（1）稀有轻金属。稀有轻金属包括下面5种金属：锂、铍、铷、铯、钛。它们的共同特点是比重小（锂－0.53g/cm^3、铍－1.85g/cm^3、铷－1.55g/cm^3、铯－1.87g/cm^3、钛－4.5g/cm^3）。这类金属的氧化物和氯化物都具有很高的化学稳定性，很难还原。

（2）稀有高熔点金属。包括稀有高熔点金属包括以下8种金属：钨、钼、钽、铌、锆、铪、钒和铼。它们的共同特点是熔点高〔自1830℃（锆）至3400℃（钨）〕，硬度大，抗腐蚀性强，以及可与一些非金属生成非常硬和非常难熔的稳定化合物，如碳化物、氮化物、硅化物和硼化物。这些化合物是生产硬质合金的重要材料。

（3）稀有分散金属。包括镓、铟、铊和锗等。其特点是在地壳中分布很分散，大多数都不形成单独的矿物和矿床。

（4）稀土元素。稀土元素包括钪、钇和镧系元素。从镧到铕称为轻稀土；从钆到镥还包括钪和钇称为重稀土。这些金属的原子结构相同，因而其物理化学性质很相似。在矿石中它们总是伴生在一起的，在提取过程中，需经繁杂作业才能逐个分离出来。

（5）放射性金属。包括镭及锕系元素。属于这一类的是各种天然放射性元素。天然放射性元素在矿石中往往是共同存在的。这些金属是原子能工业的主要原料。

（二）有色金属合金

有色金属合金是以一种有色金属作为基体，加入一种或几种其他金属或非金属元素所组成的既具有基体金属通性又具有某些特定性能的物质。有色合金的分类方法很多，常用的有以下两种。

1. 按合金系统分类

（1）重有色金属合金。包括铜合金（黄铜、青铜、白铜）、镍合金、锌合金、铅合金和锡合金等。

（2）轻有色金属合金。包括铝合金（防锈铝、硬铝、锻铝等）、镁合金等。

（3）贵金属合金。包括银合金和铂族合金等。

（4）稀有金属合金。包括钛合金、钨合金、钼合金、钽合金、铌合金、铼合金等。

2. 按用途分类

（1）变形合金（压力加工用合金）。

（2）铸造合金。

（3）轴承合金。

（4）印刷合金。

（5）硬质合金。

（6）焊料。

（7）中间合金。

实际工作中常把这两种分类方法结合起来用。例如：铝合金按用途分为变形铝合金和铸造铝合金，而变形铝合金又按系统分为铝一硅系、铝一铜系、铝一锌系、铝一镁系。又如轴承合金、焊料等按合金系统又分为锡基轴承合金、铅基轴承合金、铝基轴承合金；铜焊料、锡焊料、银焊料等。

二、有色金属及其合金的牌号表示方法

牌号是对产品的命名，可用来识别产品的名称、符号、代号或它们的组合，一般应尽可能直观地显示产品的类别、品种、状态或性能等。

有色金属牌号和状态的表示方法按国家标准《有色金属及合金产品牌号表示方法》（GB 340—76）的规定表示。产品牌号的命名，采用 GB 340—76 规定的汉语拼音字母（见表4 -4、表 4 - 5）、化学元素符号及阿拉伯数字相结合的方法表示。

表 4 - 4　　常用金属、合金名称及其汉语拼音字母的代号

名称	采用的汉字及汉语拼音		采用代号	字体
	汉字	汉语拼音		
铜	铜	tong	T	大写
铝	铝	lü	L	大写
镁	镁	mei	M	大写
镍	镍	nie	N	大写
黄铜	黄	huang	H	大写
青铜	青	qing	Q	大写
白铜	白	bai	B	大写
钛及钛合金	钛	tai	T	大写

表 4 - 5　　专用金属、合金名称及其汉语拼音字母的代号

名称	采用的汉字及汉语拼音		采用代号	字体
	汉字	汉语拼音		
防锈铝	铝、防	lü fang	LF	大写
煅铝	铝、锻	lü duan	LD	大写

续 表

名称	采用的汉字及汉语拼音		采用代号	字体
	汉字	汉语拼音		
硬铝	铝、硬	lü ying	LY	大写
超硬铝	铝、超	lü chao	LC	大写
特殊铝	铝、特	lü te	LT	大写
硬钎焊铝	铝、钎	lü qian	LQ	大写
无氧铜	铜、无	tong wu	TU	大写
金属粉末	粉	fen	F	大写
喷铝粉	粉、铝、喷	fen lü pen	FLP	大写
涂料铝粉	粉、铝、涂	fen lü tu	FLU	大写
细铝粉	粉、铝、细	fen lü xi	FLX	大写
特细铝粉	粉、铝、特	fen lü te	FLT	大写
炼钢、化工用铝粉	粉、铝、钢	fen lü gang	FLG	大写
镁粉	粉、镁	fen mei	FM	大写
铝镁粉	粉、铝、镁	fen lü mei	FLM	大写
镁合金（变形加工用）	镁、变	mei bian	MB	大写
焊料合金	焊、料	han liao	Hl	H 大写 l 小写
阳极镍	镍、阳	nie yang	NY	大写
电池锌板	锌、电	xin dian	XD	大写
印刷合金	印	yin	I	大写
印刷锌板	锌、印	xin yin	XI	大写
稀土	稀土	xi tu	Xt	X 大写 t 小写
钨钴硬质合金	硬、钴	ying gu	YG	大写
钨钛钴硬质合金	硬、钛	ying tai	YT	大写
铸造碳化钨	硬、铸	ying zhu	YZ	大写
碳化钛（铁）镍钼硬质合金	硬、镍	ying nie	YN	大写
多用途（万能）硬质合金	硬、万	ying wan	YW	大写
钢结硬质合金	硬、结	ying jie	YE	大写

有色金属产品为冶炼产品、加工产品和铸造产品三大部分。

1. 金属的冶炼产品

纯金属冶炼产品分为工业纯及高纯两类。有色金属及合金加工产品，按金属及合金系统分类。如铝及铝合金、镁及镁合金、铜及铜合金、镍及镍合金、钛及钛合金等。铸造产

品，分为铸锭和铸件。按不同的合金系又可分为铸造铝合金、铸造镁合金、铸造黄铜、铸造青铜等。

均用化学元素符号加上主成分的数字表示。如 Al99.5、Pb99.5、Zn99.5 表示含铝、铅、锌量为 99.5%的纯金属冶炼产品。但纯铜的冶炼产品却用高纯阴极铜（Cu－CATH－1）和标准阴极铜（Cu－CATH－2）表示，“CATH”是“阴极”的英语缩写。

高纯金属，用表示主成分的数字表示，短横线之后加一个“0”以示高纯，“0”后的第一个数字表示主成分“9”的个数。如主成分为 99.999%的高纯铟，表示为 In－05。

2. 纯金属加工产品

纯金属加工产品的代号用汉语拼音字母或英文字母加上数字表示。如 T2、N4 表示 2 号加工纯铜、4 号加工纯镍；纯铝的加工产品用 1A99、1A93 表示；其他纯金属产品，也用化学元素符号加顺序号表示，如一号纯银加工产品表示为 Ag1 等。

3. 合金加工产品

合金加工产品的代号，用汉语拼音字母、元素符号或英文字母和数字表示

（1）普通黄铜用“H”加基体元素铜的含量表示，如 68 黄铜表示为 H68；三元以上的黄铜用“H”加第二个主添加元素符号及除锌以外的成分数字组表示，如 90－1 锡黄铜表示为 HSn90－1。青铜用“Q”加第一个主添加元素符号及除基体元素铜外的成分数字组表示，如 6.5－0.1 锡青铜表示为 QSn6.5－0.1。白铜用“B”加镍含量表示，三元以上的白铜用“B”加第二个主添加元素符号及除基体元素铜外的成分数字组表示，如 30 白铜表示为 B30；3－12 锰白铜表示为 BMn3－12。

（2）铜镍合金用“N”加第一个主添加元素符号及除基体元素镍外的成分数字组表示，如 9 镍铬合金表示为 NCr9。

（3）铝合金代号据《变形铝及铝合金牌号表示方法》（GB/T 16474—2011），用四位字符体系牌号命名方法命名。铝合金代号用汉语拼音字母或英文字母加上数字表示。如二号防锈铝表示为 5A02，九号硬铝表示为 2B12。

（4）镁合金用“M”加表示变形加工的汉语拼音字母”B”及顺序号表示，如二号变形镁合金表示为 MB2。

（5）钛及钛合金用”T”加表示金属或合金组织类型的字母及顺序号表示。字母 A、B、C 分别表示 α 型、β 型和 α+β 型钛合金，如一号 α 型钛合金表示为 TA1；四号 α+β 型钛合金表示为 TC4。

三、有色金属的交货状态和产品特性代号

有色金属的交货状态是指有色金属或合金经受各种方式的加工和热处理之后具有物理和（或）力学性能的特征状况。

有色金属的生产方法有热轧、冷轧、挤压和拉伸等。有色金属材料可以有以下不同的交货状态。

（1）软状态。代号是焖火（退火）的“焖”字的汉语拼音字头“M”，表示材料冷轧

后经完全退火交货，特点是塑性高，强度、硬度较低。

（2）硬状态。代号是“硬”字的汉拼字头“Y”。表示冷加工后未经退火，特点是强度、硬度高，而塑性、韧性低。有些特硬状态的用“特”字的汉语拼音字头“T”表示。

（3）半硬状态。表示材料在冷加工后，经一定程度退火软化，性能介于软和硬之间。半硬状态按加工变形程度和退火温度的不同又可具体分为 3/4 硬、1/2 硬、1/3 硬和 1/4 硬等几种，其代号分别为 Y1、Y2、Y3、Y4。

（4）热作状态。代号是“热”字的汉语拼音字头“R”，表示以热轧或挤压状态交货。其性能特点与软状态相似，但对尺寸和表面精度的要求不严格。

（5）淬火状态。代号是“淬”字的汉语拼音字头“C”，表示经过淬火的产品。部分不能自然时效的产品可以以这种状态来供应，特点是强度较低，塑性好。

（6）淬火并自然时效状态。代号为“Cz”，表示高温淬火后在室温下自行时效强化的产品。

（7）淬火并人工时效状态。代号为“CS”，表示淬火后又在一定温度下进行人工时效的产品，大部分可以热处理强化的铝合金多以这种状态交货。

（8）淬火、自然时效后冷作硬化。代号为“CZY”，表示有些产品在淬火时效后又给予一定的冷加工，可提高其强度，但塑性受到一定程度的损失。

阅读材料

稀土金属未来发展趋势

中国对稀土的运用始于 20 世纪 60 年代中期在铸铁中的应用，不久，在钢中也得到应用。迄今为止的半个世纪里，稀土的应用范围越来越广，扩展到有色冶金、石油化工、玻璃陶瓷、磁性材料和各种功能材料、轻工纺织、农林医药等各个行业。

稀土在钢铁冶金中的应用是我国最大稀土消费领域，尤其是在铸铁中应用最为普遍；稀土金属具有很高的化学活性和较大的原子半径，将其用于有色金属及合金中，一般都可以产生良好的效果，可有效改善合金的力学性能、物理性能、加工性能和综合使用性能；稀土作为催化剂也有广泛的应用，如稀土在石油催化裂化中，在汽车尾气净化催化剂中，在合成橡胶催化荆、碳氢化合物单体合成催化剂等方面，均有大量的应用；在磁性材料中，尤其是在稀土永磁材料、稀土磁光材料、稀土超磁致伸缩材料等方面，也有着广泛的应用前景；在发光材料中，由于稀土离子具有丰富的能级和 4f 电子跃迁特性，使稀土成为一个巨大的发光宝库，为高新技术领域提供了很多性能优越的发光材料和激光材料；在储氢材料中，高性能、无污染的化学电源是稀土应用的重要领域；在玻璃工业中，以单一稀土氧化物为添加剂的稀土光学玻璃广泛应用于各种光学仪器和器件上；在陶瓷材料中，稀土广泛应用于普通陶瓷和精细陶瓷；在农业中，中国首创稀土农用，范围涉及粮食作物、蔬菜、水果、牧草，以及养鱼、养鸡等畜牧业，稀土元素不仅能提高农作物的产量，

而且能改善作物的品质。由此可见，稀土产业与高新技术产业关联度密切，产品市场全球化特点突出，其后续产业链的发展空间也十分广阔，是21世纪的朝阳产业。

任务四　有色金属材

任务导读

铝合金材料在航空航天中的应用

铝合金是亚音速飞机的主要用材，目前民用飞机结构上的用量为70%～80%，其中仅铝合金铆钉一项每架飞机就有40万～150万个；据波音飞机公司的统计，制造各类民用飞机31.6万架，共用铝材7100千吨，平均每架用铝22吨。铝制零部件在先进军用飞机中的比例虽低一些，但仍占其自身总质量的40%～60%。据预测，2010年全球航空航天铝材的消费量可达60万吨，年平均增长率约为4.5%。

航空航天铝材的价格比普通民用铝材的价格高得多，为后者的18倍左右，是一个非常重要的市场，而其政治与军事意义则尤为重大。2002年美国航空航天铝材的价格为33000～44100美元/吨，而普通民用铝材的价格只不过2200～3500美元/吨。

美国是世界航空航天工业巨头，其用铝约占全球此领域用铝量的50%，其他国家如法国、俄罗斯、中国、日本、巴西、加拿大、英国等的用量为50%。2002年，全世界航空航天用铝量约42万吨，其中美国的用量为21.4万吨。

美国铝业公司（Alcoa）是世界航空航天铝材的主要供应者，占全球总供应量的35%以上，为了保持其在该领域的世界霸主地位，获得更大的利润，经过精心的全面的调查研究与策划后，于2002年提出了一个名为“20—20攻关计划（20—20 Initiative）”的计划。计划内容与目标包括：在20年时间内，开发一批新的高性能铝合金，改进铝制零部件的设计，采用高技术制造工艺，使铝制零部件的质量下降20%，使铝制零部件的制造成本与维护费用减少20%。

铝锂合金具有低密度、高比强度、高比刚度、优良的低温性能、良好的耐腐蚀性能和卓越的超塑成型性能，用其取代常规的铝合金可使构件质量减轻15%，刚度提高15%～20%，被认为是航空航天工业中的理想结构材料。在航天领域，铝锂合金已在许多航天构件上取代了常规高强铝合金。铝锂合金作为储箱、仪器舱等结构材料具有较大优势。

国外预测，含钪铝-镁合金及其他系列的铝合金有可能成为下一代飞机的重要结构材料。TiAl基合金的板材除了有望直接用作结构材料外，还可以用作超塑性成型的预成型材料，并用于制作近净成型航空、航天发动机的零部件及超高速飞行器的翼、壳体等。

任务分析

有色金属材是用有色金属为原料，经压力加工制成具有一定形状和规格尺寸的产品。有色金属材的成分牌号繁多，性能和用途各不相同，品种一般有板、带、箔、管、棒、型材、线等。

知识链接

有色金属材最常用，用量较大的是铜材、铝材、铅材等。

一、铜及其合金材

(一) 纯铜

1. 纯铜的性能和用途

纯铜呈玫瑰红色，在空气中氧化成氧化膜后，外观为紫红色，故称紫铜。

纯铜的比重为8.96，熔点为1084℃。铜具有良好的导电性能和导热性，其导电性能仅次于银而居所有金属中的第二位；导热性则仅次于银和金而居第三位；铜具有良好的耐蚀性，在大气、水和水蒸气中基本上不受腐蚀，铜具有极好的塑性，能够进行冷热加工，制成各种板、带、箔、管、棒、型材、线等。纯铜的强度较低，硬度也不高，而且不能通过热处理强化，所以不宜用作受力结构。纯铜广泛用于电气、电子和机械工业制造电线、电缆、电刷、电机及制造散热器、冷却器、电真空仪器仪表的器件、电极、雷管等，同时也大量用作合金剂来配制铜合金。

2. 纯铜的牌号

纯铜的冶炼产品按标准《阴极铜》(GB/T 467—2010) 规定的牌号有两个：Cu－CATH－1和Cu－CATH－2。高纯阴极铜 (Cu－CATH－1) 成分中 (Cu＋Ag) 总量不小于99.993%。

纯铜的强度不高，所以结构用铜材常采用铜合金。铜合金有黄铜、白铜、青铜三种。

(二) 黄铜

以锌为主要添加元素的铜基合金称黄铜。黄铜的颜色呈黄色。通常把铜锌二元合金称普通黄铜，三元以上的黄铜称为复杂（特殊）黄铜。普通黄铜加工产品的牌号用汉语拼音字母H加铜的平均含量百分数表示。而三元以上的特殊黄铜材牌号用H加第二个主添加元素符号及除锌以外的成分字组表示。铸造产品的牌号与加工产品基本相同，只是在牌号前面加“Z”字。

黄铜的强度、硬度及弹性比纯铜高，耐腐性良好并有较好的深冲工艺性能，有美丽的黄色，价格低于纯铜，因而得到了广泛的应用。

1. 普通黄铜

H96、H90有较高的塑性，导电、导热及耐腐蚀性，多用于制散热器热交换器和工艺

品等。H68具有较高的强度和优良的塑性，特别适用于冷冲压或深拉伸制造各种形状复杂零件，大量用于做枪、炮弹壳，故有“弹壳黄铜”之称。因由三分锌七分铜组成，又称“三七黄铜”。

H62也是一种用量较大的黄铜，它的强度比H68更高，塑性也较好，广泛用作汽车的散热器、机器的水管、油管和结构件，故有“商业黄铜”之称，也称“四六黄铜”。

2. 特殊黄铜

（1）铅黄铜。由于加入铅，黄铜的切削加工性能和减磨性能得到提高。因此，铅黄铜多用于精度及表面质量要求高以及耐磨性好的仪表零件，特别是常用做钟表的表芯材料，故有“钟表黄铜”之称。铸造铅黄铜主要用作轴瓦和衬套。常用的铅黄铜有HPb59－1、HPb63－3和ZHPb59－1等。

（2）锡黄铜。黄铜中加入锡可以显著提高黄铜的耐蚀性，尤其是在淡水、海水及海洋大气中的耐蚀性，故锡黄铜又称为“海军黄铜”。锡黄铜多用作海船及热电厂有冷凝器或其他耐蚀零部件。常用的锡黄铜有HSn70－1、HSn90－1、HSn62－1等。

（三）白铜

白铜以镍为主要合金元素，呈银白色。铜镍二元合金称简单白铜，三元以上合金称复杂白铜。白铜按用途分为结构白铜和电工白铜。

结构白铜力学性能和耐腐蚀性能好，色泽美观，用于制造精密机械、化工机械和船舶构件。结构用白铜的牌号主要有：B19、B30、BZn15－20、BFe30－1－1、BAl13－3等。

电工白铜一般有良好的导热性和导电性，牌号主要有B0.6、B16、BMn3－12（锰铜）、Mn40－1.5（康铜）和BMn43－1（考铜）等，用于制造精密电工仪器、变阻器、精密电阻、热电偶等。

（四）青铜

青铜是除黄铜、白铜以外的铜合金。青铜的牌号用汉语拼音字母“Q”和主添加元素符号，以及除铜以外的成分数字表示（铸造用的在牌前加“Z”字）。通常将青铜分为锡青铜和无锡青铜。

锡青铜是以锡为主要添加元素的铜合金。锡青铜铸造性能、减磨性能、力学性能和耐腐蚀性能好，适于制造轴承、蜗轮、齿轮等，也常用于制作青铜工艺品如铜钟、铜佛、铜鼓。牌号主要有QSn6.5－0.1、QSn6.5－0.4、QSn4－4－2.5等。

无锡青铜不含锡，有铅青铜、铝青铜、铍青铜、磷青铜等。铅青铜可作发动机和磨床用轴承材料。铝青铜（QAl9－2、QAl7）强度高，耐磨性和耐蚀性好，用于制造高载荷的齿轮、轴套、船用螺旋桨等。铍青铜（QBe2、QBe1.9、QBe1.7）和磷青铜弹性极限高，导电性好，适于制造精密弹簧和电接触元件。

（五）铸造铜合金

用于熔炼后直接浇铸成机械零件的铜合金称为铸造铜合金。常用的铸造铜合金为黄铜和青铜两类。

铸造铜合金牌号是在黄铜和青铜的原牌号中加上铸字和锭字的汉语拼音字头“Z”和

“D”组成，如 ZHAlD67—2.5 表示铸造铝黄铜锭的牌号，它的铜、铝、锌的含量分别约为 67%、2.5%、30.5%。常用的铸造黄铜牌号有 15 个，铸造青铜牌号有 19 个。铸造黄铜牌号如：ZHD68、ZHD62、ZHAlD61－2－2－1、ZHAlD67－5－2－2、ZHAlD63－6－3－3、ZHAlD62－4－3－3、ZHAlD67－2.5、ZHMnD58－2－2、ZHMnD58－2、ZHMnD57－3－1ZHPbD60－2、ZHPbD59－1、ZHSiD80－3－3、ZHSiD80－3。

铸造青铜牌号如：ZQSnD6－6－3、ZQSnD10－1、ZQSnD10－2、ZQSnD10－5、ZQPbD10－10、ZQPbD20－5、ZQPbD30、ZQAlD9－2、ZQAlD9－4－4－2、ZQMnD12－8－3－2 等等。

铸造铜合金具有良好的铸造性能，可以铸出形状复杂的铸件；它还有强度较高，摩擦系数小，耐腐蚀性好，色泽美观，导热性好等特点。适于制造滑动轴承、蜗轮副、齿轮、轴套、船用螺旋桨、轧钢机压下螺母等，广泛应用于汽车、重型机械、船舶、冶金、军工等行业中，也用于各类精美的工艺品，如中国香港的大屿山的青铜大佛，广西的铜鼓等。

（六）铜材

纯铜和铜合金的压力加工产品统称为铜材。按断面形状可分为板、带、箔、管、棒、型材、线等；按化学成分分为紫铜材、黄铜材、白铜材、青铜材；按加工方法分为热轧和热挤压、冷轧和冷拉等。

1. 板材、条材

一般以单张形式交货的片状产品称为板材或条材。宽而短者称为板材，长而窄者称为条材。规格用“厚度×宽度×长度”表示。

铜板有热轧板和冷轧板。冷轧板的厚度为 0.2～1.0mm，表面光洁，以软、硬、半硬、特硬几种状态供应；热轧板的厚度为 5～25mm，以热作状态供应。使用时，一般是软状态的适合制造冲压件，硬状态的适合制造强度、硬度较高的制品。

2. 带材、箔材

凡是厚度在 0.05～2mm，宽度在 18～300mm，以带卷形式交货的产品，一般称为带材。厚度在 0.005～0.2mm 者称为箔材。带、箔材的规格用“厚度×宽度”表示。

铜带都是冷轧的，有软、硬、半硬三种交货状态，主要用于电气工业、化学工业、造船工业、汽车工业、仪表工业及印刷工业制板等方面。铜箔也都是冷轧的，以硬状态供应。由于箔材厚度太小，通常工业上使用的箔材不按长度计算，而是以重量（g/m^2）计算。铜箔主要是用于仪表、电子工业、电信和机械制造等工业部门。

3. 管材

铜管有拉制和挤制两种，冷拉制管的直径有 3～360mm 各种型号，以软、硬、半硬三种状态供应；热挤制管的直径为 30～200mm，以热作状态供应。铜管主要是电力工业、机械制造业、造船工业等部门做导电材料、冷凝器、散热器、弹性元件等。

4. 棒材

铜棒的直径一般是 5～160mm。分为拉制和挤制两种，拉制的有软、硬状态之分，挤制的都以热作状态供应，铜棒按断的形状分为圆形、方形，六角形三种。铜棒主要用于做

结构材料和切削加工成零件。

5. 线材

铜线直径一般是0.02～6mm，主要是用于电力工业做导线。

板、条、带、棒、管、线一般都要保证拉力试验结果符合有关规定。但无氧铜板、箔材则不要求拉力试验。厚度小于和等于1.5mm的软带、冷轧板和黄铜板、带材大部分要求保证杯突试验结果符合标准规定。挤制的黄铜和青铜管材、棒材一般要求进行断口检验，断口应致密，不应有缩尾、气孔、分层、夹杂。对于外径大于150mm的管材可以不作断口检验，但须切除挤压缩尾。用于制造弹簧的青铜线要保证反复弯曲和缠绕试验合格，铆钉线材应保证顶锻试验合格，导电用紫铜线要保证导电能力。

对于某些铜材还有特定的检验项目。例如，无氧铜材要检验含氧量，电工用锰白铜材要检验电阻系数、电阻温度系等电气性能；黄铜材要检验内应力等。

二、铝及其合金材

铝是地壳中储量最丰富的元素之一，约占全部金属量的三分之一，其产量和用仅次于钢铁，居有色金属的第一位。

（一）纯铝

铝是一种银白色的金属，比重2.7，熔点660℃。铝具有良好的导电性，其导电率和导热性仅次于银、金和铜而居第四位。但由于铝的比重小，若与相同重量的铜比较，铝的导电率相当于铜的两倍。因此，用铝线做电缆比铜线更为经济。铝具有良好的耐腐蚀能力，在空气中能与氧结合，形成一层致密、坚固的氧化铝薄膜，保护内层金属不再继续氧化。铝还能抵抗浓硝酸和醋酸的腐蚀，但铝与碱或含氯的盐（如食盐等）接触时，极易受腐蚀。纯铝的强度硬度很低，此外铝不受磁的影响，铝燃烧时放出大量的热。因此，铝广泛用于制造电缆、电线；工业上常用铝做热交换器，以及罗盘、电工仪器的外壳；此外，铝也大量用作建筑的材料；铝还被利用在燃烧弹、照明弹、信号弹等方面，在冶金工业中铝还作脱氧剂及配制合金等。

纯铝的冶炼产品分为重熔用铝锭和精铝锭两类。按照国家《重熔用铝锭》（GB/T 1196—2008）标准，重熔用铝锭牌号有：Al99.90、Al99.85、Al99.70A、Al99.70、Al99.60、Al99.50、Al99.00。精铝锭牌号有：A199.996、A199.993、A199.99、A199.95。

根据铝合金的生产工艺特点，通常可将铝合金分为形变铝合金和铸造铝合金两大类。

（二）铸造铝合金

用来直接浇铸机械零件的铝合金称为铸造铝合金。

铸造铝合金按照主加合金元素的不同可分为Al—Si系、A1—Cu系、A1—M6系、A1—Zn系等四类。按《铸造铝合金锭》（GB/T 8733—2000）铸造铝合金牌号是由元素符号、汉语拼音、数字和英语字母组成，如ZAlSi7MgD表示：硅镁铸造铝合金锭，硅含量约7%，镁含量小于1.5%，余量为铝即约为93%。铸造铝合金的代号由铸铝锭两字的汉语拼音字头“ZLD”和三位数字组成，如ZLD104称为104号铸铝锭。第一位数字（1—

4）表示合金的类别，1—铝硅合金，2—铝铜合金，3—铝镁合金，4—铝锌合金。后面的第二、第三位数字为合金的顺序号。

铸造铝合金具有良好的铸造性能，可以铸出形状复杂的铸件；它还有密度较轻，耐腐蚀性好，色泽美观光亮，导热性好，能耐200℃～300℃的高温；与纯铝相比它的强度、硬度、耐磨性更好。

铸造铝合金主要用于运输、航空、轻工、机械、日用等行业中，制造内燃机汽缸、活塞、油泵体、汽车、摩托车轮圈、医疗器械和各种仪器、零件。

（三）铝材

纯铝和铝合金的压力加工产品统称为铝材。纯铝和铝合金铝材也统称变形铝和变形铝合金，又称熟铝。变形铝有较好的塑性变形能力，可通过压力加工制成各种铝材。

据《变形铝及铝合金牌号表示方法》（GB/T 16474—2011），它们的牌号采用四位字符体系牌号命名方法命名。

四位字符体系牌号的第一、三、四位为阿拉伯数字，第二位为英文大写字母（C、I、L、N、O、P、Q、Z字母除外）。牌号的第一位数字表示铝及铝合金的组别，如表4-6所示。除改型合金外，铝合金组别按主要合金元素（6×××系按Mg_2Si）来确定。主要合金元素指极限含量算术平均值为最大的合金元素。当有一个以上的合金元素极限含量算术平均值同为最大时，应按Cu、Mn、Si、Mg、Mg_2Si、Zn、其他元素的顺序来确定合金组别。牌号的第二位字母表示原始纯铝或铝合金的改型情况，最后两位数字用以标识同一组中不同的铝合金或表示铝的纯度。

表4-6　变形铝及铝合金牌号

组　别	牌号系列
纯铝（铝含量不小于99.00%）	1×××
以铜为主要合金元素的铝合金	2×××
以锰为主要合金元素的铝合金	3×××
以硅为主要合金元素的铝合金	4×××
以镁为主要合金元素的铝合金	5×××
以镁和硅为主要合金元素并以Mg_2Si相为强化相的铝合金	6×××
以锌为主要合金元素的铝合金	7×××
以其他合金元素为主要合金元素的铝合金	8×××
备用合金组	9×××

1. 纯铝材的牌号命名法

铝含量不低于99.00%时为纯铝，其牌号用1×××系列表示。牌号的最后两位数字表示最低铝百分含量。当最低铝百分含量精确到0.01%时，牌号的最后两位数字就

是最低铝百分含量中小数点后面的两位。牌号第二位的字母表示原始纯铝的改型情况。如果第二位的字母为A，则表示为原始纯铝；如果是B～Y的其他字母（按国际规定用字母表的次序选用），则表示为原始纯铝的改型，与原始纯铝相比，其元素含量略有改变。

2. 铝合金的牌号命名法

铝合金的牌号用2×××～8×××系列表示。牌号的最后两位数字没有特殊意义，仅用来区分同一组中不同的铝合金。牌号第二位的字母表示原始合金的改型情况。如果牌号第二位的字母是A，则表示为原始合金；如果是B～Y的其他字母（按国际规定用字母表的次序选用），则表示为原始合金的改型合金。

（四）变形铝合金

变形铝合金按性能不同可分为防锈铝、硬铝、超硬铝、锻铝和特殊铝等。除防锈铝外，大多数变形铝合金可进行热处理强化。

1. 防锈铝

防锈铝具有良好的抗腐蚀性和抛光性能，能长期保持光亮的表面，其塑性、焊接性较好，但强度、硬度不高。主要做受力不大的耐蚀美观的容器、结构件和日用品，如建筑装修材料及铝合金门窗，飞机的蒙皮、铆钉和高压饭锅等。

2. 硬铝

硬铝成分：Al＋Mg＋Cu＋Mn。性能：强度高（47kg），易耐蚀，塑性差。牌号：2A01、2A022A04、2A06、2A10、2A11、2B11、2A12、2219等（LY2…LY17）。用途：用作强度高质量轻的结构件，多做飞机结构件如框架、桨叶、蒙皮、铆钉、零件等。

3. 超硬铝

超硬铝成分：Al＋Sz＋Mg＋Cu＋Mn…性能强度高（68kg）、硬度高，耐蚀差，塑性差。牌号：7A03、7A04、7A09、7A10、7A15、7A19、7A52、7003（LC2…LC19）。用途：用作强度高质量轻的结构件，多做飞机结构件，如框架、桨叶、蒙皮、铆钉、零件等。

4. 锻铝

锻铝成分：Al＋Si＋Mg…性能：强度高，耐蚀，热塑性好。牌号：2A14、2A50、2B50、2A70、2B70、2A80、2A90、6A02、6061、6063、6070（LD2…LD30）。用途：用作强度高质量轻的结构件，多做飞机结构件，也做耐蚀美观的结构件，如飞机发动机零件、桨叶、蒙皮、建筑装修材料及铝合金门窗等。

（五）铝材

铝材按断面形状可分为板、带、箔、管、排、型材、线等。

1. 铝板

按轧制方法分为冷轧板和热轧板两种，冷轧板又分为热处理能强化的和不能热处理强化的两种。除6A02（LD2）板材不包铝外，能热处理强化的铝板通常都是包铝的。规格用“厚度×宽度×长度”表示。热轧板以热作状态供应。冷轧不能热处理强化铝板以软、硬、半硬三种状态供应。铝板用于建筑、轻工、交通、航空等行业中。

2. 箔材

铝箔分为纯铝箔和合金铝箔两种。纯铝箔由 1070—1020（L1—L6）制成，合金铝箔由 3A21、5A01、5A02、5A03、5A12、5A30、5A43（LF21、LF2、LF12）等制成。供货状态有退火及冷作硬化两种。带、箔材的规格用“厚度×宽度”表示。主要用于电容器、食包装和商品包装等。

3. 铝管

铝管有拉制和挤制两种，冷拉制管的直径有 6～120mm 各种型号，以硬、半硬两种状态供应；热挤制管的直径为 25～185mm，以热作状态供应。铝管主要是输酸、输油和散热管道；也用于门窗装修材料等。

4. 棒材

棒材有圆形、方形、六角形等品种。铝棒的直径一般是 5～70mm。热挤压成形，都以热作状态供应。铝棒主要用于工业和军工部门加工成各种零件。

5. 铝线材

分为导线、焊条和铝铆钉线三种，导线分软、硬两种状态交货，焊条和铝铆钉线按硬状态交货。

6. 铝排

也称铝母线，厚 3～5mm，宽 20～240mm。用作电机、电器和配电设备的导体。

三、锌、铅及其合金材

（一）锌

锌是一种白色略带淡蓝色光泽的金属，在空气中因氧化而呈灰色。比重为 7.1，熔点为 419℃。锌的力学性能较低，一般不作结构材料。锌在常温下很脆．但加热到 100℃～150℃时，就变得富于韧性而易于进行压力加工。主要用于做钢材的镀覆材料，也用作电池的阳极；用锌配制的锌合金广泛应用于机械、国防、印刷、化工工业。按《锌锭》（GB/T 470—2008）的牌号有 Zn99. 995、Zn99. 99、Zn99. 95、Zn99. 50、Zn98. 7。

（二）铅

铅是一种熔点低（327. 4℃）、比重大（11. 3）、硬度小的金属。它的塑性好（伸长率为 45%），在常温下加工也不会产生加工硬化现象；铅的抗腐蚀性好，在空气、海水、稀盐酸及硫酸中的抗腐蚀性都很好。

铅锭按化学成分分为 4 个牌号 Pb99. 994、Pb99. 99、Pb99. 96、Pb99. 90。

铅用于电工工业中作铅酸蓄电池、熔断保险丝及电缆保护套；用于化工工业中作酸洗、电解、酸液输送管道及防腐涂料（如红丹、黄丹）。铅有吸收 X 射线和 γ 射线功能，常用作医疗上 X 光机及原子能工业上的屏蔽保护。铅还用于配制各种合金，如印刷合金、轴承合金、铜合金等；铅的各种化合物是油漆、染料、玻璃等的重要配料；军事工业上还用铅作各种枪弹弹头。

铅材包括纯铅材和合金铅材。应用较广的是铅板、铅管、铅线三种。铅板中纯铅板的厚度为0.5～25mm，宽度为1.0～2.0m。铅合金板厚为0.7～10mm，宽为0.5～2.0m。铅板成卷供货或成张供货。铅管外径为9～227mm，内径为5～207m。内径在60mm以下的铅管成盘供货，60mm以上的铅管成条供货。保险铅线分圆形和扁形两种，规格按额定电流（安培）表示，额定电流越大，保险铅线的直径越大。

四、镍、锡及其合金材

（一）镍

镍是一种银白色金属，比重为8.9，熔点为1453℃，在360℃以下时有磁性，镍具有良好的电真空性能。镍的抗腐蚀性很强，即使在潮湿的空气中或碱溶液中也不被腐蚀；有机酸、硫酸、盐酸对镍的作用甚微。但在硝酸中易被溶解。此外镍在700℃～800℃时仍不氧化，保持稳定。镍具有较高的强度和塑性，较好的高温和低温的力学性能，在零摄氏度以下其强度和塑性也不降低。镍是配制耐热、耐酸、耐腐蚀的合金钢的主要合金元素之一。镍制成的高温合金主要用于火箭、飞机的制造中。镍和镍合金还用于电子、精密仪器、电镀行业，做成雷达、仪表元件、医疗器械等。

镍品种、牌号纯镍的冶炼产品主要是电解镍。按《电解镍》(GB/T 6516—2010) 分五个牌号：Ni9999、Ni9996、Ni9990、Ni9950、Ni9920。

（二）锡

锡是一种银白而略带蓝色的金属。纯锡的比重为7.2，熔点为232℃，锡具有很好的耐蚀性，锡的塑性极好，它的展性仅次于金、银和铜，可以压延成厚度为0.04mm以下的锡箔，锡的强度和硬度都很低，在常温下，没有加工硬化现象，不能用作结构材料。锡箔作为包装材料广泛用于食品工业和轻工业，锡箔也用于制造电容器和雷管，锡大量用于制造镀锡钢板（马口铁），使钢板耐蚀并易于焊接。锡还用于配制合金，它是锡黄铜、锡青铜、巴氏合金、锡铅焊料、印刷合金等的重要组成元素。

锡有同素异构现象，在低于13.2℃时，锡会出现由白锡转变为粉末状灰锡的现象，使锡制品毁坏，这种现象也称“锡疫”。所以在保管锡品时要注意库存温度应在12℃以上。

按《锡锭》(GB/T 728—2010)，锡有三个牌号：Sn99.90、Sn99.95、Sn99.99。

五、镁、钛及其合金材

（一）镁

镁为银白色金属（在空气中容易氧化而发暗），比重只有1.74g/cm^3，是工业用金属中最轻的一种。镁合金具有比铝合金更高的比强度（可达18.8左右）。纯镁的熔点为651℃，但镁在熔化温度时极易氧化甚至燃烧。其导电导热能力比铝差，冷塑性变形能力不好，焊接性能、力学性能均较差。镁的化学性能很活泼，它在潮湿的空气、水和海水中易被腐蚀。纯镁的主要用途是配制合金，其次是用于化学工业、焰火工业和石油等工业部门。

镁锭在包装、运输和保管时要注意防潮，必须在远离火源的干燥库房内保管，不能裸放。对长时期存放的镁锭要定期抽查，如果油封失效，出现氧化膜或腐蚀斑点，应该用热碱水洗净后重新涂油。

在纯镁中加入一些合金元素制成的镁合金，则可适当提高其力学性能并改善工艺性能，使其成为重要的轻质结构材料，应用于航空和空间技术等方面。根据《原生镁锭》(GB/T 3499—2011)，镁的牌号有 Mg99.96、Mg99.95、Mg99.90、Mg99.80 四个。

（二）钛及其合金材

钛是银白色金属。比重为 4.5g/cm^3，熔点为 1668℃，它的热膨胀系数较小，使它在高温工作条件下产生的热应力较小。但它的导热性差，摩擦系数大造成切削、磨削加工的困难；工业纯钛的强度不高，但具有优良的塑性和冲击韧性易于加工成型；钛还具有良好的焊接性能，较好抗高低温能力，它在大气及海水中有优良的耐腐蚀性，其抗氧化优于奥氏体不锈钢。

工业纯钛分类。纯钛常以棒、管、板材和挤压材供货，用于制造飞机、船舶、化工及海水中使用的结构件和热交换器件。

钛合金具有较高的强度、耐热性、热强性，可在 350℃～400℃下使用。主要用于火箭、航天业中制造发动机、叶片、排气装置的零部件。

钛和钛合金的牌号有：纯钛 TD、TA0、TA1、TA2、TA3；钛合金：TA4、TA5、TA6、TA7、TA7ELI、TA9、TA10、TB2、TB3、TB4、TC1、TC2、TC3、TC4、TC6、TC9、TC10、TC11、TC12。

六、钨、钼及其合金材

钨的比重为 19.3，熔点为 3380℃，它有较高的强度、硬度和较好的高温强度，钨在常温下与硫酸、盐酸、硝酸、王水、氢氟酸均不反应。钨是许多合金钢和硬质合金的重要组成元素。钨在航天、电子、电气、原子能、轻工、医疗等部门广泛应用。如制造火箭喷管、发动机叶片、高压整流器、白炽灯丝、外科缝合针线等等。钨和钨合金的牌号有：W1、W2、WA11、WA12、Wa13。W1 的钨含量大于 99.95%；W2、WA11、WA12、Wa13 的钨含量大于 99.92%。

钼呈银灰色，比重为 10.22g/cm^3，熔点为 2625℃。钼有很高的抗蚀能力。钼是合金钢的重要组成元素。在航天、钢铁、原子能、化工、玻璃等部门广泛应用。如制造发动机叶片、电子管放大器、铸模、化肥等。牌号有 Mo1、Mo2、Mo3、Mo3G 等。

七、有色金属产品的保管

有色金属及其合金材料，特别是棒、管、带、板、丝等加工产品，应堆放在干燥的库房内，堆垛底下垫以枕木或方石不少于 15cm，距墙不少于 0.5m。此外，还应注意下列事项：

紫铜不可与氨或氨盐等物质接触，以免锈蚀；黄铜不可与潮湿空气或二氧化碳气体

接触，亦不得与酸性物品及不同金属混堆，否则易生铜绿；锡制品存放的库房温度不得低于−10℃，因为锡在13℃以下时，表面会起泡膨胀，质地疏松裂开，甚至变成粉末，俗称锡疫；铝、镁制品极易腐蚀，不得与酸、碱、盐等物品存放在一起；锌制品受潮后很容易引起腐蚀（锌锈呈白色斑点），受热会变软或变脆，故库房应保持干燥阴凉，温度控制在10℃～40℃为宜。

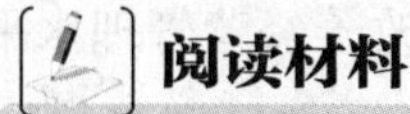

阅读材料

铜加工材

目前中国铜加工材已有250余种合金，近千种产品品种，是世界上产品品种最丰富的国家之一。中国传统的铜加工材已经逐步完成了向现代铜加工材的转变，重点向高精度、高性能、环保、节能方向发展，产品质量稳步提高、产品标准水平已处于国际先进水平。铜加工材按照产品形态分类可以分为：板材、带材、排材、管材、棒材、箔材、线材、型材、铜盘条等。

铜在电气、电子工业中应用最广，包括各种电缆和导线，电机和变压器的绕阻，开关以及印刷线路板等；在机械和运输车辆制造中，用于制造工业阀门和配件、仪表、滑动轴承、模具、热交换器和泵等；在化学工业中广泛应用于制造真空器、蒸馏锅、酿造锅等；在国防工业中用以制造子弹、炮弹、枪炮零件等，每生产100万发子弹，需用铜13～14吨；在建筑工业中，用做各种管道、管道配件、装饰器件等。

技能检测

金属腐蚀

根据各国调查结果，一般说来，金属腐蚀所造成的经济损失大致为该国国民生产总值的4%左右。另据国外统计，金属腐蚀的年损失远远超过水灾、火灾、风灾和地震灾害（平均值）损失的总和，在这里还不包括由于腐蚀导致的停工、减产和爆炸等造成的间接损失。我国作为世界上钢铁产量最多的国家（2012年全国生产钢材9.57亿吨），每年被腐蚀的铁占到我国钢铁年产量的1/10，因为金属腐蚀而造成的损失占到国内生产总值的2%～4%；约合人民币1.6万亿元（2012年我国国内生产总值达51.9万亿元）。其次，金属腐蚀也经常对人类安全构成威胁。国内外都曾发生过许多灾难性腐蚀事故，如飞机因某一零部件破裂而坠毁；桥梁因钢梁产生裂缝而塌陷；油管因穿孔或裂缝而漏油，引起着火爆炸；化工厂中储酸槽穿孔泄漏，造成重大环境污染；管道和设备跑、冒、滴、漏，破坏生产环境，有毒气体如Cl_2、H_2S、HCN等的泄漏，更会危及工作人员和附近居民的生命安全。

请思考：本案例中提到严重的金属腐蚀现象，其原因何在？如何保管金属制品？

项目小结

本项目阐述了常用金属商品的分类、牌号、成分、性能、用途，以及金属商品质量的基本要求、金属商品的标准、金属商品的储存、养护等知识。

通过学习，使学生了解和掌握金属商品学的基本知识和基本技能，培养学生分析问题和解决问题的能力，为以后在金属商品物流、营销、管理工作中提高和改善经营管理水平打下良好基础。

复习思考题

1. 生铁和铸铁有何区别？试写出灰口、可锻、球墨铸铁的性能和用途，并指出它们各牌号中各符号、数字的含义。

2. 钢有哪些分类方法？

3. 指出下列钢牌号中各符号、数字的含义及钢类名称。

Q235AF、08F、85、15Mn、25CrMnSi、Y15Pb、Y30、55Si2Mn、60Si2CrVA、35Cr、G20CrMo、9G18Mo、Cr4Mo4V、T8Mn、T13、8MnSi、Cr06、W6Mo5Cr4V2、CW6Mo5Cr4V2、8Cr17、Y1Cr17、0Cr18Ni9Ti、0Cr19Ni9、65W1300、35Q135、DR420—50。

4. 何谓铁合金？铁合金有何用途？下列牌号是表示什么种类的铁合金，各有何主要成分？FeSi75Al0.5－A、FeSi90Al3、FeMn82C1.0、FeMn68。

5. 常用型材和管材型号规格各如何表示？

6. 什么是有色金属材的交货状态？有色金属材的交货状态及其代号有哪些规定？

7. 有色金属有哪些分类方法？它们的牌号如何表示？

8. 黄铜、白铜的成分、性能特点和主要用途是什么？

9. 什么是青铜？它有什么成分、性能特点和主要用途？

10. 变形铝合金、铸造铝合金有哪些分类？分别有何成分、性能特点和主要用途？

项目五　石油、化工产品

知识目标

了解常见石油、化工产品的物化性质、毒性防护、包装储运等知识，以及塑料、橡胶、涂料类别、性能。

技能目标

能分析常见化工品的危险性；能解释涂料、轮胎、汽油、柴油的牌号；能计算传动带、运输带平方米。

任务一　无机化学品

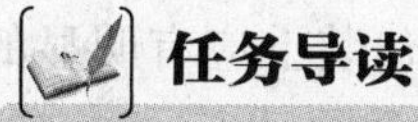

任务导读

无机化学品应用动态

无机化学品的用途广泛，是许多化工行业，如涂料、油墨、造纸、纺织、电子、颜料、催化剂等的基本原料。因此，它在化学工业中长期扮演着重要的角色。2004—2005年，国外无机化学品的市场开发及应用主要集中于高附加值的功能材料，如电池（极）材料、超高纯及超细纳米材料、半导体及电子化学品材料、催化剂及载体材料等。这些产品的开发及应用主要是随节省能量费用、严格环境控制及高新技术产业的发展需要应运而生。

任务分析

分子中不含碳原子的化合物以及碳酸盐和无机氰化物称为无机化合物。

知识链接

一、无机酸

在水溶液中发生电离，生成的阳离子全部是水合氢离子，这种化合物叫做酸。

（一）氢氟酸（HF）

1. 物化性质

氢氟酸为无色澄清的发烟液体，有刺激性气味。腐蚀性极强，能侵蚀玻璃和硅酸盐而生成气态的四氟化硅。极易挥发，置于空气中即冒白烟。与金属盐、氧化物、氢氧化物作用生成氟化物。遇金属能放出氢气，遇火星易引起爆炸或燃烧。不腐蚀聚乙烯、铅和白金，剧毒。

2. 毒性防护

氢氟酸腐蚀性极强，能腐蚀玻璃和指甲，蒸汽极毒。最高允许浓度为 1mg/m^3（LD_{50} = 0.001276）。皮肤接触会引起红肿和灼烧感，眼睛会出现视力模糊。吸入后会引起咽喉痛、咳嗽、呼吸困难，进入消化道会引起腹痛、腹泻、呕吐。防护时应注意通风，操作人员必须穿戴好防护用具，严防触及皮肤。误触皮肤，应立即用大量清水冲洗，将酸冲净后，一般可用红汞溶液或龙胆紫溶液涂抹患处。严重时应送医院治疗。

3. 包装储运

用聚乙烯塑料桶或聚四氟乙烯塑料桶包装，每桶净重 20g 或 25g，包装上应有明显的“剧毒品”和“腐蚀性物品”标志。属一级酸性腐蚀物品，危险货物品名编号为：81016。应储存在通风良好的库房中。避免日光直射，容器必须密封。不可与金属粉、氧化剂、碱、有机物、易燃物、爆炸物等共储混运。用铁路槽车、棚车、带篷汽车或船舶运输。运输中严防受潮、受热和雨淋。应轻装、轻卸，防止撞击。

4. 用途

主要用于合成有机或无机氟化物、蚀刻玻璃、陶瓷处理等。

（二）硫酸（H_2SO_4）

1. 物化性质

硫酸别名为工业硫酸。纯品为无色、无臭、透明的油状液体，呈强酸性。市售的工业硫酸为无色至微黄色，甚至红棕色。相对密度：98%硫酸为 1.8365（20℃），93%硫酸为 1.8276（20℃）。熔点 10.35℃，沸点 338℃。有很强的吸水能力，与水可以按不同比例混合，并放出大量的热。为无机强酸，腐蚀性很强。化学性质很活泼，几乎能与所有金属及其氧化物、氢氧化物反应生成硫酸盐，还能和其他无机酸的盐类作用。在稀释硫酸时，只能注酸入水，切不可注水入酸，以防酸液表面局部过热而发生爆炸喷酸事故。浓度低于 76%的硫酸与金属反应会释放出氢气。

2. 毒性防护

对呼吸道黏膜有刺激和烧灼作用，能损害肺脏。溅到皮肤上引起严重的烧伤。硫酸气溶胶比二氧化硫有更明显的毒性作用。出现呼吸道黏膜刺激症状时，应吸入新鲜空气和碳酸钠溶液，饮含有苏打和矿泉水的热牛奶，咳嗽时应给可待因、盐酸乙基吗啡；浓硫酸溅到皮肤上，应立即用大量清水冲洗，接着用2%苏打溶液冲洗；溅入眼睛，应立即用清水冲洗，再用2%硼酸溶液冲洗，并急送医院治疗。硫酸雾的最高容许浓度为1mg/m³。操作时应穿戴耐酸工作服、防护面具、橡皮围裙和手套、长筒胶靴等劳保防护用具。

3. 包装储运

用专用槽车（船）装运，或用陶瓷坛（或其他耐酸包装物）包装，每坛净重45kg。酸坛置于木箱内，周围填草、刨花或细炉渣等物，坛口用耐酸材料密封。每批出厂硫酸都应附有质量证明书。包装上应有明显的“腐蚀性物品”标志。属一级酸性腐蚀物品，危险货物品名编号为：81007。应储存在阴凉、通风、干燥处，避免日晒，不可接近热源和火种，严防水湿受潮。坛装硫酸露天存放时，封口需用陶钵覆盖。不得与爆炸物、氧化剂、稻草、油脂、木屑等有机物混放。运输时应按交通部“危险货物运输规则”办理。装卸时要轻拿轻放，禁止溜放碰撞，防止包装破裂。在装卸过程中，应尽量采用机械化，并加强操作人员的防护措施。失火时，可用雾状水、黄砂、二氧化碳灭火器扑救，不可用高压柱状水，以免硫酸四溅，扩大危害范围。

4. 用途

用于染料中间体、医药、农药、塑料、化纤、制革、洗浆和颜料，还可用作脱水剂、气体干燥剂，或化肥、湿法冶炼、酸洗、制取硫酸盐、制取合成洗涤剂的活性剂等。

（三）硝酸（HNO_3）

1. 物化性质

硝酸别名为工业硝酸、硝镪水。纯硝酸是无色透明的发烟液体，一般商品带有微黄色，有刺激性。相对密度1.5027（25℃）。沸点83℃（无水）。68.4%硝酸为恒沸混合物，具有最高沸点121.9℃。熔点−42℃（70.5%HNO_3）。在−41℃（冰点）时，呈白色雪状晶体。不稳定，在常温下能分解出红棕色的二氧化氮，光和热能促其分解更快。溶于水，可以任何比例混合，溶解时放热。硝酸能导电。是一价强酸，具有酸类的通性。浓硝酸是强氧化剂，能使铝钝化，除金、铂、铑、钽、铱外几乎可将所有的金属氧化。和有机物、木屑等相混能引起燃烧，与酒精反应会引起爆炸。硝酸腐蚀性很强，能灼伤皮肤，也能损害黏膜和呼吸道。与蛋白质接触生成鲜明的黄蛋白酸黄色物质。

2. 毒性防护

硝酸对人体皮肤会引起严重的灼伤，引起皮炎，甚至糜烂。溅入眼睛尤其危险，可引起结膜炎、角膜糜烂，甚至失明。而氮的氧化物和硝酸蒸气对肺部刺激性很大，严重时能引起肺水肿。皮肤灼伤时，应立即用大量水冲洗，并用2%～3%碳酸氢钠溶液绷带包扎。如不慎溅入眼睛，应立即用大量清水冲洗，并送医院治疗。在空气中最高允许浓度5mg/m³（以NO_2计）。水中允许极限20mg/L（以N计）。从事硝酸生产的人员应穿戴防毒面具、防护眼镜、耐酸手套、工作服、长筒胶靴等劳保用品。生产车间要通风良好，配备应急淋浴设施。定期进行肺功能和牙齿等体检。

3. 包装储运

铁路槽车装载50t，其中铝槽车用以输送浓硝酸，稀硝酸应用不锈钢或玻璃钢增强塑料槽车或储罐输送或储存。少量采用耐酸陶瓷坛或玻璃瓶包装，每坛净重33～40kg。浓硝酸采用耐酸泥封口，稀硝酸采用石膏封口。每坛装入衬有细煤渣或细矿渣等物的坚固木箱，以便运输。稀硝酸也采用聚乙烯塑料桶（10L、20L）包装输送。包装上应明显贴有“腐蚀品”标志。属一级酸性腐蚀物品，危险货物品名编号为：81002。应储存在温度低、通风条件较好的石棉瓦顶货棚中，避免日光暴晒。严禁与木屑、稻草和木材等有机物接触，否则会酿成火灾。不得与化学有机物、易燃物、氧化剂、氯酸盐、苦味酸、雷酸盐、电石和金属粉末等共贮混运。与硫酸、盐酸也要隔离存放。本品具挥发性，久储会逐渐降低成分。失火时，应用沙土、二氧化碳灭火器和雾状水扑救，不可用高压水扑救。并用大量水冲洗地面，冲洗时须防止酸液飞溅，同时佩戴防毒面具，防止氧化氮气体中毒。

4. 用途

用于制硝酸铵、硝酸磷肥，氨、炸药、硝酸盐、制取火箭燃料的氧化剂等。

二、无机碱

在水溶液中发生电离，生成的阴离子全部是氢氧根离子，这种化合物叫做碱。无机碱类化合物具有许多相同的性质。如与非金属氧化物反应，生成盐和水；与酸反应，生成盐和水；与盐反应，生成一种新碱和一种新盐（生成物有沉淀物质、挥发性或气体物质产生）以及能使石蕊试纸变蓝。

（一）氢氧化钠（NaOH）

1. 物化性质

氢氧化钠别名为烧碱、苛性钠。纯品为无色透明晶体，相对密度2.130。熔点318.4℃。沸点1390℃。市售烧碱有固态和液态两种：纯固体烧碱呈白色，有块状、片状、棒状、粒状，质脆；纯液体烧碱为无色透明液体。固体烧碱有很强的吸湿性。易溶于水，溶解时放热，水溶液呈碱性，有滑腻感；溶于乙醇和甘油；不溶于丙酮、乙醚。腐蚀性极强，对纤维、皮肤、玻璃、陶瓷等有腐蚀作用。与金属铝和锌、非金属硼和硅等反应放出氢；与氯、溴、碘等卤素发生歧化反应；与酸类起中和作用而生成盐和水。

2. 毒性防护

具有极强腐蚀性，其溶液或粉尘溅到皮肤上，尤其是溅到黏膜上，可产生软痂，并能渗入深层组织。灼伤后留有瘢痕。溅入眼内，不仅损伤角膜，而且可使眼睛深部组织损伤。如不慎溅到皮肤上立即用清水冲洗10分钟；如溅入眼内，应立即用清水或生理盐水冲洗15分钟，然后再点入2%奴佛卡因。严重者速送医院治疗。空气中烧碱粉尘最高容许浓度为0.5mg/m³。操作人员工作时必须穿戴工作服、口罩、防护眼镜、橡皮手套、橡皮围裙、长筒胶靴等劳保用品。应涂以中性和疏水软膏于皮肤上。生产车间应通风良好。

3. 包装储运

工业用固体烧碱应用铁桶或其他密闭器包装，桶壁厚度0.5mm以上，耐压0.5Pa以上，桶盖必须密封牢固，每桶净重 200kg，片碱 25kg。包装上应有明显的“腐蚀性物品”标志。食用液体烧碱用槽车或贮槽装运时，使用两次后必须清洗干净。不允许使用装运过水银电解法制得的液体烧碱的槽车或贮槽、桶装运食用液体烧碱。允许使用符合食品包装标准要求的塑料桶、储槽装运食用液体烧碱或片碱。包装上应有明显的“食品添加剂”字样及“腐蚀性物品”标志。属一级碱性腐蚀物品，危险货物品名编号为：82001。应储存在通风、干燥的库房或货棚内。包装容器要完整、密封。不得与易燃物和酸类共储混运。运输过程中要注意防潮、防雨。如发现包装容器发生锈蚀、破裂、孔洞、溶化淌水等现象，应立即更换包装或及早发货使用，容器破损可用锡焊修补。失火时，可用水、沙土和各种灭火器扑救，但消防人员应注意水中溶入烧碱后的腐蚀性。

4. 用途

基本化工原料；广泛用于化工、冶金、造纸、石油、纺织以及日用化工等部门。制取合成洗涤剂的活性剂、生产肥皂等。

（二）氢氧化钾（KOH）

1. 物化性质

氢氧化钾别名为苛性钾。白色斜方结晶，工业品为白色或淡灰色的块状或棒状。相对密度 2.044（20℃）。熔点 360.4℃。沸点 1320℃～1324℃。易溶于水，溶解时会放出大量溶解热，有极强的吸水性，在空气中能吸收水分而潮解，并吸收二氧化碳逐渐变成碳酸钾。溶于乙醇，微溶于醚。有极强的碱性和腐蚀性，其性质与烧碱相似。

2. 毒性防护

对组织有烧灼作用，可溶解蛋白，形成碱性变性蛋白。溶液或粉尘溅到皮肤上，尤其溅到黏膜上，可产生软痂。溶液浓度越高，温度越高，作用越强。溅入眼内，不仅可损伤角膜，而且能使眼深部组织损伤。最高容许浓度为 0.5mg/m^3。工作时应防止触及皮肤和眼睛，如不慎触及时，可用流水洗涤受损部位，然后湿敷 5%的醋酸、酒石酸、盐酸或柠檬酸溶液；如溅入眼内，应用流水或生理盐水仔细缓慢洗涤 10～30min，然后点入 2%的奴佛卡因或 0.5%的地止因溶液。操作时应穿由结实布制做的工作服、围裙，戴橡皮手套、袖套，穿胶鞋等劳保用品，手上宜涂敷中性和疏水软膏。

3. 包装储运

固体块状产品用铁桶包装，桶上应有明显的“腐蚀性物品”标志。固体产品，每桶净重 50kg、100kg 或 150kg。液体产品用槽车装运，每槽车装 3.5t。固体片状氢氧化钾内包装采用聚乙烯塑料袋，中层用聚丙烯涂膜编织袋，外包装用聚丙烯塑料编织袋，每袋净重 40kg；固体片状产品亦可采用聚乙烯塑料袋内包装，外包装用全开口的铁桶包装，每桶净重 50kg 或 100kg。属一级碱性腐蚀物品，危险货物品名编号为：82002。宜储放在通风、干燥库房内，容器要密封。储运过程中，应与酸类隔离，应防雨淋，勿暴露空气中，勿与酸、水等接触。远离易燃物品，以防引起燃烧。失火时，宜用沙土扑救，防止用水直冲物品。

4. 用途

化工基本原料，用于医药、日用化工等，用于生产软肥皂和液体肥皂等。

三、无机盐

由金属离子（包括 NH_4^+）和酸根离子组成的化合物叫做盐。无机盐类化合物具有许多相同的性质。如与碱反应，生成盐和水；与酸反应，生成盐和水；与盐反应，生成两种新盐（生成物有沉淀物质、挥发性或气体物质产生）。

（一）硝酸钠（$NaNO_3$）

1. 物化性质

硝酸钠别名为智利硝、盐硝。无色三方结晶或菱形结晶或白色细小结晶或粉末。无臭，味咸，略苦。相对密度 2.261。熔点 306.8℃。易溶于水和液氨，溶于乙醇、甲醇，微溶于甘油和丙酮。易潮解，当含有极少量氯化钠杂质时，其潮解性能大为增加。在380℃时开始分解，400℃～600℃时放出氮气和氧气，加热至 700℃时放出一氧化氮，至770℃～865℃时才有少量二氧化氮和一氧化二氮产生。为氧化剂，与有机物、硫黄等接触会燃烧和爆炸。

2. 毒性防护

粉尘对呼吸器官和皮肤有刺激作用。硝酸钠在体内还原为亚硝酸的特性，经常造成变性血红蛋白的形成，在饮用的水中含有 50～100ml/L 硝酸钠时，血中变性血红蛋白明显升高。生产工人操作时要穿工作服、戴防护口罩、戴乳胶手套等劳保用品，以防粉尘吸入并保护呼吸器官、皮肤。生产设备要密闭，车间通风要良好。下班后要洗淋浴。

3. 包装储运

用内衬聚乙烯塑料袋的塑料编织袋包装，每袋净重 25kg 或 50kg。包装袋外面应有明显的“氧化剂”、“防热”、“防湿”标志。属一级氧化剂，危险货物品名编号为：51055。应储存在阴凉、通风、干燥的库房内。包装必须密封，防潮。不得与纱布、纸张、油、糖、木屑、硫黄、有机物、酸类和碱类及其他氧化剂共储混运。运输过程中要防雨淋和烈日暴晒，防潮。装卸时要小心轻放，防止摩擦和撞击，防止包装破损。失火时，可用沙土或水或各种灭火器扑救，但应避免水溶液与易燃物接触。

4. 用途

用于制硝酸钾、炸药、苦味酸、染料等；也用于制玻璃、搪瓷、烟草、金属清洗剂等。

（二）亚硝酸钠（$NaNO_2$）

1. 物化性质

白色或微带淡黄色斜方晶系结晶或粉末。相对密度 2.168。熔点 271℃。微有咸味。易潮解。易溶于水和液氨，其水溶液呈碱性（pH=9）。微溶于无水乙醇、甲醇、乙醚。露置于空气中缓慢氧化成硝酸钠。加热到 320℃以上分解放出氧气、氧化氮，最终生成氧化钠。与有机物接触易燃烧爆炸。有毒。

2. 毒性防护

皮肤接触亚硝酸钠溶液的极限浓度为 1.5%，大于此浓度时皮肤会发炎，出现斑疹。误服本品 3g 可致眩晕、呕吐、处于意识丧失状态。在空气中亚硝酸钠气溶胶最高容许浓度为 0.05mg/L。工作人员操作时要穿工作服，戴防护口罩、戴乳胶手套等劳保用品，以保护皮肤。生产设备要密闭，车间要通风良好。

3. 包装储运

用内衬聚乙烯塑料袋的塑料编织袋包装，每袋净重 25kg 或 50kg。包装上要有牢固清晰的“氧化剂”和“有毒品”标志。属二级氧化剂，危险货物品名编号为：51525。应储存在阴凉、通风、干燥的库房内。防止受热，严防接触火种。不得与氧化剂、有机物、易燃易爆物品、酸类、硫黄、食品等共储混运。运输过程中要防雨淋和烈日暴晒。注意防潮。本品不宜久储。装卸时要小心轻放，防止包装破损。失火时，可用水、沙土和各种灭火器扑救。但要避免水溶液流到易燃货物处。

4. 用途

亚硝酸钠主要用于纺织印染、医药工业生产，也用来制取炸药。用作媒染剂、漂白剂、金属热处理剂、电镀缓蚀剂，也用于制亚硝酸钾、偶氮染料等。

（三）重铬酸钠 $Na_2Cr_2O_7 \cdot 2H_2O$

1. 物化性质

重铬酸钠别名红矾钠。橙红色单斜棱锥状或细针状结晶。熔点 356.7℃（无水物）。相对密度 2.52（13℃）。易溶于水，其水溶液呈酸性，不溶于醇。加热到 84.6℃时失去结晶水形成铜褐色无水物。约 400℃分解为铬酸钠和三氧化铬。易潮解，粉化。为强氧化剂。与有机物接触摩擦、撞击能引起燃烧。有腐蚀性，有毒。

2. 毒性防护

是含六价铬的有毒产品。长期吸入能破坏鼻黏膜，引起鼻膜炎和鼻中隔软骨穿孔，使呼吸器官受到损伤。皮肤接触重铬酸钠溶液和粉末时易引起铬疮和皮炎，当破伤的皮肤与之接触时，会造成不易痊愈的溃疡。眼睛受到沾染时，将引起结膜炎，甚至失明。因此，如有重铬酸钠溶液或粉末溅到皮肤上，应立即用大量水冲洗干净，如不慎溅入眼睛内，应立即用大量水冲洗 15 分钟以上，并滴入鱼肝油和 30%磺胺乙酰溶液进行处理。误食铬盐会引起急性铬中毒，出现腹痛、呕吐、便血，严重者会出现血尿、抽搐、精神失常等。应立即用亚硫酸钠溶液洗胃解毒。口服 1%氧化镁稀溶液，喝牛奶和蛋清等。铬酸盐、重铬酸盐（按 CrO_3 计）最高容许浓度为 0.01mg/m^3。当空气中重铬酸钠超过此浓度时，吸入会引起鼻黏膜溃烂。工作前必须穿着符合标准规范的工作服、橡皮围裙、乳胶手套，使用个人专用的保护面罩。工作时，要求生产设备密闭、通风良好，防止气体外逸和粉尘飞扬。要遵守个人卫生规则，下班后，务必淋浴，皮肤上有破伤处，应涂敷防护药膏。应定期进行体检，每两年复查一次。

3. 包装储运

用内衬塑料袋的铁桶密封包装，每桶净重 50kg、100kg 或 250kg。包装上应有牢固、清晰的“氧化剂”和“有毒品”标志。属二级无机氧化剂，危险货物品名编号为：51520。应储存在阴凉、通风、干燥的库房内。容器必须密封、防潮。应远离热源和火种，不得与有机物、易燃物、过氧化物、强酸共储混运。运输时应有遮盖物，要防雨淋和烈日暴晒。装卸时要小心轻放，严防铁桶碰撞。失火时，可用水、沙土、二氧化碳灭火器扑救。

4. 用途

用于制造铬盐、颜料、染料、香料、医药，也用于鞣革、电镀等工业。

四、其他无机化学品

（一）二氧化钛（TiO_2）

1. 物化性质

二氧化钛别名为钛白、钛白粉。白色粉末。有板钛型、锐钛型和金红石型三种晶型。工业上利用的主要是后两种。金红石型相对密度 4.26，熔点 1830℃～1850℃。锐钛型相对密度 3.84。化学性质相当稳定，不溶于水、有机酸和弱无机酸，可溶于浓硫酸、碱和氢氟酸。折射率：金红石型为 2.70，锐钛型为 2.55。具有优异的颜料性能。无毒。

2. 毒性防护

长期受二氧化钛粉尘作用使人的肺部出现弥漫性肺硬化、支气管炎，以致支气管扩张。最高容许浓度为 $10mg/m^3$。空气中含尘量高时，使用防毒口罩，穿防尘工作服。操作人员定期进行体检。

3. 包装储运

内衬聚乙烯塑料袋，外用聚丙烯编织袋包装，每袋净重 25kg。非危险品，储存在通风、干燥的库房中，防潮湿，防结块。注意清洁，不要与有色粉末物质堆放在一起。装卸时要轻拿轻放，防止包装破损。失火时，可用水、沙土和各种灭火器扑救。

4. 用途

用于制金属钛、钛铁合金、硬质合金、绝缘体、电焊条、电瓷等；用于橡胶、人造纤维等工业。

（二）过氧化氢（H_2O_2）

1. 物化性质

过氧化氢别名为双氧水。无色透明液体。相对密度 1.4067（25℃）。熔点－0.41℃。沸点 150.2℃。溶于水、醇、乙醚，不溶于石油醚。极不稳定，遇热、光、粗糙表面、重金属及其他杂质会引起分解，同时放出氧和热。具有较强的氧化能力，为强氧化剂。在有酸存在下较稳定，有腐蚀性。高浓度的过氧化氢能使有机物质燃烧。与二氧化锰相互作用，能引起爆炸。

2. 毒性防护

经常接触多患皮炎及支气管和肺脏疾病。经口中毒时会出现腹痛、胸口痛、呼吸困难、呕吐、体温升高、结膜和皮肤出血，个别可能出现视力障碍、痉挛、轻瘫。美国通常规定最高容许浓度为 $1.4mg/m^3$。工作接触时要穿防护衣，戴聚乙烯或聚氯乙烯制的手套和聚合材料制的透明防护眼镜和面具。如触及皮肤或溅入眼睛应用温水冲洗。

3. 包装储运

工业品用聚乙烯桶、铝桶包装，或铝制槽车装运。用聚乙烯桶包装，每桶净重 50kg；用铝桶包装，每桶净重 100kg。各种包装上应有排气孔。包装好的成品都应附有质量证明书，包装上应涂有牢固的“氧化剂”标志。属一级氧化剂，危险货物品名编号为：51001。应储存在阴凉、清洁、通风的库房中。库温不宜超过 30℃，避免日光照射。容器要盖紧，通气孔要畅通，防止灰尘堵塞。隔绝热源与火种。不可与有机物或铁、铜、铬等金属及其盐类共储混运。装卸时要轻拿轻放，防止包装破损。本品不宜久储，平时应加强检查，发现漏桶及时更换，如遇垫仓木冒烟，应立即将冒烟物搬出仓外，或用水浇。失火时，可用水、干沙或二氧化碳灭火器扑救。

4. 用途

化学工业上用作制造过硼酸钠、过碳酸钠、过氧乙酸、亚氯酸钠、过氧化硫脲等无机或有机过氧化物的原料；用于生产金属盐类或其他化合物以除去铁及其他重金属；用于电镀液中以除去无机杂质，提高镀件质量。在医药上主要用作杀菌剂。用作羊毛、生丝、皮毛、羽毛、象牙、猪鬃、纸浆、脂肪等的漂白剂。还可用作食品加工、食品的漂白、防腐和保鲜。近年来广泛用于纸塑无菌包装材料在包装前杀菌之用。用于工业污水、污泥处理，是生态业理想的污染控制剂。高浓度的过氧化氢可作为火箭燃料和氧源。

（三）电石（CaC_2）

1. 物化性质

电石化学名称为碳化钙。工业品是灰色，黄褐色或黑色固体，含碳化钙较高的呈紫色。碳化钙新断裂面有光泽，暴露在空气中因吸收水分失去光泽呈灰白色。相对密度 2.22（18℃）。工业品一般含电石 80%。熔点 2300℃。能导电，纯度越高，导电越容易。化学性质非常活泼，能与许多气体、溶液在适当温度下发生反应。遇水激烈分解产生乙炔气和氢氧化钙，并放出大量的热。与氯、氯化氢、硫、磷、乙醇等在高温下均能发生激烈的化学反应。

2. 毒性防护

电石粉末有刺激性，触及皮肤上的汗液生成 $Ca(OH)_2$，灼伤皮肤，直至皮肤溃烂。吸入体内能伤害人的呼吸系统。在工作中要戴风镜、口罩和手套。搬运时和入库前都要把桶内气体放完。并严禁滚桶、重放、碰撞以防引起火花、造成爆炸。包装破损时，严禁电焊和锡焊。消防禁止用水，只可用沙或二氧化碳灭火，也可用干燥碳酸钠（纯碱粉）灭火。发现头晕、头痛或呕吐时，应立即转移至空气新鲜处。重者应送医院治疗。

3. 包装储运

包装储运：用壁厚不少于 1mm 的铁桶包装，有 100kg 或 200kg 装。铁桶侧面用油漆标明“电石避免水火”字样。属一级遇湿易燃物品，危险货物品名编号为：43025。电石应储存于干燥、阴凉、通风的库房，与可燃物品及强酸类要隔离。最好专库专储。严防与水及潮气接触。入库前要将桶内乙炔气放空。储存期限以 6～12 个月为宜。

4. 用途

电石是有机合成工业的重要基本原料，以电石乙炔为原料可制取乙烯、氯丁橡胶、氰氨化钙、乙酸、三氯乙烯等，电石也作钢铁的脱硫剂，还用于金属的切割和焊接。

阅读材料

无机精细化工新品种

无机精细化工产品在产量大幅度提高的同时，产品的品种、档次也发生了很大的变化，较大程度地满足了国内外市场的需要。例如，造纸工业用的专用碳酸钙、氯酸钠、低铁硫酸铝，水处理用的聚合硫酸铝、聚合硫酸铁、聚合氯化铝、二氧化氯，电子配套用的高纯过氧化氢、六氟磷酸锂、钴酸锂、锰酸锂、镍酸锂、高纯碳酸钡、碳酸锶、氧化铅、硅酸铅、碳酸钾、氧化锌、高纯氧化铁、球型高活性氢氧化镍，与精细陶瓷配套的氧化锆、碳化硼、氮化硼、氧化钴、氧化铋、高纯纳米级氧化铝、二氧化硅，以及一大批为食品、饲料、医药、农药、染料等精细化工配套的产品，成为近年我国无机盐行业发展的新热点。

任务二　有机化学品

任务导读

2010 年 7 月 28 日上午，位于南京市栖霞区迈皋桥街道的南京塑料四厂地块拆除工地发生地下丙烯管道泄漏爆燃事故，共造成 22 人死亡，爆燃点周边部分建（构）筑物受损，直接经济损失 4784 万元。

任务分析

多数有机物受热易分解，且容易燃烧和爆炸。

知识链接

有机化合物简称有机物，是指含碳元素的一类化合物，而碳的氧化物、碳酸、碳酸盐、金属碳化物等，它们虽也含有碳元素，但在性质上与无机化合物相似，划为无机物。实际上，组成有机化合物的主要元素是碳和氢，此外，还含有氧、氮、硫、磷和卤素等，所以也常把有机化合物称为碳氢化合物及其衍生物。有机化合物主要有脂肪族化合物和芳香族化合物。

一、脂肪族化合物

这类化合物中碳原子相连成链而无环状结构，所以叫做无环化合物或开链化合物。因为脂肪族化合物最早从有长链结构的脂肪酸和脂肪中分离出来，含有这种开链结构，所以又叫做脂肪族化合物。

（一）乙醇（CH_3CH_2OH）

1. 物化性质

乙醇别名为酒精。是无色透明、易燃易挥发液体。有酒的气味和刺激性辛辣味。溶于水、甲醇、乙醚和氯仿。能溶解许多有机化合物和若干无机化合物。具有吸湿性。能与水形成共沸混合物。蒸气与空气形成爆炸性混合物，爆炸极限4.3%～19.0%（体积）。无水乙醇相对密度0.7893（20/4℃）。熔点－117.3℃。沸点78.32℃。折射率nD（20℃）1.3614。闪点（闭杯）14℃。工业乙醇（含乙醇95%）折射率nD（15℃）1.3651。表面张力（20℃）22.8mN/m。黏度（20℃）1.41MPa·s。蒸气压（20℃）5.732kPa。比热容（23℃）2.58J/（g·℃）。闪点12.8℃。相对密度0.816（15.56/4℃）。沸点78.15℃。凝固点－114℃。自燃点793℃。

2. 毒性防护

有毒。蒸气很容易经黏膜吸收，可经口腔、胃壁黏膜、肠吸收而迅速呈现出醇的作用（醉意），这种吸收速度与醇的浓度成正比。使中枢神经麻痹，行走蹒跚，神志不清，甚至引起肝病及肝硬变，直至引起胰腺疾病。乙醇中毒症状，因人而异，差别很大。工作场所空气中最高容许浓度1900mg/m^3。

3. 包装储运

工业乙醇用铁桶包装，每桶200L（180kg），不得使用镀锌容器。无水乙醇用铁桶或用玻璃瓶外加木箱包装。属一级易燃液体，危险货物品名编号为：32061。储存于阴凉、通风处，防热、防火、防晒。适宜储存温度在30℃以下，远离明火热源，不可与氧化剂、硝酸共储运，如入目应立即用大量水冲洗15分钟。

4. 用途

乙醇是一种基本有机化工原料，可用来制造醋酸、饮料、香精、染料、燃料等。也用作有机溶剂。

（二）甲醛（HCHO）

1. 物化性质

甲醛别名为蚁醛。为无色可燃气体，具有强烈的刺激性、窒息性气味，对人的眼、鼻等有刺激作用。气体的相对密度1.067，液体的相对密度0.815（－20/4℃）。熔点－118℃。沸点－19.5℃。与空气形成爆炸性混合物，爆炸极限7%～73%（体积）。着火温度约430℃。临界温度137.2～141.2℃。临界压力6.06MPa～6.81MPa。易溶于水，水溶液浓度最高可达55%，40%的水溶液俗称福尔马林。溶于乙醇、乙醚、丙酮。反应性强，易聚合。工业品甲醛溶液中一般加8%～12%甲醇作阻聚剂。

2. 毒性防护

有毒，吸入甲醛蒸气会引起恶心、鼻炎、支气管炎和结膜炎等，当误服甲醛液时，应立即用水洗胃，再服用3%碳酸铵或15%醋酸铵100ml。甲醛接触皮肤，会引起灼伤，应用大量水冲洗，再用肥皂水或3%碳酸氢铵溶液洗涤。操作现场采用敞开式厂房，自然通风，空气中最大容许浓度为3mg/m^3，操作人员应穿戴防护用具。

3. 包装储运

采用衬防腐材料的200L铁桶包装，净重200～210kg，汽车或槽车运输。属一级其他腐蚀品，危险货物品名编号为：83012。应储存于干燥、通风的库房，21℃～25℃为宜。低于10℃极易发生低聚，不宜储存过久。按有毒化学品规定储运。

4. 用途

甲醛可消毒和浸制生物标本，是重要的基本化工原料。工业甲醛大部分用于生产脲醛树脂和酚醛树脂，还生产聚对苯二甲酸丁二醇酯（PBT）、聚缩醛（POM）工程塑料以及甲撑二苯基二异酸酯（MDI），也是合成农药的主要原料。

（三）乙酸（CH_3COOH）

1. 物化性质

乙酸别名为醋酸、冰醋酸。无色透明液体，有刺激性气味，相对密度（d420）1.0492。熔点16.604℃。沸点117.9℃。折射率nD（20℃）1.3716。闪点57℃（开杯）。自燃点426℃。与水、乙醇、苯和乙醚混溶，不溶于二硫化碳。

乙酸（CH_3COOH）常温下呈液体，16.63℃以下时呈固体，又称冰醋酸。有强烈醋酸气味，能溶于水、醇、醚等，相对密度1.049，沸点118.1℃，闪点39℃（闭杯），自燃点427℃，爆炸极限4%～17%。遇明火易燃，液态冰醋酸温度降至16.7℃以下时凝固，同时体积膨胀，常把容器胀破，温度回升后又成液态淌流。与铬酸、过氧化钠、硝酸或其他氧化剂接触有爆炸危险，对铅和大多数其他金属有腐蚀性；对人体有刺激和腐蚀作用。醋酸应密闭置阴凉、通风处，远离明火热源，16℃以下应注意保温，不可与强碱、强酸、氧化剂、爆炸物混存，触及皮肤时应立即用干布抹去后用大量水冲洗，操作人员应戴橡皮手套、口罩、防护镜等。

2. 毒性防护

低浓度的乙酸无毒，但当其在水溶液或在溶剂中的浓度超过50%时，对皮肤就有强烈的腐蚀性，对眼、呼吸道、食道及胃有强烈的刺激作用，能引起呕吐、腹泻、神经麻痹和尿中毒，甚至死亡。工作场所乙酸的最高容许浓度为10ppm。吸入乙酸中毒者应立即离开现场，呼吸新鲜空气。当乙酸触及皮肤时，应立即用大量清水或2%的碳酸氢钠溶液冲洗。误服时用温水或2.5%的氧化镁溶液洗胃，禁止用碳酸氢钠溶液洗胃，重症者应立即送医院治疗。

3. 包装储运

采用200kg塑料桶或铝合金桶包装，密封保存，也可用铝或不锈钢槽车盛装，按易燃有毒品规定储运。属二级酸性腐蚀品，危险货物品名编号为：81601。勿与易燃品接触，触及皮肤时应立即用干布抹去后用大量水冲洗，使用时应戴橡皮手套。

4. 用途

冰醋酸是最重要的有机化工原料之一，主要用于合成醋酸乙烯、醋酸酯、醋酸盐和氯代醋酸等产品，是合成纤维、胶粘剂、医药、农药和染料的重要原料，也是优良的有机溶剂，在塑料、橡胶、印刷、印染等行业中也有十分广泛的用途。还可用作食物的调味品。

二、芳香族化合物

芳香族化合物是具有苯环的一类化合物。

(一) 苯（C_6H_6）

1. 物化性质

无色透明，易燃液体。相对密度 0.8794（20℃）。熔点 5.51℃。沸点 80.1℃。闪点 -10.11℃（闭杯）。自燃点 562.22℃。蒸气密度 2.77。蒸气压 13.33kPa（26.1℃）。蒸气与空气混合物爆炸极限 1.4%～8.0%。不溶于水，与乙醇、氯仿、乙醚、二硫化碳、四氯化碳、冰醋酸、丙酮、油混溶。遇热、明火易燃烧、爆炸。能与氧化剂，如五氟化溴、氯气、三氧化铬、高氯酸、硝酰、氧气、臭氧、过氯酸盐、(三氯化铝＋过氯酸氟)、(硫酸＋高锰酸盐)、过氧化钾、(高氯酸铝＋乙酸)、过氧化钠发生剧烈反应。不能与乙硼烷共存。用干粉、泡沫或二氧化碳灭火。用水保持火场冷却，驱散蒸气及逸出液体。

2. 毒性防护

苯急性中毒：短时间内吸入大量苯蒸气或口服多量液态苯后出现兴奋或酒醉感，伴有黏膜刺激症状，可有头晕、头痛、恶心、呕吐、步态不稳。重症者可有昏迷、抽搐、呼吸及循环衰竭。尿酚和血苯可增高。应立即脱离现场至空气新鲜处，脱去污染的衣着，用肥皂水或清水冲洗污染的皮肤。口服者给洗胃。中毒者应卧床静息。对症、支持治疗。可给予葡萄糖醛酸。注意防治脑水肿。心搏未停者忌用肾上腺素。

亚急性中毒：短期内吸入较高浓度后可出现头晕、头痛、乏力、失眠等症状。约经1～2个月后可发生再生障碍性贫血。如及早发现，经脱离接触，适当处理，一般预后较原发性再障为好。应脱离接触，对症处理。对再生障碍性贫血，可给予小量多次输血及糖皮质激素治疗，其他疗法与内科相同。

3. 包装储运

包装标志：易燃液体。包装方法：玻璃瓶外木箱内衬不燃材料或铁桶。属一级易燃液体，危险货物品名编号为：32050。储运条件：储存于阴凉、通风的仓间内。远离火种、热源，避免阳光暴晒。与食用原料、氧化剂隔离储运。首先切断所有火源。戴好防毒面具和手套。可用沙土吸收，倒至空旷处任其蒸发或掩埋。对污染地面用肥皂或洗涤剂刷洗，洗水经稀释放入废水系统。

4. 用途

苯的最大用途是作为生产苯乙烯的单体原料，约占世界苯消耗量的50%；环已烷和苯酚也是苯重要消费领域，二者各占苯消费量的15%～18%。此外，苯胺、烷基苯、顺丁烯二酸酐也都是由苯生产的重要衍生物。苯应密闭置阴凉、通风处，适宜储存温度在30℃以下，要远离明火热源及氧化剂，注意防止产生静电，操作人员应戴橡皮手套、口罩、防护镜等。

（二）二甲苯（$C_6H_4(CH_3)_2$）

1. 物化性质

二甲苯别名为混合二甲苯。二甲苯为对二甲苯、邻二甲苯、间二甲苯及乙苯的混合物。相对密度约为0.86（20/4℃）。闪点27.2℃～46.1℃。为无色透明液体。溶于乙醇和乙醚，不溶于水。有芳香气味。

2. 毒性防护

本品具有中等毒性。经皮肤吸收后，对健康的影响远比苯小。空气中二甲苯含量达到0.17E－6，就能感到臭味，甲苯为0.48E－6，苯为1.5E－6。在这样浓度下，苯有引起慢性中毒的危险，而对二甲苯几乎不用担心。高浓度二甲苯蒸气，如0.001以上，除了伤害黏膜，刺激呼吸道外，还呈现兴奋、麻醉作用，甚至造成出血性肺气肿而致死。二甲苯经口服引起中毒的情况极少。若不慎口服了二甲苯或含有二甲苯的溶剂，会强烈刺激食道和胃，并引起呕吐，还可能引起出血性肺炎，应立即饮入液体石蜡，延医诊治。二甲苯蒸气对小鼠的LC为0.006，大鼠经口最低致死量4000mg/kg。

3. 包装储运

包装标志：易燃液体。包装方法：玻璃瓶外木箱内衬不燃材料或铁桶。属二级易燃液体，危险货物品名编号为：33535。储运条件：储存于阴凉、通风的仓间内。远离火种、热源，避免阳光暴晒。与食用原料、氧化剂隔离储运。应切断所有火源，戴好防毒面具和手套。可用沙土吸收，倒至空旷处任其蒸发或掩埋。对污染地面用肥皂或洗涤剂刷洗，洗水经稀释放入废水系统。注意防止产生静电。

4. 用途

二甲苯是有机合成工业的基础原料之一。邻二甲苯主要用来生产邻苯二甲酸酐；间二甲苯用于染料工业；对二甲苯主要用于制备涤纶原料对苯二甲酸。混合二甲苯也可以直接作为溶剂。

（三）苯酚（C_6H_5OH）

1. 物化性质

苯酚别名羟基苯、石炭酸。无色针状结晶或白色结晶熔块。可燃、腐蚀力强、有毒。不纯品在光和空气作用下变为淡红或红色。与大约8%水混合可液化。可吸收空气中水分并液化。有特殊臭味和燃烧味，极稀的溶液具有甜味。1g溶于约15ml水，12ml苯。易溶于乙醇、乙醚、氯仿、甘油、二硫化碳、凡士林、挥发油、固定油、强碱水溶液，几乎不溶于石油醚，相对密度1.0576（20/4℃），凝固点41℃，熔点43℃，沸点181.7℃（182℃），折射率nD（41℃）1.54178，闪点79.5℃，自燃点715℃。

2. 毒性防护

大鼠经口LD_{50}为530mg/kg。苯酚蒸气在较冷空气中凝成粉尘。接触皮肤能引起中毒。皮肤接触苯酚水溶液或纯苯酚时很快受到刺激产生局部麻醉，进而变成溃疡。一般急

性中毒有虚弱感，眩晕、耳鸣、出虚汗。在体内可损伤肾脏。生产现场设备应密闭。操作人员应穿戴防护用具。工作场所空气中最高容许浓度 5ppm。

3. 包装储运

用镀锌铁桶包装，每桶 200kg，属一级毒害品，危险货物品名编号为：61068。储存在低于 35℃、干燥、通风的仓库内，严禁日晒雨淋，隔离火源、热源，防止猛烈撞击，储存期为三个月。禁止与火药、氧化性物质如过氧化物等一起运输。

4. 用途

用于制造树脂、合成纤维、塑料的原料；也用于生产医药、农药等。苯酚主要用作消毒剂、防腐剂，还可作为合成酚醛树脂、纤维、医药、炸药等工业的原料。

三、涂料

涂料习惯上称之为油漆，就是涂饰在物体表面，起装饰、防护功能的物质。涂料既能涂装钢铁材料及其制品，又能对有色金属铝、铜、铅、锌、钛、镍、镁及其合金制品的表面进行涂装，还可对非金属木材，如塑料、橡胶、皮革、纸张、织物、纤维、水泥、混凝土、砖石、陶瓷及其制品的表面进行涂装。

涂料以其具有的特殊性能，适用于在高温、低温、伪装、示温、防毒、防污、防震、阻尼、抗红外线辐射、防燃烧、密封、绝缘、抗高速气流冲刷、导电等多种多样特殊环境条件下使用的产品进行表面涂装。

（一）涂料的组成、分类、型号

1. 涂料的组成（见表 5－1 所列）

表 5－1　　涂料的组成物质名称

涂料组成	材料名称	类别	品种名称
主要成膜物质	油料	干性油	桐油、亚麻油、锌油等
		半干性油	豆油、葵花籽油、玉蜀油等
		不干性油	蓖麻油、椰子油等
	树脂	天然树脂	虫胶、松香、天然沥青等
		合成树脂	酚醛、醇酸、氨基、环氧、聚脂、丙烯酸等
次要成膜物质	颜料	着色颜料	钛白、氧化锌、氧化铁红、铬黄、耐晒黄、镉红、炭黑
		防锈颜料	红丹、锌铬黄、偏硼酸钡等
		体质颜料	钛太白粉、钛白、重晶石粉、滑石粉、云丹粉等
辅助成膜物质	溶剂	助溶剂	二甲苯、松节油、乙醇、丁醇
		稀释剂	石油溶剂、酯、酮、醇、混合溶剂
	辅助材料	添料	固化剂、流平剂、防老化剂、润湿剂、防潮剂、催化剂、催干剂、增塑剂、防结皮剂等

2. 涂料分类

(1) 按部位不同

主要分为墙漆、木器漆和金属漆。墙漆包括了外墙漆、内墙漆和顶面漆，它主要是乳胶漆等品种；木器漆主要有硝基漆、聚氨脂漆等，金属漆主要是磁漆。

(2) 按状态不同

又可分为水性漆和油性漆。乳胶漆是主要的水性漆，而硝基漆、聚脂氨漆等多属于油性漆。

(3) 按功能不同

又可分为很多种，如防水漆、防火漆、防霉漆、防蚊漆及具有多种功能的多功能漆等。

(4) 按作用形态

又可分为挥发性漆和不挥发性漆。

(5) 按表面效果上来分

又可分为透明漆、半透明漆和不透明漆。

(6) 按成膜物质分

涂料按主要成膜物质分类见表 5－2 所列。主要成膜物质的不同，具有不同的物理化学性能，形成涂膜后的性能也各有千秋。

表 5－2　　涂料的分类及类别代号

分类号	类别代号	涂料类别	分类号	类别代号	涂料类别
1	Y	油脂漆类	10	X	烯树脂漆类
2	T	天然树脂漆类	11	B	丙烯酸漆类
3	F	酚醛漆类	12	Z	聚酯漆类
4	L	沥青漆类	13	H	环氧漆类
5	C	醇酸漆类	14	S	聚氨酯漆类
6	A	氨基漆类	15	W	元素有机漆类
7	Q	硝基漆类	16	J	橡胶漆类
8	M	纤维素漆类	17	E	其他漆类
9	G	过氯乙烯漆类			

3. 涂料的型号

涂料的型号由三部分组成：第一部分是成膜物质，用一个汉语拼音字母表示；第二部分是基本名称（见表 5－3），用两位数字表示；第三部分是序号，用一位数字或是两位数字表示。序号含义表示是同类品种间的组成、配比或用途的不同。由这样三部分内容组成的型号，就只能表示一个品种而不会与其他品种相混。例如：

C　　04　—　2
成膜物质　基本名称　序号
（醇酸漆类）　（磁漆）

例如，型号 Q01—17 表示硝基清漆。

表 5－3　**涂料基本名称编号**

编号	代表名称	编号	代表名称
00	清油	33	（黏合）绝缘漆
01	清漆	34	漆包线漆
02	厚漆	35	硅钢片漆
03	调合漆	36	电容器漆
04	磁漆	37	电阻漆、电位器漆
05	粉末涂料	38	半导体漆
06	底漆	39	电缆漆、其他电工漆
07	腻子	40	防污漆
09	大漆	41	水线漆
11	电泳漆	42	甲板漆、甲板防滑漆
12	乳胶漆	43	船壳漆
13	水溶（性）漆	44	船底漆
14	透明漆	45	饮水舱漆
15	斑纹漆、裂纹漆、橘纹漆	46	油舱漆
16	锤纹漆	47	车间（预涂）底漆
17	皱纹漆	50	耐酸漆、耐碱漆
18	金属（效应）漆、闪光漆	52	防腐漆
20	铅笔漆	53	防锈漆
22	木器漆	54	耐油漆
23	罐头漆	55	耐水漆
24	家电用漆	60	防火漆
26	自行车漆	61	耐热漆
27	玩具漆	62	示温漆
28	塑料用漆	63	涂布漆
30	（浸渍）绝缘漆	64	可剥漆
31	（覆盖）绝缘漆	65	卷材涂料
32	抗弧（磁）漆、互感器漆	66	光固化涂料

续 表

编号	代表名称	编号	代表名称
67	隔热涂料	86	标志漆、路标漆、马路画线漆
70	机床漆	87	汽车漆
71	工程机械用漆	88	汽车漆（底盘）
72	农机用漆	89	其他汽车漆
73	发电、输配电设备用漆	90	汽车修补漆
77	内墙涂料	93	集装箱漆
78	外墙涂料	94	铁路车辆用漆
79	屋面防水涂料	95	桥梁漆、输电塔漆及其他（大型露天）钢结构漆
80	地板漆、地坪漆		
82	锅炉漆	96	航空、航天用漆
83	烟囱漆	98	胶液
84	黑板漆	99	其他

辅助材料型号的组成：辅助材料型号的编排由两部分组成，第一部分是辅助材料种类(见表5-4)；第二部分是其序号，用一位数字表示同类品种间的组成、配比或用途的不同。例如：

X　—　1

辅助材料种类　序号

（稀释剂）

表5-4　辅助材料代号

序号	代号	辅助材料类别
1	X	稀释剂
2	F	防潮剂
3	G	催干剂
4	T	脱漆剂
5	H	固化剂

4. 涂料的命名

根据国家标准GB2705—92规定涂料的命名原则为：

涂料名称＝颜色或颜色名称＋成膜物质名称＋基本名称；

基本名称表示涂料的基本品种、特性和专业用途，如清漆、磁漆、罐头漆、甲板漆、汽车修补漆等。漆基中含有多种成膜物质时，主要成膜物质名称在前，次要成膜物质名称

在后。凡是烘烤干燥的漆，名称中（成膜物质名称和基本名称之间）都有“烘干”字样。例如，红环氧硝基磁漆、绿色硝基外用磁漆、铁红环氧聚脂酚醛烘干绝缘漆。

（二）常见涂料的品种

1. 木器漆

（1）硝基清漆

硝基清漆是一种由硝化棉、醇酸树脂、增塑剂及有机溶剂调制而成的透明漆，属挥发性油漆，具有干燥快、光泽柔和等特点。硝基清漆分为亮光、半哑光和哑光三种，可根据需要选用。硝基漆也有其缺点：高湿天气易泛白、丰满度低，硬度低。

①手扫漆。属于硝基清漆的一种，是由硝化棉、各种合成树脂、颜料及有机溶剂调制而成的一种非透明漆。此漆专为人工施工而配制，具有快干特征。

②硝基漆的主要辅助剂主要有以下两种。天那水：它是由酯、醇、苯、酮类等有机溶剂混合而成的一种具有香蕉气味的无色透明液体。主要起调合硝基漆及起固化作用；化白水：也叫防白水，学名为乙二醇单丁醚。在潮湿天气施工时，漆膜会有发白现象，适当加入稀释剂量10%～15%的硝基磁化白水即可消除。

（2）聚脂漆

它是用聚酯树脂为主要成膜物制成的一种厚质漆。聚脂漆的漆膜丰满，层厚面硬。聚脂漆同样拥有清漆品种，叫聚脂清漆。

聚脂漆施工过程中需要进行固化，这些固化剂的分量占了油漆总分量1/3。这些固化剂也称为硬化剂，其主要成分是TDI（甲苯二异氰酸酯）。这些处于游离状态的TDI会变黄，不但使家具漆面变黄，同样也会使邻近的墙面变黄，这是聚脂漆的一大缺点。目前市面上已经出现了耐黄变聚脂漆，但也只能做耐黄而已，还不能做到完全防止变黄的情况。另外，超出标准的游离TDI还会对人体造成伤害。游离TDI对人体的危害主要是致敏和刺激作用，包括造成疼痛流泪、结膜充血、咳嗽胸闷、气急哮喘、红色丘疹、斑丘疹、接触性过敏性皮炎等症状。国际上对于游离TDI的限制标准是控制在0.5%以下。

（3）聚氨脂漆

聚氨脂漆，即聚氨基甲酸酯漆。它漆膜强韧，光泽丰满，附着力强，耐水耐磨、耐腐蚀性。被广泛用于高级木器家具，也可用于金属表面。其缺点主要有遇潮起泡、漆膜粉化等问题，与聚脂漆一样，它同样存在着变黄的问题。聚氨脂漆的清漆品种称为聚氨脂清漆。

2. 内墙漆

内墙漆主要可分为水溶性漆和乳胶漆。

一般装修采用的是乳胶漆。乳胶漆即是乳液性涂料，按照基材的不同，分为聚醋酸乙烯乳液和丙烯酸乳液两大类。乳胶漆以水为稀释剂，是一种施工方便、安全、耐水洗、透气性好的漆种，它可根据不同的配色方案调配出不同的色泽。乳胶漆的制作成分基本上由水、颜料、乳液、填充剂和各种助剂组成，这些原材料是不含什么毒性的。作为乳胶漆而言，可能含毒的主要是成膜剂中的乙二醇和防霉剂中的有机汞。

乳胶漆的漆膜有一定透气性和耐碱性。干燥后漆膜不起泡、不变色、不发黏，多用于内墙涂饰。对人体无毒，对环境无污染。

3. 外墙漆

外墙乳胶漆基本性能与内墙乳胶漆差不多。但漆膜较硬，抗水能力更强。外墙乳胶漆一般使用于外墙，也可以使用于洗手间等高潮湿的地方。外墙乳胶漆可以内用，但不能将内墙乳胶漆外用。

4. 防火漆

防火漆即防火涂料是由成膜剂、阻燃剂、发泡剂等多种材料制造而成的一种阻燃涂料。由于目前家居中大量使用木材、布料等易燃材料，因而涂抹防火漆十分必要。防火涂料有两大类，一类是膨胀型防火涂料，即含微孔的难燃型涂料；另一类是非膨胀型防火涂料，这涂料又分为难燃性涂料（有机涂层）和不燃性涂料（无机涂层）。适用范围：防火涂料应用范围极广，主要用于建筑（内外墙体）、车辆（汽车车身及发动机）、家用电器等方面以及其他领域。

（三）涂料的保管

制造涂料的油料、树脂和溶剂等都是可燃烧物和易燃物，涂料本身也是易燃烧危险品，在储存过程中由于封闭不严或容器破损，涂料中的挥发成分会逸出，使涂料质量变差，逸出的气体和空气混合达到一定比例，即爆炸极限时，一遇火星即产生爆炸。在储存过程中由于受冷热、潮湿等影响以及储存日期过长等，会使涂料发生混蚀、变厚、变薄、发胀、胶化、变色、沉淀、结块等现象。所以在保管中要注意下列事项：

（1）涂料应存入干燥、通风良好的仓库内。仓库要远离火源和建筑物。

（2）仓库内的温度要求在6℃～25℃，相对湿度为60%以下为宜；避免日光直射，要严禁烟火。

（3）涂料一般用铁桶盛装，要注意容器的密封和防止生锈腐蚀，存放油漆的桶不能直接放在地上，要垫仓木，墙距要在0.6m以上，桶间要留空隙。

（4）调和漆和磁漆中的颜色易发沉淀，要定期将容器倒置。

（5）涂料保管时间不宜过长。要先进先出，如铝粉漆储存三个月以上会发黑，红丹漆储存六个月以上会干化，其他涂料一般要求储存期也不得超过一年。

（6）启开油漆桶不得用铁制工具敲打，以免发生火星爆炸。

阅读材料

选油漆应弄清楚三苯含量

目前有一些不法商家为了卖个好价钱，往往会在油漆桶上标明是无苯环保油漆，其实这是在混淆视听欺骗消费者，油漆中除了有苯，还有甲苯与二甲苯，统称为三苯，因此标明无苯并不等于无甲苯和二甲苯，只有当三苯都达标，才算是真正的环保油漆。

其次，油漆中的苯污染主要来自于生产与施工过程中的溶剂污染。因此要堵住油漆的污染源头，最关键的地方就是要堵住油漆溶剂中的苯环保漏洞。根据新的国家环保标准，怎样的油漆才算真正达标的环保油漆呢？按照国家即将出台的最新油漆环保标准，苯系物杂质含量不超过1.5%方为环保达标。因此，消费者选择环保油漆时，一定要弄清三苯含量。

水性漆以水为稀释剂，不含苯、二甲苯、甲醛、游离的TDI等有毒有害物质，并且不含铅、汞、铬、镉、锡等对人体有害的重金属物质。水性漆的问世正是解决了油性漆的不足，为我们的生活带来了健康和希望。

任务三　塑料制品

任务导读

塑料瓶底部数字的秘密

塑料制品底部三角形内的数字标志，相当于塑料的“身份证”。三个箭头组成的三角形意思是瓶子的材料“可回收再生利用”。这种数字回收标志，是塑料的一种标种，数字标志从1到7，每一种编号代表一类材料，如带数字“1”的制品，将按照“1”的类别予以回收。这种标志可以帮助我们了解塑料制品的材质以及它们的使用条件。

塑料瓶的底部都有一个带箭头的三角形，三角形里面有一个数字，以下这些塑料瓶底三角形中的数字，指代的是该瓶子包含的成分和该成分对人体健康的影响。

1——PET聚对苯二甲酸乙二醇酯，常见于矿泉水瓶、碳酸饮料瓶等。

2——HDPE高密度聚乙烯，常见于白色药瓶、清洁用品、沐浴产品。

3——PVC聚氯乙烯，常见于雨衣、建材、塑料膜、塑料盒等。

4——PE聚乙烯，常见于保鲜膜、塑料膜等。

5——PP聚丙烯，常见于豆浆瓶、优酪乳瓶、微波炉餐盒。

6——PS聚苯乙烯，常见于碗装泡面盒、快餐盒。

7——PC其他类聚碳酸酯，常见于水壶、太空杯、奶瓶。

任务分析

塑料应用广泛，种类繁多。塑料特性是：质轻且强度高；可调性好；电绝缘性好，导热性低；耐腐蚀性好；易加工成型；耐冲击性好；减震、消音性能优良；优良的耐磨性能；良好的自润滑性等。塑料也有不足之处，例如，耐热性比金属等材料差，一般塑料仅能在100℃以下温度使用；塑料的热膨胀系数要比金属大，容易受温度变化而影响尺寸的稳定性；在载荷下，塑料会缓慢地产生黏性流动或变形；此外，塑料在大气、阳光、长期的压力或某些介质作用下会发生老化等。

知识链接

塑料是以合成树脂为主要成分，在一定温度和压力下，使用或不使用一些添加剂（增塑剂、填充剂、润滑剂、着色剂等），可塑制成一定形状并在常温下保持形状不变的材料。“塑料”即可塑性材料的简称。合成树脂是塑料的主要成分，约占塑料的40%～100%，决定了塑料的主要性能，并起胶黏剂的作用，能将塑料其他组分黏结成一个整体。例如，聚乙烯、聚丙烯、聚苯乙烯等都是合成树脂。

塑料制品应储存在干燥、通风、阴凉、清洁的库房内。适宜储存温度15℃～20℃，适宜相对湿度80%以下，避免日光直接晒射，距离热源不得少于1m。不得与酸、碱、盐、溶剂和易燃物混存。不能存放过久。塑料制品应存放在货架上，若需就地堆放，必须下垫木板20～30cm，堆垛高度不得超过1.5m。

塑料制品主要品种有塑料薄膜、塑料棒、管材及日用塑料制品等。

一、塑料薄膜

塑料薄膜具有轻盈透明、防潮抗氧、气密性好、有韧性耐折、表面光滑等特点，能保护商品，而且能再现商品的造型、色彩。随着石化工业的发展，塑料薄膜的品种越来越多，各种塑料薄膜性能不同，印刷的难易程度也不同，作为包装材料的用途也不同。塑料薄膜存放时要成卷包装，外包牛皮纸。

1. 聚乙烯（PE）塑料薄膜

聚乙烯塑料薄膜是一种无色、无味、无臭、半透明的无毒性的绝缘材料，具有优良的耐低温性能（最低使用温度可达－100℃～－70℃），电绝缘性、化学稳定性好，能耐大多数酸碱的侵蚀，但不耐热。

聚乙烯按生产方法不同主要有：高压聚乙烯又称低密度聚乙烯，缩写代号为LDPE；低压聚乙烯又称高密度聚乙烯，缩写代号为HDPE。低密度聚乙烯主要用于制作薄膜，大量用作包装袋、食品袋，还可制作各种容器。它是惰性材料，所以比较难印刷，必须经处理后，才能印出比较好的效果。

2. 聚氯乙烯（PVC）塑料薄膜

聚氯乙烯塑料薄膜的耐光性、耐老化性比较好且具有比较好的耐撕裂性能，能透气，是一种洁净、无色、透明的薄膜，一般加入增塑剂，它可溶于丙酮、环已酮等溶剂。因此，可以用聚氯乙烯类树脂制的油墨印刷。适用于包装袋、书皮等。薄膜PVC与添加剂混合、塑化后，利用三辊或四辊压延机制成规定厚度的透明或着色薄膜，用这种方法加工的薄膜，称压延薄膜。也可以将软PVC粒料，利用吹塑成型机吹制成薄膜，这称为吹塑薄膜。薄膜上可以印花（如包装装潢图案和商标等）。薄膜用途很广，可以通过剪裁，热合加工成包装袋、雨衣、桌布、窗帘、充气玩具等。宽幅的透明薄膜可以供温室、塑料大

棚及地膜之用。经双向拉伸的薄膜，有受热收缩的特性，可用于收缩包装。

3. 聚丙烯（PP）塑料薄膜

聚丙烯塑料薄膜有良好的光泽和很好的透明度，耐热酸碱、耐溶剂、耐摩擦、耐撕裂、能透气，低于160℃时不能热封。适用于食品、药品的包装袋和家用电器、日用杂货、脸盆、水管、水槽等。一般以聚丙烯（PP）为主要材质的编织袋，主要适用于包装化肥、大米、面粉、饲料、水泥、盐、炉药、矿沙等粉状或粒状的固体物料。包装温度不宜超过80℃，编织袋还可分为普通和涂敷袋，带内衬和不带内衬，印刷袋（普通印刷和彩膜印帽袋）和非印刷袋、各种颜色和编织袋。

4. 聚苯乙烯（PS）塑料薄膜

聚苯乙烯塑料薄膜是柔软而坚韧的塑料薄膜，干净，无色而透明，不含增塑剂时，膜层永远柔软，耐冷冻，存放不老化，印刷时采用氧化聚合的合成联结料油墨，可使印迹牢度较好。

5. 聚酯（PET）塑料薄膜

聚酯塑料薄膜是无色、透明、耐湿、不透气、柔软、强度大、耐酸碱油脂和溶剂、对高低温均不怕的材料，经电火花处理后，对油墨有比较好的附着牢度。用于包装和复合材料。

6. 尼龙（PA 聚酰胺）塑料薄膜

尼龙塑料薄膜的强度比聚乙烯塑料薄膜大，无味、无毒、不透细菌、耐油、耐酯、耐沸水及大部分溶剂，一般用于荷重、耐磨的包装，以及蒸煮包装（食品的再热），它不需表面处理即可印刷。

二、塑料板（片）

塑料板（片）材是塑料制品中的重要类别，品种繁多，用途广泛，塑料板片材主要用于生产包装制品，如一次性塑料杯、盘、碗、碟、盒等热成型制品。

1. 聚丙烯（PP）塑料板（片）

聚丙烯树脂，因其可塑性好、断裂拉力强、耐弯曲、比重轻、使用方便等优点，可制各种 PP 降解制品，如透明 PP 杯、乳白色 PP 杯等果冻杯、光—生物降解聚丙烯塑料餐盒。还可制 PP 手工带、全自动及半自动机用带、无人化机用捆扎带、透明带、有色带、建筑土工带、重型带、防静电带、捆钞带、邮电带、平滑带等。

2. 聚氯乙烯（PVC）塑料板（片）

PVC 塑料板（片）可制各种宽度及厚度的卷筒片，适用于折盒、吸塑包装、丝网印刷等；制抗静电保护膜片，用于各种彩色片，用于吸塑、化妆品、食品、玩具、印刷等包装。聚氯乙烯（PVC）中加冲击改性剂和有机锡稳定剂，经混合、塑化、压延而成为透明的片材。将压延好的薄片重叠热压，可制成各种厚度的硬质板材，板材可以切割成所需的形状，然后利用 PVC 焊条用热空气焊接成各种耐化学腐蚀的贮槽、风道及容器等。

3. 聚酯（PET）塑料板（片）

聚酯（PET）片材用于医药品包装的片材制酒类及果汁饮料包装的高透明、高阻隔PET杯、PET瓶；制各种宽度及厚度的卷筒片，适用于折盒、吸塑包装、印刷等；制抗静电保护膜片，用于各种彩色片的生产及吸塑、化妆品、食品、玩具、印刷等的包装。PET塑料板（片）可制塑钢带（又称PET带）具有强抗拉力：既有钢带般的抗拉力，又有能抗冲击的延展性，更能确保产品的运输安全。延伸率小：伸长率仅是聚丙烯（PP）带的六分之一，能长时间保持拉紧力。耐温性强：熔点为260℃，120℃以下使用不变形。柔韧性好：无钢皮带的锋利边缘，操作安全，既不伤手也不损坏被捆物体。美观不生锈：无钢皮带生锈污染被捆物体之患，色彩光亮可鉴。经济效益佳：1t塑钢带的长度相当于6t钢皮带，降低成本。塑钢带是目前国际上流行的替代钢皮带的新型捆扎带，广泛应用于钢铁、铝材、化纤、棉纺、烟草、纸业、木业、建材、金属制品等行业。

塑料板材堆垛要衬垫平整，以防变形。

三、塑料管、棒和异型材

塑料管、棒和异型材一般是以塑料树脂为原料，加入稳定剂、润滑剂等，以“塑”的方法在制管机内经挤压加工而成。由于它具有质轻、耐腐蚀、外形美观、无不良气味、加工容易、施工方便等特点，在建筑工程中获得了越来越广泛的应用。塑料管有热塑性塑料管和热固性塑料管两大类。塑料软管一般应以盘卷包装；塑料硬管和棒材要捆扎整齐，平直存放，不得互相交叉对码。

1. 聚碳酸脂管（PC管）、棒和异型材

PC管高达90%的透光率，适用温度－60℃～120℃，耐大气老化，尤为突出的耐冲击性，各种力学性能极为优越，是灯饰行业所厚爱的材料。

高透光性、高强度或乳白的聚碳酸脂管广泛用于灯饰，如豪华灯饰、桥头灯饰、霓虹灯、水族灯等，圆形规格为Φ20～Φ150等，D型规格为D20～D110等。同时适用于离子交换柱、液位器、医疗器械、高夺电绝缘配件、实验室仪器、化工管道等。外径Φ5～200高透明度PC光面管或内齿管，内齿管有如齿散光型、大尖齿弧光型、大圆齿扩大型、梅花状投射型等。大型管材最大口径为150mm。

交通指挥棒专用PC管材，外径40×壁厚0.9内条纹大外管、外经36×壁厚0.5光面大内管；外径30×壁厚0.8内条纹小外管、外径26×壁厚0.5光面小内管。长度可按要求任意切割。PC异型材包括通用异型和特殊异型两种。通用异型：包括如U型、D型、Ω型、C型、π型、Δ型、θ型、L型、V型、方型、内外带槽等。大型异型材PC材料，最大口径为150mm。

2. 有机玻璃管（PMMA）、棒

PMMA管棒——也称亚克力管，有机玻璃管，英文为Acrylic Tube。透光率可高达92.8%并能透过紫外线光达73.5%，耐紫外线和大气老化，机械强度和韧性良好，最高使用温度为80℃，350℃以上即分解。抗拉强度60Mpa～75Mpa。具有电绝缘性，耐酸、碱、

油等化学品，易染色和机械加工。

各类灯饰级高透光无划痕有机玻璃管 Φ6mm～300mm。主要应用于灯饰特别是豪华灯饰、霓虹灯、水族灯等，同时适用于离子交换柱、液位器、医疗器械、高夺电绝缘配件、实验室仪器、化工管道等等。适合于灯饰等多种领域的新一代有机玻璃管——高透光无划痕管。大型 PMMA 的异型材最大口径为 150mm。

3. 聚乙烯管（PE 管）

PE 管易着色，易电镀。透明度约 86%，HDPE 管——或称 PO，具有较好的耐磨性，价格低廉，在室温下几乎不溶于任何有机溶剂、油脂制品。缺点是透明度较低。

PE 管可制作电线电缆包皮和管材等。

4. ABS 管（丙烯腈－丁二烯－苯乙烯）

ABS 灯饰管具有与 PC 管材类似的刚性、韧性和高抗冲击性，机械强度高。耐油耐磨、耐许多化学溶剂，易着色，易电镀。透明度约 86%。可生产透明、半透明、乳白、各色，形状包括：平管、内外齿、带槽管等。可用于生产护栏灯管、LED 灯管、霓虹灯管、彩灯管、灯饰管、轮廓灯管、冷极灯管、圆形灯罩、液位管等。

5. 聚丙烯管（PP 管）

PP 管长期使用温度高达 120℃，耐寒，表面光滑，半透明，刚性，耐磨，抗应力开裂性，耐大部分化学药品，无毒，延伸性良好，热加工收缩率大，价格低廉。

PP 管可生产软或硬管。

6. 聚氯乙烯管（PVC 管）

PVC 管最高温度 75℃～90℃，透光性约 89%，难燃，具有较好的刚性和韧性，耐磨，价格低廉。

PVC 中加入稳定剂、润滑剂和填料，经混炼后，用挤出机可挤出各种口径的硬管、异形管、波纹管，用作下水管、引水管、电线套管或楼梯扶手。例如，建筑给排水用聚氯乙烯管材和管件；门窗用硬聚氯乙烯型材、室内装饰用聚氯乙烯挤出型材。

阅读材料

如何分选 PET 瓶和 PVC 瓶

如果透明的 PET 瓶和 PVC 瓶混在一起，该如何分选呢？从生产过程来看，PET 瓶成型是分两步进行的，就是先注塑再吹塑成型，所以每个 PET 瓶的下端都有一个注料口，拿一个看一下就知道了。PVC 是用吹塑成型的，不需要经过注塑，所以没有注料口。一个瓶拿起来有注料口的是 PET，没有的是 PVC。

如果是大批量生产的话，把总瓶用蒸汽蒸，经过高温蒸汽的 PVC 会变为不透明，PET 还是透明的，分选起来既好认又省事，还有经过蒸后的标签胶纸就会自动脱胶，用手轻撕就去掉了。

瓶片不好认，只能用开水煮或蒸汽蒸，经过开水煮或蒸汽蒸的 PVC 变为不透明的，PET 还是透明的。

任务四 橡胶制品

任务导读

标准米其林轮胎的标记

一个标准的米其林轮胎的标记显示“195/65R15 91V”，其中：195——胎面宽度也叫横截面宽度单位（mm）；65——高宽比，是用轮胎高度除以轮胎宽度得出来的；R——子午线结构轮胎；15——轮胎内直径 15（英寸），即轮辋内直径；91——单胎最大承重指数；V——轮胎速度等级。

任务分析

轮胎是在各种车辆或机械上装配的接地滚动的圆环形弹性橡胶制品，通常安装在金属轮辋上，能支承车身，缓冲外界冲击，实现与路面的接触并保证车辆的行驶性能。

橡胶制品的共同特点是具有特殊的高弹性，优异的耐磨、减震、绝缘和密封等性能。轮胎和三带一管是主要的橡胶制品。

知识链接

橡胶制品种类繁多，形状各异，但主要生产工艺基本相同，有胶料配料、生胶塑炼、胶料混炼、压型和硫化等基本工艺。

一、橡胶轮胎

轮胎是车辆及各种机械重要的行走、承重、弹性缓冲部件。它是橡胶工业最主要的产品，用胶量最多，结构、生产技术最复杂，使用条件苛刻。

（一）轮胎分类、组成及结构

1. 分类

（1）按用途分类

轮胎按用途分为：汽车轮胎（包括载重车、轿车、公共汽车、越野汽车、无轨电车轮胎）、摩托车轮胎、力车轮胎、畜力车轮胎、农业机械轮胎、工程机械轮胎、飞机轮胎及其他特种轮胎等。

（2）按轮胎帘布层材料分类

按帘布（线）材料不同分为钢丝、尼龙、聚酯、人造丝、玻璃纤维和棉帘线等轮胎。

（3）按轮胎胎体结构分类

胎体结构按帘线排列方式可分为子午线轮胎，斜交轮胎及带束斜交轮胎等。

（4）按轮胎胎面花纹分类

根据轮胎的类型、结构特征和使用条件的不同，轮胎胎面花纹多式多样，如烟斗形、马牙形、人字型、菱形等。归纳起来，可分为三类，即普通花纹、混合花纹和越野花纹。

2. 轮胎的组成及结构

用量最多、使用面最广的充气轮胎的分有内胎和无内胎两种。有内胎轮胎一般由外胎、内胎和垫带三部分组成。

（1）外胎

由帘布层、胎面、胎侧、缓冲层（或带束层）、胎圈五个主要部分构成，如图5－1所示。

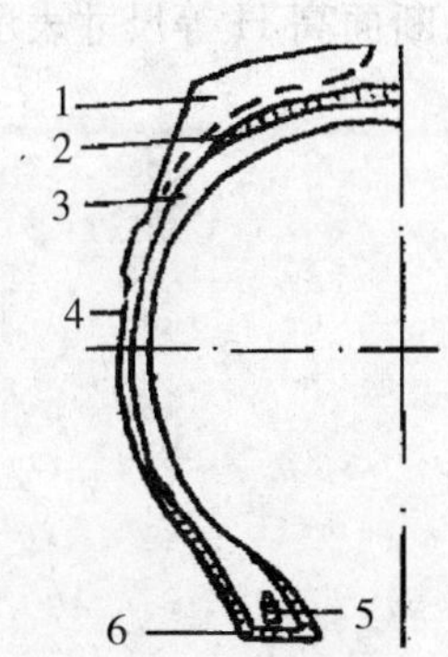

图5－1　外胎结构

1—胎面；2—缓冲层；3—帘布层；4—胎侧；5—钢丝圈；6—胎圈

外胎的主要作用是承受负荷和行驶时的屈挠变形；可靠地与地面附着，充分发挥车辆的牵引性能和通过性；同时缓冲汽车所受的振动和冲击，从而保证车辆的正常运行。

帘布层是外胎的骨架，使轮胎具有必要的强度、保持一定的外缘尺寸，是胎体的主要部分，也是承受负荷的主要部分。它由多层帘布（钢丝子午胎只有一层）浸胶后按一定角度贴合而成。胎面是轮胎与地面接触部分，主要作用是承受摩擦、刺扎，减小振动，保护帘布层和内胎不受机械损伤和水分侵蚀。为使轮胎与地面有很大的摩擦力，防止轮胎打滑，保证导向性，胎面由耐磨性好的胶料做成。胎侧贴在帘布层两外侧的橡胶部分称胎侧，它的作用是从侧面保护帘线层不受损伤和大气氧化作用，胎侧要承受频繁地屈挠变形，因此要使用耐屈挠和耐老化性能良好的胶料做成。在胎面和帘布层之间的橡胶帘布层或橡胶层称为缓冲层。主要作用是缓冲外来冲击，承受轮胎在车辆行驶、启动或刹车时，由于惯性作用而产生的剪切应力，增强胎面和帘布层间的附着力，使两者不易剥离。在子午线轮胎中用束层来代替缓冲层，在以高强力材料做帘线的普通轮胎中，以特殊的胶料做缓冲层，而一般轿车和拖拉机轮胎则有缓冲层。胎圈是轮胎装配在轮辋上的刚性部分。其作用是使轮胎紧密地固定在轮辋上，承受外胎与轮辋间的各种相互作用力。胎圈主要由钢丝圈和填充胶、包布组成，钢丝圈是胎圈的基础，是外胎强度的重要组成部分，填充胶为刚性钢丝圈向弹性胎侧过渡的半硬质胶件。

（2）内胎

内胎是一个富有弹性的圆环形胶筒，充气后紧贴在外胎内壁上，起密封空气作用，使空气在胎中保持一定压力，从而使轮胎获得弹性并承受负荷能力。内胎上装有气门嘴用以充气，无内胎轮胎的气门嘴直接固定在轮辋上。

无内胎轮胎，空气直接充入轮胎的内腔，气密性是靠外胎内腔的气密层及外胎胎圈紧密地着合于专门结构的轮辋上而获得。气密层通常由两层以上薄胶片贴合而成，厚约1～3mm，贴于外胎内发面，作用是防止充气通过胎壁扩散。

（3）垫带

垫带是装于胎圈、内胎和轮辋之间的环形胶带。中间厚，向两边渐薄，中心线上有一个供气门嘴穿过的圆孔。其作用是保护内胎不受磨损或夹破。轿车和超低压（标准气压在1.42kPa以下）轮胎一般不需要垫带。

（二）轮胎的规格、表示方法及标志的识别

1. 轮胎的规格

轮胎规格表示方法一般以外胎的外径D、轮辋直径（又叫胎圈内径）d、断面宽B和断面高H等尺寸表示（见图5-2）。

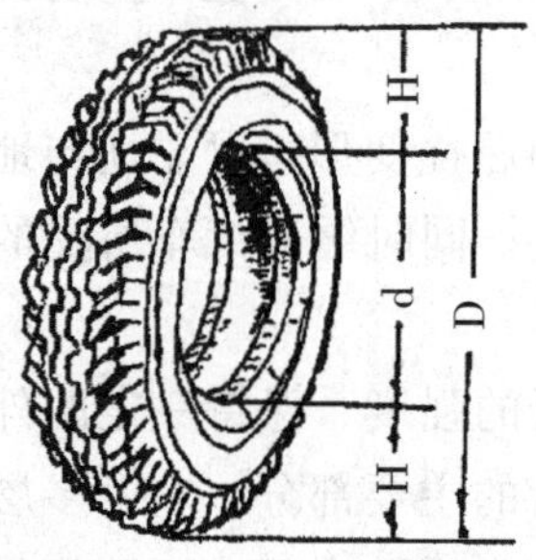

图5-2 轮胎规格

D—轮胎外径；d—轮辋直径或胎圈内径；B—轮胎断面宽；H—轮胎断面高

充气轮胎规格标记表示方法可写成B—d的形式，如果是子午线结构轮胎，则将“—”换成“R”，即写成BRd的形式。我国轮胎规格标记采用英制计量单位。

例：5.50—13轮胎

5.“50”表示轮胎断面宽B为5.50in，—表示低压胎，“13”表示轮辋直径d为13in。

例：9.00R20轮胎

“9.00”表示轮胎断面宽B为9.00in，“R”表示为子午线结构轮胎，“20”表示轮辋直径d为20in。

欧洲许多国家的低压胎用B×d标记，尺寸单位用mm。例如，185×400轮胎，表示其轮胎断面宽度B为185mm，轮辋直径d为400mm。这种规格的轮胎相当于7.50—16轮胎。德国的奥迪轿车无内胎充气轮胎的标记：185/70—R14，其中，“185”表示轮胎宽度185mm，“70”表示轮胎的高宽比H/B或又称扁平率为70%，“—”表示低压胎，“R”为子午线轮胎，“14”表示轮辋直径14in。

2. 轮胎标志

轮胎在外胎两侧需有下列标志：商标、规格、结构、负荷能力（层或层级）、标准气压帘线类别代号、生产编号、行驶方向（需要时）和检验印鉴等内容。

轮胎结构：斜交轮胎用“D”表示或不标出任何符号，即为斜交结构；子午线结构一般用“R”表示。轮胎的负荷能力用层（P）或层级（PR）表示，将来按国际标准用“负荷指数”表示。P 原指用棉帘线做强力层时的实有层数；PR 表示用强力纤维或钢丝做强力层时，其强力相当于用棉帘线做强力层时相同强力的相应层数，显然，实际层数要少于层级数。帘线材料代号：“M”表示棉帘线轮胎、“R”表示人造丝帘线轮胎、“N”表示尼龙帘线轮胎、“G”表示钢丝帘线普通结构轮胎、“Z”表示子午线结构轮胎，这些字母写在轮胎尺寸标记的后面，如 9.00—20ZG 表示钢丝子午线轮胎。生产编号：由年份后两位数字、月份两位数和生产流水号组成。

例：7.00R166PRG03089708 标志

表示 2003 年 8 月生产，第 9708 号，断面宽为 7.00 英寸，轮辋直径为 7.00 英寸，子午线结构，6 层级钢丝帘线轮胎。

（三）轮胎的储运保管

第一，轮胎应储存在阴凉、干燥的库房内。适宜储存温度 0℃～25℃；适宜相对湿度 50%～80%。库房不宜经常通风。避免日光直接晒射，远离热源，距离采暖设备不得少于 1m。

第二，轮胎忌与有机溶剂、油类、酸、碱、变价金属盐类、氧化剂等混存。

第三，外胎应立放于木架上，不得平放堆码，也不准穿心悬挂；在保管中至少每两月转动 90，以变更支点。内胎应在充气状态下挂在半圆形木架上，定期转动；内胎若折叠放入纸盒内，须在表面涂以滑石粉。

第四，装卸搬运不得从高处抛掷，不得在潮湿、粗糙、脏污地面推滚。雨天不宜搬运。

二、橡胶运输带及传动带

（一）平行传动带

平行传动带简称传动带或平带。广泛应用于各种负荷的平型带轮动力传递。平带传动是靠带面与带轮缘面的摩擦力进行的，其横截面的形状为矩形或近似矩形。平行传动带强度高、传动功率大；屈挠性好，不打滑；可交叉传动，接头容易；伸长小，经久耐用；结构简单；比较平稳、噪声小和设备成本低。

1. 平带的结构

平带分帆布芯平带和高速平带两类。帆布芯平带又称普通平带，它的传动速比较小，主要用于发动机、鼓风机和各种工作母机的动力传递；高速平带以帘布芯、绳芯、片基芯为带芯，一般生产成环形，因其运转较平稳；故适用于精密机床和高速传动机械用。

平带的结构主体是抗拉强力层，承受工作时的全部应力，其次有对口胶、封口胶胶片层等部分构成（见图 5-3）。

（a）包边式平带
1—封口胶；2—胶帆布；
3—对口胶

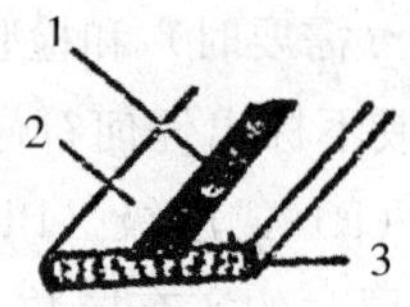

（b）帘布芯高速平带
1—封口胶；2—胶帆布；
3—帘布层

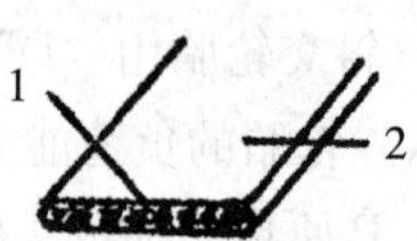

（c）绳芯高速平带
1—绳芯；2—包布层

图 5-3 平带结构

2. 平带规格及计量

有端平带规格传统表示方法：带宽（mm）×胶布层数×长度（m）

计量：以平方米为单位。

计算公式：平方米=长（m）×宽（m）×胶布层数。

例：规格为 60×3×100 的传动带表示带宽为 60mm，3 层胶布贴合而成，带长为 100m。

折合平方米数为：100×0.06×3=18（m^2）

各种新的平带型号规格表示方法如帆布芯平带（即普通平带）标称表示方法为：F（C）×P×B，式中 F 表示包边式宽带，C 表示切边式平带，P 表示平带的强力级（即平带全厚度拉伸强度，单位 kN/m），B 表示平带的宽度（mm）。例如，规格为 F×425×250 的普通平带，则表示平带为包边式（F），该平带全厚度拉伸强度 P=240kN/m，带宽为 B=175mm。

3. 平带的储运保管

（1）平带应储存在阴凉、干燥的库房内。适宜储存温度−10℃～32℃；适宜相对湿度 50%～80%。库房不宜经常通风。避免日光直接晒射，远离热源，距离采暖设备不得少于 1m。

（2）平带忌与有机溶剂、油类、酸、碱、变价金属盐类、氧化剂等混存。

（3）平带须成卷平放，不得折叠堆放；在保管中至少每季翻动一次；规格小的平带应存放在货架上，规格大的平带需就地堆放，必须下垫木板 15～30cm，堆垛高度不得超过 1m。储存期以一年为宜。

（4）装卸搬运不得重抛，不得遭受雨淋、水湿。

（二）三角带

三角带亦称 V 带，是横截面为等腰梯形的环形传动带，其工作面为两个侧面，V 带广泛应用于电动机和内燃机驱动的机械和设备上的动力传递。随着科学技术的发展，V 带在材质上和结构上不断变革，适应了大功率、高速度、长寿命、小变形和占据空间小的需要，它的应用范围日益广泛。

1. 三角带的结构

三角带结构是由包布层、伸张层、强力层和压缩层四部分构成。

三角带包布层由斜裁成45°的挂胶帆布组成，承受传动轮的摩擦，保护其他部分不受磨损、侵蚀，增大V带挺性；伸张胶层由弹性高伸张性优良的胶料组成，承受V带在运转弯曲时的拉伸应力，并对强力层起保护作用；强力层是V带的骨架，由胶帘布和浸胶线绳组成，承受V带在运转过程中所产生的拉伸等应力；压缩层由耐弯曲疲劳性能的胶料组成，承受V带运转时产生的压缩应力，保持V带的刚度与弹性，增大截面积，提高传动效率。

2. 三角带的分类

V带按带体结构分为包布式和切边式两种；按带芯结构分为帘布芯和绳芯两种；按用途分为工业用、汽车用、农机用、变速V带、轻负载V带、导静电V带等六种；按带体裁面形状、尺寸分为普通V带、窄V带、宽V带、中宽V带、大楔V带、小楔V带、联组V带、多楔带、六角带、活络带、接头V带、齿形V带、圆形带等十几种。

3. 三角带的规格及计量

普通V不包括活络三角带。普通V带按横截面尺寸有O、A、B、C、D、E、F七种型号。

三角带规格标记，由V带的型号、基准长度（mm）和标准号组成。例如，A型V带、基准长度为1400mm，标记为：A1400GB××××。

V带通常以“条”为单位销售价。在计划、统计汇总时则以“A米”为单位计量。A米是指A型V带长度为1米的量。各种型号的V带断面尺寸不同，只有都折算成A米后，才可加合计算。各型换算A米的系数是其截型面积与A型截型面积之比值，换算系数分别为：O型为0.58，A型为1.00，B型为1.70，C型为2.84，D型为5.88，E型为8.54，F型为14.55。各型V带换算A米的计算公式：

A米数＝基准周长（mm）/1000×换算系数×条数

例：求C3150V带20条折合多少A米?

解：查C型换算系数为2.84，将已知数据代入计算公式。

得：3150/1000×2.84×20＝178（A米）

4. 三角带的储运保管

（1）三角带应储存在阴凉、干燥的库房内。适宜储存温度－10℃～32℃；适宜相对湿度50％～80％。库房不宜经常通风。避免日光直接晒射，远离热源，距离采暖设备不得少于1m。

（2）三角带忌与有机溶剂、油类、酸、碱、变价金属盐类、氧化剂等混存。

（3）三角带不应堆叠过高或捆扎过紧；在保管中至少每季翻动一次；规格小的三角带应存放在货架上，规格大的三角带可交叉使其自然拧曲成“8”字形，再叠后上货架。储存期以一年为宜。

（4）装卸搬运不得重抛，不得遭受雨淋、水湿。

（三）运输带

运输带是由多层挂胶帆（帘）布贴合在一起或用钢丝等材料做带芯，外贴覆盖胶层经

硫化而成的橡胶制品。它是胶带运输机的主要部件之一，主要用于煤炭、采矿、冶金、化工、建筑和交通部的大规模连续运输，运送的物料有块状、粒状、粉状、糊状和成件物品等。

1. 运输带的结构

运输带主要由抗拉层和覆盖胶层组成（见图 5－4）。抗拉层在运输带工作时几乎承受全部负荷，故要求具有一定的刚度和强度，抗拉层使用材料有尼龙、聚酯、钢丝绳、棉帆布等。覆盖胶层和边胶层为抗拉层的保护层。覆盖胶层有上下之分，与输送物料接触的一面称上覆盖胶层，是工作面，另一面为下覆益胶层，是非工作面，通常上层胶比下层胶厚。覆盖胶除了要求耐磨、耐撕裂和耐冲击性能外，有的还具有耐酸、耐碱、耐热、耐寒、导静电和阻燃等性能。

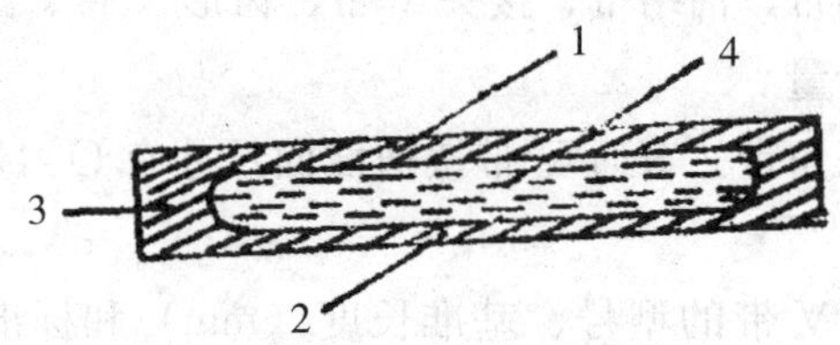

图 5－4　运输带的结构

1—上覆盖胶；2—下覆盖胶；3—边胶；4—胶帆布层带芯

2. 运输带的分类

运输带的品种较多，一般分类及品种如下：

按抗拉层材料分类分为纤维材料运输带（包括帆布芯、整体带芯、短纤维定向增强运输带）和金属材料运输带（包括钢丝绳芯、钢缆牵引和折叠式运输带）两类。

按覆盖胶形状分类：分为平面（包括环形）运输带和花纹运输带两类。后者又分为深花纹（花纹深 10mm 以上）和浅花纹（花纹深 10mm 以下）两种。

按用途分类：分为食品、耐酸碱、耐油、耐寒、耐热、阻燃、导静电等品种运输带。

3. 运输带的规格及计量

普通运输带的尺寸规格表示方法：通常以带宽（mm）、带芯层数（层）、上下覆盖胶厚度（mm）及长度（m）表示。书写为：带宽×带芯层数（上胶厚/下胶厚）—长度。例：带宽 400mm，带芯 5 层，上胶厚 3mm，下胶厚 1.5mm，长 500m 的普通运输带，表示为：400×5（3/1.5）—500。运输带以平方米为计量单位。米^{2}的计算公式为：

$$\text{米}^2=\text{带宽（m）}\times\left[\text{带芯层数}+\frac{\text{（上胶厚＋下胶厚）（mm）}}{1.5}\right]\times\text{带长（m）}$$

例：计算 400×5（3/1.5）—500 运输带折合平方米数。

解：先将带宽 400mm 化为 0.4 米，再将其他数据代入公式。得

$$\text{平方米数}=0.4\times\left[5+\frac{(3+1.5)}{1.5}\right]\times 500=1600\ (\text{m}^2)$$

4. 运输带的储运保管

第一，运输带应储存在阴凉、干燥的库房内。适宜储存温度－10℃～32℃；适宜相对

湿度 50%～80%。库房不宜经常通风。避免日光直接晒射，远离热源，距离采暖设备不得少于 1m。

第二，运输带忌与有机溶剂、油类、酸、碱、变价金属盐类、氧化剂等混存。

第三，运输带应立放，不可横放；下垫木板 15～30cm。在保管中应定期翻动；储存期以一年为宜。

第四，装卸搬运不得重抛，雨天不宜搬运。

三、橡胶管

胶管是由橡胶和纤维或钢丝材料经加工成型、硫化而成的中空可挠性管状橡胶制品。用途极广泛，通常用于输送或抽吸各种气体、液体、粘流体和粉粒状团体等物料。

（一）胶管的结构

胶管品种繁多，使用材料及生产工艺各不相同，故结构各不相同。但除全胶管外各种胶管的基本结构都是由内胶层、强力层和外胶层三部分构成。

1. 内胶层

直接与输送物料接触的是工作面，由基本性能、致密性良好及适应输送物料性能要求的胶料组成，同时起保护强力层的作用。

2. 强力层

又称骨架层。由各种纤维材料或金属丝构成。主要作用是提高胶管的强度和刚性，保持胶管有一定形状，是胶管工作时主要受力部分。

3. 外胶层

由适应胶管工作条件和使用环境的胶料组成。主要作用是保护胶管的整体结构，尤其是保护骨架层不受外界损伤。

（二）胶管的分类

胶管分类方法较多，通常多按产品结构、受压状态和使用性能进行分类。

1. 按产品结构分类

（1）夹布胶管

以涂胶织物（胶布）作骨架层材料制成的胶管称夹布胶管。外加金属螺旋线加固，则制成铠装胶管。夹布胶管制造工艺简单，规格、层数范围适应性强，管体挺性好，用途广泛。但存在变形大、屈挠性差和材料利用率低等缺点，故今后将有部分产品被其他结构胶管所取代。

（2）编织胶管

以各种线材（纤维线或金属丝）作为骨架层材料，经编织而成的胶管称编织胶管。这种胶管在承压状态下，其扭转、膨胀及收缩变形较小，抗冲击性好，相对承压强度高，弯曲性能好，材料利用率高。适于在一般压力或较高压力条件下使用。

（3）缠绕胶管

以各种线材（纤维线或金属丝）作为骨架层材料，经缠绕而成的胶管称缠绕胶管。这种胶管除具有编织胶管的优点外，还具有承压强度高、耐冲击耐屈挠性能好、生产效率高等优点。主要供高压或超高压条件下使用。

（4）针织胶管

以棉线或其他纤维线作骨架层材料，经针织而成的胶管称为针织胶管。这种胶管管体轻便柔软，弯曲性能好，但承压强度低，只适于工作压力不高的场合使以上各种胶管。根据使用条件、工作压力和不同性能要求，可制成各种规格、类型及用途的胶管。

其他胶管，如纯胶放管复合型胶管、钻探胶管、短纤维胶管、排（吸）泥胶管等。

2. 按受压状态分类

耐压胶管、吸引胶管（负压）和耐压吸引（正、负压）胶管三类。

3. 按使用性能分类

普通胶管（在常温条件下输送空气、水或其他中性液体胶管）；耐介质胶管（如耐油、耐酸、耐热胶管等）和专用胶管（如喷射胶管、制动胶管、食品胶管等）三类。

（三）胶管的规格、命名及计量

胶管规格表示方法通常以内直径、骨架层层数、长度及耐压程度（工作压力）来表示。内直径以“mm”（毫米）或“in”（英寸）表示，并在数量前冠以直径符号Φ；骨架层层数根据胶管的结构和材料不同，表示方法分别为：骨架为夹布层时，层数以“P”表示；骨架为编织层时，层数以“B”表示，其中纤维编织层以“C/B”表示，钢丝编织层以“W/B”表示，骨架层为缠绕层时，层数以“S”表示；长度通常以“m”（米）表示；耐压程度通常以胶管能承受的工作压力［MPa 或（kgf/cm^2）］表示。例：Φ1/2×3P×2m—0.5（5）夹布输酸胶管。φ1/2 表示内直径为 1/2in，3P 表示夹布层数为 3 层；2m 表示长度为 2m；0.5（5）表示工作压力为 0.5MPa（或 $5kgf/cm^2$）。胶管的计量方法目前多以胶管的内直径与长度的乘积来表示。

胶管多用一般命名法和按性能用途命名法，一般命名法，即采用按：骨架材料＋工艺（结构）＋用途＋胶管的顺序命名法。例如，采用纤维放骨架材料，用编织工艺制成的用于输水的胶管，则命名为：纤维编织输水胶管。按性能用途命名法，即采用按性能（用途）＋胶管的顺序命名法。例如，输油胶管、输酸碱胶管、吸水胶管、排泥胶管等。

除纯胶管外，各种规格的胶管均可按大类折成标准米计算。计算公式如下：

$$\text{胶管（标准米）}=\frac{\text{内径（毫米）}}{25.4\text{（毫米）}}\times\text{长度（米）}$$

（四）胶管的储运保管

第一，胶管应储存在阴凉、干燥的库房内。适宜储存温度－10℃～32℃；适宜相对湿度 50％～80％。库房不宜经常通风。避免日光直接晒射，远离热源，距离散热设备不得少于 1m。

第二，胶管忌与有机溶剂、油类、酸、碱、变价金属盐类、氧化剂等混存。

第三，短的胶管应平放在货架上，也可纵横交错码堆，下垫木板 15～30cm，堆高不超过 1m；长的胶管可以盘卷存放。在保管中应定期翻动；储存期以一年为宜。

第四，装卸搬运不得重抛，不得遭受雨淋、水湿。

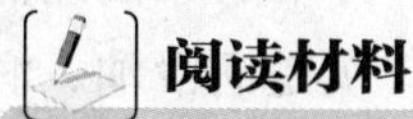

阅读材料

夹布橡胶板的用途

夹布橡胶板是以橡胶为主要原料制成的板状制品，它可用作机器坐垫，车辆内敷地胶板，印刷胶板，各种耐酸、碱、油类的保护板，以及用作橡胶密封垫、缓冲垫等。未硫化的胶板片材可以用作半成品制作各种模型制品、球类及玩具等。

夹布橡胶板主要用于军工、航空、工业及建筑等行业。按其使用特性，适用于设备减震、密封、衬垫和耐油、耐酸碱及绝缘等用途。在工业行业橡胶板主要应用于防腐、耐磨、耐冲击保护其使用设备及器件，诸如火电厂脱硫系统和水处理防腐使用的橡胶板主要用于防腐，而在矿业其橡胶板主要是耐磨、耐冲击保护其设备及相关管道设备，能够延长其设备等使用寿命。在文化教育体系一般用于印刷制版。

任务五　石油制品

任务导读

现代工业经济中的“血液”

石油有着举足轻重的作用，居能源之首。目前以石油为原料的产品已达 7 万多种，石油工业在世界工业总产值中所占比重达 10%，在中国工业总产值中占 6.6%，它的发展带动了机械、化工、运输、医药、建筑等产业的发展，与国民经济关联也越来越强，不仅它生产的最终产量会对整个国民经济产生较大的影响，其他部门的生产和运行也越来越依靠油气资源部门。

那到底什么是石油业呢？石油业是由原油的勘探、开发、炼制、加工、运输而衍生出来的一系列产业。其中，石油开采业主要负责勘探开发油气资源，是石油业的上游；石油加工业（以石油、天然气为原料生产各种石油产品）与石油储运、石油销售统称为石油业的下游。随着产业的融合，原先属于化学工业分支的石油化工业也已融入了石油业，使得石油业链条又向前延伸了一步。所以，石油业就是以石油天然气的勘探开发为上游，以石油天然气的储运、炼制、化工、销售为下游的一个产业链。

任务分析

地下开采出来的石油未经加工前叫原油。石油是一种黏稠状的可燃性液体矿物油，颜色多为黑色、褐色或绿色，少数有黄色，它是由多种烃类组成的一种复杂的混合物；一般情况下，石油比水轻，它的密度为 0.77～0.98g/cm³。石油制品是地下开采的原油经蒸馏、裂化、焦化等加工炼制后的产物。最重要的石油制品是燃料油，其次是润滑油、润滑脂。

知识链接

一、燃料油

燃料油是炼油产品的主要部分。常用的有汽油、柴油、煤油、重油。其中汽油、煤油、柴油属轻质石油产品，由天然或人造石油经脱盐、初馏、催化裂化，调合而得。35℃～200℃的馏分为汽油，175℃～300℃的馏分为煤油，200℃～350℃为柴油。

（一）汽油

汽油为无色或淡黄色的液体，易燃易爆，挥发性强，汽油密度为 0.7～0.76g/cm³。

汽油有多种用途，如作动力燃料的车用汽油、航空汽油，作洗涤机器零件的工业汽油，作油漆、皮革、橡胶等溶剂的溶剂汽油。

1. 汽油分类、性能指标

按用途可分为车用汽油、航空汽油、起动汽油和工业汽油（溶剂汽油），其中车用汽油占有主要地位。

（1）车用汽油

车用汽油是汽油发动机所用的燃料，用于汽车、拖拉机以及其他内燃机械。车用汽油的重要性能指标有辛烷值、蒸发性、安定性、抗腐蚀性等。

①辛烷值　辛烷值是表示汽油抗爆性能的主要性能指标。抗爆性是指汽油燃烧时不致发生爆震的性能。一种是抗爆性优良的异辛烷（2，2，4－三甲基戊烷），其辛烷值定为 100；另一种是抗爆性低劣的正庚烷，其辛烷值定为 0；将两者以不同的体积比例混合就可以得到辛烷值由 0～100 的各种标准燃料。汽油的牌号是以辛烷值大小划分。《车用汽油》（DB11/238—2012）标准规定，北京第五阶段地方标准车用汽油牌号由 90＃、93＃、97＃分别调整为 89＃、92＃、95＃，使用第五阶段油品，氮氧化物、一氧化碳、碳氢化合物减排效果明显，PM2.5 也会同步削减。最主要的变化是：硫含量指标限值由 50mg/kg 降低为 10mg/kg，以降低用车污染物排放；车用汽油的锰含量指标限值由 0.006g/L 降低为 0.002g/L。例如，95＃汽油表示其抗爆性等于 95%的异辛烷和 5%正庚烷组成的标准燃料的抗爆性。辛烷值越高，表示汽油的抗爆震性能越好，耗油也越省。具有不同压缩比的内燃机要求选用合适辛烷值的汽油，否则容易产生爆震。压缩比是汽缸总容积与燃烧室容积之比。例如，压缩比在 7.0 以上的汽车，如桑塔那、奥迪、解放 CA141、跃进 NJG131 等用 90＃汽油。

②饱和蒸气压　饱和蒸气压用来说明汽油蒸发能力大小和在汽油管道等进油系统中形

成气阻的可能性以及储运时损失轻质馏分的倾向，汽油的饱和蒸气压大，蒸发性就大，形成气阻的可能性也大，在储运中，蒸发损失也就大。因此，要求汽油的馏程和蒸汽压要适当，以保证发动机在冬季易于起动，在夏季不易产生气阻，并能较完全燃烧。

③汽油安定性　汽油安定性通常是指汽油的化学稳定性，它不仅降低油的抗爆性能，还会堵塞设备。表明汽油在储存中抗氧化能力大小。汽油中的不饱和烃很容易受空气中氧的作用，从而发生氧化。所以安定性好，诱导期要长，实际胶质要小，则汽油长期储存中不会发生显著的生成胶状物质和酸性物质、辛烷值降低、酸度增大、颜色变深、气味难闻等质量变化。

④汽油中所合的硫化物、有机酸及采用酸城精制加工过程中残留酸碱、均能造成汽油对内燃机油管、油箱的腐蚀。因此在汽油的质量指标中，对腐蚀试验、硫分含量、水溶液酸碱含量、酸度都有严格要求。

（2）航空汽油

航空汽油是供装有活塞式发动机的螺旋桨式飞机使用的。航空汽油和车用汽油的区别，除相应质量指标数值要求更严格外，主要在于增加了“品值”项目。如航空汽油中的RH—95/130，其中“H”表示航空汽油，“95”表示辛烷值，“130”表示品值。品值是在汽油和空气的比例较大的条件下测定的（即汽油相对含量大些）富气混合条件的抗爆性。航空汽油有三种牌号：RH100/130 号、RH95/130 号，RH—75。RH—75 无品值要求，主要用于轻型教练机；RH100/130 适用于中负荷和高速飞机，RH95/130 适用于轻负荷和低速飞机。

2. 汽油保管

汽油储运时要远离火种、热源，避免阳光直晒；汽油应储存在浮顶式油罐内，储运时防止静电聚集，须设有释放静电设施。

（二）煤油

淡黄色的煤油易燃易爆，挥发性低于汽油，密度为 0.77～0.84g/cm^3。

1. 煤油分类、性能指标

按用途可分为灯用煤油和航空煤油（喷气燃料）。

（1）灯用煤油

灯用煤油主要用于点灯照明和各种煤油燃烧器用燃料。此外亦可作油漆、医药、农药生产中的溶剂、油墨稀释剂、机械零部件的洗涤剂等。灯用煤油要求良好的点燃性（指标为点灯试验和无烟火焰高度）、吸油性（有关指标为馏程和浊度）、纯洁性（有关指标为色度、水溶性酸碱、硫含量、水杂等）、安全性（有关指标为闪点）。

（2）航空煤油（喷气燃料）

航空煤油是喷气式发动机的燃料。这种飞机要求飞行高度高、续航里程远、飞行速度快。这就要求航空煤油有较高的发热值和较大的密度。我国生产的航空煤油净热值每千克不小于 10250 大卡，密度不低于 0.775g/cm^3，冰点指标不得高于－60℃～－55℃，以便确保飞机在高空能正常飞行。航空煤油的黏度大小会影响发动机喷油嘴的工作情况和燃烧的质量。黏度太大，喷进发动机的油滴大，造成燃烧不完全，降低发动机的出力；黏度过小，使喷出的油雾角度大，射程近，会引起内部过热。航空煤油分为四个牌号：RP—1、RP—2、RP—3、RP—4。RP—1 称 1 号喷气燃料，其余类推。RP—1 具有更低的结晶温度（−60℃），适宜于在更高的空中飞行（高度越高，气温越低）。

2. 煤油保管

煤油应储存于阴凉、通风仓间内；远离火种、热源，仓温不宜超过 30℃；避免人员长期反复接触。

（三）柴油

褐色的柴油易燃易爆，挥发性低于汽油，密度为 0.81～0.84g/cm^3。

1. 柴油分类、性能指标

柴油按用途分为轻柴油、重柴油、军用柴油和农用柴油。柴油的牌号以凝固点划分有 10＃、5＃、0＃、−10＃、−20＃、−35＃、−50＃等牌号。例如，10＃号柴油即表示其凝点不高于＋10℃。柴油的质量指标有蒸发性、安定性、腐蚀性、凝固点和十六烷。十六烷值是评定柴油抗爆性能的质量指标，常以纯正十六烷的十六烷值定为 100，纯 α—甲基萘的十六烷值定为零，以不同的比例混合起来，可以得到十六烷值 0 至 100 的不同抗爆性等级的标准燃料。例如，十六烷值为 45 的柴油，表示其燃烧性能相当于 45％正十六烷和 55％α—甲基萘组成的标准燃料的抗爆性。十六烷值过低，会形成滞燃期长，着火缓慢和燃烧不完全，因而引起爆震；柴油的十六烷值愈高，柴油的发火延迟时间愈短，柴油自燃的温度愈低，柴油的燃烧性能也愈好，提高发动机的功率有很大的实际意义。但柴油的十六烷值并不是越高越好，十六烷值过高，由于不能燃烧，排气管会冒黑烟，耗油量增加。因此，要保证柴油的均匀燃烧和不致使消耗油量不必要的增大，一般轻柴油的十六烷值在 40～50 就足够了。

(1) 轻柴油和农用柴油

轻柴油是轻质馏分型燃油，具有十六烷值高、腐蚀小、燃烧性、挥发性、低温流动性、储存安定性良好等特点。是高速柴油机最优良的燃料，也可用于中等马力中速船舶柴油机。

轻柴油按凝固点分为 10＃、5＃、0＃、−10＃、−20＃、−35＃等牌号，要根据不同地区和季节，选用不同牌号的轻柴油，一般应使其凝点在气温以下 10℃～12℃。轻柴油广泛用作柴油汽车、拖拉机、铁路机车、船舶、矿山、发电等高速压燃式发动机燃料。

农用柴油的凝点较高是＋20℃，故有时也称正 20＃农用轻柴油。农用柴油用于拖拉机和农用柴油机。

(2) 重柴油

重柴油是馏分型燃油，具有腐蚀小、燃烧性好等特点。重柴油按凝固点分为 10＃、20＃、350＃等牌号，是中等马力中速船舶柴油机的优质燃料，也可用于大马力中、低速船舶柴油机。

2. 柴油保管

柴油在储运过程中应远离火种、热源，避免阳光直晒；储运过程中为防止静电聚集，还须有释放静电设施，并设置消防器材；储油容器应注明种类、规格及等级；不要敞开保管，保管期限一般不应超过一年。

（四）重油

重质燃料油简称重油。它是石油加工过程中取得的直馏残渣和裂化残渣或直馏残渣和裂化残渣的混合物，一般用于直接燃烧。它的发热量较高，平均发热量为 37620～41800kJ/kg，比一般固体燃料的发热量高。

1. 重油性能指标

重油是工业窑炉，燃油锅炉的主要能源之一，对重油的质量要求较低，一般仅在黏度、凝固点、闪点、灰分、水分、硫分、机械杂质等方面有一定要求。

（1）黏度

重油黏度的大小，对其运输和燃烧都有很大影响。黏度大的重油，适用于大喷油嘴的设备；黏度小的重油适用于小喷油嘴的设备。如黏度过大，所配喷油孔过小，喷射速度必然不足，造成油耗过大、雾化不良，与空气混合不均，燃烧便不完全，此时会产生大量黑烟，油耗剧增，同时还会使油嘴内积炭，使喷射进一步恶化。因此，黏度是重油质量的重要指标，也是区分其牌号的依据。重油黏度的表示方法很多，有恩氏黏度、运动黏度、动力黏度等。

（2）凝固点

根据油品凝固点的高低，可以大致说明其中蜡的含量。凝固点越高，蜡的含量也越高。当凝固点高于使用环境温度时，若没有预热设备，则无法使用及泵送。因此，凝固点是保证重油在储运和使用中流动性能的指标，是决定重油能否不经预热而能泵送和使用的最低温度。

（3）闪点

燃料油的储存和加热时的最高温度不能超过其闪点。因此，闪点是反映易燃液体是否易于发生自燃的指标。

（4）硫分

引起污染和腐蚀的是重油中的可燃有机硫化物，燃烧后形成的二氧化硫，通过排气管送入大气，污染空气。同时二氧化硫及其水化合物都具有酸性，可使锅炉设备发生腐蚀。因此，硫含量是防止污染大气和不使机件腐蚀的控制指标，也是选择石油加工方案的依据。

2. 重油分类

重油按 80℃时的运动黏度分为 20＃、60＃、100＃、200＃四个牌号。

（1）20＃重油

20 号重油是黏度最小的重油，它是由直馏残油或裂化残油掺入轻油调合而成。20 号重油适用于远洋船舶的锅炉或小喷嘴（30kg/h 以下），没有预热设备的工业炉和冶金炉。

20 号重油经过较严格的过滤，滤除机械杂质后，可用在一些低速排灌柴油机上。

（2）60＃重油

60 号重油是中等黏度的重油，它是由直馏残渣或裂化残油制成的。60 号重油适用于中等喷嘴的装有预热设备的近海或内河船舶用蒸气锅炉和工业锅炉。

（3）100＃重油

100 号重油黏度较大，几乎全部由裂化渣油或直馏渣油组成。100 号重油通常必须预热至 50℃～70℃才可使用，同时也应有过滤设备，以防固体杂质混入。它适用于大型喷嘴的锅炉、冶金和机械制造企业的热处理炉、机车锅炉以及海轮的锅炉。

（4）200＃重油

200 号重油是商品重油中黏度最大的一种。在这类重油中，裂化重油比例较大，常压、减压重油的比例相对较小。无论是含胶量还是含蜡量都高于其他牌号。200 号重油使用前须在 90℃～100℃的温度下预热，否则无法工作。它适用于大型喷嘴锅炉，大都为炼油厂自用燃油或与石油炼制厂有直接管线送油的大型喷嘴锅炉。

3. 重油保管

重油在储运过程中应远离火种、热源，避免阳光直晒；储运过程中为防止静电聚集，还须有释放静电设施，并设置消防器材；防止水分、杂质混入，以免冻结或堵塞雾化器嘴。

二、润滑油

润滑油是各种发动机上使用最广泛的润滑剂，它呈液体状，净洁的润滑油呈墨绿色，润滑油密度为 0.87～0.89g/cm^3，比水轻又不溶于水，润滑油的闪点（开口）一般高于 150℃，属可燃物品。

（一）润滑油的作用

1. 润滑作用

减摩抗磨，降低摩擦阻力以节约能源，减少磨损以延长机械寿命，提高经济效益。

2. 冷却作用

两个机器部件在作相反方向运动的接触面之间，会产生热量。加入润滑油后，不仅可以降低摩擦阻力和减少了热量的产生，而且润滑油还可以带走热量，起到冷却接触部位的作用。

3. 清洁作用

润滑油在两个摩擦面之间滑动，可将金属碎屑、灰尘、沙粒等杂质从摩擦面间冲洗出来，把摩擦面积垢清洗排除。

4. 密封作用

某些机器在有些地方需要高度的密封，单靠机械加工也难达到精密的要求。例如，在往复泵的汽缸套和活塞环之间，只有充填润滑油，形成油封，才能防止蒸汽漏出。要求防泄漏、防尘、防窜气。

5. 保护作用

润滑油可以防止空气和金属表面接触，使金属表面不容易生锈，起到保护作用。

润滑油还有减振、传递力等作用。例如，应力分散缓冲，分散负荷和缓和冲击及减震、动能传递，液压系统和遥控马达及摩擦无级变速等。

（二）润滑油组成

润滑油一般由基础油和添加剂两部分组成。基础油是润滑油的主要成分，决定着润滑油的基本性质，添加剂则可弥补和改善基础油性能方面的不足，赋予某些新的性能，是润滑油的重要组成部分。

1. 润滑油基础油

润滑油基础油主要分矿物基础油及合成基础油两大类。矿物基础油由原油提炼而成，化学成分包括高沸点、高分子量烃类和非烃类混合物，如烷烃、环烷烃、芳烃、环烷基芳烃以及含氧、含氮、含硫有机化合物和胶质、沥青质等非烃类化合物。合成油是通过化学合成获得的基础油（其成分多数并不直接存在于石油中），通常分为PAO类、XHVI类和酯类。

2. 添加剂

添加剂是近代高级润滑油的精髓，正确选用合理加入，可改善其物理化学性质，对润滑油赋予新的特殊性能，或加强其原来具有的某种性能，满足更高的要求。一般常用的添加剂有：黏度指数改进剂，抗氧化剂，清净分散剂，摩擦缓和剂，油性剂，极压剂，抗泡沫剂，金属钝化剂，乳化剂，防腐蚀剂，防锈剂，破乳化剂。

（三）润滑油的性能指标

1. 黏度

黏度是润滑油的一个主要性能指标，正确选择一定黏度的润滑油，可保证发动机稳定可靠的工作状况。随着黏度的增大，会降低发动机的功率，增大燃料消耗；若黏度过大，会造成启动困难；若黏度过小，会降低油膜的支撑能力，使摩擦面之间不能保持连续的润滑层，增加磨损。润滑油的黏度随温度变化而有很大变化（例如，温度由50℃升高到100℃时，矿物油的黏度值降低到原来值的1/6～1/3）。故应选用温度对黏度影响小的润滑油。

2. 浊点

润滑油的浊点是表示当温度降低到某一数值时，润滑油中开始析出石蜡（即润滑油变得混浊）时的温度。制冷压缩机中所使用的润滑油，其浊点应低于制冷剂的蒸发温度。特别在氟系统中，一部分润滑油溶解于制冷剂中而随制冷剂流到制冷系统各处，若油中有石蜡析出，它会积存在节流阀处引起堵塞，或积存在蒸发器的传热表面，减弱传热效果。

3. 凝固点

用于制冷压缩机的润滑油，凝固点应越低越好。一般凝固点应低于－40℃。当润滑油与制冷剂互相溶解时，凝固点将会降低。

4. 闪点

制冷压缩机所用的润滑油其闪点应比排汽温度高25℃～35℃，以免引起润滑油的燃烧与结焦。

5. 化学稳定性及抗氧化性

润滑油应具有良好的化学稳定性和抗氧化，否则在高温或金属的催化作用下，与制冷剂等接触反应，会生成焦炭、酸性物等有害物质。

6. 含水量与机械杂质

润滑油中不应含有水分，因为水分不但会使蒸发压力下降、蒸发温度升高，而且会加剧油的化学变化及腐蚀金属的作用。另外，润滑油含水则在冬季冻结成冰粒，堵塞输油管道和过滤网，在发动机的某些部分冻结后还会增加机件的磨损。一般新油在生产过程中都经过了严格的脱水处理，但脱水润滑油具有很强的吸湿性，所以在储运、加油时，应尽量避免和空气接触。

用汽油或苯将润滑油溶解稀释，并用滤纸过滤后所残存的物质称为润滑油的机械杂质。润滑油中的机械杂质会加速零件的磨损并使油的绝缘性能降低、堵塞润滑油通道，所以杂质也是越少越好，一般规定不超过0.01%。

7. 击穿电压

击穿电压是一个表示润滑油绝缘性能的指标，纯润滑油绝缘性能很好，但当其含有水分、纤维、灰尘等杂质时，绝缘性能就会降低。

（四）润滑油分类、品种和用途

在一些种类的润滑油标准中，是以运动黏度值来划分牌号的。例如，冷冻机油，机械油等以40℃运动黏度值来划分。最常用的、有代表性的润滑油有以下几种。

1. 汽油机油和柴油机油

汽油机油用于各种汽油汽车、汽油发动机；柴油机油用于柴油汽车、拖拉机、柴油机车等。这类润滑油的主要作用是润滑与冷却。

2. 机械油（包括高速机械油）

机械油和重型机械用油，主要用于纺织、缝纫机及各种车床等。它的主要功能也是起润滑作用。

3. 压缩机油、汽轮机油、冷冻机油和汽缸油

它们分别用于压缩机、汽轮机、冷冻机，而汽缸油用于蒸汽机车的和直接与蒸汽接触的汽缸内。主要起密封作用。

4. 齿轮油

它又分工业齿轮油与汽车、拖拉机转动齿轮油。工业齿轮油主要用于各类工业机械，如旋转炉、轧钢机等齿轮传动机构。汽车、拖拉机齿轮油用于它们的变速箱、减速箱等部件和高级轿车、越野汽车的双曲线齿轮传动装置。对这类润滑油的主要质量要求是润滑性和抗磨性，同时为了保证汽车、拖拉机在低温下起动，还应有较低的凝固点。

5. 液压油

主要用作各类液压机械的传动介质，如汽车的变速机构，矿山机械等都需要用液压油。液压油在液压传动系统中，具有润滑、冷却、防锈、减震等作用，是实现能量转换和传递的工作介质，同时在液压系统中经受压力、温度和剪切的作用，要具备很好的稳定性。

6. 电器用油

包括变压器油、电缆油等。主要用于备种电工设备。对这类油并不要求润滑性能，但要求电气性能。由于这类油的原料和生产工艺和其他各类润滑油相似，所以通常把它们包括在润滑油这个类别中。

由此可以看出，多种不同的润滑油，每一种都有专门的用途和特殊要求，因此，一般都不能互换使用。

（五）润滑油的保管

1. 散装油品

盛装及储存润滑油的容器必须干净清洁；运输和储存变压器油和汽轮机油要求“专罐专线”，其他油品应按内燃机油、液压油、齿轮油三大类产品设置储运设施；运输和储存过程中要特别注意防止混入水分和杂质；散装润滑油要标明品名、牌号、级别、数量及入库日期等，储存期一般不要超过半年；储运过程应注意防止外流污染环境和着火燃烧；不同厂家生产的同一油品原则上不能混储，如非混储不可时应先做“混对试验”确认无不良反应后才可以操作。

2. 桶装油品

油品装卸车严禁野蛮作业，油品堆放的高度要适当，以免产生危险或压坏产品；运输和储存过程中要特别注意防止混入水分和杂质；桶装润滑油品的储存期可以比散装的长一些，但一般不要超过一年；不同油品应分开堆放并标志清楚品名、牌号、级别、数量及入库等，以免发货时搞错。

三、润滑脂

润滑脂，一般呈黄色，所以俗称黄油。润滑脂是润滑剂加稠化剂制成的固体或半流体，在常温下能保持自己的形状，在垂直表面不流失。润滑脂广泛用于润滑汽车各部轴承、衬套和钢板弹簧等。

（一）润滑脂的组成

润滑脂的主要组成是基础油和稠化剂。一般选用矿物油作基础油，在有特殊要求的条件下，也可选用合成油作基础油。稠化剂是润滑脂中重要的特征组成部分。它是被相对均匀地分散在基础油中而形成润滑脂结构的固体颗粒。稠化剂可分为皂基和非皂基两大类。皂基稠化剂是指脂肪酸金属皂，如脂肪酸钙、钠、锂和铝等。非皂基稠化剂有石蜡和地蜡、膨润土和硅胶、聚脲、聚四氟乙烯、全氟乙烯丙烯共聚物等。根据使用性能要求，也可加入胶溶剂、抗氧剂、极压抗磨剂、防锈剂、防水剂和丝性增强剂等。

（二）润滑脂的主要性能指标

1. 滴点

指在规定的条件下加热，达到一定流动性时的温度。它大体上可以决定润滑脂的使用温度（滴点比使用温度高15℃～30℃）。

2. 锥入度

指在规定的温度和负荷下试验锥体在5s内自由垂直刺入油脂中的深度（单位为1/10mm）。它是润滑指稠度和软硬程度的衡量指标。

3. 胶体安定性（析油性）

指在外力作用下润滑脂能在其稠化剂的骨架中保存油的能力，用分油量来判定。当润滑脂的析油量超过5%～20%时，此润滑脂基本上不能使用。

4. 氧化安定性

指在储存和使用中抵抗氧化的能力。

5. 机械安定性

指在机械工作条件下抵抗稠度变化的能力。机械安定性差，易造成润滑脂的稠度下降。

6. 蒸发损失

指在规定条件下，其损失量所占总量的百分数。它是影响润滑脂使用寿命的一项重要因素。

7. 抗水性

指在水中不溶解、不从周围介质中吸收水分和不被水洗掉等的能力。

8. 相似黏度

指其非牛顿流体流动时的剪应力与剪速之比值。转速高时其黏度低，反之则黏度较大。

（三）润滑脂的种类、特性和用途

1. 钙基润滑脂

抗水性好，耐热性差，使用寿命短。最高使用温度范围为－10℃～60℃，适用于汽车轮毂轴承、底盘拉杆球节、水泵轴承、分电器凸轮等部位。

2. 钠基润滑脂

耐热性好，抗水性差，有较好的极压减磨性能。使用温度可达120℃，只适用于低速高负荷轴承，不能用在潮湿环境或水接触部位。

3. 钙钠基润滑脂

耐热性、抗水性介于钙基和钠基脂之间。使用温度不高于100℃，不宜于低温下使用，适用于不太潮湿条件下的滚动轴承，如底盘、轮毂等处的轴承。

4. 复合钙基润滑脂

较好的机械安定性和胶体安定性，耐热性好。适用于较高温度及潮湿条件下润滑大负荷工作的部件，如汽车轮毂轴承等处的润滑，使用温度可达150℃左右。

5. 通用锂基润滑脂

具有良好的抗水性、机械安定性、防锈性和氧化安定性。适用于－20℃～120℃宽温度范围内各种机械设备的滚动和滑动轴承及其他摩擦部位的润滑，是一种长寿命通用润滑脂。

6. 汽车通用锂基润滑脂

良好的机械安定性、肢体安定性、防锈性、氧化安定性、抗水性。适用于－30℃～120℃下汽车轮毂轴承、水泵、发电机等各摩擦部位润滑，国产和进口车辆普遍推荐用此油脂。

7. 极压锂基润滑脂

有极高极压抗磨性。适用于－20℃～120℃下高负荷机械设备的齿轮和轴承的润滑，部分国产和进口车型推荐使用。

8. 石墨钙基润滑脂

具有良好的抗水性和抗碾压性能。适用于重负荷、低转速和粗糙的机械润滑，可用于汽车钢板弹簧、起重机齿轮转盘等承压部位。

（四）润滑脂的保管

首先，由于润滑脂是一种胶体结构物质，尤其是皂基润滑脂，在长期重力作用下，必然会出现分油。包装容器越大，这种压力分油的倾向越严重。因此，尽量避免使用过大的包装。另外，包装应当密封性好，避免灰尘、水分的混入。密封性良好的还可避免氧气的进入，使得润滑脂在储存中不易氧化变质。

其次，搬运和装卸润滑脂，应尽可能地轻取轻放，最好是竖立，避免过重的碰摔。包装容器损坏、密封不严、混凝土入外界杂质和水分都可能使润滑脂变坏。运输中要盖好，作好防风雨措施。搬运时，最好用三轮车或机动车，不要沿桶的边缘来滚动。

最后，润滑脂应当尽可能在室内储存，避免日晒雨淋。暂无室内储存条件的，也应用搞好防风雨和灰尘污染的措施。油库内温度变化不宜过大。若要使用储存过期产品，需经分析化验合格后才能使用。

阅读材料

油料收发、输转作业中的事故分析

收发油料是油库（加油站）最基本的业务工作，却经常发生油库安全事故。据统计，在油库（加油站）发生的事故中，收发油作业过程中发生的事故占事故总数的64%。在收油过程中，油库主要是通过铁路（码头）装卸油系统接卸铁路油罐车、油船运输的油料，加油站主要是通过自流方式接卸汽车运送的油料。在发油过程中，油库主要是通过铁路（码头）装卸油系统给铁路油罐车、油船发油，或通过零发油系统给汽车油罐车加油；加油站则是主要通过加油枪加注油料。在油库中，由于油料管理的需要，经常会进行油料输转作业（倒罐作业）。由于油料自身特点，在收发、输转油料过程中，易发生油料溢出、油蒸气逸散和静电积聚等问题；同时在收发、输转油料作业中，参加人员多、启用设备多，安全管理比较复杂。作业中，任何一个环节出现问题都可能导致事故的发生。轻则造成跑（冒、漏）油、混油或损坏设备，如果处理不及时，重则可能导致火灾爆炸事故。

技能检测

某焦化厂的化工生产区域在焦炉煤气脱硫净化过程中使用氨水、柴油、硫酸、液碱等物品。脱硫净化后的焦炉煤气，通过管道送往使用单位。焦炉煤气脱硫净化过程中产生苯、甲苯、二甲苯、硫黄（硫黄铵）、萘、焦油等化工产品。该焦化厂化工生产区域分为回收和精制两个作业区，占地约 17 万平方米。回收区域主要进行净化煤气和回收化工产品，精制区域主要进行焦油和精苯加工。化工生产设备主要有洗涤塔、储罐、储槽、分离器等共计 140 个，其中精制区域有 3 个 560 ㎡和 2 个 200 ㎡苯储罐。该单位有职工 701 人，安全管理人员 13 人。其中化工生产区域有职工 235 人，包括安全管理人员 4 人，从事化工生产人员 210 人。主要设备设施有：塔、罐、釜、槽、分离器、消防水池、地下消火栓、地下管道沟、泵房、职工临时休息室、储罐围堰、监控报警系统、日常检测、防护设备等。

请思考：本案例中该厂存在的危险化学品有哪些？

项目小结

通过学习本项目，使学生了解和掌握石油、化工产品的基本知识和主要用途，能掌握石油、化工产品的一般安全储运措施。培养学生分析问题和解决问题的能力，为以后在石油、化工产品营销、管理工作中提高和改善经营管理水平打下良好基础。

复习思考题

1. 氢氟酸的物化性质是什么？如何对氢氟酸的毒性进行防护？

2. H_2O_2、CaC_2、HCHO、C_6H_5OH 各属什么类别的化工危险品？

3. 苯和二甲苯各有什么用途？

4. 如何保管涂料？

5. 塑料薄膜主要品种有哪些？各有什么特点？

6. 计算 650×6（6/3）—300 运输带、125×5 传动带 1000 米各折合多少平方米？

7. 外胎由哪几部分构成？各部分有什么作用？

8. 写出下列型号或牌号的含义：

S06－1 涂料、11.00R20 轮胎、90＃汽油、0＃柴油。

9. 确定汽油、煤油、柴油、重油的牌号依据是什么？

10. 润滑油的作用是什么？对润滑油的运输与储存有何要求？

项目六　非金属制品

知识目标

本章主要讲述作为建筑材料用的非金属矿物制品，如水泥、玻璃、防水保温材料等产品的流通管理知识，并简单介绍无机纤维、石墨碳、云母片等几种常见的工业及日用非金属矿物制品，掌握以上几大类产品的重要质量指标要求和相应的流通管理技术，并了解它们的基本定义及分类命名情况。

技能目标

能解释水泥代号、石油沥青牌号、石油沥青的标号。

任务一　建筑用的非金属矿物制品

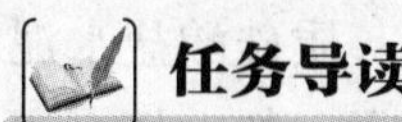

任务导读

建筑工程广泛使用的五种水泥及其代号

硅酸盐水泥，代号P·Ⅰ，P·Ⅱ。
普通硅酸盐水泥，代号P·O。
矿渣硅酸盐水泥，代号P·S。
火山灰质硅酸盐水泥，代号P·P。
粉煤灰硅酸盐水泥，代号P·F。

任务分析

水泥作为广泛应用的建筑材料，不同的组成与结构满足不同的使用要求，还要满足规定的技术性质标准。水泥混凝土是土木工程中应用最多的混凝土，水泥对混凝土的使用以及各种性能都有很大的影响。通过在水泥中加入纤维、聚合物，或采用纳米混合材料会极大地改善水泥的性能，而满足不同混凝土工程的要求。

建筑材料是基本建设的物质基础，建筑材料的发展推动着建筑技术的发展。例如，黏土砖的出现，产生砖木结构；水泥和钢筋的出现，产生了钢筋混凝土结构；轻质高强建筑材料的出现，推动着现代建筑和高层建筑的发展。

知识链接

一、水泥及其制品

水泥是水硬性胶凝材料，是建筑、道路、水利、海港和国防工程中用量最大、最重要的建筑材料之一。水泥具有以下优点：①水硬性，水上水下都可用；②可塑性，可制成各种形状和尺寸的构件；③原料来源广，生产成本低；④耐久性好，不生锈、不腐烂、不老化，抗冻性好；⑤由于对钢筋黏结力良好，可制成钢筋混凝土使其强度大大提高。

硅酸盐水泥一般认为是1824年由英国人发明的，这种水泥凝结后外观与英国Portland岛生产的石灰岩相似，故又称为Portland水泥。1908年法国人发明了高铝水泥。我国科技人员则分别于1974年和1983年研制成功了硫铝酸盐和铁铝酸盐水泥，被人们誉为第三系列水泥。

（一）水泥的分类及其性能

随着基本建设发展的需要，水泥品种越来越多，按其组成分，主要有硅酸盐、铝酸盐、硫（铁）铝酸盐和氟铝酸盐等；按性能和用途可分为通用水泥、专用水泥、特性水泥。通用水泥（也称一般水泥）是指产量最大、使用最广泛的各种以硅酸盐成分为主的水泥，主要品种有硅酸盐水泥、普通硅酸盐水泥、矿渣硅酸盐水泥、火山灰质硅酸盐水泥、粉煤灰硅酸盐水泥、复合硅酸盐水泥等。专用水泥是指有专门用途的水泥，如大坝水泥、油井水泥、砌筑水泥和道路水泥等。特性水泥是指某种性能比较突出的水泥，如快硬高强水泥、膨胀水泥、自应力水泥、耐火水泥、耐酸水泥、抗硫酸盐水泥、白色水泥等。

1. 硅酸盐水泥

（1）定义

在以硅酸钙为主要成分的硅酸盐水泥熟料掺入0%～5%的石灰石或粒化高炉矿渣、适量石膏磨细制成的水硬性胶凝材料，称为硅酸盐水泥。硅酸盐水泥又分为两种类型：未掺入石灰石或粒化高炉矿渣的称Ⅰ型硅酸盐水泥，代号为P·Ⅰ；掺入不超过水泥质量5%的石灰石或粒化高炉矿渣混合材料的称Ⅱ型硅酸盐水泥，代号为P·Ⅱ。

（2）硅酸盐水泥的原料及生产

石灰质原料（占80%）：主要有石灰石、大理石、贝壳、白垩等。

黏土质原料（占15%）：如黏土、黏土质页岩、河泥、黄土等。

校正性原料（占5%）：为调节上述原料中某些氧化物的不足而加入的辅助性原料，如铁粉、河沙、硅藻土、矾土等。

硅酸盐水泥的生产过程可概括为“两磨一烧”，即生料的配制与磨细；生料在窑内煅烧成熟料；熟料与适量石膏或混合材料一起磨细而成硅酸盐水泥。

（3）硅酸盐水泥的主要质量指标

所谓技术性质是指水泥用于工程上应具有的物理力学性质，是判断水泥是否合格的主要指标。

①密度和堆积密度

硅酸盐水泥的密度主要取决于熟料矿物组成、水泥储存条件及时间等，密度一般为3.1～3.2g/cm³。水泥的堆积密度可分为松散状态和紧密状态两种。水泥厂在设计水泥仓库的容积时，需按水泥堆积密度进行计算。水泥松散状态时的堆积密度一般为900～1300kg/m³，紧密堆积状态时可达1400～1700kg/m³。

②细度

细度是指水泥颗粒的粗细程度，它是检验水泥质量的主要项目之一。水泥细度通常采用筛析法或比表面积法测定。筛析法是用边长为80um的方孔筛在规定条件下筛分，不通过筛孔的筛余应不大于一定百分值。比表面积法是采用勃氏透气仪来测定水泥的细度。水泥的比表面积是指单位质量的水泥粉末所具有的总表面积，以m²/kg来表示。

③凝结时间

水泥凝结时间有初凝时间和终凝时间之分。从水泥加水拌和至水泥浆开始失去塑性的时间称为初凝时间；从水泥加水拌和至水泥浆完全失去塑性的时间称为终凝时间。国家标准规定硅酸盐水泥的初凝时间不早于45min，终凝时间不早于390min。

④体积安定性

体积安定性是指水泥在凝结硬化过程中体积变化的均匀性。水泥安定性不良会使水泥制品、混凝土构件产生膨胀性裂纹，降低建筑物质量；甚至引起严重工程事故。因此，它也是国家标准中规定的必须达到的重要质量指标之一。

国家标准规定，由游离氧化钙引起的水泥安定性不良采用沸煮法进行检验。可用试饼法，也可用雷氏法，当有争议时，以雷氏法为准；试饼法是将标准稠度的水泥净浆做成试饼经沸煮3h后，用肉眼观察未发现裂纹，用直尺检查也没有弯曲现象，则为安定性合格，反之为不合格。雷氏法是测定水泥浆在雷氏夹中硬化沸煮后的膨胀值，当两个试件沸煮后膨胀值的平均值不大于5.0mm时，即认为该水泥安定性合格，反之为不合格。

⑤强度

水泥强度是评定其质量的一项重要指标。按GB/T17671—1999强度检验方法测定，该法是将水泥和标准沙按1∶3.0混合，加入规定数量的水，并按规定的方法制成一定尺寸的试件，在温度为（20℃±2℃）的水中养护，分别测定其规定龄期的抗压强度和抗折强度。以MPa表示的强度等级，使强度等级的数值与水泥28天抗压强度指标的最低值相同。将硅酸盐水泥分3个强度等级6个类型，即42.5、42.5R、52.5、52.5R、62.5、62.5R（R为早强型，普通型为3天强度）。

⑥碱含量

硅酸盐水泥中的碱含量按$Na_2O+0.658K_2O$计算值来表示，若使用活性骨料，用户要求提供低碱水泥时，碱含量不得大于0.6%，或由供需双方商定。

2. 普通硅酸盐水泥（简称普通水泥）

凡由硅酸盐水泥熟料、6%～15%混合材料、适量石膏经磨细制成的水硬性胶凝材料，普通硅酸盐水泥代号为P·O。普通硅酸盐水泥分为325、425、525、625四个标号，425以上的水泥又分为普通型和早强型。按GB/T17671—1999强度检验方法测定结果，以MPa表示的强度等级，将普通硅酸盐水泥分3个等级6个类型，即32.5、32.5R、42.5、42.5R、52.5、52.5R。

3. 矿渣硅酸盐水泥、火山灰质硅酸盐水泥和粉煤灰硅酸盐水泥

凡由硅酸盐水泥熟料、粒化高炉矿渣和适量石膏磨细制成的水硬性胶凝材料，称为矿渣硅酸盐水泥，代号P·S。水泥中粒化高炉矿渣掺加量按重量百分比计之20%～70%，允许用火山灰质混合材料材料、石灰石、窑灰中的一种来代替部分粒化高炉矿渣，代替数量不得超过水泥重量的8%，替代后水泥中粒化高炉矿渣不得少于20%。

凡由硅酸盐水泥熟料和火山灰质混合材料、适量石膏磨细制成的水硬性胶凝材料称为火山灰质硅酸盐水泥，代号为P·P。水泥中火山灰质混合材料掺入量按重量百分比计为20%～50%。允许掺入不超过混合材料总掺量1/3的粒化高炉矿渣代替部分火山灰质混合材料，代替后水泥中的火山灰质混合材料不得少于20%。

凡由硅酸盐水泥熟料、粉煤灰和适量石膏磨细制成的水硬性胶凝材料，称为粉煤灰硅酸盐水泥，代号为P·F。水泥中粉煤灰掺加量按重量百分比计为20%～40%。允许掺入不超过混合材料总掺量1/3的粒化高炉矿渣代替之，此时混合材料总掺量可达50%，而粉煤灰掺入量仍不得低于20%或超过40%。

以MPa表示的强度等级，将矿渣硅酸盐水泥、火山灰质硅酸盐水泥和粉煤灰硅酸盐水泥均分3个等级6个类型，即32.5、32.5R、42.5、42.5R、52.5、52.5R。

4. 复合硅酸盐水泥

由硅酸盐水泥熟料、两种或两种以上规定的混合材料、适量石膏磨细制成的水硬性胶凝材料称为复合硅酸盐水泥（简称复合水泥），代号P·C。以MPa表示的强度等级，将复合硅酸盐水泥分3个等级6个类型，即32.5、32.5R、42.5、42.5R、52.5、52.5R。复合硅酸盐水泥的特点是在水泥中同时掺入两种或两种以上规定的混合材料，可起到单掺混合材料所不能起到的效果，其早期强度比同标号的矿渣水泥、火山灰水泥、粉煤灰水泥高，与普通水泥相同，与硅酸盐水泥相近。

5. 特性水泥和专用水泥

（1）特性水泥

①白色和彩色硅酸盐水泥。凡以适当成分的生料烧至部分熔融的以硅酸钙为主要成分、氧化铁含量在0.4%以下的白色硅酸盐水泥熟料，再加入适量石膏共同磨细所制成的水硬性胶凝材料称为白色硅酸盐水泥，简称白水泥。生产白水泥需要选用氧化铁含量少的原料，如纯净的高岭土、纯石英沙、纯石灰石或白垩等。

彩色硅酸盐水泥的生产多用染色法，即将硅酸盐水泥熟料、适量石膏和颜料共同磨细而成。也可将颜料与水泥粉混合而配置成彩色水泥。

白色硅酸盐水泥和彩色硅酸盐水泥主要用于各类装饰混凝土及装饰砂浆中以及制造各种色彩的水刷石、人造大理石及水磨石等制品。

②快硬硅酸盐水泥（简称快硬水泥）。快硬硅酸盐水泥是由硅酸盐水泥熟料，加入适量石膏磨细制成的具有早期强度增进率较快的水泥。其特点是早期强度增长快而且强度较高、吸湿性强。适用于紧急抢修工程、低温施工工程，不适合于大体积混凝土。

（2）专用水泥

①砌筑水泥。凡是由活性混合材料或具有水硬性的工业废料为主要原料、加入少量硅酸盐水泥熟料和石膏、经磨细而成的水硬性胶凝材料，统称为砌筑水泥。其主要特点是强度低、硬化慢，但和易性和保水性好。有125、175、225三个标号。可用于配制工业与民用建筑用的砌筑砂浆、内墙抹面砂浆、某些工程的基础垫层及生产砌块、瓦等，但不得用于钢筋混凝土中。

②道路硅酸盐水泥。以道路硅酸盐水泥熟料、0～10%活性混合材料、适量石膏磨细制成的水硬性胶凝材料，称为道路硅酸盐水泥，简称道路水泥。分425、525、625三个标号。道路水泥早期强度较高，干缩值小，耐磨性好，适用于修筑道路路面。

6. 高铝水泥

高铝水泥（又称矾土水泥）是以矾土和石灰石为原料，按适当比例混合磨细成生料，经高温（1200℃～1400℃）煅烧成熟料，再经磨细而成。有425、525、625、725四种标号。高铝水泥常为黄色或褐色，其密度与硅酸盐水泥相近。其特点是早期强度发展极快，但长期强度下降，耐高温性能好，耐酸和硫酸盐腐蚀性强，适宜用于紧急抢修工程和早期强度要求较高的工程。

7. 硫（铁）铝酸盐水泥

20世纪七八十年代我国科技人员发明了硫铝酸盐水泥和铁铝酸盐水泥，被誉为第三系列水泥。生产硫（铁）铝酸盐水泥所用的原料是石灰石、矾土（铁矾土或铝矾土）和石膏。通过调节熟料、石膏和混合材料的掺量，可得到性能不同的水泥品种，如硫铝酸盐水泥类有快硬硫铝酸盐水泥、高强硫铝酸盐水泥、膨胀硫铝酸盐水泥、自应力硫铝酸盐水泥、低碱硫铝酸盐水泥5个水泥品种。铁铝酸盐水泥有快硬铁铝酸盐水泥、高强铁铝酸盐水泥、膨胀铁铝酸盐水泥、自应力铁铝酸盐水泥4个品种。

这两类水泥的共同特点有以下几点。

（1）早强、高强

两类水泥不仅具有较高的早期强度，而且有不断增长的后期强度。

（2）微膨胀、低干缩

两类水泥的干缩率只有普通水泥的四分之一。

（3）抗冻性好

两类水泥均有极好的抗冻性，即使早期受冻，对后期强度的增长影响也不大。

(4) 抗腐蚀性、抗渗性能好

缺点是水化热大，耐热性差。

(二) 水泥的包装与保管

1. 水泥的包装

水泥可以袋装或散装，袋装水泥每袋净含量 50kg，且不得少于标志质量的 98%；随机抽取 20 袋总质量不得少于 1000kg。水泥袋上应清楚标明：产品名称，代号，净含量，强度等级，生产许可证编号，生产者名称和地址，出厂编号，执行标准号，包装年、月、日。掺火山灰质混合材料的普通水泥还应标上“掺火山灰”字样。包装袋两侧应印有水泥名称和强度等级，硅酸盐水泥和普通水泥的印刷采用红色。散装运输时应提交与袋装标志相同内容的卡片。

2. 水泥的验收

(1) 水泥到货后，应核对纸袋上生产厂家名称、水泥品种、代号、规格及标号，出厂年、月、日，然后清点数目或称量计重。

(2) 水泥的 28 天强度值（又称质量保证书，简称质保书）应在水泥发出日起 32 天由发货单位补报。收货仓库接到此试验报告单后，应进一步与到货通知书等核对品种、规格、标号，然后保存此报告单，以备查考。

3. 水泥的保管

(1) 水泥保管时，不得受潮和混入杂物。

(2) 不同品种不同标号的水泥应分别存放。

(3) 袋装水泥的堆码，垛高以 10 袋为宜，以免造成底层水泥袋破裂而导致水泥受潮变质和污染损失。

(4) 库内存放，应有防潮防漏措施。水泥垛要垫高 30cm，四周离墙 30cm。不准露天存放。

(5) 储存期不宜过长，一般水泥为三个月，高铝水泥不超过两个月，快硬水泥不超过一个月。并坚持“先进先出”原则。

4. 防止水泥受潮变质的对策

(1) 缩短水泥的储存时间

水泥储存期越短，水泥间接和直接受潮的可能性越小，这是防止水泥活性下降的积极措施。对此，应大力提倡随用随进，直达供应，减少不必要的中转环节。在保管中贯彻“先进先出”原则，缩短水泥存放时间。

(2) 采取隔绝水的措施

水泥在运输过程中，对散装水泥要注意盛装水泥的车、罐、船等容器的密闭性；对纸袋包装水泥要准备好有防雨的蓬布遮盖；水泥库房应设置在地势高、排水良好的干燥地点，库房内地面应高出库外地面 20～30cm，并采用防潮结构的混凝土地面；纸袋包装水泥堆垛时应离墙 30cm，垛底设垫木，离地高度为 20～30cm；应根据库内外温度、湿度变化情况，适时地进行开窗通风或闭窗密闭，以确保库内能保持较好的干燥条件；通常情况

下，不允许水泥露天堆放，确因涨库等原因需暂时露天堆放时，应采取上盖下垫的措施，严防水泥受潮变质。

（3）袋装水泥防止破袋，散装水泥防止泄漏

袋装水泥从出厂到用户手中，常需经过 4～8 次换装的搬运装卸，造成水泥纸袋破损而增加与“明水”及“暗水”的接触机会，加速水泥受潮变质损失。为此，在搬、装、运与倒垛时需要轻拿轻放、严禁扔摔。散装水泥应注意盛放水泥与运输设备的密闭性，防止泄漏变质损失。

（4）水泥堆放的科学性

水泥存放时，一定要严格地贯彻不同品种、标号、批号的水泥分别堆放，严禁混放。袋装水泥存放高度以 10 袋为宜，以免造成底层水泥纸袋破损。垛宽要保持一定距离的通道；以利于装卸搬运作业，从而保证“先进先出”原则的实施。

二、防水保温材料

（一）防水材料

1. 沥青

沥青是一种有机胶凝材料，在常温下呈固态、半固态或黏性液态，颜色为黑色或黑褐色。沥青不溶于水，不被水分解，可以溶于二硫化碳、苯等有机溶剂中。

（1）沥青的质量指标

①黏滞性（黏性）。黏滞性是沥青在外力作用下抵抗变形的性能。石油沥青黏滞性与其化学组分、温度有很大关系，温度升高时，沥青的黏滞性降低，当温度降低时，沥青的黏滞性增高。黏滞性黏度来表示。标准黏度是用标准黏度计，测定沥青流出下端小孔 $50cm^3$ 所用的时间（秒）。流出时间越长，表明沥青的流动阻力越大，即其黏度也越大。流出孔的孔径及长度有三种规格：Φ10mm×5mm、Φ5mm×7mm 及 Φ3mm×7mm，孔径越小，孔越长，流动阻力越大。实验时沥青的温度应恒定，常用测试温度有 25℃和 60℃。对于黏稠石油沥青，相对黏度采用针入度值。针入度值越大，表明沥青抵抗剪切变形的能力越弱，也即黏滞性越低。沥青针入度是用在规定温度（25℃）下，以规定重量（100g）的标准计，在规定时间（5s）内贯入试样的深度来表示，单位以 1/10mm 计。针入度是沥青很重要指标，是沥青划分牌号的主要依据。

②塑性。塑性是沥青在外力作用下产生不可恢复的变形，而不发生断裂的能力。沥青塑性表示了沥青受力变形而不破坏、开裂或也能自愈的能力及吸收振动的能力。沥青广泛用于柔性防水，是因为它有非常良好的塑性。石油沥青的塑性与组分、温度有很大关系，同一沥青的温度较高时，沥青的塑性较大。石油沥青的塑性用延伸度（延度或延伸率）表示。延伸度测定时，是把沥青制成“8”字形标准试件标准（其中间最狭处断面面积为 $1cm^2$）置于延伸度仪内在规定的温度（一般 25℃）水中，以规定速度（5cm/min）进行拉伸，延伸度就是试件拉断时的伸长长度，以 cm 计。沥青的延伸度越大，表明其塑性越好。

③温度稳定性。温度稳定性是指石油沥青在黏弹性区域内，黏滞性随温度变化的程

度。沥青的黏滞性随温度变化的程度越小，如高温不流淌，低温不脆硬，则沥青的温度稳定性越高；反之沥青的温度稳定性越低。工程上要求沥青具有较高的温度稳定性，温度稳定性是评价沥青质量的重要指标。温度稳定性受沥青的成分影响很大。沥青的温度稳定性通常用“软化点”表示。软化点是指沥青材料由固体状态转变至黏流态的温度。软化点越高，表示沥青耐热性好，其温度稳定性则越高。

④大气稳定性。大气稳定性是指石油沥青在加热时间过长或在外界阳光、氧气和水等大气因素的长期综合作用下，抵抗老化的性能，也即沥青材料的耐久性。“老化”是因为沥青内部的组分发生不断递变，低分子化合物部分挥发，部分转变为高分子物质，即沥青中的油分和树脂含量逐渐减少，而地沥青质含量逐渐增加，沥青的黏度和脆性增加，流动性和塑性降低。沥青的大气稳定性以加热蒸发损失百分率和加热前针入度比来评定。蒸发损失百分数愈小和蒸发后针入度比愈大，则表示沥青的大气稳定性愈好，即“老化”愈慢。

(2) 沥青分类、性能和用途

沥青根据来源不同分为三种：一种是由含地沥青的天然岩石提炼而成的，叫做天然沥青；一种是由分馏石油所得的残渣制成的，叫做石油沥青；另一种是煤炭高温分解的挥发物，经分馏处理后剩下的残渣等有机物质，叫做煤焦油沥青，俗称柏油。通常所讲的沥青指的是石油沥青和煤焦油沥青。

①石油沥青。石油沥青是石油经蒸馏提炼出多种轻质油后得到的油渣，或经再加工后得到的物质。石油沥青质量的韧性较好，略有弹性，燃烧时烟无色，略有松香或石油味，但无刺激性臭味。沥青具有很好的黏结性、绝缘性、隔热性及防湿、防渗、防水、防腐、防锈等性能，而且温度敏感性较小，大气稳定性较高，老化慢，但抗腐蚀性较差。石油沥青按用途分为建筑石油沥青、道路石油沥青、防水防潮石油沥青和普通石油沥青。石油沥青的牌号主要是根据针入度及延度和软化点指标划分的，并以针入度值表示。建筑石油沥青分为10＃和30＃两个牌号，道路石油沥青分十个牌号，如60＃。牌号愈大，相应的针入度值愈大，黏性愈小，延度愈大，软化点愈低，使用年限愈长。

通常情况下，建筑石油沥青多用于建筑屋面工程和地下防水工程；道路石油沥青多用来拌制沥青砂浆和沥青混凝土，用于路面、地坪、地下防水工程和制作油纸等；防水防潮石油沥青的技术性质与建筑石油沥青相近，而质量更好，适用于建筑屋面、防水防潮工程。选择屋面沥青防水层的沥青牌号时，主要考虑其黏度、温度敏感性和大气稳定性。常以软化点高于当地历年来屋面温度20℃以上为主要条件，并适当考虑屋面坡度。对于夏季气温高，而坡度大的屋面，常选用10＃或30＃石油沥青，或者10＃与30＃或60＃掺配调整性能的混合沥青。但在严寒地区一般不宜直接使用10＃石油沥青，以防冬季出现冷脆破裂现象。对于地下防潮、防水工程，一般对软化点要求不高，但要求其塑性好，黏结较大，使沥青层与建筑物黏结牢固，并能适应建筑物的变形而保持防水层完整。

②煤焦油沥青。煤焦油沥青的质量和耐久性均次于石油沥青，韧性较差，温度敏感性较大，易老化，冬季易脆，夏季易软化。煤焦油沥青的溶解度小，挥发物较多，含有酚，

具有毒性。加热燃烧时烟呈黄色，有刺激性臭味，略有毒性，具有较高的抗微生物腐蚀作用。煤焦油沥青分为软煤沥青和硬煤沥青两种。

软化煤沥青主要用于铺设道路、地面防潮工程和制造油毡纸等。硬化煤沥青主要用于制造油毡、沥青漆、沥青胶泥，也可用于道路工程、防水工程、用作防腐材料及配制软煤沥青。

（3）沥青的储运管理

沥青在储运过程中，应防止混入杂质、沙土和水分，现场临时存放时，场地应平整、干净，地势要高，最好设有棚盖，以防日晒和雨淋。放置地应远离火源，周围不得有易燃物；不同品种或不同标号的沥青要分别堆放；切忌混放；煤沥青因含有蒽、萘、酚等有毒成分，所以在储存和施工过程中，必须根据有关劳保规定，注意防毒。

2. 防水卷材

防水卷材是建筑工程中用量最大的防水材料，它具有重量轻、接缝少、施工维修方便、防水效果可靠、造价低等优点，在屋面工程中占有重要地位。防水卷材分为沥青防水卷材、高聚物改性沥青放水卷材和合成高分子卷材三大类。沥青防水卷材是目前普遍应用的传统的防水卷材。后两类防水卷材由于其优异的性能，代表了新型防水卷材的发展方向。

（1）防水卷材分类

防水卷材的种类很多，根据不同的分类方法分以下几类。①按浸渍的方法不同分为油毡、油纸。油毡是用低软化点的沥青浸渍底胎，然后用高软化点的沥青涂盖表面，再撒隔离材料而成。油毡是防水材料中历史最早的一种。油纸是用低软化点的沥青浸渍底胎而成。②按使用的胎料不同分为纸胎油毡、玻璃纤维油毡、毛毡、麻毡等。③按生产工艺分为浸渍卷材（有胎卷材）、辊压卷材（无胎卷材）。④按用途分为普通油毡、耐火油毡、耐热油毡、耐腐蚀油毡等。

（2）常用油毡品种

①石油沥青油毡。石油沥青油毡是以低软化点的石油沥青浸渍原纸，用高软化点沥青涂盖两面，再涂撒隔离材料而制成的一种纸胎防水材料。涂撒粉状材料（滑石粉）的油毡称粉毡，涂撒片状材料（云母片）的油毡称片毡。石油沥青油毡适用于简易防水，如临时性建筑防水、建筑防潮及包装等；粉毡适用于屋面、地下、水利等工程的多层防水；片毡适用于单层防水。

石油沥青油毡幅度分 915mm 和 1000mm 两种规格，油毡的总面积规定为每卷 20±0.3m^2，分为 200＃，350＃、500＃三种标号，油毡的标号是由纸胎的质量决定的，以每平方米原纸重的克数作为标号，如 350＃油毡，就是用的每平方米纸胎重量为 350g。

石油沥青油毡用于建筑物的防潮，200＃油毡用于简易建筑的防水，临时性建筑的防水及包装物防水。350＃、500＃袖毡适用于永久性的防水层，垫层和面层的防水。

②煤沥青油毡。煤沥青油毡是用低软化点煤沥青浸渍原纸，用高软化点煤沥青涂盖两面所制成的一种纸胎防水材料，分片和毡和粉毡两类。品种只有 350＃一种。煤沥青油毡

较脆，耐久性也差，但防腐蚀能力强，抗水、防水效果好。主要用于地下防水、建筑防潮及工业设备包装等方面。

③再生胶油毡。再生胶油毡是由废橡胶粉掺入10＃石油沥青，经高温脱硫为再生胶，再掺入填料（如$CaCO_3$）经炼胶机混炼，以压延机压延而成的一种质地均匀的无胎防水卷材。适用于对防水层的延伸性和低温柔性要求较高的工程，如沉降较大且不均匀的变形缝、屋面和地下防水工程的接缝处，也适用于水压较高的防水工程中。

④玻璃纤维油毡。玻璃纤维油毡是以玻璃纤维织布为底胎，用石油沥青浸渍和涂盖两面，再涂撒隔离材料所制成的一种以无机纤维为基材的沥青防水卷材。玻璃纤维油毡抗拉强度高，耐腐蚀、耐久性能好、单位面积的重量较轻。适用于地下防水及防腐层和屋面防水，也可作为金属管道的防腐保护层，但不能用于热管道的防腐。

（3）聚氯乙烯防水卷材

聚氯乙烯防水卷材是以聚氯乙烯树脂为主要原料，掺加填充剂和适量的改性剂、增塑剂等加工制成的一种防水卷材。根据基料的组分及其特性分为S型和P型两种，S型是以煤焦油与聚氯乙烯树脂混溶料为基料的柔性卷材；P型是以增塑聚氯乙烯为基料的塑性卷材。聚氯乙烯防水卷材主要用于新建和翻修工程的屋面防水，也适用于水池、堤坝等防水抗渗工程。

3. 防水卷材的储运管理

油毡应保存在库房中，临时性存放时可置于露天，但是必须上盖下垫，防止日晒雨淋。油毡在储存运输过程中应注意防压、防热、防火。油毡必须直立放置，不能斜放或横放，以防止因压力升高而造成沥青软化而相互粘连，直立存放以不超过两层为宜，允许两层上面再平放一层。存放温度不得超过45℃，也不应低10℃，因为温度过高油毡即软化而产生粘连，温度太低则油毡易硬脆断裂。必须远离火源和热源，不得与其他易燃、可燃物品混存。不同规格、品种的油毡应分垛堆放，防止混淆。油毡的存放时间不宜过长，一般不超过一年。

（二）保温材料

保温材料，又称绝热材料、隔热材料，是指对热量的流动具有显著阻抗性的材料或材料复合体。

1. 保温材料分类

保温材料按化学成分分为无机保温材料和有机保温材料。按形态分为粒状、纤维状、多孔状、块状、粉末状等。按基材种类分为石棉保温材料、蛭石保温材料、泡沫加气保温材料、珍珠岩保温材料等。

（1）粒状保温材料

①膨胀珍珠岩及其制品：珍珠岩是一种由地下喷出的熔岩在地表急冷而成的酸性火山玻璃质岩石，因具有珍珠裂隙结构而得名。膨胀珍珠岩制品是以膨胀珍珠岩为骨料，配以适量的胶凝剂（如水泥、沥青、水玻璃、磷酸盐等）经过搅拌、成型、干燥、焙烧或养护而成的具有一定形状的成品，如板、砖、管、瓦等。

②膨胀蛭石及其制品。蛭石是一种复杂的镁、铁含水铝硅酸盐矿物，由云母类矿物风化而成，由于热膨胀时像水蛭（蚂蝗）蠕动，故得名蛭石。膨胀蛭石制品是以膨胀蛭石为骨料，以适量的水泥、水玻璃或沥青为胶凝剂，经过混合、搅拌、成型养护而成的一种保温材料。它可以制成砖、板、管等形状，具有体轻、隔热、易加工等特点，主要用于建筑及热工设备、热力管道的保温隔热。

（2）纤维状保温材料

①石棉及其制品。石棉是一种蕴藏在中性或酸性火成岩矿床中的一种非金属矿物。具有耐火、耐热、耐酸碱腐蚀、绝缘、保温隔热等特点，最高使用温度为600℃。石棉的用途非常广泛，常作防火；隔音、保温绝热、耐酸等材料和一些尖端科学技术设备上的零部件，也可以制成石棉板、石棉毡、石棉纸等制品。

②矿渣棉、岩棉及其制品。矿渣棉和岩棉都具有保温、隔热、化学稳定性能好，不燃烧、耐腐蚀等特点。它们可以直接作为保温材料，也可以加适量的黏结剂（如沥青、酚醛树脂等），制成各种规格的板、毡、管、带、壳等保温制品。

③玻璃棉及其制品。玻璃棉，是玻璃纤维的一种，是将熔化的玻璃液经拉丝而成，形似棉絮。具有质轻、耐高温、导热系数低等特点。它主要用于保温吸声材料，也可以加入适量的黏结剂，加工制成板、毡、管、带、壳等保温制品。

（3）多孔状保温材料

①多孔混凝土制品：加气混凝土、泡沫混凝土。

②微孔硅酸钙保温材料：一般是以硅藻土、石灰为基料，加入少量石棉和水玻璃，经加水搅拌制成砖、板、管、瓦等，经过烘干、蒸压而成的多孔制品，容重小，导热系数低，是一种新型的保温材料。

③泡沫玻璃：泡沫玻璃是以玻璃粉料和发泡剂为原料，经过配料、装模、煅烧冷却而成的多孔材料。泡沫玻璃具有强度高、保温性能好、耐久性强等特点，多用于冷库的绝热层、高层建筑框架填充料和热工设备的表面保温隔热。

2. 保温材料的储运管理

保温材料应保存在仓库里，不宜露天堆放，以免雨淋、冰冻，库房必须保持通风、干燥，防止保温材料因受潮而影响其保温效果。保温材料强度一般较低，易破碎，储运时要注意防止挤压、撞击等。不同品种的保温材料应分别堆放，避免混存混放，不能与其他重物放置在一起，堆垛高度不宜太高。运输时必须用篷车装运，装卸时应小心轻放。

三、玻璃

玻璃是由石英沙、纯碱、长石、石灰石等原料在高温下熔融再经拉制或压延而成的玻璃态物质。

（一）玻璃的分类

1. 按化学组成分类

（1）钠玻璃

又称为普通玻璃，主要由二氧化硅、氧化钠和氧化钙组成。这种玻璃软化点较低，易熔制。因所含杂质较多而常呈绿色，多用于建筑玻璃及日用玻璃制品。

（2）钾玻璃

又称为硬玻璃，是用氧化钾代替氧化钠后所制成的玻璃。性能优于钠玻璃，硬而有光泽，多用于制造化学仪器、器皿及高级玻璃制品。

（3）铝镁玻璃

通过降低钠玻璃中的氧化钠和氧化钙含量，同时引入氧化镁，并以氧化铝部分代替二氧化硅。它的软化点低，各项性能指标优于钠玻璃，是制造高级建筑玻璃的主要品种。

（4）铅玻璃

又称为重玻璃。由氧化铅、氧化钾和少量的二氧化硅组成。光泽透明，对光的折射和反射性能强，化学稳定性好。主要用于制造光学仪器和高级装饰品等。

（5）硼硅玻璃

又称为耐热玻璃。由氧化硼、二氧化硅和少量氧化镁组成。光泽好，透明度高，耐热、绝缘性好，化学稳定性和力学性能高，主要用于制造高级化学仪器和绝缘材料。

（6）石英玻璃

由纯二氧化硅制成，具有很高的力学性能、热性能、光学性能和化学稳定性能，并能透过紫外线。用于制造耐高温仪器、杀菌灯等。

2. 按建筑玻璃分类

（1）平板玻璃

平板玻璃是指平板状的、厚度远小于长宽尺寸的大型玻璃。其常见产品有：①普通平板玻璃；②磨光玻璃及镜玻璃；③不透视窗玻璃，包括磨砂、喷砂而形成的毛玻璃、普通压花玻璃、毛坯玻璃等；④装饰平板玻璃，包括蚀花玻璃、胶花玻璃、高级压花玻璃、彩色玻璃、涂色涂釉玻璃等；⑤安全玻璃，包括钢化玻璃、夹丝玻璃、夹层玻璃等；⑥特殊性能平板玻璃，包括透过紫外线玻璃、透过红外线玻璃、光致变色玻璃、热反射玻璃、吸热玻璃、中空玻璃、电热玻璃、吸收X射线玻璃等。

（2）建筑艺术玻璃

可用于①玻璃制造的建筑艺术构件、花饰、扶栏以及门窗拉手、墙角板等；②玻璃马赛克；③玻璃雕塑品、艺术屏风、间壁等。

（3）建筑构件玻璃

可用于①空心玻璃砖、玻璃波形瓦及平瓦；②玻璃壁板、窗台、披水等构件；③钢化玻璃门；④玻璃纤维增强塑料制品。

（4）隔热隔音建筑玻璃

可用于①泡沫玻璃砖、板、瓦及碎泡沫玻璃；②玻璃纤维及玻璃棉材料。

（二）特种平板玻璃

1. 安全玻璃

玻璃是脆性材料，当外力超过一定值后即破碎成具有尖锐棱角的碎片，对人身安全易构成威胁。为减少玻璃的脆性，提高其强度，通常要对普通玻璃进行增强改性处理，经改性后的玻璃称为安全玻璃。常用的安全玻璃有以下几种。

（1）钢化玻璃

钢化玻璃是将普通平板玻璃、磨光玻璃、吸热玻璃等先加热到接近软化的温度，然后进行淬火加工或离子交换方法而制成的安全玻璃。钢化玻璃的特点是：机械强度高，比普通平板玻璃要高 3～5 倍；抗冲击性能好，弹性好，热稳定性高，钢化玻璃在经受急冷急热时不易发生炸裂；一旦受到破坏，其碎片呈无锐角。常用作高层建筑的幕墙、隔墙、汽车风挡、电视屏幕等。

（2）夹层玻璃

夹层玻璃是在两片或多片平板玻璃之间嵌夹透明塑料薄膜，经加热加压黏合而制成。夹层玻璃的层数有 3、5、7 层，最多可达 9 层。达 9 层时则一般子弹不易穿透，成为防弹玻璃。

夹层玻璃具有较高的抗冲击性能，玻璃破碎时碎片被粘留住，不会飞溅伤人。它还具有耐热、耐寒、耐湿、隔音等性能。主要用于高层建筑物的门窗、隔墙、工业厂房的天窗、交通工具的风挡玻璃以及某些水下工程等。

（3）夹丝玻璃

夹丝玻璃是在红热软化的玻璃板中压入金属丝或金属网而制成的。夹丝玻璃分夹丝压花玻璃和夹丝磨光玻璃两类。夹丝玻璃抗冲击强度高，耐热性好。玻璃即使破碎，碎片也会被金属丝网阻留住，不致飞溅伤人。主要用于震动较大的厂房天窗、仓库门窗、地下室采光窗、防火门窗等。

2. 压花玻璃

压花玻璃是当玻璃原板处于红热状态时，经过表面刻有花纹图案的辊筒压制面成的平板玻璃。在玻璃单面或双面压有不同的花纹图案。

3. 磨砂玻璃

此种玻璃是由普通平板玻璃经机械喷砂或研磨而成。这种玻璃透光不透视。其应用与压花玻璃相似，用于需隔断视线的办公室、浴室、卫生间等以及用作灯罩、教室黑板等。

4. 吸热玻璃

吸热玻璃是既能吸收大量红外线辐射能，又能保持良好可见光透过率的平板玻璃。吸热玻璃特点是：吸收太阳辐射热，挡热性能优良；吸收太阳可见光，具有良好防眩作用；吸收一定的紫外线，可减轻紫外线对人体和室内物体的损害。

5. 磨光玻璃

磨光玻璃又称镜面玻璃，是用普通平板玻璃经过机械研磨、抛光而制得的透明玻璃。

6. 彩色玻璃

彩色玻璃又叫有色玻璃或饰面玻璃，分透明和不透明两种。彩色玻璃的颜色有红、黄、蓝、黑、绿、乳白等十余种。

7. 玻璃马赛克

玻璃马赛克又称玻璃锦砖，是以玻璃为基料并含有未熔解的微小晶体（主要为石英）的乳蚀制品。玻璃马赛克是一种小规格的彩色饰面玻璃。有透明、半透明、不透明，还有带金色、银色斑点或条纹的。

（三）平板玻璃的计量和计价

采用平方米（m^2）、实物箱等计量单位。

1. 面积单位（m^2）

这是玻璃的生产、流通及施工中经常使用的一种基本计量方法，以及玻璃在流通中按面积单位进行计价。

2. 实物箱

又称包装箱、实箱。指平板玻璃的每箱实际包装的平方米数，主要是指花栏式木箱包装。盛放玻璃的木箱不宜过重，便于人工装卸为前提，通常包装箱内盛放薄玻璃的片数较多，而盛放厚玻璃片数较少。一般 2mm 厚玻璃，实物箱约 15～30m^2，3mm、4mm 厚玻璃，实物箱约 15～25m^2。

（四）平板玻璃的包装储运

1. 平板玻璃的木箱包装

木箱包装玻璃是我国传统的包装方法。木箱包装有两种方式，即封闭式和花栏式。封闭式木箱包装选用材质好的木材封闭式包装，供出口玻璃使用。花栏式包装供内销使用。

花栏式包装也称围护式包装。

优点：①不需要专门的包装设备；②包装材料轻便灵活；③每箱装入玻璃量不大，作业中不需用起重机械；④木板框架不需回收返运，减少流通费用；⑤小批量流通方便灵活。

缺点：①包装不严实，易造成玻璃的损坏，对玻璃的保护效果不好；②包装较小，需人力作业，劳动强度大；③因为简易包装，极易因铁钉钉入木框时撞碎玻璃。

2. 流通过程中的损失及保管

平板玻璃在流通中的损失是破碎和腐蚀。

（1）玻璃的破碎

①在运输或装卸过程中受到冲击、振动和颠簸，在一瞬间达到很高的应力值，使玻璃无法承受而破碎。②整箱玻璃平放或垂直于运输工具（汽车、火车）前进向的立放，由于玻璃本身局部翘曲，或有瘤子（玻璃表面有瘩）或在玻璃入箱时混入了异物（沙粒、碎玻璃），在突然刹车时，使玻璃受到折断应力作用而破碎。③玻璃装箱不好，有透钉、漏钉；木板箱的木板条折断木板条间距太大等造成玻璃的破碎。④裁片装箱等工序，由于碎玻璃、沙粒的刻划，玻璃表面伤损，从而降低了玻璃的强度，因而造成玻璃破损。

(2) 玻璃的腐蚀

玻璃在不良的保管条件下（潮湿、不通风、温度较高），玻璃表面光泽消失而变得昏暗；附在玻璃表面的腐蚀物产生薄层，使光线形成色散，形成彩虹或具有珍珠般的闪光，有时可能出现白毛、白霜或斑点，更为严重的是玻璃片之间因发霉而黏结在一起，很难分开，造成严重的损失浪费。

(3) 平板玻璃的保管

①库内储存。木箱包装的平板玻璃应尽量放在库内存放，库内要保持干燥，并且与酸、碱等有害物质隔离存放。如确要露天存放，应选择干燥、平坦、坚实的地面，并要下垫上盖，防止日晒与雨淋。②分类堆放。木箱包装的平板玻璃，应按品种、规格、等级、批号、厂家，分垛存放。堆垛不宜过高，以 2～3 层为宜。箱盖朝天，并固定牢靠，防止倒塌。垛与垛之间要留有通道，便于作业及达到消防要求。③坚持先进先出原则。发货时必须遵循先进先出原则。保管中要经常检查玻璃是否受潮，发现不良情况一定要开箱检查。受潮时要擦净水分，出现白斑、白霜时，可用温水或煤油、丙酮等攘净。出现粘片时，可浸入温水中使其分开。处理后的玻璃应重新包装，尽快售出。④木箱包装的平板玻璃在搬运时要轻拿轻放。装车船时应直立固定存放，并使玻璃平面与运输工具行驶方向一致（即平行于车船运行方向）。集装箱与集装架运输起吊时要缓慢起落，拆箱取用玻璃时也要轻拿轻放，防止破碎。

阅读材料

玻璃新品种

(1) 利用太阳能发电的平板玻璃

与平板玻璃有关的太阳能发电系统有两类。第一类是在单体建筑物的屋顶和幕墙上安装的光伏发电系统。它是利用硅光电池、硒光电池、碲光电池等在阳光照射下产生一个定向电动势（即光伏效应）的半导体元件，拼接黏合在超透明平板玻璃上成为光电板，将光能转换成电能并经整流、升压后供建筑物内部直接使用。第二类是大面积集热式太阳能发电系统。由以色列索来尔公司开发成功的以太阳能作为热源带动传统的大型蒸汽涡轮发电机发电的新型太阳能技术，就是以数座通体透明的大型玻璃建筑物作为集热装置的。

(2) 电致变色玻璃

起初，此种玻璃窗主要是为汽车工业而开发的。最近，人们又开始探讨此种玻璃窗的大规格化及其在建筑上的应用。尽管此种玻璃窗还没有完全实现工业化生产，但具有很好的市场前景。目前，已推出了新型的用户控制型电致变色玻璃窗。

(3) 光致变色玻璃

是含卤化银等胶体光敏剂的玻璃，受到光照射就会变暗或着色，停止光照射又能恢复到原来的透明状态。目前国内已经开发出有机光致变色材料以及用其做成的光致变色太阳镜和光致变色夹层玻璃，但在色调的搭配等方面还有待进一步提高。

(4) SUNERGY 世界首创的硬镀膜多功能玻璃

比利时格拉威伯尔集团生产的全球唯一的新型镀膜产品 SUNERGY，集热反射和 Low—E 玻璃功能于一体。由于其优越的通透性和低反光性能，满足了现代建筑潮流所需。其优点是：没有特殊的运输需求，玻璃表面不容易划伤，没有堆放和储存的问题，可以进行钢化、热弯、夹胶等，可以单片使用也可制作中空玻璃，可以在其非膜面上釉和丝网印刷处理。

(5) 自洁净玻璃

在玻璃表面镀一层 TiO_2 纳米膜，在紫外线照射下就可把污物分解，不用擦洗玻璃也能长期洁净。这种玻璃的制作方式主要有以下几种：一是在常温常压下涂镀一层有机钛膜；二是采用工艺较成熟的凝胶—溶胶镀膜工艺；三是浮法在线化学气相沉积法（CVD)。目前国内前两种工艺已基本成熟，并有部分产品面世，但都有耐久性和成本等方面的不足。从国外发展趋势来看，采用在线 CVD 法生产自洁净玻璃，很有发展前景。

(6) 信息产业玻璃

CD 玻璃（玻璃光盘)、HDMD（PC 用玻璃磁盘)、STN（超扭曲向列型）液晶显示器玻璃、TFT 薄膜液晶显示器玻璃、PDP 等离子显示板、ELD 场致发光显示板、VFD 真空荧光显示板、TCD 热致变色调光玻璃、DPS 微粒子分极配向玻璃、BM 彩色滤光玻璃。

(7) 计算机硬盘用玻璃基板

目前，世界范围内 75%以上的计算机硬盘用铝材制造。以表面镀磷化镍铝盘（简写为 NiP/Al）为代表的硬盘有存储器密度高、旋转速度快、磁头浮动高度低、便于数据的记忆和检索的特点，所以占有相当大的市场。随着信息产业的发展，市场要求高性能、大容量、快速存取的袖珍便携式数据存储机型，相应要求薄而结实的磁盘。玻璃材料具有这种特点，它能比 NiP/Al 盘具有更高的存储密度，能经得起频繁的取上取下，能保证长期使用性能不减。因此玻璃基板作为计算机硬盘基板的一种新型材料，以其信息记录密度大幅度增加、信息存取速度快、符合硬盘技术发展的趋势，将成为取代铝基板的新产品。

(8) 折光玻璃

能把太阳光折射到房间的阴暗角落，使处于室内的人能享受阳光的温暖。对那些光线不足的房间，它是一种节电的用品。这种玻璃因涂上了一种能折射光线的涂层，因此具有折射光线的作用。

(9) 防静电和抗电磁波干扰玻璃

指具有导电性和屏蔽或吸收各种电磁波功能的玻璃。

(10) 天线玻璃

这种玻璃内层嵌有很细的天线、可作为无线电广播和电视天线。安装后，室内电视机就能呈现更为清晰的画面。

(11) 蓄光玻璃

在可吸收光能的玻璃中掺入了稀土元素铽（Tb)，经过 1～30 分钟照射后它可发光

1～10 小时。

（12）防盗玻璃

这种玻璃为多层结构，每层之间嵌有极细的金属丝，而金属丝与报警装置相联结，当玻璃被打破时，会立即响起警报声。

任务二　工业及日用的非金属矿物制品

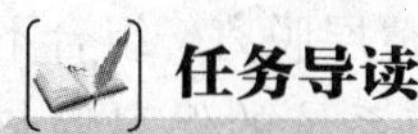

任务导读

玻璃纤维国际案例

美国佛蒙特州一座用特殊材料建造的桥以塑胶加固，并配有光纤传感器，这样在 80km 以外就可以对桥上的交通情况进行监控。该桥的独特之处在于它的加固钢筋和格栅不是用钢条制成的，而是用玻璃纤维聚合物制成的。这种玻璃纤维钢筋绝不会被腐蚀，而且很轻，便于移动。这是该州选择这种材料建桥的主要原因。因为每年冬天佛蒙特州都会被冰雪和路盐困扰。玻璃纤维钢筋的成本要比传统的钢筋高一些，但桥的使用寿命延长了一倍。

任务分析

非金属矿物材料是现代高温、高压、高速工业的基础原材料，也是支撑现代高新技术产业的原辅材料和多功能环保材料。因此，非金属矿或非金属矿物制品工业是现代社会的朝阳工业之一。

知识链接

一、硅酸盐纤维制品

（一）石棉纤维及其制品

石棉是一种纤维构造的天然硅酸盐类岩石，外观呈平行式交错的细纤维状，可剥离成极细的纤维。具有耐火、耐热、耐酸、耐碱、耐腐蚀、耐风蚀、绝缘、防止虫菌生长等特性。石棉纤维又称石棉绒，以石棉纤维制成的产品有石棉粉、石棉砖、石棉管、石棉摩擦片、石棉水泥瓦、石棉水泥管等。

1. 石棉制品

（1）石棉粉：又称石棉泥

石棉纤维与镁、钙、硅等氧化物细粉混合成而成，用作锅炉、热设备、管装系统表面的保温、绝热的涂层。石棉粉须放于干房内较高的垫板上。堆垛不宜过高，防被压结成块；储运时须防雨淋。石棉粉会刺激皮肤，应轻拿轻放，以防粉末飞扬。

（2）石棉砖

用石棉纤维与轻质碳镁均匀混合，加水玻璃模塑而成。石棉砖为易碎材料，在储运中应按规定分别用木箱包装并衬以防水纸，免造雨淋。搬运时不得抛卸、重放和剧烈震动。应存放于干燥的库房内，下垫木板与地面隔开，以免受潮。

（3）石棉管

制造原料和方法与石棉砖基本相同。石棉管不得有分层、开裂、包覆层脱离、组合不严密等现象。有关储运事项与石棉砖相同。主要用于发热设备、管道系统的保温绝热材料。

（4）石棉摩擦片

是用铜丝石棉带、胶合剂和填料混合浸渍后，经模制、热压而成。用于车辆、机械制动减速用的称制动摩擦片；供车辆、机械传递动力的为离合器摩擦片。石棉摩擦片不允许有起泡、裂缝、分层、油污、凹凸、缺边、缺角、夹有杂质等缺陷。在运输时应装入干燥、坚固的箱内，轻拿轻放。

（5）石棉水泥瓦

由石棉纤维与水泥混合后经压制成板，再用瓦楞成形机压制而成。石棉瓦质硬脆，抗冲击性能差，应按品种规格分别存放，搬运时轻拿轻放。

（6）石棉水泥管

制造原料与石棉水泥瓦相同，可代替钢管、铸铁管作承压上水道和输油管，也可作为电缆地下管道和下水管道。使用注意事项同上。

2. 石棉制品的包装与保管

（1）石棉粉用麻袋或布袋包装捆扎，避免潮湿。在室外存放时，用垫木垫高，垛高不限，但须苫盖严密。

（2）耐油石棉橡胶板应装在隔板箱内，每箱净重不超过100kg，箱外标明出厂日期（制造日期），保管期限为一年半。保管时应放在温度为0℃～25℃的仓库内。

（3）高、中、低压石棉橡胶板一般扎成捆或用木箱包装，每件净重不超过100kg，应在温度为0℃～30℃（低压板在0℃～20℃）的室内保管。均应离热源1m以外，并避免日光暴晒，成捆包装的应直立存放，如平放码垛不应高于1.2m。

（4）石棉绳类用麻袋、木箱包装，内衬防潮油纸，每捆或每箱净重在25kg左右。石棉盘根以木箱包装，每箱净重25kg左右。刹车带以木箱或麻袋包装，每件不超过80kg。均应存放在干燥仓库内，注意防潮。

（5）石棉水泥制品。石棉水泥瓦不论平板或瓦楞均应放在棚内，按类型分别堆垛；堆放露天时，应保持有不大的坡度，便于排水，堆底应用两根方木垫起，方木方向应与瓦楞方向垂直，方木至板端的距离应为板或瓦长的四分之一。板的正面朝上，堆高不得超过1m。脊瓦应放在料棚内存放。

(6) 电绝缘石棉纸在储存运输中，必须使用蓬布（或有盖车厢）与洁净的运输工具，储存仓库应保持干燥，严防沾污与受潮。装卸时不得抛掷包装件，卷状纸应横放保管。

（二）玻璃纤维及其制品

玻璃纤维是用熔融的玻璃液以极快的速度拉成或吹成的非常细的纤维。具有相当大的抗拉强度，弹性好，经反复拉伸，不会产生塑性变形；具有较高的耐热性、较好的稳定性和耐腐蚀性。还有优良的吸音性和电绝缘性。其最大缺点是性脆易折。玻璃纤维制品主要有玻璃纱、玻璃纤维织品、玻璃纤维毡、耐火防护衣物、玻璃钢等。

1. 玻璃纤维的用途

（1）制造玻璃钢

玻璃钢即玻璃纤维增强塑料，是以塑料为基料，以玻璃纤维为增强材料的制品。玻璃钢的比重远小于金属，只相当于钢的 1/5～1/4 而抗拉强度却接近或超过碳素钢，是一种轻质高强材料，具有比强度高、耐高温、电绝缘性好、抗磁、隔音、耐腐蚀、加工成型方便等优点，广泛用于各个生产和工业部门。

（2）制造电绝缘包扎材料

玻璃纤维纱广泛用于制造电缆、电线的绝缘层、包覆线；玻璃纤维带用于电机电枢或定子线圈的包扎绝缘，玻璃纤维编织套管用于线头接线处绝缘。

（3）做过滤材料

玻璃纤维布可制成多种过滤材料，如做炭黑的过滤袋、炼铝工业做铝熔融液的过滤。

（4）做隔热吸音材料

玻璃棉的保温效果比矿棉大 6.5 倍左右，比泡沫混凝土大 10 倍多，为高效保温材料。可制成毡、板、管等产品，也可直接用作充填材料起保温作用。

2. 玻璃纤维的验收和保管

（1）验收

玻璃纤维到仓库后，应立即检验品种、数量是否相符。必要时抽样查验，有无雨淋、受油污、变色、变形、混乱等情况。其制品不应有影响使用的磨损、毛纱、成型不良等疵点。

（2）保管

应储存于干燥通风的仓库内，应平放不得竖置，垛底垫高 20～30cm。搬运散装玻璃应戴防护口罩、手套、切勿直接接触皮肤，以防中毒。

二、石墨及碳素制品

石墨分为天然石墨和人造石墨两种。天然石墨是一种非金属矿物，自然界中纯粹的天然石墨极少以单体存在，一般都以石墨片岩、石墨片麻岩，含石墨的卡岩及变质页岩等矿石出现。人造石墨由含碳物质在常压下经高温热处理而得。

（一）石墨的性质

1. 热性能

石墨材料具有良好的热性能，具体表现在良好的耐热性、热传导性和较低的热膨胀性方面。

2. 电性能

石墨的电阻介于金属和半导体之间，电阻的各向异性很明显。

3. 化学稳定性

石墨具有出色的化学稳定性，除了不能长期浸泡在硝酸、硫酸、氢氟酸和其他强氧化性介质中外，不受一般酸、碱和盐的影响，所以是优良的耐腐蚀材料。

4. 其他性能

石墨各种表面都有很高的附着性，沿解离面易于滑动，故有很好的自润滑性，同时又具有较高的耐磨性，石墨对中子有减速性和反射性。

（二）石墨及碳素制品

天然石墨大量用于生产各种电刷、耐磨材料和石墨坩埚及特种石墨制品。

1. 石墨电极

石墨类制品主要是石墨电极，但石墨电极多数采用人造石墨制备，石墨电极主要应用于电炉炼钢，亦可用于冶炼铁合金、有色金属及稀有金属。

2. 石墨阳极

石墨阳极主要用于电解工业，是电解槽的阳极，其中炼铝工业是石墨阳极的最大用户之一。

3. 耐火材料

碳素耐火材料可在2000℃以上的高温下工作，对熔融金属和熔融矿渣有很好的耐腐蚀性能。根据不同用途可选用不同原料，制成碳块或石墨块。主要用于高炉炉底及炉壁、电炉炉底、电解槽等。

4. 电刷

电刷是电机换向器或集电环上传导电流的滑动接触体。电刷按材质可分为软质电刷、轧钢机电刷、牵引电机电刷等；按颜色可为黑色电刷、有色电刷；按原料的组成及生产工艺可分为石墨刷、碳石墨刷（又称人造树脂黏结剂电刷）、电化石墨刷和金属石墨刷。

5. 石墨坩埚

石墨坩埚是以天然大鳞片石墨为主体原料、可塑性耐火黏土或炭作为黏结剂，经与不同型熟料、优质碳化硅、硅石配合加工而成。它具有良好的导热性，在高温条件下，热膨胀系数小，对急热、急冷有一定抗应变性能，对酸、碱溶液的抗腐蚀性强，化学稳定性好，主要用于金属冶炼。

（三）石墨及碳素制品储运保管

第一，石墨宜储存在货棚或货场，防止水湿，搬运中应轻装轻卸，勿用手钩，防止包装破损污染环境。

第二，石墨电极应存放在干燥通风的仓库里，并垫离地面 20cm 以上，离墙不少于 0.5m。保持包装完整，平放叠置堆垛，垛高不超过 1.5m。运输中严防雨雪侵淋和碰撞。

第三，碳素耐火材料制品均应存放在防潮仓库内。轻拿轻放，不要抛扔，以免碰碎掉棱。不宜与石灰、水泥、矿石、煤矸石、油类等混存。

三、磨料、磨具及其他工具

研磨材料包括磨料和制品，是精细机械加工过程中不可缺少的材料。磨料制品根据机械加工过程的需要制成各种研磨工具（又称磨具）和研磨用品。

（一）磨料

磨料按其来源可分为天然磨料和人造磨料两大类。

1. 天然磨料

天然磨料是以自然界中的岩石或矿物制成的磨料，一般分为硬质磨料、硅质磨料和软质磨料三类。其缺点是含有较多的杂质，晶体组织也不均匀，从而降低了使用价值。

（1）硬质磨料

常用的硬质磨料有金刚石、刚玉和刚砂三种。

①金刚石。金刚石的代号为 JT，是一种纯炭结晶体，在已知物质中，它的硬度最大为莫氏 10 度。工业上所用的金刚石有黑棕色的黑钻石和茶色的粗钻石两种。较大的金刚石颗粒可以制造砂轮修整器、抽丝模板和特种钻头等；金刚石微粉可直接用作高级磨料。金刚石的硬度高、脆性大，使用时须防冲撞，以免碎裂。就其磨削性能而言，它是最好的磨料，但因价格过高，限制了其使用范围。

②天然刚玉。天然刚玉或称铁砂，代号为 GT，是含有 Al_2O_3 70%～95%的矿石，硬度为莫氏 9 度，具有白色玻璃状光泽。质纯的刚玉为透明或半透明体，多用制宝石，含有杂质的呈现蓝灰、褐、红、黄等颜色，其硬度随杂质含量而降低。天然刚玉磨料的用途较广，主要用来制造各种优良磨具。其缺点是组成常不均匀，并含有杂质，而且价格较高，现已为人造刚玉所代替。

③刚砂。刚砂通称为金刚砂，是含有 Al_2O_3 25%～75%粒状组织的大块天然矿物，常含有磁铁矿、石英和硅酸盐等杂质。其硬度在莫氏 8 度以下，组成常不均匀，故磨削性能也不一致。主要供制砂纸，砂布或抛光的磨料。

（2）硅质磨料

硅质磨料主要有石榴石、燧石，石英，浮石及沙石等，其主要成分均为 SiO_2。硬度多在莫氏 7 度以下，磨削性能较差，多用以制造研磨机的衬体、磨球、磨石、抛光用料以及次等砂纸、砂布的原料。

（3）软质磨料

软质磨料主要是含铁的矿石粉，如铁红，主要成分为 Fe_2O_3；黑铁粉，主要成分为 Fe_3O_4等。其硬度较硅质磨料更低，约介于莫氏 5.5～6.5 度，主要用于抛光和制造磨轮、研磨膏、抛光膏的原料。

2. 人造磨料

人造磨料系以氧化铝或碳化物为原料制成的，其品质高于天然磨料，能适应各种研磨工艺的需要。

（1）人造氧化铝磨料

又称人造刚玉，由铁矾土（$A1_2O_3 \cdot nH_2O$）或高铝矾土（或称纯铝矾土）等含 $A1_2O_3$ 较多的矿石与碳在温度1650℃以上的电弧炉中熔炼而成。在熔炼过程中无定型 $A1_2O_3$ 转变成 $\alpha-A1_2O_3$ 晶体。其磨削性能随 $A1_2O_3$ 晶体纯度提高而增强。品种有棕刚玉、白刚玉、微晶刚玉、黑刚玉、铬刚玉、锆刚玉等。

（2）人造碳化物磨料

人造碳化物磨料是用硅石或石英砂与焦碳或石墨在2200℃～2350℃的电炉中，用食盐或锯屑为催化剂，烧结成的晶体，绿至黑色，常结成大块，经粉碎、筛分后即成人造碳化物磨料。品种有黑碳化硅、绿碳化硅、碳化硼、碳硅硼、人造金刚石等。

（二）磨具

在磨床上磨削时，最主要的研磨工具有砂轮、砂瓦、磨头和油石等，统称为研磨工具，简称为磨具。

1. 磨具分类

磨具可分为砂轮、砂瓦、磨头和人造油石4类。

（1）砂轮

砂轮是最常用的磨削工具，类型很多，以适应各种器件磨削加工的需要。为了便于识别砂轮的使用性能，在砂轮上都有明显和牢固的标志，并按磨粒的种类、粒度、硬度、胶合剂、组织、形状、尺寸等顺序排列，除组织号数及尺寸外都用代号表示。

（2）砂瓦

砂瓦或称磨块、砂弧，多用于大平面磨削或刃磨。

（3）磨头

磨头又称带杆砂轮，是将各种形状的磨块，用耐热、耐压的胶黏剂，黏结、固定在镀镍的钢杆上而制成的磨具。将它装在软轴砂轮机上，可进行任何方向的磨削工作。

（4）人造油石

人造油石是一种简单断面的条形磨具，与砂轮一样用磨料和胶合剂制成。组织疏松，比天然油石结构均匀，磨削性能较优而且经久耐用。

（5）金刚石磨具

金刚石磨具由三个部分组成，基体部分起支持金刚石磨具运行磨削的作用，多用钢、铝、铜、电木等材料制成，非金刚石层部分用来连接金刚石层与基体，其组成与金刚石层一致，只是没有金刚石，金刚石层部分是磨具的工作部分，由金刚石磨粒和胶合剂组成。

（6）烧结刚玉磨具

烧结刚玉磨具是用微细的铝氧粉为原料，以氧化铬为矿化剂，在1800℃以上的高温中

烧结而成。这种产品具有紧密、细腻的微晶体，有较高的强度和硬度，磨削时能保持锐利的刃口和正确的形状。

2. 磨具的检验与保管

（1）磨具的检验

各种磨具技术条件和外形规格的检验均应根据相关的标准进行。在存入和提出库房时，应查看是否带有损伤或缺陷。一般检查磨具有无裂纹时，可用锤轻击，如响声沙哑而不清脆，即表示有裂纹存在。还须注意倒棱、缺角、端面不平等缺陷。磨具应无化学腐蚀、变质和受潮现象。有否清晰的标志和检验合格证。

（2）磨具的储运保管

储运和保管各种磨具，应防冻、防潮，仓库温度宜在5℃以上，相对湿度不应大于65%。磨具应按类型、规格、形状、尺寸分别放在专用箱中或架上。较小、较薄的砂轮可以叠放，高度不得超过0.5m。树脂、橡胶等胶合剂砂轮不得超过200mm，并不得与金属、切削刃具或油脂放在一起，树脂胶合剂磨具还不能与碱类放在一起。移运时应轻拿轻放，防止震动，不可碰撞、冲击和摔抛并严禁利用磨具自身滚动来传送。

直径大于350mm以上或较厚的砂轮不得叠放，可直立于料架上并加以固定。直径小于25mm的砂轮可用纸盒包装或用绳索串起来进行保管。细度、软质、锐边、薄片砂轮，应在层间衬垫纸板叠放料架上，不可过高。

菱苦土、树脂、橡胶胶结的磨具，存储期为一年，越期应经检验合格后使用。这类薄片磨具，应分层插入金属片并压以重物，以防止相互黏结或弯曲。

各种磨具须装箱运输，并应加有锯屑或其他有弹性的衬垫。

阅读材料

磨具中常见结合剂介绍

1. 树脂结合剂（B）

结合剂本身弹性好，有抛光作用，高温下结合剂易烧毁。树脂磨具自锐性能良好，不易堵塞；一次修整后很少再修整，磨削效率高，磨削粗糙度低，磨削温度低，由于树脂结合剂磨具的优越性能，其在超硬磨料磨具中使用广泛。树脂金刚石磨具用于硬质合金刀具及钢结硬质合金工件及部分非金属材料的半精磨、精磨。树脂立方氮化硼磨具主要用于高钒高速钢刀具的刃磨，工具钢、模具钢、不锈钢、耐热合金刚工件的半精磨、精磨等。

2. 陶瓷结合剂（V）

陶瓷结合剂强度较高，耐热性能好，切削锋利，磨削效率高，磨削过程中不易发热和堵塞，热膨胀量小，易控制加工精度，且容易修整。陶瓷结合剂磨具一般用于粗磨、半精磨，接触面积较大的成型磨削，超硬磨料烧结体的磨削等。

3. 金属结合剂（M）

金属结合剂分青铜结合剂和电镀结合剂两种。青铜结合剂刚性好、强度高，耐磨性好、使用寿命长、形状保持性好，能承受较大的负荷。但其自锐性差，容易堵塞发热、修整困难。青铜结合剂金刚石磨具主要用于玻璃、陶瓷、石材、混凝土、半导体材料和超硬材料等金属材料的粗、精磨和切割，少量用于硬质合金的粗磨和成形磨削及各种材料的珩磨。电镀结合剂主要适用于制作形状复杂的成型磨具、小磨头、套料刀、切割刀、切割锯片、电镀铰刀以及用于高速磨削方式之中。

4. 电镀结合剂

强度更高，其磨具磨料层薄，磨粒密度高，砂轮表面切割锋利，磨削效率高，经济效益好，不需要修整，但磨具寿命短。电镀结合剂主要适用于制作形状复杂的成型磨具、小磨头、套料刀、切割刀、切割锯片，电镀铰刀以及用于高速磨削方式之中。

5. 橡胶结合剂

由天然或合成橡胶与配合剂作成的结合剂。

技能检测

影响库内水泥质量的案例

公司自 2010 年开始租赁经营一条 1000t/d 水泥生产线，水泥出厂质量相对稳定，2011 年 6 月，在水泥出库过程中突然发现有结块现象，导致公司水泥无法出厂，生产和销售工作都处于非常被动的局面。

请思考：本案例中出现了水泥结块现象的原因何在?

项目小结

本项目从述作为建筑材料用的非金属矿物制品入手分析，阐述了水泥、玻璃、防水保温材料等产品的流通管理知识，并简单介绍无机纤维、石墨碳、云母片等几种常见的工业及日用非金属矿物制品。

通过学习，要求学生基本掌握以上几大类产品的重要质量指标要求和相应的流通管理技术，并了解它们的基本定义及分类命名情况。

复习思考题

1. 水泥产品如何分类?
2. 代号 P·I、P·Ⅱ、P·S、P·P、P·F、P·C 各代表什么水泥?
3. 试列出硅酸盐水泥的主要质量指标。
4. 如何防止水泥的受潮变质?
5. 比较石油沥青和煤焦油沥青的性能。

6. 石油沥青牌号划分的依据是什么？石油沥青的标号是由什么决定的？

7. 什么叫安全玻璃？安全玻璃有哪些主要的品种？

8. 玻璃在流通过程中的损失体现在哪些方面？

9. 什么是玻璃纤维？其有何特点？

10. 如何进行磨具的检验与保管？

项目七　机械设备

知识目标

了解常用机械设备的种类、型号、性能及用途。

技能目标

能识别各类机械设备。

任务一　泵及真空设备

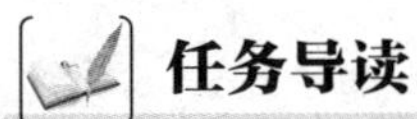

任务导读

真空泵在石油化工行业中的应用

气体回收、瓦斯气体回收、燃气升压、强化的石油回收、气体收集、原油稳定化、原油真空蒸馏、排气压缩、蒸汽回收/气体升压、过滤/除蜡、尾气回收、聚酯生产、PVC生产、氯气包装、循环气压缩、变压吸附（PSA）、液氯生产、乙炔与氢气等易燃易爆气体压缩、原油减压蒸馏中的塔顶真空系统、真空结晶与干燥真空过滤、各种物料的真空输送。

任务分析

泵是一种将原动机（电动机或内燃机）的机械能转变为液体的势能和动能来达到输送液体或使其增加压力的通用机械。泵的用途广泛，是农业排灌和城市排水中的关键设备，是机器上的液压系统、冷却系统、润滑系统中的重要元件。在机械制造、冶金、电力、石油、化工和造纸等工业部门的生产中普遍使用。

知识链接

泵及真空设备

泵按工作原理分为叶片泵、容积泵和其他类型泵；按输送介质可分为清水泵、污水泵、杂质泵、泥浆泵、油泵、耐酸泵、耐碱泵、液氨泵和液态金属泵；按用途分为工业用泵和农业用泵等。

泵的性能参数主要有流量和扬程，此外还有轴功率、转速、效率等。流量是指单位时间内通过泵出口输出的液体量，一般采用体积流量；扬程是单位重量输送液体从泵入口至出口的能量增量，用高度 m 计量；转速是指单位时间内泵轴回转的次数；功率是指泵在单位时间内所做的功；轴功率是指泵在给定流量和扬程条件下运转时原动机输送给泵轴上的功率；泵的效率不是一个独立性能参数，它可以由别的性能参数如流量、扬程和轴功率按公式计算求得。反之，已知流量、扬程和效率，也可求出轴功率。

泵应储存在仓库内，并保持储存环境的干燥、通风，防水湿、防潮，不得与易潮解、易腐蚀商品混存，远离产生有害气体、粉尘的工厂。储存期不应超过一年半。

一、容积泵

容积式泵是依靠工作元件在泵缸内作往复或回转运动，使工作容积交替地增大和缩小，以实现液体的吸入和排出。工作元件作往复运动的容积式泵称为往复泵，作回转运动的称为回转泵。这里主要介绍往复泵。

（一）往复泵的分类

按传动方式分为动力往复泵、直接作用往复泵、手动往复泵等；按活塞构造型式分为活塞式往复泵、柱塞式往复泵、隔膜式往复泵等；按泵的作用方式分为单作用往复泵、双作用往复泵、差动泵。

另外，按泵缸数目分有单缸、双缸和多缸往复泵；按缸位置分有卧式泵和立式泵等。

（二）往复泵的用途

往复泵适用于高压力和小流量情况下输送清洁的液体或气液混合物。往复泵的主要用途或其适用介质如表 7-1 所示。

表 7-1　　主要用途或主要适用介质的往复泵（JB4134—85）

泵名	现用代号	泵名	现用代号	泵名	现用代号
船 用 泵	C	液 氨 泵	YA	硅酸铝胶液泵	LY
水 泵	S	热 油 泵	R	试 压 泵	SY
氨 水 泵	AS	锅炉给水泵	G	注 水 泵	Z

续 表

泵名	现用代号	泵名	现用代号	泵名	现用代号
油 泵	Y	去离子水泵	QL	蒸汽冷凝泵	ZY
泥 浆 泵	N	催 化 剂 泵	CJ	水 隔 泵	SG
煤 浆 泵	M	化 工 泵	H	油 隔 泵	YG
料 浆 泵	LJ	炉灰和水料泵	HJ	醋酸铜氨液泵	TY
氟利昂泵	F	计 量 泵	J		
硝 酸 泵	XS	氨基甲酸铵泵	JA		

（三）往复泵的型号编制方法（GB11473—89）

1. 表示方法

往复泵的型号表示方法如图 7－1 所示。

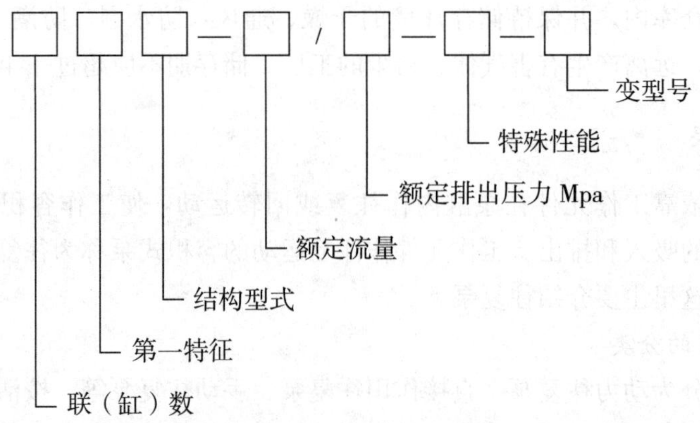

图 7－1　往复泵的型号表示方法

2. 代号说明

（1）联（缸）数

用数字表示，单联（缸）不表示。

（2）第一特征

指泵的驱动方式、输送介质、结构特点、功能及主要配套五类中选出最能代表泵的一个特征，如表 7－2 所示。

（3）结构型式

L 表示立式，M 表示隔膜，其他不表示。

（4）额定流量

计量泵与试压泵为 L/S；手动泵为 ml/次；其他泵为 m^3/h。

（5）额定排出压力

多联泵单独列出各联缸的额定流量和额定排出压力，多联参数用逗号分开。

（6）特殊性能、变型号

泵的特殊性能用字母表示，如表 7－3 所示。变型号用数字表示。

表 7－2　　泵的第一特征

泵种	类别	第一特征	代号	意义	泵种	类别	第一特征	代号	意义
泵（汽）动泵	—	输水	QS	气（汽）水	一般机动泵	化工泵和清水泵	液氨	A	氨
		输油	QY	气（汽）油			氨水	AS	氨水
		其他	Q	气（汽）			催化剂	CJ	催剂
电动泵		—					氟利昂	F	氟
液动泵		液动	YD	液动			氨基甲酸铵	JA	甲铵
试压泵		电动	DY	电压			硅酸铝胶液	LY	铝液
		手动	SY	手压			去离子水	QZ	去子
计量泵		计量	J	计			水	S	水
水动泵		手动	SD	手动			醋酸铜氨液	TY	铜液
一般机动泵	杂质泵	隔膜	KM	颗膜			硝酸	X	硝
		油隔离	KY	颗油			油	Y	油
		水隔离	KS	颗水		其他泵	蒸汽冷凝液	ZN	蒸凝
		水冲洗	KC	颗冲			船用	CJ	船
		柱塞	KZ	颗柱			上充	SC	上充
		活塞	KH	颗活			注水	ZS	注水
							增压	ZY	增压

表 7－3　　泵的特殊性能

特殊性能	字母代号	意义
防 爆	B	爆
防 腐	F	腐
调节流量	T	调
保温夹套	W	温

3. 型号示例

（1）SYL－22/5

表示单缸立式手动试压泵，额定流量为 22ml/次、额定排出压力为 5MPa。

（2）3J－2×2500/1，40/0.6－T1

表示三联卧式电动计量泵，第一、第二联额定流量为 2500m^3/h，额定排出压力为 1MPa。第三联额定流量为 40m^3/h，额定排出压力为 0.6MPa，可调节流量，第一次变型。

二、叶片式泵

（一）叶片泵分类

叶片泵又称动力式泵，这种泵都有带叶片的叶轮、泵吸入室和压出室三个过流部件。

叶片泵是一种使用面广量大的机械设备。由于应用场合、性能参数、输送介质和使用要求的不同，叶片泵的品种及规格繁多，其结构呈各种各样的形式。按泵轴的工作位置可分为横轴、立轴和斜轴泵；按采用叶轮的型式可分为离心泵、混流泵和轴流泵；按压出室型式可分为蜗壳式和导叶式泵；按吸入方式可分为单吸式和双吸式泵，或按叶轮个数分为单级泵和多级泵。

（二）叶片泵的特点和应用

1. 特点

运转平稳、噪声小、流量稳定、体积小、质量轻、油压较高。缺点是对油液污染较敏感，加工精度要求高，成本也高。

2. 应用

常用于功率较大的液压系统，通常采用的叶片泵属于中压系列。

（三）叶片泵的型号编制

泵型号表明泵的结构类型、大小和性能，其编制方法尚未完全统一，故在泵样本及使用说明书中，皆需对该泵型号的组成和含义加以说明。目前我国多数泵的结构类型及特征，在泵型号中是用汉语拼音字母表示的。表 7－4 给出了泵型号中某些字母通常所代表的意义。该表中的字母皆为描述泵结构类型或结构特征的汉字第一个注音字母。但有些按国际标准设计的泵或从国外引进的泵，其型号除少数为汉语拼音字母外，一般为表示该泵某些特征的外文缩略语。如 IS 和 IB 均代表符合有关国际标准（ISO）规定的单级单吸悬臂式清水离心泵；IH 代表符合 ISO 标准的单级单吸式化工泵；引进泵的型号 DSJH 和 RS 则分别代表单级双吸两端支承式离心石油化工流程泵和两级立轴船用离心泵。

表 7－4　　泵型号中的汉语拼音字母及其意义

字母	意义	字母	意义
B	单级单吸悬臂式离心泵	QS	充水上泵式潜水泵
D	节段式多级泵	QY	充油上泵式潜水泵
DG	节段式多级锅炉给水泵	R	热水泵
DL	立轴多级泵	S	单级双吸式离心泵
DS	首级用双吸叶轮的节段式多级泵	WB	微型离心泵
F	耐腐蚀泵	WG	高扬程横轴污水泵

续　表

字母	意义	字母	意义
HD	导叶式混流泵	Y	油泵
HW	蜗壳式混流泵	YG	管道式油泵
JC	长轴深井泵	ZLB	立轴半调节式轴流泵
KD	中开式多级泵	ZLQ	立轴全调节式轴流泵
KDS	首级用双吸叶轮的中开式多级泵	ZWB	横轴半调节式轴流泵
NDL	低扬程立轴泥浆泵	ZWQ	横轴全调节式轴流泵
QJ	井用潜水泵	ZB	自吸式离心泵
QX_D	单相干式下泵式潜水泵		

泵型号除有上述字母外，还用一些数字和附加的字母来表示该泵的大小及性能。例如图 7－2 和图 7－3 所示。

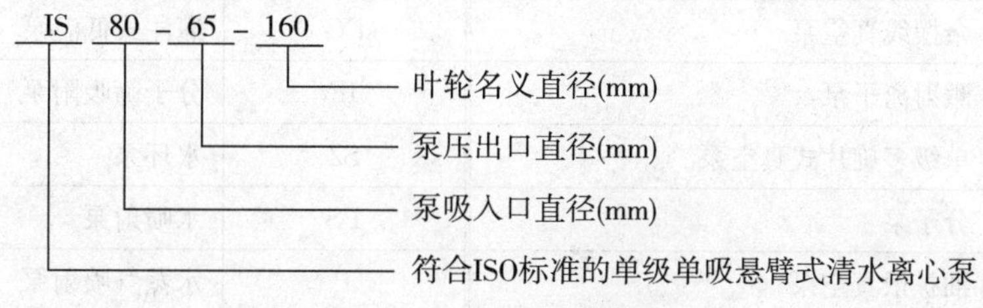

图 7－2　叶片泵型号说明

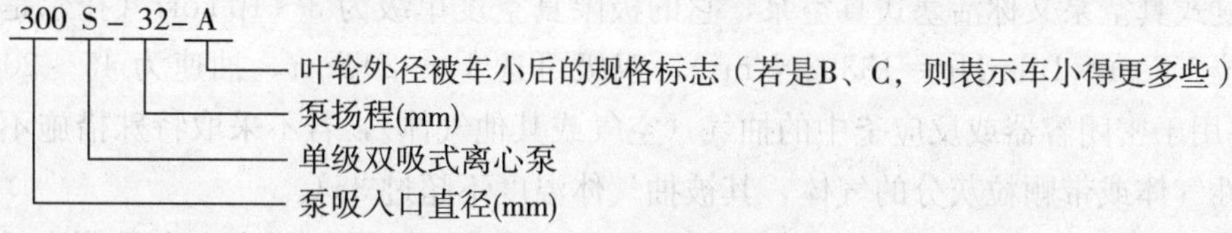

图 7－3　叶片泵型号说明

三、通用真空应用设备

人们通常把能够从密闭容器中排出气体或使容器中的气体分子数目不断减少的设备称为真空获得设备或真空泵。

随着真空应用技术在生产和科学研究领域中对其应用压强范围的要求越来越宽，大多需要由几种真空泵组成真空抽气系统共同抽气后才能满足生产和科学研究过程的要求，因此选用不同类型真空泵组成的真空抽气机组进行抽气的情况较多。

根据中华人民共和国机械行业标准 JB/T7673—95 的规定，国产各种真空泵是由基本型号和辅助型两部分组成，两者中间为一横线。其表达型式为 123—456。格中数字 123 表示基本型号，456 表示辅助型号。

国产真空泵的型号通常以表 7－5 中的汉语拼音字母来表示。若在拼音字母前冠以“2”字，则表示泵在结构上为双级泵。

某些真空泵系列对其抽气速率则以几何级数来分挡。其单位是“L/S”。共分 18 个等级，分别为 0.2，0.5，1，2，4，8，15，30，70，150，300，600，1200，2500，5000，10000，20000，40000。真空泵系列有时也可用泵的入口尺寸来表示，其单位是“mm”。

表 7－5　常用真空泵的汉语拼音代号及名称

代　号	名　称	代　号	名　称
W	往复真空泵	Z	油扩散喷射泵（油增压泵）
D	定片真空泵	S	升华泵
X	旋片真空泵	LF	复合式离子泵
H	滑阀真空泵	GL	锆铝吸气剂泵
ZJ	罗茨真空泵（机械增压泵）	DZ	制冷机低温泵
YZ	余摆线真空泵	DG	灌注式低温泵
L	溅射离子泵	IF	分子筛吸附泵
XD	单级多旋片式真空泵	SZ	水环泵
F	分子泵	PS	水喷射泵
K	油扩散真空泵	P	水蒸气喷射泵

（一）往复式真空泵

往复式真空泵又称活塞式真空泵，它的极限真空度单级为 3～10Torr（托尔是大气压力的单位 1Torr＝1mmHg＝133.3N/m^2），双级可达 10～20Torr，抽速为 45～20000m^3/h，主要用于密闭容器或反应釜中的抽气（空气或其他气体），若不采取特殊措施不适宜抽除腐蚀性气体或带颗粒灰分的气体，其被抽气体温度不超过 35℃。

当被抽气体含有灰尘时，在进气管必须装设过滤器；被抽气体中含大量蒸汽时，必须在进气管前装设冷凝器；被抽气体中含有腐蚀性气体时，在进入真空泵前必须加中和装置；被抽气体温度超过 35℃时，应加冷却装置；被抽气体中含大量液体时，必须在进气管前装置分离器；泵的启动电流往往超过额定值的几倍，必须配用启动开关。

W 型往复式真空泵广泛用于炼油、颜料、塑料、肥皂、食品、制糖、制药、农药、化工等方面的真空蒸馏、蒸发结晶、干燥过滤、建筑方面的混凝土作业、冶金工业中的真空除气以及其他部门需要的低压、低温作业。例如，W－150 往复式真空泵，“W”表示往复真空泵；“150”表示抽气速度 150（L/S）。

（二）罗茨真空泵

罗茨真空泵：泵内装有两个相反方向同步旋转的双叶形或多叶形的转子，转子间、转子同泵壳内壁之间均保持一定的间隙。它在真空系统中起增压的作用，故又称机械增压

泵。罗茨真空泵不能直接将被抽气体排向大气，需与前级泵串联使用，由前级泵排向大气。主要应用于食品、医药等工业的蒸馏、蒸发、干燥等生产。

按JB/T7674—1995作为主泵的罗茨真空泵，有ZJ型普通罗茨真空泵和ZJB型带旁通阀罗茨真空泵，前者须在系统被前级泵抽到罗茨真空泵允许启动压力时才能启动ZJ型罗茨真空泵工作，因此，机组进口处装有电接点真空表，以此来控制ZJ型罗茨真空泵的工作压力范围，不使ZJ型罗茨真空泵过载和过热，后者由于ZJB型带旁通阀罗茨真空泵在较高入口压力时运转不发生过载和过热，因此，机组进口处不一定装置电接点真空表，ZJB型罗茨真空泵可以在前级泵工作后，根据系统的实际情况来决定它的启动压力，不需要严格控制，由于ZJB型罗茨真空泵的这一特点，因此机组操作更为方便可靠，且对系统具有比选用ZJ型罗茨真空泵作为主泵时更佳的抽气性能。

如JZJP型罗茨水喷射真空机组就是由罗茨泵（又称机械增压泵）和水喷射泵组成，其中罗茨泵为主泵（包括中间泵），水喷射泵为前级泵，用全塑卧式水喷射真空机组作为前级泵，可抽腐蚀性气体，一级罗茨泵极限真空可达150Pa，二级罗茨泵极限真空可达25Pa。机组广泛应用于真空干燥、真空蒸馏、真空浓缩等，在冶金、石油化工、造纸、食品、电子工业部门得到广泛的应用。JZJP型罗茨水喷射真空机组型号如图7-4所示。

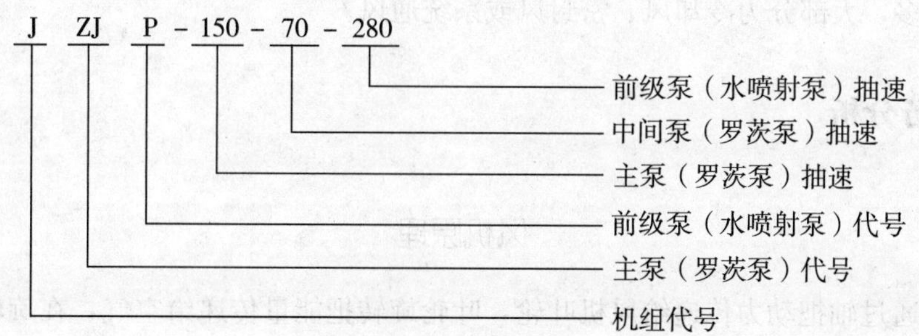

图7-4　JZJP型罗茨水喷射真空机组型号说明

阅读材料

真空泵保养注意事项

1. 保养

（1）应该常注意油位及油的洁净程度，新泵工作150小时换油一次，以后每2～3月换油一次。如果使用条件不好，真空下降时，可缩短换油时间。

（2）应保持泵及泵房的干燥清洁。

（3）经常注意冷却水和油的温度，最高不得超过85℃，冷却水进水温度不超过30℃，出水温度不超过45℃，且保持水质清洁。

2. 注意事项

（1）润滑油应用机械真空泵油（即石油部门规定的SY1634—76，1号真空泵油，其代号 KK—1），否则达不到真空的要求。

（2）如果长期不用，则必须每隔 7～10 天开泵一次，开泵时间约 1 小时，以免泵内锈蚀。

任务二　风机和制冷设备

任务导读

离心式风机在电厂中的应用

热电厂中，风机被广泛应用在锅炉的烟风系统和制粉系统中，用于输送空气、烟气和空气煤粉混合物等，主要有送风机、引风机、一次风机和返料风机。普通煤粉炉大的风机有引风机（抽取烟气，保持炉内负压）、送风机（供给燃料燃烧所需要的风量）、一次风机（携带煤粉进入炉膛燃烧并保证初期燃烧所需风量），普通湿法脱硫系统中有增压风机（提高烟气压力，通过脱硫塔），循环流化床锅炉有流化风机（保证床料返料时流化），其余小风机还有很多，大部分为冷却风、密封风或系统通风。

任务分析

风机原理

电动机通过轴把动力传递给风机叶轮，叶轮旋转把能量传递给空气，在旋转的作用下空气产生离心力，空气延风机叶轮的叶片向周围扩散，此时，风机叶轮越大，空气所接受的能量越大，也就是风机的压头（风压）越大。如果将大的叶轮割小，不会影响风量，只会减小风压。如果将一个叶轮外缘加大，风压就会加大，而风量不会改变。但是这两种情况都会改变轴功率。

知识链接

一、风机

（一）风机的概念和用途

风机是输送或压缩气体的机械，它将原动机的机械能转变为气体的压力能和动能。

风机是应用极广的一种通用设备。广泛用于各工业部门降温、排尘、换气和输送各种气体，粒状、粉末材料。如矿井和隧道的通风换气；锅炉的引风和鼓风；纺织厂的排尘；电站冷却塔的冷却通风；天然气和石油气的输送；火力发电厂的送风助燃和煤粉向炉内的

吹风等。也广泛应用于各种建筑物的通风、排尘和换气。

（二）风机的分类

风机的分类有很多种，按原理分为离心风机、回转风机和轴流风机；按用途分为一般用途风机和特殊用途风机；按压力分为低压、中压、高压风机。目前广泛使用的是离心风机。

（三）风机的主要参数

1. 流量

是指风机在单位时间内吸入气体的体积或重量。体积流量用 Q 表示、重量流量用 G 表示。

2. 全压力 P

也称风压，简称全压。表示 1 立方米气体经过风机所增加的全部能量。

3. 全压系数 $\bar{p}$

全压系数是计算全压力的比例系数。风机的全压力与气体密度，叶轮周边的圆周速度成正比。全压系数与叶轮的结构有关，叶轮结构不同，风机的全压系数也不同。

4. 比转数 ns

指的是相似群风机种模型风机在最优工况下的转速，此时流量为 1，全压力为 9.8Pa。它是风机的一个重要综合性能参数，高比转速的风机流量大而全压小，低比转速风机流量小而全压高。

（四）离心风机的组成

离心通风机的组成包括叶轮、进风口、机壳、机座和出风口（见图 7－5）。叶轮是离心通风机的受压和转动部件，通过叶轮将原动机的机械能转变为气体的流速和压力的提高。叶轮由轮毂、前轮盘、后轮盘和叶片组成。叶片有前弯型、后弯型和径向型三种。叶轮有左右旋之分，即观察者站在电动机一端，叶轮顺时针转为右旋，逆时针为左旋。叶轮与轴配合后装在机壳内，从而构成气体的流道，机壳沿径向呈蜗壳形，流道的断面渐渐扩

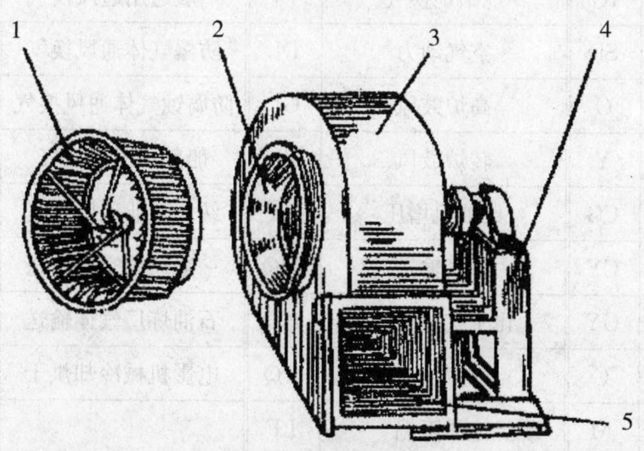

图 7－5　离心通风机组成

1—叶轮；2—通风口；3—机壳；4—机座；5—出风口

大，其终端有不同位置的出风口。机壳的一侧或两侧（轴向）有进风口。少数离心通风机还有进风箱（又称进风室），进风箱附于机壳侧面，构成径向进风。其进风口位置用进风箱方向角表示。风机外壳、轴及轴承座等均装在机座上。

（五）离心风机的型号编制

1. 表示方法

离心通风机的名称型号表示方法如图 7－6 所示。

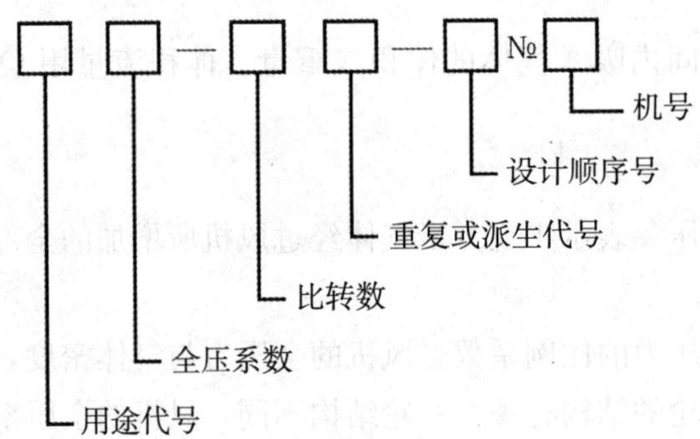

图 7－6　离心风机的型号表示方法

2. 代号说明

（1）用途代号

风机的用途代号详见表 7－6。

表 7－6　　**风机产品用途代号**

用途类别	代号	用途类别	代号	用途类别	代号
微型电动吹风	DD	热风吹送	R	空气调节	KT
矿井主体通风	K	高温气体输送	W	工业冷却水通风	L
矿井局部通风	KJ	烧结炉换气	SJ	一般通用通风换气	T（省）
隧道通风换气	SD	空气动力	DL	防爆气体通风换气	B
锅炉通风	G	高炉鼓风	GL	防腐蚀气体通风换气	F
锅炉引风	Y	转炉鼓风	ZL	船舶用通风换气	CT
船舶锅炉通风	CG	柴油机增压	ZY	纺织工业通风换气	FZ
船舶锅炉引风	CY	煤气输送	MQ	一般通用空气输送	T（省）
工业用炉通风	GY	化工气体输送	HQ	石油炼厂气体输送	YQ
排尘通风	C	天然气输送	TQ	电影机械冷却烘干	YJ
煤粉吹送	M	凉风降温	LF		
谷物粉末输送	FM	冷冻	LD		

（2）全压系数

是以 P×10 计算后，化整数值表示。当全压系数大于 1 时，可用两位数字表示。当两叶轮为串联结构型式时，用 2×压力系数表示。

（3）比转数

用两位整数表示。若为两个叶轮并联结构或单叶轮双吸结构时，则用 2×比转数表示。

（4）产品派生型或重复型代号

以Ⅰ、Ⅱ、Ⅲ……顺序表示，无内容不标。

（5）设计顺序号

若有重大修改时，用阿拉伯数字 1、2、3……表示。

（6）机号

用叶轮直径表示，化整数值或尾数带 1/2 表示。单位为 dm。

上述 1～5 项表示风机型式，机号表示风机品种。

3. 名称型号示例

（1）Y4－2×80№26

表示电站锅炉离心引风机全压系数为 0.4，双吸结构，比转数为 80，叶轮直径为 2600mm。

（2）4－72№6

表示通用离心通风机全压系数为 0.4，比转数为 72，叶轮直径为 600mm。其中用途代号 T（通用）省略未标。

二、制冷设备

（一）制冷的基本概念

1. 制冷和冷源

（1）制冷

指从低于环境温度的空间或物体中吸取热量并将其转移给环境介质的过程。环境介质指自然界的空气和水。

（2）冷源

指低于周围环境温度的低温环境。冷源有两种：人工冷源和自然冷源。前者是以消耗能量为代价获得的冷源；后者是自然界存在的冷源泉，如冰、雪、地下水等。

2. 制冷机械

是各类制冷和制冷设备的统称。通常是指由下列机器和设备的一部分或全部所组成的制冷系统：压缩机、冷凝器、发生器、吸收器、储液器、节流机构、连接管理和蒸发器等。

3. 制冷剂和载冷剂

（1）制冷剂

指制冷系统中实现制冷循环（传递热量）的流动介质。

（2）制冷剂的分类

①按化学成分分类。

A. 无机化合物：氨、二氧化碳、水等。代号规定为R+7+分子量整数值。如氨的分子式为NH_3、分子量整数部分为17，其代号为R717。

B. 卤代烃（氟利昂）：是饱和碳氢化合物的氟、氯、溴衍生物的总称，即用氟（F）、氯（Cl）、溴（Br）等部分或全部取代饱和碳氢化合物中的氢而生成的新化合物的总称。其分子通式为$C_mH_nF_xCl_yBr_z$，且（$n+m+y+z=2m+2$），其代号为R（$m-1$）（$n+1$）（x），如有Br，则后加B，B后数字为Br原子数。当（$m-1$）$=0$时，将0忽略。如二氯二氟甲烷CF_2Cl_2：代号为R12；一氯二氟甲烷$CHClF_2$：代号为R22。

C. 混合工质：由两种或两种以上的制冷剂按一定比例相互溶解而成的溶合物。它又分共沸混合工质和非共沸工质。前者在恒定压力下其蒸发和冷凝温度、气相与液相成分均保持不变，而后者则均不能保持恒定。如R12/R22等。

D. 碳氢化合物（烃类）：烷烃类（如甲烷CH_4、乙烷C_2H_6）和链烯烃类（如乙烯C_2H_4、丙烯C_3H_6等）。前者代号的表示方法与氟利昂相同，如CH_4代号为R50、C_2H_6代号为R170。后者代号在R后先写一个“1”其余数字按氟利昂编号规则确定，如C_2H_4、代号为R1150，C_3H_6代号为R1270。

②按冷凝压力（PK）和蒸发温度（t_0）分：t_0为大气压下蒸发温度、PK为常温下冷凝压力，制冷剂按t_0、PK分三类。

A. 低压高温工质（$t_0>0$℃，PK$\leqslant$0.3MPa）：主要用于高温环境下空调系统的离心式制冷压缩机，如R11、R21、R113等。

B. 中压中温工质（$0>t_0>-70$℃，PK$\leqslant$2MPa）：主要用于空调、冰箱、小冷库、大型冷藏库等，如R717、R22、R500等。

C. 高压低温工质（$t_0<-70$℃，PK=2MPa～4MPa）：主要用于深冷设备或复叠式制冷装置的低温部分。复叠式制冷装置分高温和低温两部分系统，前者中的制冷剂蒸发使后者中的制冷剂冷凝，后者中的制冷剂的蒸发向冷却对象吸热制冷，二者用一个冷凝蒸发器联系起来。

（3）对制冷剂的主要要求

①标准大气压下蒸发温度要低、其饱和压力等于或略大于大气压力；

②在蒸发温度下有较大的汽化潜热，即汽液转化过程的吸热量；

③单位容积制冷量要大；

④临界温度要高以利冷凝高温下不分解、不燃烧、不爆炸；

⑤对金属材料无腐蚀，对人体无危害。

（4）载冷剂

①概念：载冷剂是一种在间接制冷系统中吸引被冷却空间中物体的热量，并将热量付给制冷系统蒸发器的流体。故载冷剂又称冷媒。例如冰棒机常用盐水作载冷剂，盐水从蒸发器获得冷量，再传给冰棒模子中的水，水不断获得盐水传来的冷量而结冰。

②分类：按工作温度分为三类。

A. 高温载冷剂：适用于0℃以上的制冷循环，如水等。

B. 中温载冷剂：适用于－5℃～50℃的制冷循环，如盐水溶液（有氯化钠NaCl、氯化钙$CaCl_2$、氯化镁$MgCl_2$与水组成的溶液等）。

C. 低温载冷剂：适用于－50℃以下的制冷循环如二氯甲烷R－30（CH_2Cl_2）、三氯乙烯R－120（C_2HCl_3）、一氟三氯甲烷R—11（Cl_3F）等。

③对载冷剂的性能要求：

A. 无毒、化学稳定性较好、不易腐蚀金属。

B. 比热容大、载冷量大。

C. 使用温度范围内不凝固、不汽化。

D. 导热系数高、有利冷量传递。

E. 黏度和密度小、以降低流动阻力。

F. 价格便宜、容易获得。

4. 制冷的基本原理

众所周知，热量不能自发地从低温物体转向高温物体。在制冷过程中，人们用补偿能量的方法使热量由低温物体（或空间）传向高温物体（或空间）。目前，常用的能量补偿方法有两种：一是消耗功（机械能或电能）；二是消耗热能。

5. 常用制冷方式

（1）蒸汽压缩式制冷

是靠消耗机械能取得冷源的制冷方式。压缩机是能量补偿装置，其中活塞式蒸汽制冷压缩机应用最广。

（2）吸收式制冷

是靠消耗热量取得冷源的制冷方式。

（3）蒸汽喷射式制冷

也是依靠消耗热能取得冷源的制冷方式。

（4）半导体制冷

是利用半导体珀尔贴效应取得冷源的制冷方式。

（5）其他制冷方式

A. 空气压缩制冷：是利用气体被压缩冷却后突然减压、膨胀降温取得冷源的制冷方式。

B. 太阳能制冷：是利用太阳能作能源取得冷源的制冷方式。

（二）制冷机的用途、分类（见表 7－7）

表 7－7　　各种制冷机的主要用途

制冷机种类			常用制冷剂	适用温度℃	单机制冷量 104kcal/h	主要用途
压缩式制冷机	蒸汽压缩式	活塞式	NH_3、R12、R22、R13、R14、R502	－120 以上	全封闭 0.01～5	农业、医药卫生用的小型制冷设备、冰箱和空调器
					高速多缸型 0. 5～44	机械、化工、电子、建筑、商业中用的冷却、冷藏和空调设备
					对称平衡型 35～150	石油、化工工艺用冷却设备
		离心式	R11、R12、R113、R114、NH_3、C_3H_5、C_2H_6、CH_4	－160 以上	15～3000	石油、化工、纺织工业中工艺用冷却设备，大型建筑空调设备
		螺杆式	NH_3、R12、R22、R502	－80 以上	2～500	石油、化工、商业、交通运输中用的冷却、冷藏和空调设备
		滑片式滚动转子式	R12、R22、R502、NH_3	－30 以上	大型：1.5～58	商业、交通运输中的冷却和冷藏设备
					小型：0.01～1.5	商业中的小型制冷设备，冰箱和空调器
	气体压缩式	空气制冷机	空气	－150 以上	0.5～100	航空、电子仪表工业中的环境模拟和空调设备
		气体回热式	H_2、He	－100～－253	0.000043～2.15	液氮，液氦设备，红外技术、超导技术中的超低温设备
吸收式制冷机		氨水吸收式	NH_2-H_2O	－65 以上	0.9～600	化工工艺用的冷却设备
		溴化锂吸收式	$LiBr-H_2O$	0 以上	1.1～600	各种工业用空调和大型民用空调或工艺用低温水设备
		吸收扩散式	$NH_3-H_2O-H_2$	－20 以上	0.001～0.1	小型冰箱
蒸汽喷射式制冷机			H_2O	0 以上	3～300	冶金、纺织、化工中的空调和工艺用低温水设备
半导体制冷				－120 以上	0.001～3	医用和仪器用制冷器，舰艇中的冷却和空调

（三）制冷机的性能参数

1. 制冷工况

（1）试验工况

指制冷机械试验时的工作压力和温度等工况条件，通常在试验标准中规定。

（2）标准工况

指规定的一种制冷系统的工作条件（如蒸发温度、吸收温度、过冷温度、吸收过热温度等）。常用来作为比较制冷机性能的参考状态。

（3）名义工况

指与名义参数（通常规定在有关标准、产品铭牌功样本上）相应的温度条件。GB10871—89、GB10874—89 标准规定的小、中型活塞式单级制冷压缩机的名义工况如表 7－8 所示。

（4）空调工况

指规定的空调制冷系统的工作条件（蒸汽温度、吸气温度、冷凝温度、过冷温度）。

2. 制冷量

在规定工况下，单位时间内从被冷却的物质或空间中移动的热量。单位是 kcal/h 或 kJ/h 或 kW，换算公式为 1kW＝860kcal/h＝3600kJ/h＝3412Btu/h，1kcal≈4.2kJ≈4Btu，Btu 为英制热量单位，读作“白脱”。

3. 蒸发温度（吸入压力饱和温度）

指制冷剂在蒸发器中，在一定的蒸发压力下汽化时的温度（0℃）。常用制冷剂吸入压力饱和温度如表 7－8 所示。

4. 冷凝温度（排出压力饱和温度）

指制冷剂在冷凝器中，在一定的压力下由汽态变液态（即冷凝）时的温度。常用制冷剂排出压力饱和温度如表 7－8 所示。

表 7－8　　小、中型活塞式单级制冷压缩机名义工况

使用温度	制冷剂	吸入压力饱和温度	吸入温度	排出压力饱和温度			制冷剂液体温度		
				小型	中型		小型	中型	
					低冷凝压力	高冷凝压力		低冷凝压力	高冷凝压力
高温	R12	7		49	43		44	38	
	R22		18			55			50
中温	R12			43			38		
	R22	−7							
	R717		1	—		—	—		—
低温	R12				35	55		30	50
	R22	−23	5	43		—	38		—
	R502								
	R717		−15	—			—		

（四）常用制冷机

1. 活塞式单级制冷压缩机

（1）基本组成和特点

它是一种压缩和输送制冷剂的气体压缩机。它包括压气机构、驱动传动机构、冷却装置、润滑装置及控制系统。制冷压缩机过流部分的材料有防腐蚀要求，如当制冷剂为氟利昂时，忌铝，其过流部分需用铜或碳钢；为氨时，忌铜，则其过部分需用不锈钢或碳钢。制冷压缩机的吸气压力可反映制冷量的变化，故它可采用吸气压力调节排气量，进而控制调节制冷量。

（2）分类

①按压缩机与电机的结合方式分类，有开启式、半封闭式和全封闭式三种。开启式是二者用联轴节连接；半封闭式是二者共轴、且曲轴箱与电机外壳组成一个密封体；全封闭式是二者共轴且在同一全封闭壳体内。

②按压缩机级分类，有单级、双级机。双级采用于低温制冷工艺。两级压缩氨制冷，大多采用一级节流中间完全冷却循环。一级节流是指其冷凝氨液从冷凝压力经过一个节流阀节流到蒸发压力。中间完全冷却是指中间冷却后，中间压力的制冷蒸汽，被冷却至饱和蒸汽状态。两级压缩氟利昂制冷则大多采用一级节流中间不完全冷却循环。低压级压缩机排气不经中间冷却器，而是与中间冷却器产生的饱和蒸汽共同进入高压压缩机。高压级压缩机吸入的是过热蒸汽而不是饱和蒸汽。

③按汽缸直径分类，有小型、中型、大型活塞式单级制冷机。小型机缸径小于70mm、中型机缸径为70～170mm、大型机缸大于170mm。

④按汽缸布置型式分类，有卧式、直立式和角度式：其中角度式又分为V型、W型和S型。

（3）活塞式制冷压缩机及其机组型号编制方法

①全封闭活塞式压缩机型号（GB10079—88）如下。

A. 表示方法（见图7-7）：

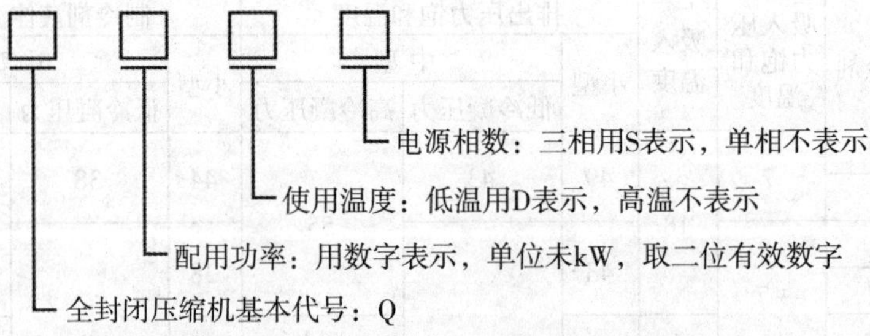

图7-7　全封闭活塞式压缩机型号表示方法

B. 型号示例：Q6.5D表示配用功率为6.5kW、低温用、单相电源的全封闭活塞式制冷压缩机。

②小型活塞式单级制冷压缩机型号（GB 10871—89）。

A. 表示方法（见图 7－8）。

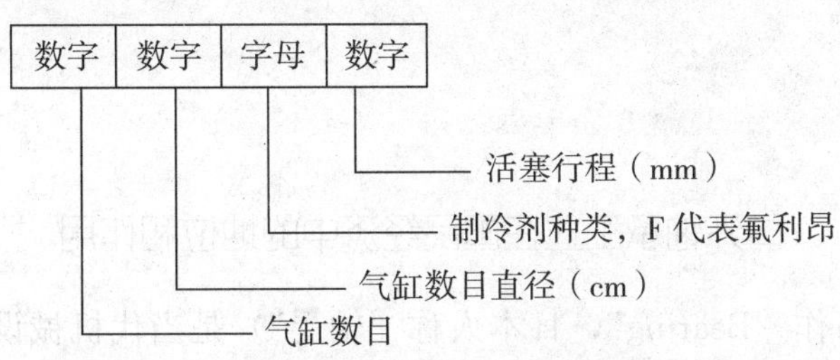

图 7－8　小型活塞式单级制冷压缩机型号表示方法

表 7－9　小型活塞式单级制冷压缩机的型式

汽缸数	2	3	4
布置型式	Z 型	Z、W 型	V 型

B. 型号示例：25F44 表示 2 缸（见表 7－9）、汽缸直径 50mm、制冷剂为氟利昂、活塞行程为 44mm 的直立型小型活塞单级制冷压缩机。

2. ZK－50 型组合冷库

（1）性能和用途

ZK－50 型组合冷库（ZK 表示组合冷库；50 表示库容量 $50m^3$）配有汽液分离器，可防止液压冲击。能自动调节库温，保持库温稳定。噪声小、能耗低、运转安全可靠。主要适用于工作温度－2℃～－10℃的工矿、商业、医院、宾馆等部门作肉食、蔬菜、瓜果的冷藏和冷冻用。

（2）组成和参数

主机为 B47－10Z 型半封闭、四缸单机、单级、单作用式冷凝机组。B 表示半封闭式；4 表示四缸单机；7 表示汽缸直径 70mm；10 表示电机功率 10kW；Z 表示中温。

（3）主要技术参数（见表 7－10）

表 7－10　ZK－50 型小冷库主要技术参数

$50m^3$（约 12 吨）	17.4kW（15000kcal/h）	－2℃～－10℃	R12	10kW	$5m^3/h$

阅读材料

新风机作用

简单来说新风系统就是将室外空气经过除尘、调温、调湿之后注入室内，置换室内混浊气体，保持室内外空气的流通，从而改善室内空气质量，提供人体健康所需的新鲜空气。通过该系统送入室内的新鲜空气会逐步替换室内污浊的空气，从而改善室内的空气质量。

任务三　通用零部件

任务导读

国外轴承工业在国民经济中的地位和作用

轴承（西方人写作“Bearing”，日本人称“轴受”）是当代机械设备中一种举足轻重的零部件，它的主要功能是支承旋转轴或其他运动体，引导转动或移动运动并承受由轴或轴上零件传递而来的载荷。按运动元件摩擦性质的不同，轴承可分为滚动轴承和滑动轴承两类。本书主要阐述与滚动轴承有关的内容，并约定简称为“轴承”。

任务分析

滚动轴承是采用滚动摩擦原理工作的支承件，具有摩擦力小、易于启动、升速迅速、结构紧凑、“三化”（标准化、系列化、通用化）水平高、适应现代各种机械要求的工作性能和使用寿命以及维护保养简便等特点。它广泛应用于工业（机床、矿山、冶金、石化、轻纺、电机、医疗、工程等机械和各类仪器、仪表上）、农业（拖拉机等农业机械）、交通运输（铁路机车、汽车、摩托车、船舶、飞机等）、国防（舰船、坦克、导弹等）、航空航天（卫星、火箭、宇宙飞船等）、家用电器（电风扇、洗衣机、吸尘器、录像机等）、办公机械（复印机、电脑硬盘驱动器等）和高科技（原子能、核反应堆等）等领域，与国计民生息息相关。全世界大约有80％的轴承应用于工农业机械、汽车、火车、飞机等运输设备中。各类主机的工作精度、性能、寿命、可靠性和各项经济指标，都与轴承有着密切的关系；尤其是由于科学技术的发展，各类主机对轴承提出了很多特殊的要求，这些要求反过来又促进了轴承工业的发展，使得相关产业研制和生产出许多特殊种类的轴承。轴承在国民经济发展和国防建设中的作用越来越突出，因此可以毫不夸张地说，轴承技术代表着整个世界工业的发展水平。

知识链接

一、轴承

（一）滚动轴承的基本概念

轴承是各种机器和仪器中的旋转轴或可动部位的支承部件。它对机器或仪器的性能质量及其正常工作起着重要的保证作用。人们常称它为机器的“关节”。

按照轴承工作时其相对运动表面的摩擦性质，将轴承划分为滚动轴承和滑动轴承两大

类型。

所谓滚动轴承，是指其相对运动表面的摩擦为滚动摩擦，它带有滚动体，滚动体与套圈之间的点或线接触表面是它的摩擦表面。

所谓滑动轴承，是指其相对运动表面的摩擦为滑动摩擦，它不带滚动体，轴瓦与轴颈的接触面是它的摩擦表面。

在负荷相同的情况下，滚动摩擦阻力比滑动轴承阻力要小得多。因此，滚动轴承比一般滑动轴承突出的优点是：摩擦系数小；转动灵活、效率高、节约动力；此外，它还具有旋转精度高、润滑油耗量少、对转速与负荷的适应范围大、标准化程度高、采购供应方便、主机便于维修等一系列的优点。它的不足之处是耐冲击与耐重载能力较差、寿命较短、有噪声。但由于它优点突出，使它成为机器或仪器中的最主要的支承方式；成为由专业化轴承厂生产的高度标准化的配件。

（二）滚动轴承的基本构造图

滚动轴承有向心轴承和推力轴承两种典型构造，如图 7－9 所示。

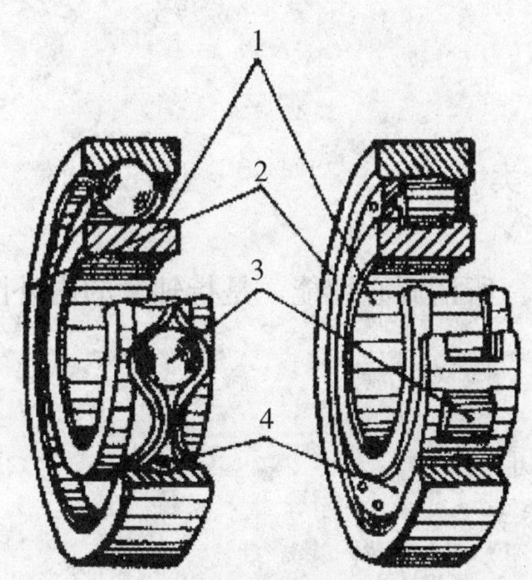

图 7－9　滚动轴承的构造

1—内圈；2—外圈；3—滚动体；4—保持架

向心轴承是用以承受径向负荷的一种轴承。它由内圈、外圈、滚动体和保持架四件组成。外圈的内表面和内圈的外表面是滚动体的滚道。滚动体在其间运动，保持架将滚动体彼此间离，使滚动体沿滚道均匀分布，以免互相碰撞。通常内圈固定在轴颈上，随轴转动。外圈装配在轴承座或机座上，保持不动。但也有外圈旋转而内圈不动的，如马车轴承。

推力轴承是承受轴向负荷的一种轴承。它的紧圈相当于向心轴承的内圈，紧固在轴颈上，并随轴转动。它的活圈相当于向心轴承的外圈，装在轴承座或机座上，工作时不转动。

为了满足不同的工作要求，滚动体除了钢球之外，还有圆柱滚子、鼓形滚子、圆锥滚子、滚针和螺旋滚子等。

（三）滚动轴承的分类

滚动轴承有以下分类方法

1. 按负荷作用的方向分类

（1）向心轴承

主要用以承受径向负荷。

（2）向心推力轴承

能承受径向与轴向同时作用的联合负荷。

（3）推力轴承

主要用以承受轴向负荷。

2. 按滚动体形状分类

（1）球轴承

滚动体为钢球。

（2）滚子轴承

滚动体为滚子，包括圆柱滚子、鼓形滚子、滚针、圆锥滚子、螺旋滚子等。

3. 按滚动体的列数分类

（1）单列轴承

（2）双列轴承

（3）多列轴承

4. 按轴承的调心性能分类

（1）调心轴承

即具有调心性能的轴承。所谓调心性能，是指轴承的内外圈轴心线有一定偏角时，轴承仍能正常工作的性能。

（2）非调心轴承

即不具备调心性能的轴承。

（四）滚动轴承的基本参数

1. 额定寿命

它是指一批相同的滚动轴承，在相同的运转条件下，其中90%的疲劳扩展前所能运转的总转数。以符号L表示。

2. 额定动载荷

为了比较滚动轴承抵抗疲劳破坏的承载能力，规定滚动轴承在额定寿命为100万转（106r）时所能承受的最大负荷。以符号C表示，单位为牛顿（N）。

3. 额定静载荷

它是指套圈（垫圈）间相对转速为零，受载最大的滚动体与较弱套圈（垫圈）滚道接触处产生的塑性变形量之和是滚动体直径的万分之一时，作用在滚动轴承上的负荷。以符号C0表示，单位为牛顿（N）。

4. 极限转速

它是指滚动轴承在一定负荷和润滑条件下所允许的最高转速。以符号表示，单位为转/分（rpm）。

（五）滚动轴承代号的编制方法（GB/T272—93）

1. 表示方法

我国滚动轴承（以下称轴承）的代号是用字母和阿拉伯数字来表示产品的一种识别符号，用来描述和识别轴承的尺寸、结构、公差等级、技术性能等特征。并按需要打印在轴承的端面或其他非工作表面上。轴承代号的构成和排列格式见表 7－11。

表 7－11　　滚动轴承代号的表示方法

成套轴承分部件	类型代号	尺寸系列代号	内径代号	1	2	3	4	5	6	7	8
	滚针轴承类型代号	轴承配合安装特征的尺寸		内部结构	密封与防尘套圈变型	保持架及其材料	轴承材料	公差等级	游隙	配置	其他

2. 代号说明

表 7－12　　滚动轴承类型代号

0	双列角接触球轴承	6	深沟球轴承
1	调心球轴承	7	角接触球轴承
2	调心滚子轴承和推力调心滚子轴承	8	推力圆柱滚子轴承
3	圆锥滚子轴承	N	圆柱滚子轴承（双列或多列用字母 NN 表示）
4	双列深沟球轴承	U	外球面球轴承
5	推力球轴承	QJ	四点接触球轴承

（1）基本代号

基本代号表示轴承的基本类型、结构和尺寸，是轴承代号的基础。

①类型代号：轴承类型代号用阿拉伯数字（以下称数字）或大写拉丁字母（以下称字母）表示，如表 7－12 所示。

②尺寸系列代号：尺寸系列代号由直径系列代号和宽（高）度系列代号组合表示，如表 7－13 所示。

表 7－13　　向心轴承、推力轴承尺寸系列代号

直径系列代号	宽度系列代号							高度系列代号			
	8	0	1	2	3	4	5	6	7	9	1	2
	尺寸系列代号											
7	—	—	17	—	37	—	—	—	—	—	—	—
8	—	08	18	28	38	48	58	68	—	—	—	—

续 表

直径系列代号	宽度系列代号								高度系列代号			
	8	0	1	2	3	4	5	6	7	9	1	2
	尺 寸 系 列 代 号											
9	—	09	19	29	39	49	59	69	—	—	—	—
0	—	00	10	20	30	40	50	60	70	90	10	—
1	—	01	11	21	31	41	51	61	71	91	11	—
2	82	02	12	22	32	42	52	62	72	92	12	22
3	83	03	13	23	33	—	—	—	73	93	13	23
4	—	04	—	24	—	—	—	—	74	94	14	24
5	—	—	—	—	—	—	—	—	—	95	—	—

直径系列是指相同内径的轴承有不同的外径和宽（高）度。宽（高）度系列是指相同内径和外径的轴承有不同的宽（高）度。轴承的尺寸系列是为了在一定范围内扩大轴承负荷的适应能力，以及适应安装空间尺寸的需要。

③内径代号：轴承内径代号如表 7－14 所示。

表 7－14　轴承内径代号

轴承公称内径（mm）		内径代号	示例
0.6 到 10（非整数）		用公称内径毫米数直接表示，在其与尺寸系列代号之间用“/”分开	深沟球轴承 618/2.5 d=2.5mm
1 到 9（整数）		用公称内径毫米数直接表示，对深沟及角接触球轴承 7、8、9 直径系列，内径与尺寸系列代号之间用“/”分开	深沟球轴承 625 618/5 d=5mm
10 到 17	10 12 15 17	00 01 02 03	深沟球轴承 6200 d=10mm
20 到 480（22，28，32 除外）		公称内径除以 5 的商数，商数为个位数，需在商数左边加“0”，如 08	调心滚子轴承 23208 d=40mm
大于和等于 500 以及 22，28，32		用公称内径毫米数直接表示，但在与尺寸系列之间用“/”分开	调心滚子轴承 230/500 d=500mm 深沟球轴承 62/22 d=22mm

（2）前置、后置代号

前置、后置代号是轴承在结构形状、尺寸、公差、技术要求等改变时，在其基本代号

左右添加的补充代号。

①前置代号：轴承前置代号用字母表示轴承结构的改变或轴承元件（即轴承代号表示的不是轴承，而是轴承元件），如表 7－15 所示。

表 7－15　　轴承前置代号

代　号	含　义	示　例
L	可分离轴承的可分离内圈或外圈	LNU 207 LN 207
R	不带可分离内圈或外圈的轴承（滚针轴承仅适用于 NA 型）	RNU 207 RNA 6904
K	滚针和保持架组件	K 81107
WS	推力圆柱滚子轴承轴圈	WS 81107
GS	推力圆柱滚子轴承座圈	GS 81107

②后置代号：轴承后置代号用字母（或加数字）表示轴承的 8 向改变内容，表 7－16 只列出一项内容，其余内容可查阅标准。

表 7－16　　密封、防尘与套圈形状变化代号（后置代号）

代号	含义	示例
K	圆锥孔轴承，锥度 1：12（外球面球轴承除外）	1210K
K 30	圆锥孔轴承，锥度 1：30	24122 K 30
R	轴承外圈有止动挡边（凸缘外圈）（不适用于内径小于 10mm 的向心球轴承）	3030 TR
N	轴承外圈上有止动槽	6210 N
NR	轴承外圈上有止动槽，并带止动环	6210 NR
－RS	轴承一面带骨架式橡胶密封圈（接触式）	6210－RS
－2RS	轴承两面带骨架式橡胶密封圈（接触式）	6210－2RS
－RZ	轴承一面带骨架式橡胶密封圈（非接触式）	6210－RZ
－2RZ	轴承两面带骨架式橡胶密封圈（非接触式）	6210－2RZ
－Z	轴承一面带防尘罩	6210－Z
－2Z	轴承两面带防尘罩	6210－2Z
－RSZ	轴承一面带骨架式橡胶密封圈（接触式）、一面带防尘盖	6210－RSZ
－RZZ	轴承一面带骨架式橡胶密封圈（非接触式）、一面带防尘盖	6210－RZZ
－ZN	轴承一面带防尘盖，另一面外圈上有止动槽	6210－ZN
－ZNR	轴承一面带防尘盖，另一面外圈上有止动槽并带止动环	6210－ZNR

续 表

-ZNB	轴承一面带防尘盖，同一面外圈有止动槽	6210—ZNB
—2ZN	轴承两面带防尘盖，外圈有止动槽	6210—2ZN
U	推力球轴承，带球面垫圈	53210 U

（六）轴承代号阅读

1. 代号阅读

①公差等级/P0级和游隙组为0组时省略。

②基本代号为三位或四位数字，且左起第一位是1、6、7，第二位是0、2、3、4，则第一位是类型代号，第二位左边加“0”（如是“0”，则加“1”）形成尺寸系列代号，剩下的是内径代号，如左起第一位是4，则第一位是类型代号，第二位左边加“2”形成尺寸系列代号，剩下的是内径代号；如左起第一、二位是32、33和22、23，则32、33是尺寸系列代号，类型代号为0且省略；22、23也是尺寸系列代号，类型代号为1且省略。剩下的是内径代号。

③基本代号为字母加三位数字，且字母后的第一位是2、3、4则字母为类型代号，第一位左边加“0”形成尺寸系列代号。剩下的是内径代号。

2. 代号示例

①6215表示

6——类型代号：深沟球轴承；（0）2——尺寸系列代号：宽度系列代号为0省略；直径系列代号为2；15——内径代号：内径等于75mm。

②GS81106表示

GS——前置代号：推力圆柱滚子轴承座圈；8——类型代号：推力圆柱滚子轴承；11——尺寸系列代号：宽度系列代号为1，直径系列代号为1；06——内径代号：内径等于30mm。

③1210K表示

1——类型代号：调心球轴承；（0）2——尺寸系列代号：宽度系列代号为0省略，直径系列代号为2；10——内径代号：内径等于50mm；K——后置代号：圆锥孔轴承，锥度1∶2。

（七）滚动轴承的保管

滚动轴承表面质量要求高，切不可受潮生锈，否则会影响使用精度，必须涂好防锈油脂，并用防潮纸封包，不要任意启封开拆，以免生锈。应存放在清洁干燥的库房内，堆放在货架上。长期存放时，拟在湿度低于65%、温度为20℃左右的条件下，存放在高于地面3m的架子上为宜。另外，保管场所应避开直射阳光或与寒冷的墙壁接触。用过的轴承应清洗掉油污，涂上润滑脂，装入塑料袋或用牛皮纸封好保存。轴承在出厂时均涂有适量的防锈油并用防锈纸包装，只要该包装不被破坏、轴承的质量将得到保证。

二、紧固件

紧固件包括螺纹紧固件及键、销等。它们都属于标准件。

（一）螺纹连接件

机器或部件上各零件之间，常用螺纹连接件来进行连接紧固。螺纹连接件包括螺栓、螺柱、螺母、垫圈等标准零件。螺纹连接件如图 7－10 所示。

螺纹连接的型式有螺栓连接、螺柱连接和螺钉连接等。

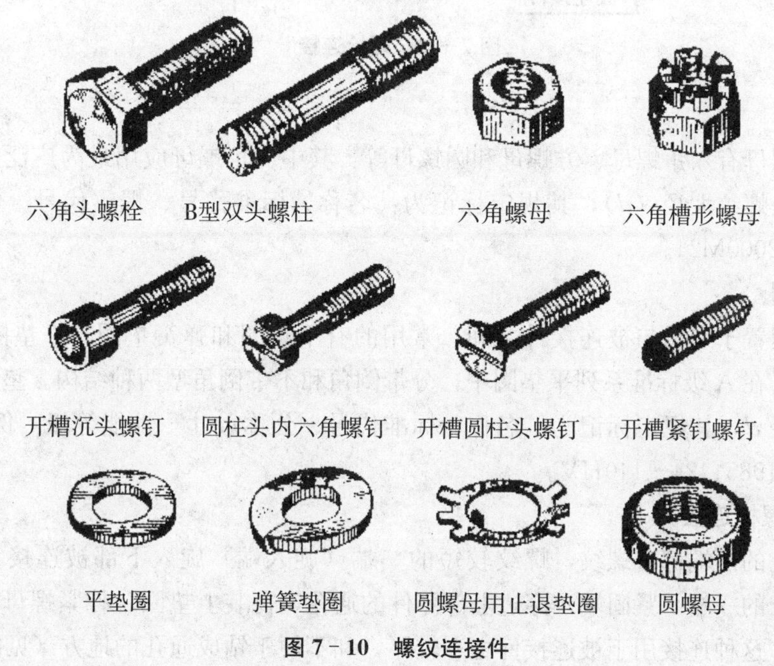

图 7－10　螺纹连接件

螺栓、螺柱和螺钉的材料可按不同的性能等级选取：3.6——低碳钢，4.6～4.8——低碳或中碳钢，8.8、9.8——中碳钢或低碳合金钢，10.9——中碳钢、低碳或中碳合金钢，12.9——合金钢。B 为材料的拉伸强度极限，S 为屈服极限，单位均为 MPa。

1. 螺栓连接

（1）螺栓

螺栓用来连接不太厚的可以钻成通孔的零件，它是将螺栓穿过被连接两零件的通孔，套上垫圈、再拧紧螺母，从而起连接的作用，这种连接称螺栓连接（见图 7－11）。螺栓由头部和杆身组成，常用的为六角头螺栓。螺栓的规格尺寸是螺纹大径（d）×螺栓长度（L），其规定标记为：名称、标准代号、螺纹代号×螺栓长度。

例如：螺纹规格 d=30mm、公称长度 L=98mm、性能等级为 10.9S、表面氧化的钢网架螺栓球节点用高强度螺栓的标记为：

螺栓、GB/T16939—1997、M30×98

其中 GB/T16939 表示型号；M30 表示螺纹规格 d=30mm；98 表示螺栓长度 L=98mm。

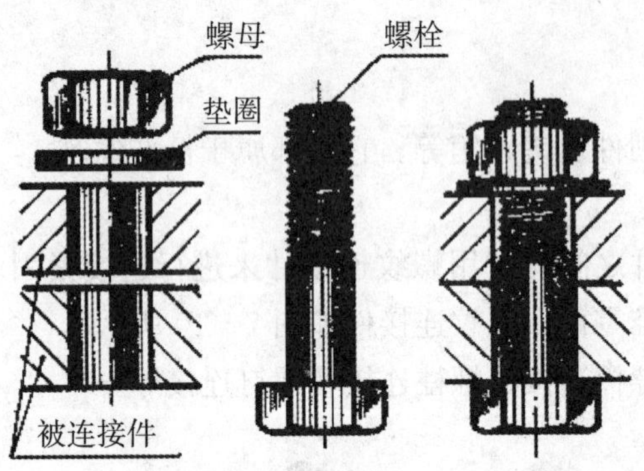

图 7－11　螺栓连接

（2）螺母

常用的螺母有六角螺母、方螺母和圆螺母等，其中六角螺母应用最为广泛。六角螺母的规格尺寸是螺纹大径（d），其规定标记为：名称、标准代号、螺纹代号。例如：螺母 GB/T6170—2000M24。

（3）垫圈

垫圈一般置于螺母与被连接件之间。常用的有平垫圈和弹簧垫圈。平垫圈有 A 和 C 级标准系列，在 A 级标准系列平垫圈中，分带倒角和不带倒角型两种结构。垫圈的规格尺寸为螺栓直径 d，其规定标记为：名称、标准代号、公称尺寸－性能等级，例如：垫圈、GB/T97.2—1985、24—140HV。

2. 双头螺柱连接

双头螺柱的两端都有螺纹，螺纹较短的一端（旋入端）旋入下部被连接零件的螺孔内；螺纹较长的一端（紧固端）穿过上部零件的通孔，再装上垫圈、拧紧螺母，这就是双头螺柱连接。这种连接用于被连接件之一较厚，和不便于钻成通孔的地方（见图 7－12）。

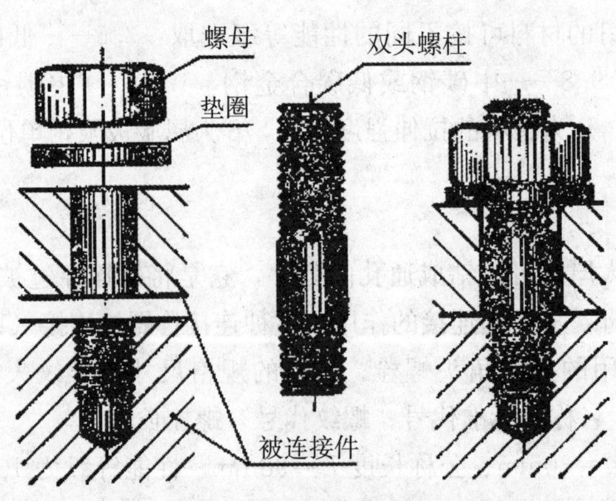

图 7－12　双头螺柱连接

旋入端的长度用 $L1$ 表示，其数值由带螺孔的被连接件的材料决定。双头螺柱分为 A

型（旋入端为粗牙、紧固端为细牙）和B型（两端均为粗牙）两种。

双头螺柱的规定标记示例如下。

如两端均为粗牙普通螺纹、d＝10mm、L＝50mm、$L1$＝1.25d、按B型制造的双头螺柱（较常用的为B型，B可省略不注）。可标记为：螺柱、M10×50、GB898—76。

如旋入端为粗牙普通螺纹，紧固端为螺距1mm的细牙普通螺纹，d＝10mm、L＝50mm、$L1$＝1.25d、按A型制造的双头螺柱。可标记为：螺柱、AM10—M10×1×50、GB898—76。

3. 螺钉连接

螺钉连接是将螺钉穿过被连接零件之一的通孔，与另一被连接零件的螺孔旋合。螺钉连接用于受力不大，又不经常拆卸的场合。

螺钉的种类、型式及标记

螺钉按其用途可分为连接螺钉和紧定螺钉两类。

连接螺钉用于受力不大和不经常拆卸的场合，它不需要与螺母配用，紧定螺钉用来防止两个相配零件产生相对运动。连接螺钉头部的型式有圆柱头、开槽沉头、圆柱头内六角等。紧定螺钉端部的型式有锥端、平端、圆柱端等，如图7-13所示。

螺钉的规定标记示例如下，如粗牙普通螺纹，d＝10mm、L＝50mm、性能等级为4.8级、不经表面处理的开槽沉头螺钉，可表示为：螺钉、GB68—85—M10×50；又如粗牙普通螺纹，d＝10mm、L＝30mm、性能等级为14H级、表面氧化的开槽锥端紧定螺钉。可表示为：螺钉、GB71—85—M10×30。

（二）键连接

为使轴和轮装在一起共同转动可预先在轴和轮孔表面加工出键槽，然后将键嵌入轴上的键槽，再将轴装入轮孔内，这种连接称为键连接（见图7-14）。

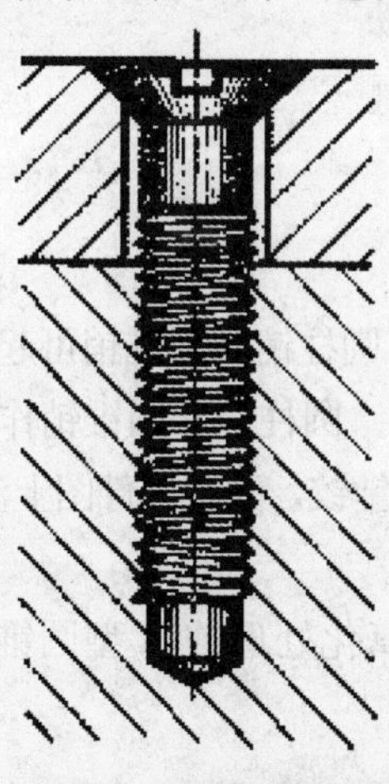

图7-13 螺钉连接

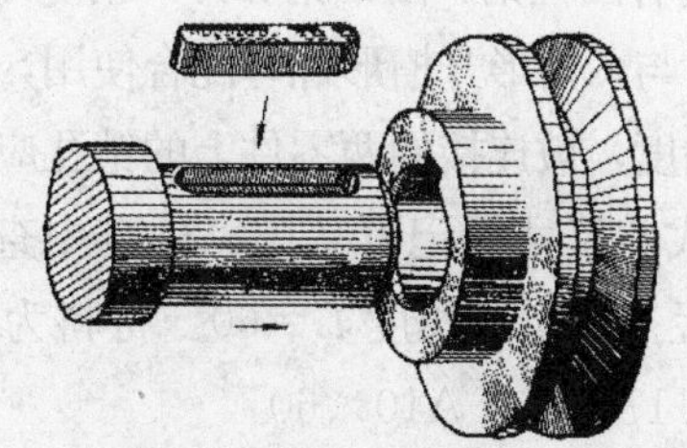

图7-14 键连接

常用的键有普通平键、半圆键和花键。

1. 普通平键

普通平键的型式有圆头（A型）、平头（B型）和单圆头（C型）三种。

键的宽度 b 和高度 h 通常可按被连接的轴的直径选取。长度 L 一般取轴径 d 的 1.5 倍，并按短于轮毂的长度选用标准系列值。键与键槽的尺寸可从国标中查出。

普通平键的标记示例如下所示。

圆头普通平键（A 型）b=18mm，h=11mm，L=100mm 可标记为：

键 A、18×100、GB1096—79

方头普通平键（B 型）b=18mm，h=11mm，L=100mm 可标记为：

键 B、18×100、GB1096—79

单圆头普通平键（C 型）b=18mm，h=11mm，L=100mm 可标记为：

键 C、18×100、GB1096—79

2. 半圆键

半圆键及其键槽的尺寸，可根据轴径 d 或键宽 b 从有关标准中查出。

半圆键 b=6、h=10、d=25、L=24.5 可标记为：

键、6×25、GB1099—79

3. 花键

花键又称为多槽键连接，轴和键制成整体，花键按齿形可分为矩形花键及渐开线形花键，矩形花键应用较广。花键轴称为外花键。花键孔称为内花键。花键连接常应用在传动扭矩大，要求同轴度和导向性好的部位，如图 7－15 所示。

内花键

外花键

图 7－15　花键

（三）销连接

常用的销有圆柱销、圆锥销和开口销等（见图 7－16）。圆柱销和圆锥销可起定位和连接作用。开口销常与六角形开槽形螺母配合使用，以防螺母松动。圆柱销和圆锥销作定位用时，为了保证定位精度，被连接的两零件上的销孔应在装配时一起钻铰，并在零件图上注明。

销的型式和尺寸标记可从国家标准中查出。

公称直径 d=10、长度 L=60、材料为 35 钢、表面氧化处理的 A 型圆锥销可标记为：

销、GB117－86、A10×60

（四）紧固件的保管

紧固件宜储存在干燥、通风、洁净、远离大气污染区的库房，库内二氧化硫的浓度不得超过 0.01%。储存适宜温度在 30℃以下，最高不超过 35℃，适宜相对湿度在 75%以下，最高不超过 80%。要注意保护紧固件表面镀层，防止剥落。没有镀层的都应涂防锈剂，注意纸盒包装完整，并堆放在货架上。搬运时要轻放，防止因包装破损受潮致锈。不

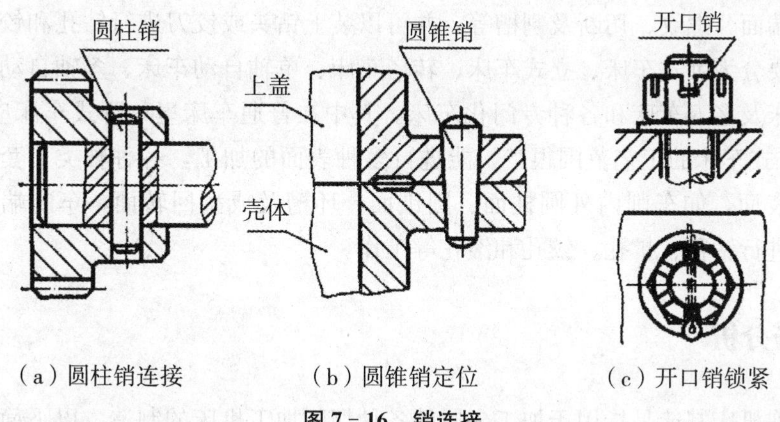

图 7－16　销连接

得与酸、碱、盐类物品及含水量大、易潮解、易散潮商品同库共储，安全储存期为1年。

螺栓应清除污垢及金属屑。产品表面应涂有防锈剂，以防止在运输和储藏中受到腐蚀。在正常的运输和保管条件下，应保证自出厂之日起半年内不生锈。包装箱应牢固、防潮，包装型式由制造者选择。每箱毛重一般不超过40kg。包装箱外表应有标志，主要内容如下：制造者名称；产品名称（全称或简称）；本标准规定的标记；产品数量及毛重；出厂日期和批号。

阅读材料

不锈钢紧固件气相防锈材料研发与展望

不锈钢紧固件气相防锈技术作为一种防止大气污染，清洁的绿色技术，其应用和研发速度很快。高效低毒的气相缓蚀剂新品种的开发，气相缓蚀剂的多载体应用形式，VCI防锈纸、VCI防锈膜（VCIF）、VCI防锈瓦楞纸板、VCI防锈油、VCI防锈胶带，已由五种发展到几十种几十个规格，应用范围已从传统的金属螺纹紧固件储存和运输期间的防腐蚀处理，发展到机器设备、机械零部件运行维护和防腐蚀处理。

国内汽车制造厂商对裸露的氧化、磷化、发黑螺纹紧固件的防锈也提出无油包装，这将加快螺纹不锈钢紧固件气相防锈技术的推广进程。

任务四　金属加工机械

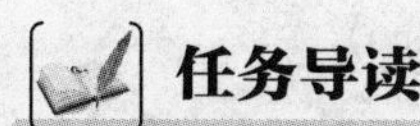

任务导读

车　床

车床是一种应用极为广泛的金属切削机床，约占机床总数的25％～50％。能够车削外圆、内圆、端面、螺纹、切断及割槽等，并可以装上钻头或铰刀进行钻孔和铰孔等加工而成。车床主要分为卧式车床、立式车床、转塔车床、单轴自动车床、多轴自动和半自动车床、仿形车床及多刀车床和各种专门化车床。其中在普通车床里，卧式车床应用最广泛。CA6140 型卧式车床的工艺范围很广，能进行多种表面的加工，各种轴类、套类和盘类零件上的回转表面，如车削内外圆柱面、圆锥面、环槽及成型回转面，车削端面，车削螺纹，还可以进行钻孔、扩孔、铰孔和滚花等工作。

任务分析

金属切削机床制造是指用于加工金属的各种切削加工机床的制造，以下简称“机床”。按照加工方法分类，机床共分为 14 类：车床、钻床、镗床、磨床、齿轮加工机床、螺纹加工机床、铣床、刨插床、拉床、特种加工机床、电加工机床、锯床、组合机床和其他机床；按照控制方式分类，可分为数控机床和普通机床；按照机床工艺范围宽窄，可分为通用机床（或称万能机床）、专门化机床和专用机床；按照机床的重量和尺寸的不同，可分为：仪表机床、中型机床、大型机床（重量达到 10 吨）、重型机床（重量在 30 吨以上）、超重型机床（重量在 100 吨以上）。

知识链接

一、金属切削机床

（一）金属切削机床概述

1. 金属切削机床及其在机械制造工业中的作用

金属切削加工是一种用刀具将工件上多余金属切去，以获得合格零件的加工方法。这种加工方法具有加工精度高、表面粗糙度低、质量稳定等特点。

（GB6477.1—869）金属切削机床是机械制造和维修行业的主要设备，担负着大量金属零件的制造任务，所以被人们誉为工作母机，通常也简称机床。

2. 金属切削机床的分类

金属切削机床品种繁多，常用的分类方法有以下几种。

(1) 按机床加工范围的广狭程度分类

通用机床，指可加工多种工件，完成多种工序的使用范围较广的机床。

专门化机床，指用于加工形状相似而尺寸不同的工件的特定工序的机床。

专用机床，指用于加工特定工件的特定工序的机床。

组合机床，指以通用部件为基础，配以少量专用部件组合而成的机床。

(2) 按机床的加工精度等级分类

普通机床，指精度、性能等符合有关标准中规定的普通级要求的机床。

精密机床，指精度、性能等符合有关标准中规定的精密级要求的机床。

高精度机床，指精度、性能等符合有关标准中规定的高精度级要求的机床。

（3）按机床的控制方式分类

一般机床，指用人工控制其工作循环的机床。

仿形机床，指用模型控制对工件进行念形加工的机床。

程序控制机床，指按加工要求预先编制程序，由控制系统发出指令进行工作的机床。

数字控制机床，指按加工要求预先编制程序，由控制系统发出数字信息指令进行工作的机床。

（4）按机床的加工性质和所用刀具分类

车床，主要用车刀在工件上加工旋转表面的机床。

钻床，主要用钻头在工件上加工孔的机床。

镗床，主要用镗刀在工件上加工已有预制孔的机床。

磨床，用磨具或靡料加工工件各种表面的机床。

齿轮加工机床，用齿轮刀具加工齿轮齿面或齿条齿面的机床。

螺纹加工机床，用螺纹切削工具在工件上加工内、外螺纹的机床。

铣床，主要用铣刀在工件上加工各种表面的机床。

刨床和插床，用刨刀加工表面的机床为刨床；用插刀加工表面的机床称插床。

拉床，用拉刀加工工件内、外成形表面的机床。

特种加工机床，用特种加工方法加工工件的机床。

锯床，用圆锯片或锯条等将金属材料锯断等。

其他机床，未包括上述11大类中的机床，如刻线机床、刨床和铣床。

（二）金属切削机床型号编制方法

通用机床型号执行的现行标准是JB1838—85，本节介绍该标准的内容并研究识读型号的方法。

1. 通用机床型号格式及说明

（1）通用机床型号格式

按JB1838—85规定，型号格式如图7-17所示。

（2）通用机床型号内容说明

型号的各项内容均为代号，有“□”符号者表示用汉字拼音字母出现的代号；有“△”符号者表示用阿拉伯数字出现的代号；加“（）”者表示此项若无内容时则可省略（本节所有的产品型号形式均采用相同于本型号格式的符号表示，但汽车型号除外）。

型号中各代号含义如表7-17所示。

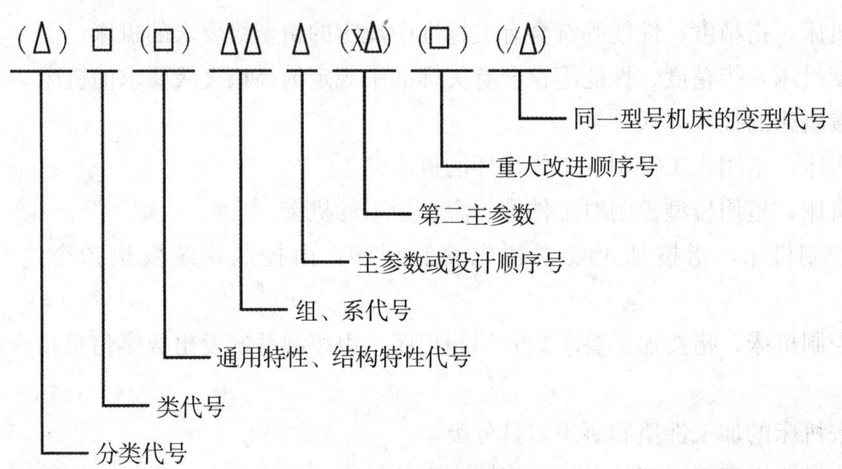

图 7-17　通用机床型号格式

表 7-17　机床类别、类代号

类别	车床	钻床	镗床	磨床			齿轮加工机床	螺纹加工机床	铣床	刨插床	拉床	特种加工机床	锯床	其他机床
代号	C	Z	T	M	2M	3M	Y	S	X	B	L	D	G	Q
读音	车	钻	镗	磨	二磨	三磨	牙	丝	铣	刨	拉	电	割	其

①类代号和分类代号。

机床按加工性质分十二大类，每大类可分若干类。类代号用汉语拼音字母表示，分类代号用数字表示（本书分类不表示），机床的类别，类代号与分类代号如表 7-17 所示。

②特性代号。

特性代号用汉语拼音字母表示。有通用特性和结构特性两种。通用特性是指某类机床，除了普通形式外，还具有不同精度等级、不同自动化程度，不同控制方法或不同形式等特性的机型。通用特性及代号如表 7-18 所示。

表 7-18　机床的通用特性及代号

通用特性	高精度	精密	自动	半自动	数控	加工中心（自动换刀）	仿形	轻型	加重型	简式
代号	G	M	Z	B	K	H	F	Q	C	J
读音	高	密	自	半	控	换	仿	轻	重	简

结构特性是指主参数相同而结构、性能不同的机床，为区别其特征，以汉语拼音字母为代号，但不得使用字母“I”、“O”以及通用特性代号已经出现过的字母。结构特性代号为机床制造企业自定代号，由机床结构独特的特性采用代号表示并赋予含义。

在机床型号中有可能同时出现通用特性代号和结构特性代号，或出现几种通用特性代号。其格式规定为：通用特性代号应排列于结构特性代号之左位；在射程通用特性代号中，其最主要的通用特性代号应排于最左位。

③组、系代号。

在同一类机床中，将其结构性能及使用范围基本相同的机床划为同一组；在同一组机床中，将主参数相同，工件及刀具本身和相对运动特点基本相同，而且基本结构及布局形式相同的机床划为同一系。每类机床设有 10 个组别，以 0～9 数字作为每组别代号；每组机床有 10 个系别，也以 0～9 数字作为每系别代号。因此，组、系号是两位数字。机床的类代号同组，系代号一起共同组成机床的标定名称（标准规定的名称）。如卧式车床组、系代号为 61；牛头刨床组、系代号为 60；龙门刨床组、系代号为 20；无心磨床组、系代号为 10；外圆磨床组、系代号为 13；平面磨床组、系代号为 71。

④主参数和第二主参数代号。

这是机床业务中的规格代号，参机床类别、结构的区别，分别按折算系数 1、1/10、1/100 折算后作为代号。如卧式车床的主参数是床身上最大工件回转直径 D，主参数值相同的卧式车床，往往有几种不同的第二主参数，第二主参数是最大工件长度，折算系数为 1/10；牛头刨床主参数是最大刨削长度，折算系数为 1/10；龙门刨床主参数是最大刨削宽度，第二主参数是最大刨削长度，折算系数为 1/100；无心磨床主参数是最大磨削直径，折算系数为 1；外圆磨床主参数是最大磨削直径，第二主参数是最大磨削长度，折算系数为 1/10；卧轴柜台平面磨床主参数是工作台面宽度，第二主参数是工作台面长度，折算系数为 1/10。

⑤重大改进顺序号。

重大改进是指在原有机床的基础上进行设计后，在机床的结构、性能上有重大变化和提高，并按新产品重新试制和鉴定，以取代原来的品种。重大改进不同于完全的新设计，也不包括局部的小改进、或增减某些附件、测量方法及改变装夹工件的方法等内容。

为表示重大改进的顺序，以汉语拼音字母 A、B、C……顺序使用（但“I”、“O”两个字母不得选用），以区别于原机床品种的型号。

⑥机床同一型号的变型代号。

变型代号是指为适应不同的加工需要，在基本型式的基础上，仅改变部分性能和结构时，为区别原型机床而采用的代号。变形代号用数字 1、2、3……顺序表示，加于原机床型号之后，并用“/”分开。

2. 通用机床型号的识读方法举例

按 JB1838—85 标准：

例 1：C6140 型卧式车床的主参数中最大工件回转直径 D＝400mm，第二主参数最大工件长度有 750mm、1000mm、1500mm、2000mm 四种。即 C6140 型卧式车床型号分别为 C6140×75、C6140×100、C6140×150、C6140×200。

例 2：B6020 表示牛头刨床的主参数中最大刨削长度为 200mm。

例 3：M7130 卧轴柜台平面磨床主参数中工作台面宽度为 300mm。

（三）常用金属切削机床

1. 车床

（1）车床概述和用途

车床是主要用车刀在工件上加工旋转表面的机床。通常工件的旋转为主运动，车刀的移动为进给运动。车床主要用于车削回转体工件的内外圆、端面、成形面和螺纹；还可以切槽、切断、钻孔、铰孔和滚花等。

车床的分类：目前，我国列入 JB1838—85《金属切削机床统一名称和类、组、系划分表》的车床共有 10 个组 64 个系列。有立式、卧式机型，有自动、半自动、手工操作种类。

（2）卧式车床（C61 型）

卧式车床是一种主轴水平布置用于车削圆柱面、圆锥面、端面、螺纹、成型面和切断等，使用范围较广的车床。其外形如图 7 - 18 所示。

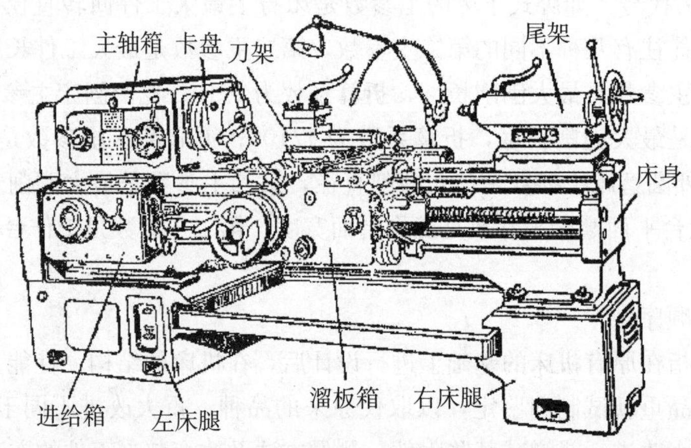

图 7 - 18　卧式车床

卧式车床的特征主要体现在其主轴水平布置，床身卧式结构上；能适应多种形状和尺寸范围的工件切削，万能性很强；能较好满足单件或小指生产的车削加工及维修加工中。

卧式车床的主参数用床身上最大回转直径表示，其系列值有：250、320、400、500、630、800、1000、1250（mm）。卧式车床的第二主参数用最大工件长度表示，其系列值有 350、500、750、1000、1500、2000、…、12000（mm）。

2. 刨床

（1）刨床的概念

刨床系指用刨刀加工工作的机床。加工时，刨刀或工件以水平往复为主运动，工件或刨刀的间歇移动为进给运动。利用不同形状的刨刀也可以刨削相应的成形表面。

（2）牛头刨床（B60 型）

牛头刨床是将刨刀安装在滑枕的刀架上作纵向往复运动，工件在工作台作横向或垂直间歇进给运动的刨床。其外形如图 7－19 所示。牛头刨床的特征，主要体现为往复主运动形式和间歇进给运动形式，故亦称直线运动机床；同时，主运动的空程损失和进给运动的间断，使生产效率较低；该机床适应于单件、小批生产中，加工中小型工件及机械维修生产之用。

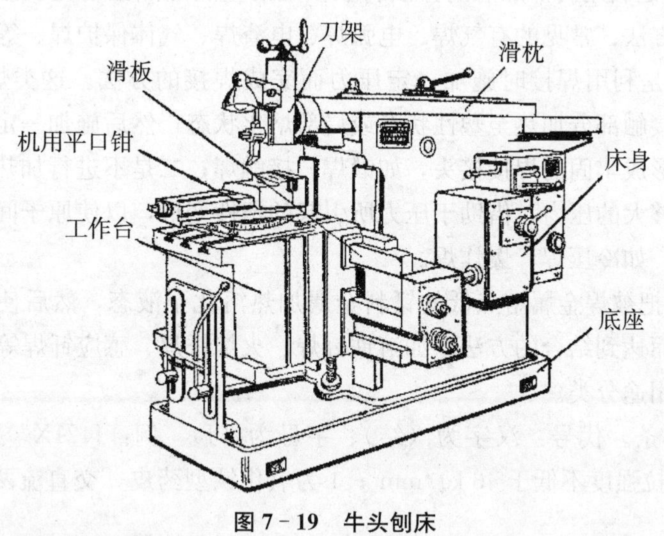

图 7－19　牛头刨床

牛头刨床的主参数用最大刨削长度表示，其系列值有 200、320、500、630、800、1000（mm）。

（四）机床包装与储运

（1）机床附件用干燥、结构坚固的密封木箱包装。装箱时，应注意附件的转动部分不能过分卡紧。机床附件的精密度要求较高，不论装卸、搬运或码垛都应稳搬、稳码、稳放，严禁滚、摔掷、倒冒。保管机床附件的库房应洁净通风，室温应保持在 10℃～30℃，相对湿度为 80％以下，库内应无腐蚀金属的有害气体侵入。

（2）小型小量的卡盘及钻夹头，可随同内包装放货架上保管，成箱成批机床附件，应按品名规格分类码垛存放。架型应端正平稳，并适当垫高垛底，以利通风，不受地潮。

（3）在储存期间，应定期检查，如发现质量变化应及时进行维修保养。机床附件的储存期限不宜过长，一般半年至一年为宜。

二、焊接及切割设备和工具

（一）焊接与切割基础知识

焊接与切割的基本原理及分类如下：

（1）基本原理

在金属结构及机械产品的制造中常需将两个或两个以上的零件按一定的形状和尺寸连接在一起，这种连接通常分两大类：一类是可拆卸的连接，就是不必损坏被连接件本身就可以将它们分开，如螺栓连接；另一类连接是永久性连接，即必须在毁坏零件后才能拆卸，如焊接连接。

（2）焊接方法的分类

①按焊接过程中金属所处的状态及工艺的特点分类。

A. 熔化焊：是利用局部加热的方法将联接处的金属加热至熔化状态，然后冷固成一体而完成的焊接方法：常见的有气焊、电弧焊、电渣焊、气体保护焊、等离子弧焊等。

B. 压力焊：是利用焊接时施加一定压力而完成焊接的方法。这类焊接有两种形式：一是将被焊金属接触部分加热至塑性状态或局部熔化状态，然后施加一定压力，以使金属原子间相互结合形成牢固的焊接接头，如锻焊、接触焊；二是不进行加热，仅在被焊金属接触面上施加足够大的压力，借助于压力所引起的塑性变形，以使原子间相互接近而获得牢固的压挤接头，如冷压焊、爆炸焊。

C. 钎焊：是把被焊金属熔点低的钎料金属加热溶化至液态，然后使其渗透到被焊金属接缝的间隙中而达到结合的方法，如溶铁钎焊、火焰钎焊、感应钎焊等。

②按电焊条用途分类。

A. 结构钢焊条。代号：汉字为（结）、字母为（J）。例：J421X。J 为结构钢焊条；42 为熔敷金属抗拉强度不低于 43 kg/mm^2；1 为氧化钛型药皮，交直流两用；X 立向下焊专用焊条。

B. 钼及铬钼耐热焊条。代号：汉字为（热）字母为（R）。例：R347。R 为耐热钢焊条；3 为熔敷金属化学成分等级为铬含量约 1%，钼含量约 0.5%，4 为牌号分类，编号为 4；7 为低氧钠型药皮，直流电源。

C. 低温钢焊条。代号：汉字为（温）字母为（W）。例：W707。W 为低温钢焊条；70 为工作温度等级为－70℃；7 为低氢钠型药皮，直流电源。

D. 不锈钢焊条。可分为：铬不锈钢焊条。代号：汉字为（铬）字母为（G）。例：G202。G 为不锈钢焊条；2 为熔敷金属，含铬量约为 13%；0 为牌号分类，编号为 0；2 为钛钙型药皮，交直流两用。

E. 铬镍不锈钢焊条。代号：汉字为（奥）字母为（A）。例：A202。A 为奥氏体不锈钢焊条；0 为熔敷金属含碳量≤0.04%；2 为牌号分类编号；2 钛钙型药皮，交直流两用。

F. 铸铁焊条。代号：汉字（铸）字母为 Z。例：Z308。Z 为铸铁焊条；3 为熔敷金属，主要化学组成类型为纯镍；0 为牌号分类编号；8 为石墨型药皮，交直流两用。

G. 堆焊焊条。代号：汉字为（堆）字母为（D）。例：D256。D 为堆焊焊条；25 为常温锰钢堆焊焊条；6 为低氢钾型药皮，交直流两用。

H. 有色金属焊条。可分为：镍字母为（Ni）、铜字母为（T）、铝字母为（L），特殊用途焊条。汉字为（特）字母为（TS），例：TS304。TS 为特殊用途焊条；3 为水下切割用；0 为牌号分类编号；4 为氧化铁型药皮，交直流两用。

③化学成分分类有以下几种（一般用焊条型号表示）。

碳钢焊条。代号：E 例：E4315

低合金钢焊条。代号：E 例：E5018－A1

不锈钢焊条。代号：E 例：E308－15

堆焊焊条。代号：ED 例：EDPCrMoA1－03

铸铁焊条。代号：EZ 例：EZNiFe－1

有色金属焊条有：镍及镍合金焊条。代号：ENi

(3) 切割方法的分类

按金属切割过程中加热方法的不同分为火焰切割、电弧切割和冷切割。

(二) 常用各种焊接与切割设备及应用

1. 气焊与气割

(1) 气焊

气焊是利用可燃气体与助燃气体混合燃烧的火焰去熔化工件接缝处的金属和焊丝而达到金属间牢固连接的方法。气焊所用的可燃气体主要有乙炔、液化石油气、丁烷、丙稀和氢气等，氧气为助燃气体。气焊应用的设备及工具包括氧气瓶、乙炔瓶（或乙炔发生器)、回火防止器、焊炬（焊嘴)、减压器及氧气输送管等。

气焊主要应用于薄钢板、低熔点材料（有色金属及其合金)、铸铁件、硬质合金刀具等材料的焊接，以及磨损报废零件的补焊、构件变形的火焰矫正等。

(2) 气割

气割是利用可燃气体与氧气混合燃烧的火焰热能将工件切割处预热到一定温度后，喷出高速切割氧流，使金属剧烈氧化并放出热量，利用切割氧流把熔化状态的金属氧化物吹掉，而实现切割的方法。气割所用的可燃气体主要是乙炔、液化石油气和氢气。气割时应用的设备器具除割炬外均与气焊相同。

(3) 气焊与气割常用设备

①乙炔发生器（站)

组成：气体发生器（一个或数个)、气体收集器（储气罐)、安全设备（一个或数个)，用以防止压力升高至允许压力以上；安全液封，用以防止回火火焰及制气时空气和氧气进入发生器内。

目前我国广泛采用的排水式中压乙炔发生器如 Q3－1 型中压乙炔发生器，主要由发气室、回火防止器、储气罐和发生器外壳等组成。

②气瓶

用于气割与气焊的氧气瓶和氢气瓶属于压缩气瓶，乙炔瓶属于溶解气瓶，石油气瓶属于液化气瓶。

A. 氧气瓶：氧气瓶是储存和运输氧气的专用高压容器；它由瓶体、胶圈、瓶箍、瓶阀和瓶帽五部分组成；瓶体表面为天蓝色，并用黑漆标明“氧气”字样。

B. 乙炔气瓶：乙炔气瓶是储存和运输乙炔气的压力容器，其外形与氧气瓶相似，但比氧气瓶略短、直径略粗，瓶体表面涂白漆，并印有“乙炔气瓶”“不可近火”等红色字样。因为乙炔不能用高压压入瓶内储存，所以乙炔瓶的内部构造较氧气瓶要复杂得多。乙炔瓶内有微孔填料布满其中，而微孔填料中浸满丙酮，利用乙炔易溶解丙酮的特点，使乙炔稳定、安全地储存在乙炔气瓶中。

C. 氢气瓶：氢气瓶是储存和运输氢气的高压容器，其构造与氧气瓶相同；不同的是瓶体表面涂深绿色漆，并用红漆标明“氢气”，瓶阀出气口处螺纹为反向。

D. 液化石油气瓶：液化石油气瓶是储存和运输液化石油气的专用容器，该种气瓶属焊接气瓶，气瓶外表涂银灰色，并有“液化石油气”红色字样，分别有 10kg、15kg、36kg 等多种规格。

③焊炬与割炬

焊炬又称焊枪，是气焊操作的主要工具。焊炬的作用是将可燃气体和氧气按一定比例均匀地混合，以一定的速度从焊嘴喷出，形成一定能率、一定成分、适合焊接要求的火焰。目前广泛使用的 H01－6 射吸式焊炬，主要由主体、乙炔调节阀、氧气调节阀、喷嘴、射吸管、混合气管、焊嘴、手柄、乙炔管接头和氧气管接头等部分组成。

割炬的作用是使氧气与乙炔按比例进行混合，形成预热火焰，并将高压纯氧喷射到被切割的工件上，使被切割金属在氧射流中燃烧，氧射流并把燃烧生成的熔渣（氧化物）吹走而形成割缝。割炬是气割工件的主要工具。

G01－30 型割炬主要由主体、乙炔调节阀、预热氧调节阀、喷嘴、射吸管、混合气管、切割氧气管、割嘴、手柄以及乙炔管接头和氧气管接头等组成。

2. 焊条电弧焊与电弧切割

（1）焊条电弧焊

焊条电弧焊是工业生产中应用最广泛的焊接方法，它的原理是利用电弧放电（俗称电弧燃烧）所产生的热量将焊条与工件互相熔化并在冷凝后形成焊缝，从而获得牢固接头的焊接过程。

焊条就是涂有药皮的供焊条电弧焊使用的熔化电机。它是由药皮和焊芯两部分组成。在焊条前端药皮有 45℃左右的倒角，这是为了便于引弧。

焊条中被药皮包覆的金属芯称为焊芯。焊芯一般是一根具有一定长度及直径的钢丝。焊芯有两个作用：一是传导焊接电流，产生电弧把电能转换成热能；二是焊芯本身熔化作为填充金属与液体母材金属熔合形成焊缝。焊条焊接时，焊芯金属占整个焊缝金属的一部分。所以，焊芯的化学成分直接影响焊缝的质量。

压涂在焊芯表面的涂层称为药皮。焊条药皮是由各种矿物类、铁合金有机物和化工产品（水玻璃类）等原料组成。焊条的药皮在焊接过程中起着以下作用，一是机械保护作用：在焊接时，焊条药皮熔化后产生大量的气体笼罩着电弧区合熔池，基本上把熔化金属与空气隔绝开来；二是渣保护：焊接过程中药皮被电弧高温熔化后形成熔渣覆盖着熔滴和熔池金属，这样不仅隔绝空气中的氧、氮，保护焊缝金属，而且还能减缓焊缝的冷却速度，促进焊缝金属中气体的排出；三是冶金作用：改善焊接工艺性能。

（2）电弧切割

主要有碳弧切割、电弧刨割条和等离子弧切割。

碳弧切割是利用碳极电弧的高温，把金属的局部加热到熔化状态，同时用压缩空气的气流把溶化金属吹掉，从而达到对金属进行切割的一种加工方法。

电弧刨割条的外形与普通焊条现同，是利用在电弧高温下产生的喷射气流，吹掉熔化金属、达到刨割的目的。

（3）焊条电弧焊与电弧切割设备

焊条电弧焊与电弧切割设备包括交流弧焊机或直流弧焊机、电焊钳、焊接电缆、焊条电弧焊辅助设备和工具。

①常用的弧焊机是交流弧焊机，交流弧焊机的三个类别是动铁式、同体式、动圈式。

②焊条电弧焊辅助设备和工具包括电焊钳、焊接电缆、面罩及其他防护用具。

面罩的主要作用是保护电焊工的眼睛和面部不受电弧光的辐射和灼伤，面罩分手持式和头盔式两种。

③电焊钳是夹持焊条并传导焊接电流的操作器具。

④焊接电缆应具有良好的导电能力和绝缘外层，一般焊接铜芯（多胶细线）线，外包绝缘胶皮套制成，绝缘电阻不小于 1MΩ；一般电缆长度取 20～30m，截面积应根据焊接电流的大小，按规定选用，以便保证导线不致过热而烧毁绝缘层。

（三）焊材的保管

（1）焊材必须存放在干燥通风、整洁的库房中，应用防潮纸或塑料袋封包，放置在离地离墙 300mm 以上的架子上，库房中不能有腐蚀性介质或有害性气体。

（2）焊材在库房中堆放时应按种类、牌号、批次、规格、入库时间等分类放置，每种焊材应有明确的标注，避免混乱。

（3）焊材库房中应有温度计和湿度计，低氢型焊条或碱性焊剂，库内温度不得低于 5℃，相对湿度应小于 60%。对已明显受潮或存放一年以上的焊条必须做外观检验和性能试验，符合要求的才能发放使用。

（4）焊材应先入库的先发放，一批焊材出库不能超过两天的用量。

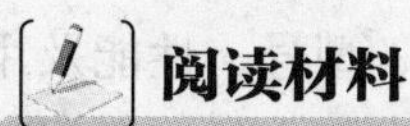

阅读材料

焊条储存中常见的问题

1. 损伤

虽然焊条在一般情况下具有抗外界损坏的能力，但不能忽视由于保管不好容易遭受损坏的问题。焊条是一种陶质产品，抗冲击性差，因此在装货和卸货时不能撞击。用纸盒包装的焊条不能用挂钩运输。某些型号焊条（如特殊烘干要求的碱性焊条）比普通用的焊条更要小心存放。

2. 吸潮

焊条药皮中含有太多的水分，这对焊接质量影响很大，用吸潮焊条焊成的焊缝表面用肉眼不一定看得见气孔，但是经过 X 射线检查就显示出气孔来。各种型号的焊条，出厂时都有某一个含水量要求，低于该含水量，对形成气孔和焊缝质量没有影响。所有的焊条在空气中都能吸收水分，在相对湿度为 90% 时，焊条药皮吸收水分很快，碱性焊条露在外面一天受潮会很严重，相对湿度为 70% 时药皮水分增加很快，只有在相对湿度为 40% 或更低时，焊条长期储存才不致受到影响。

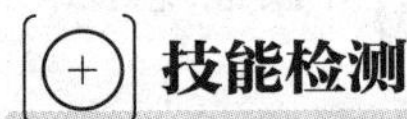

技能检测

冰蓄节能空调系统基本设计方案

某智能楼宇工程为地上 16 层，地下停车场一层，建筑物总面积为 332000m^2，建筑物总高度为 65.35m，此智能楼宇建筑为综合性公共建筑，包括会务中心、城市规划展厅以及办公厅等。通过系统负荷统计计算知本工程总耗冷量为 26000kW，总耗热量为 23500kW。为了满足工程制冷负荷需求，楼宇空调系统夏季设计总冷负荷为 26000kW，并考虑到整个楼宇建筑空调系统的同时使用率，按照相关规范要求选取时使用系数为 0.9，在最终设计方案中尖峰冷负荷考虑为 23500kW。从该工程的使用功能可知，该公共智能楼宇建筑其空调负荷主要集中在白天上班时间，晚上由于工作人员的减少其负荷较低，因此在进行空调系统设计时，该智能楼宇空调系统非常适合选用冰蓄节能空调系统，利用夜间楼宇建筑供配电系统低谷电能资源制冰蓄能，有效避开楼宇建筑白天用电高峰，达到节能降耗的目的。该工程为大区域分时段供冷模式，其空调系统末端可以采用 5.5℃～12.5℃的大温差供回水节能方案，可以有效减少空调系统循环水泵流量及管道管径，从而有效降低该智能楼宇工程空调系统建设初期投资和后期运行维护费用。

请思考：常用制冷剂有哪些？本案例中使用何种制冷剂？

项目小结

本项目阐述常用机械设备泵、制冷设备、风机、通用零部件的种类、型号、性能及用途。通过学习，要求学生基本掌握以上几大类产品的重要质量指标要求和相应的流通管理技术，并了解它们的基本定义及分类命名情况。

复习思考题

1. 什么是泵？泵的主要参数和分类各有哪些？
2. 简述叶片泵的应用特点。
3. 什么是制冷？制冷机的性能参数有哪些？
4. 识读常用制冷剂的代号：R717、R22、R502。

5. 滚动轴承基本构造如何？滚动轴承有何特点？

6. 识读下列滚动轴承的代号：6202、6215NR、51208、LN207、30307R、29233。

7. 简述机床的分类。

8. 识读下列机床的型号：CK6150 × 30、CQ6132、B6080、B2016A、M131、M1050、M7115。

9. 螺栓规格如何标记？

10. 气焊与气割的主要设备有哪些？

项目八　电机、电器设备

知识目标

本项目主要阐述从发电到供电、生活用电各个环节中所用的主要电器，以及近年来随着电子产品的普及而大量使用的小型电动机及最新发展起来的微电机等的商品分类、性能、构成、用途，商品的养护及储存等方面的知识。

本项目学习的要求是能够掌握常用电器的基本情况；能够用所学的原理知识来解释说明电器的工作情况；能对电机、变压器等的电器设备进行选用；能掌握电器设备一般的保管保养要求；能对常用生活电器的不同种类优缺点进行比较分析。

技能目标

能对电机、变压器等电器设备进行选用；能对常用生活电器的不同种类优缺点进行比较分析。

任务一　电机

任务导读

3D打印机里电机的重要性

3D打印机通过托盘和喷头的移动把模型精确地打印出来，不会少掉任何的部分，而给喷头移动和托盘以及Z轴提供动力的就是电机，电机的优劣直接影响到3D打印机的性能。

3D打印机除开散热风扇不算，有4个主电机，分别是X轴Y轴Z轴和喷头，电机在3轴里面是负责移动定位，因此电机的质量直接关系到打印质量。喷头的电机负责控制原料的抽取和喷出，如果电机的品质稍差就会造成喷头喷出的原料过多或过少，直接决定了打印结果。基于电机的重要性，市面上的3D打印机为了优越的打印品质，都是采用特制的高性能电机，无论是寿命还是控制性能都不是普通电机能比的。

任务分析

电机作为各种设备的驱动力，广泛应用于工业、农业、商业及公共设施等各个领域。据了解，中国目前已成为全球最大的电机和电机系统组件生产基地之一，仅中小型电机的年产量就超过 5000 万 kW；同时中国也是世界电机出口大国，出口占产量的比例已近 20%。

知识链接

电能是我们日常生活中不可缺少的重要能源。根据电磁原理进行机械能和电能相互转换的旋转机械称为电机。发电机是把汽轮机、内燃机、水轮机等所产生的机械能（转矩）转换成电能的旋转机械。家庭生活中不可缺少的电器如洗衣机的驱动源或是生产中的机器驱动源都是电动机。

电机是电动机和发电机的统称，根据电的形式不同可将电机分为直流电机和交流电机。

一、直流电机

（一）直流电机分类与结构

1. 直流电机的分类

直流电机是直流发电机与直流电动机的总称。其中将直流电能转换为机械能的电机称直流电动机，将机械能转化为直流电的电机称为直流发电机。直流电机在结构上比较复杂，工作的应用范围受限制不如交流电机的应用广泛，但随着电力电子器件的飞速发展，直流发电机及直流电动机在运行中具有良好的调速性能、起动性能、过载性能，还作为钢铁厂的轧机、机械加工中的车床等的核心元器件，很难被替代。

2. 直流电机的结构

直流电机的基本结构可分为固定部件——定子和旋转部件，以及转子（或电枢）。

（1）定子

定子的主要部件包括：主磁极、机座、换向极、端盖和电刷装置等。

主磁极的作用是建立主磁场。绝大多数直流电机的主磁极不是用永久磁铁而是由励磁绕组通以直流电流来建立磁场。主磁极由主磁极铁芯和套装在铁芯上的励磁绕组构成。机座有两个作用，一是作为主磁极的一部分；二是作为电机的结构框架。换向极是安装在两相邻主磁极之间的一个小磁极，它的作用是改善直流电机的换向情况，使电机运行时不产生有害的火花。换向极结构和主磁极类似，是由换向极铁芯和套在铁芯上的换向极绕组构成，并用螺杆固定在机座上。电刷装置是电枢电路的引出（或引入）装置，它由电刷、刷握、刷杆和连线等部分组成，电刷是石墨或金属石墨组成的导电块，放在刷握内用弹簧以一定的压力按放在换向器的表面，旋转时与换向器表面形成滑动接触。刷握用螺钉夹紧在刷杆上。每一刷杆上的一排电刷组成一个电刷组，同极性的各刷杆用连线连在一起，再引到出线盒。刷杆装在可移动的刷杆座上，以便调整电刷的位置。

（2）转子

转子部分包括电枢铁芯、电枢绕组、换向器、转轴、轴承、风扇等。

电枢铁芯既是主磁路的组成部分，又是电枢绕组支撑部分；电枢绕组就嵌放在电枢铁芯的槽内。电枢绕组由一定数目的电枢线圈按一定的规律连接组成，它是直流电机的电路部分，也是感生电动势产生电磁转矩进行机电能量转换的部分。在直流发电机中，换向器起整流作用，在直流电动机中，换向器起逆变作用，因此换向器是直流电机的关键部件之一。换向器由许多具有鸽尾形的换向片排成一个圆筒，其间用云母片绝缘，两端再用两个V型环夹紧而构成，每个电枢线圈首端和尾端的引线，分别焊入相应换向片的升高片内。小型电机常用塑料换向器，这种换向器用换向片排成圆筒，再用塑料通过热压制成。

（二）直流电动机在生活中的应用实例

1. 用于计算机外围设备的直流电动机

计算机硬件一般由装有CPU、RAM和ROM等半导体芯片的主板以及软、硬盘驱动器、光驱和电源所组成。媒体的数据写入、读入方式以驱动盘的同心圆或扇形轨道为主流，因此如3.5寸驱动器、CD-ROM驱动器的主轴电动机选择的就必须是无电刷的直流电动机，CD-ROM驱动器激光头驱动和光盘的弹出就必须选择有电刷的直流电动机。

2. 用于办公设备的直流电动机

具有代表性的办公设备有FAX、复印机、打印机等，在这些装置中都配有电动机。如FAX的进纸、切纸、打印机的输送驱动、复印机的磁头驱动采用的都是有电刷的直流电动机；打印机、复印机的激光扫描采用的都是无电刷的直流电动机。

3. 用于音响设备中的直流电动机

在音响设备中，主流产品有随身听、立体声收音机、CD随身听、MD、MP3及迷你音响组合等。这些音响设备中的主动轮、磁带盘、旋转磁头采用无电刷的直流电动机，主轴、激光头驱动采用的都是有电刷的直流电动机。

（三）直流电机的型号举例

下面列举两种直流电机型号表示方法，如图8-1所示。

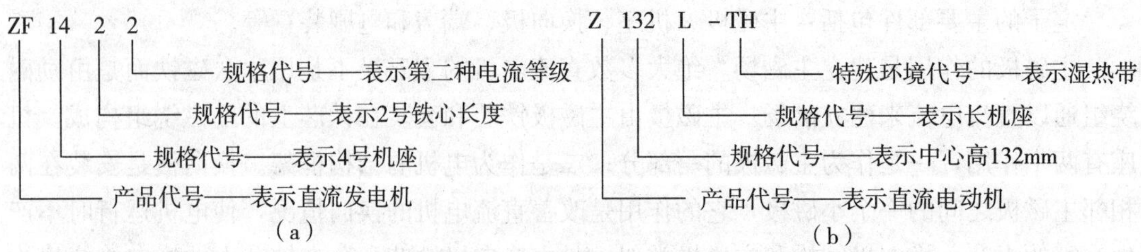

图8-1 直流电机的型号

二、交流电机

（一）交流电机的分类

交流电机主要包括异步电机和同步电机两大类，两类电机在结构上既具有共同之处，又各有其自身特点。共同之处在于定子铁芯和绕组，不同之处在于转子结构和绕组。异步电机主要做电动机用，同步电机主要做发电机用。

1. 同步电机

转子转速与旋转磁场的转速相同的一种交流电机，它具有可逆性。可作发电机运行，也可作电动机运行，还可作补偿机运行。

2. 异步电动机

异步电动机是一种基于电与磁相互依存又相互作用而达到能量转换目的的机械。它的定子、转子在电路上是彼此独立的，但又是通过电磁感应而相互联系的，其转子转速永远低于旋转磁场的转速，即存在转差率，故称为异步电动机。

（二）三相异步电机的结构

由定子和转子两大件组成，铁芯用0.5mm厚的硅钢片叠成，铁芯内圆周齿槽镶嵌入三相绕组。定子外壳上有接线盒，盒内的六个端子就是三相绕组的六个端点固定点，便于接线用。转子铁芯也是用硅钢片叠成，套装在转子轴上；外圈的硅钢片槽内镶入转子闭合导体。闭合导体有两种不同的构造，构造简单、坚固耐用，建筑工地常用鼠笼式的异步电动机。另一种转子形式是用三组线包镶入槽内，称为绕线式异步电动机，这种电动机的绕组可以通过集电环和碳刷与电机外的电阻串联以改善它的起动特性。绕线式电动机起动转矩大、调速性能好，大多作为工地起重机的动力。

（三）交流电机的型号举例

产品型号由产品代号、规格代号、特殊环境代号和补充代号四个部分组成，示例如图8-2所示。

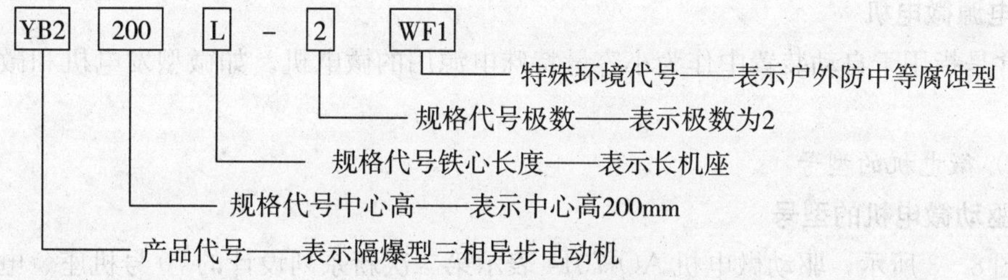

图8-2　交流电机的型号

低压电机（1140V及以下）主要产品代号有：Y、YDDC、YA、YB2、YXn、YAXn、YBXn、YW、YBF、YBK2、YBS、YBJ、YBI、YBSP、YZ、YZR等；高压电机（3000V及以上）主要产品代号有：Y、YKK、YKS、Y2、YA、YB、YB2、YAKK、YAKS、YBF、YR、YRKK、YRKS、TAW、YFKS、QFW等。

常用特殊环境代号有：W（户外型）、WF1（户外防中等腐蚀型）、WF2（户外防强腐蚀型）、F1（户内防中等腐蚀型）、F2（户内防强腐蚀型）、TH（湿热带型）、WTH（户外湿热带型）、TA（干热带型）、T（干、湿热合型）、H（船或海用）、G（高原用）。

三、微电机

微电机是指尺寸和容量都较小的一类机电。微电机的功率一般在750W以下，最小的不到1W；微电机的中心高在80mm以下。微电机广泛应用于工业自动化、国防现代化、办公自动化和家庭电气化（如PC、DVD录像机、手机、数码相机）等各个领域。近几年来，随着电子技术、计算技术的发展，使得微电机应用于自动控制、电子电路和计算机中并与它们紧密地结合起来，朝着机、电、仪一体化的方向迈进。

（一）微电机分类

微电机按用途分为三大类：即驱动微电机、控制微电机和电源微电机。

1. 驱动微电机

是驱动小型机械的普通微电机，它广泛应用于各种小型机床、医疗器械、家用电器和电动工具等设备。驱动微电机有微型异步电动机、微型同步电动机、微型换向器电动机和微型中频电动机。

2. 控制微电机

是指用于自动控制系统和计算装置中作检测、放大、执行和解算的特殊微电机。控制微电机有：伺服电动机、测速发动机、自整角机和步进电机等。伺服电机将电压信号转换为转矩和转速以驱动控制对象；测速发电机将转速转换为电压，并传输到输入端作为反馈信号；自整角机将转角差转换为电压信号，并经由电子放大器放大后去控制伺服电动机；步进电动机将脉冲信号转换为角位移或线位移。控制微电机除要求体积小、耗电少等特点外，还要求动作灵敏，准确度高，重量轻，运行可靠。

3. 电源微电机

通常是指用于自动装置中作为小容量特殊电源用的微电机。如微型发电机和微型变频机等。

（二）微电机的型号

1. 驱动微电机的型号

如图8-3所示，驱动微电机$AO_2$7014表示第二次新系列设计的70号机座、电机机座外径70mm、1号铁芯长度、4极封闭式微型三相异步电动机。

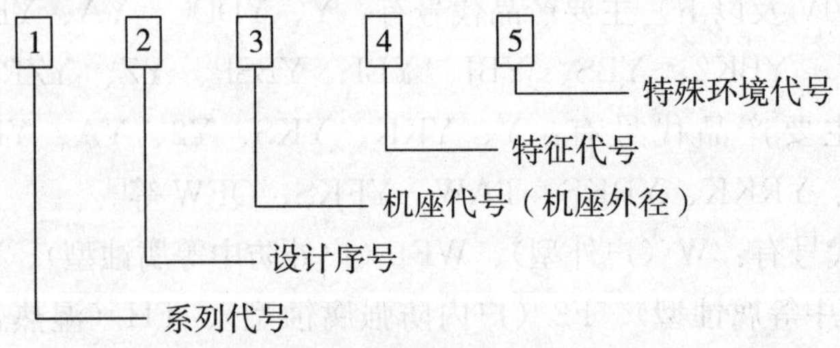

图8-3 驱动微电机的型号

2. 控制微电机的型号

如图 8－4 所示，控制微电机 36CK04 表示 36 号机座、第四个性能参数序号空心杯转子异步测速电动机。

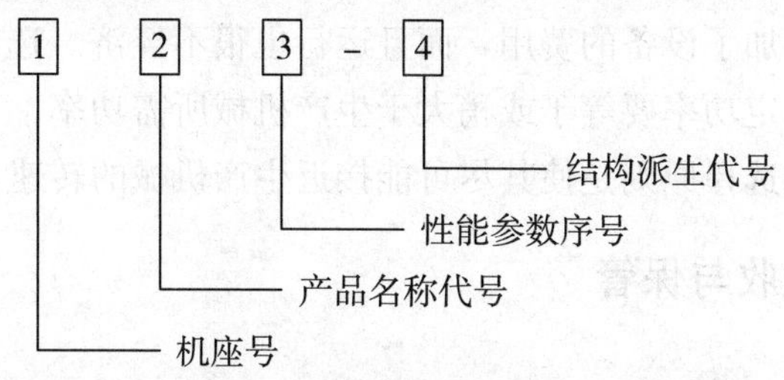

图 8－4 控制微电机的型号

3. 电源微电机的型号

如图 8－5 所示，电源微电机 ZPJ—4—1032 表示交流异步电动机拖动的 4kW、1000Hz、三相、230V 电机组。

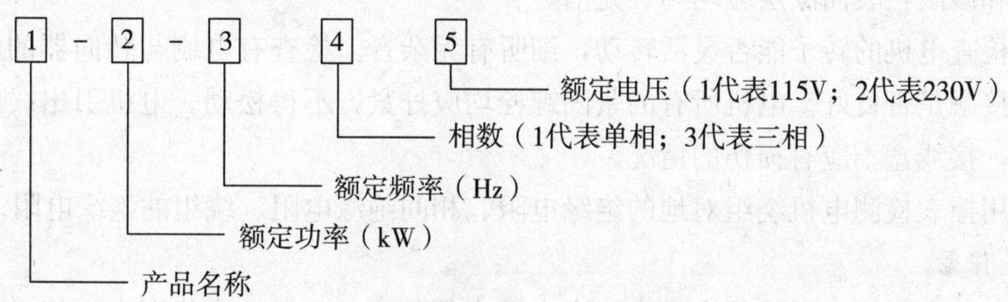

图 8－5 电源微电机的型号

四、电机的选用

选用电动机的原则是实用、经济、安全，避免造成浪费和损失。

（一）电动机种类的选择

应按使用场所的电源情况和生产机械对电机的要求来选择电动机的种类。若使用现场对电源种类和调速无具体要求，应尽量选用交流电机。对于经常重载起动，或需要在一定范围内调速的生产机械，应选用绕线式导步电动机。同步电动机的转速恒定，过载能力强，在过激励的情况下，可吸取电网的无功功率，改善电网的功率因数，因此，对于需要较大功率，又不经常起动的生产机械，均可采用同步电动机。

直流电动机具有良好的调速性能，所以广泛用于平滑、均匀、大范围调速的生产机械。并励（或他励）电动机具有较硬的机械特性，可用于大型轧钢龙门刨床等；串励电动机具有软的机械性，且起动转矩大，常作为电力机车、电力的动力设备。

（二）电动机型式的选择

电机按安装要求不同分为立式和卧式，应根据生产机械的要求来确定结构型式。

另外，还要根据电动机的使用环境不同来选择不同的防护型式的电动机。

（三）电动机容量（额定功率）的选择

电动机容量的选择取决于生产机械所需要功率的大小。选择的原则是，尽量使电动机在额定的功率下运行，因为电动机在轻载下运行时，功率因数和效率都比较低，这样不仅浪费了设备的容量，增加了设备的费用，而且运行也很不经济。选用时，先算出生产机械的功率，所选电机的额定功率要等于或稍大于生产机械所需功率。

电动机额定转速的选择原则是使其尽可能接近生产机械的转速，以简化传动装置。

五、电动机的验收与保管

（一）验收

电机在验收过程中应做如下检查：

（1）电动入库前应具有装箱单、使用说明书以及产品出厂技术标准的质量证明，经与电机铭牌上的型号、规格逐项核对，应无差异。

（2）检查电机的外表应无裂缝、变形、损害、受潮、发霉、锈蚀等现象，铸件表面不应有裂缝和砂眼，表面漆层应均匀、光洁。

（3）检查电机的转子能否灵活转动，细听有无杂音。检查有电刷与转向器的电机，这些部件的接触是否良好。电机所有的紧固螺栓均应拧紧，不得松动。电机引出线的接线应正确完好，接线盒不应有损伤的情况。

（4）用摇表检测电机绕组对地的绝缘电阻、相间绝缘电阻、绕组的绝缘电阻。

（二）保管

电机应放在干燥、通风的仓库内，库内温度保持在5℃～35℃范围内，相对湿度不高于80℃，库房中应严防有害气体、蒸汽、烟雾、尘埃等侵入，严禁将电机与铅酸蓄电池及酸碱性化学品存放在一起。

无外包装的电机可以采用衬垫式码垛方法。装箱的电机可重叠码垛，但垛高不能超过3m。垛底适当垫高，以便通风防潮。

电机转子的轴伸应涂上工业凡士林，并用布或纸包好，以防锈蚀或被重物撞击而影响精度，如电机线圈积有干燥的灰尘，可用清洁的布，软纸片擦掉或用压缩空气吹掉，禁止使用脏布湿布或油而去擦。要严防虫、鼠咬噬电机的绝缘机构。装卸电机时，应防止倒置和翻滚，以免损坏电机。

电机的储存期限一般不超过一年。出库时要遵守“先进先出”的原则，以免因储存时间长造成经济损失。

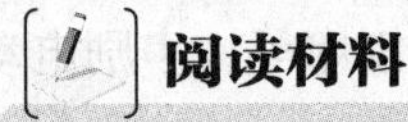

阅读材料

交流电动机的常见故障

交流电机故障繁多，在同一外表现象的故障，可能是由不同原因引起，而同一故障原

因，则可能产生不同的外表现象。对于交流电机常见故障，故障原因以及故障排除和检修方法可以从以下方面进行。

1. 通电后电动机不能转动，但无异响，也无异味和冒烟

（1）故障原因

①电源未通（至少两相未通）；②熔丝熔断（至少两相熔断）；③过流继电器调得过小；④控制设备接线错误。

（2）故障的排除与维修

①检查电源回路开关，熔丝、接线盒处是否有断点，修复；②检查熔丝型号、熔断原因，换新熔丝；③调节继电器整定值与电动机配合；④改正接线。

2. 通电后电动机不转，然后熔丝烧断

（1）故障原因

①缺一相电源，或定干线圈一相反接；②定子绕组相间短路；③定子绕组接地；④定子绕组接线错误；⑤熔丝截面过小；⑥电源线短路或接地。

（2）故障的排除与维修

①检查刀闸是否有一相未合好，可能电源回路有一相断线；消除反接故障；②查出短路点，予以修复；③消除接地；④查出误接，予以更正；⑤更换熔丝；⑥消除接地点。

3. 通电后电动机不转有嗡嗡声

（1）故障原因

①定、转子绕组有断路（一相断线）或电源一相失电；②绕组引出线始末端接错或绕组内部接反；③电源回路接点松动，接触电阻大；④电动机负载过大或转子卡住；⑤电源电压过低；⑥小型电动机装配太紧或轴承内油脂过硬；⑦轴承卡住。

（2）故障的排除与维修

①查明断点予以修复；②检查绕组极性；判断绕组末端是否正确；③紧固松动的接线螺丝，用万用表判断各接头是否假接，予以修复；④减载或查出并消除机械故障；⑤检查是否把规定的面接法误接为Y；是否由于电源导线过细使压降过大，予以纠正；⑥重新装配使之灵活并更换合格油脂；⑦修复轴承。

4. 电动机起动困难，额定负载时，电动机转速低于额定转速较多

（1）故障原因

①电源电压过低；②面接法电机误接为Y；③笼型转子开焊或断裂；④定转子局部线圈错接、接反；⑤修复电机绕组时增加匝数过多；⑥电机过载。

（2）故障的排除与维修

①测量电源电压，设法改善；②纠正接法；③检查开焊和断点并修复；④查出误接处，予以改正；⑤恢复正确匝数；⑥减载。

5. 电动机空载电流不平衡，三相相差大

（1）故障原因

①重绕时，定子三相绕组匝数不相等；②绕组首尾端接错；③电源电压不平衡；④绕

组存在匝间短路、线圈反接等故障。

（2）故障的排除与维修

①重新绕制定子绕组；②检查并纠正；③测量电源电压，设法消除不平衡；④消除绕组故障。

6. 电动机空载，过负载时，电流表指针不稳，摆动

（1）故障原因

①笼型转子导条开焊或断条；②绕线型转子故障（一相断路）或电刷、集电环短路装置接触不良。

（2）故障的排除与维修

①查出断条予以修复或更换转子；②检查绕转子回路并加以修复。

7. 电动机空载电流平衡，但数值大

（1）故障原因

①修复时，定子绕组匝数减少过多；②电源电压过高；③Y 接电动机误接为△；④电机装配中，转子装反，使定子铁芯未对齐，有效长度减短；⑤气隙过大或不均匀；⑥大修拆除旧绕组时，使用热拆法不当，使铁芯烧损。

（2）故障的排除与维修

①重绕定子绕组，恢复正确匝数；②设法恢复额定电压；③改接为 Y；④重新装配；⑤更换新转子或调整气隙；⑥检修铁芯或重新计算绕组，适当增加匝数。

8. 电动机运行时响声不正常，有异响

（1）故障原因

①转子与定子绝缘纸或槽楔相擦；②轴承磨损或油内有砂粒等异物；③定转子铁芯松动；④轴承缺油；⑤风道填塞或风扇擦风罩；⑥定转子铁芯相擦；⑦电源电压过高或不平衡；⑧定子绕组错接或短路。

（2）故障的排除与维修

①修剪绝缘，削低槽楔；②更换轴承或清洗轴承；③检修定、转子铁芯；④加油；⑤清理风道；重新安装置；⑥消除擦痕，必要时车内小转子；⑦检查并调整电源电压；⑧消除定子绕组故障。

9. 运行中电动机振动较大

（1）故障原因

①由于磨损轴承间隙过大；②气隙不均匀；③转子不平衡；④转轴弯曲；⑤铁芯变形或松动；⑥联轴器（皮带轮）中心未校正；⑦风扇不平衡；⑧机壳或基础强度不够；⑨电动机地脚螺丝松动；⑩笼型转子开焊断路；绕线转子断路；加定子绕组故障。

（2）故障的排除与维修

①检修轴承，必要时更换；②调整气隙，使之均匀；③校正转子动平衡；④校直转轴；⑤校正重叠铁芯；⑥重新校正，使之符合规定；⑦检修风扇，校正平衡，纠正其几何形状；⑧进行加固；⑨紧固地脚螺丝；⑩修复转子绕组；修复定子绕组。

10. 轴承过热

（1）故障原因

①滑脂过多或过少；②油质不好含有杂质；③轴承与轴颈或端盖配合不当（过松或过紧）；④轴承内孔偏心，与轴相擦；⑤电动机端盖或轴承盖未装平；⑥电动机与负载间联轴器未校正，或皮带过紧；⑦轴承间隙过大或过小；⑧电动机轴弯曲。

（2）故障的排除与维修

①按规定加润滑脂（容积的 1/3～2/3）；②更换清洁的润滑脂；③过松可用黏结剂修复，过紧应车磨轴颈或端盖内孔，使之适合；④修理轴承盖，消除擦点；⑤重新装配；⑥重新校正，调整皮带张力；⑦更换新轴承；⑧校正电机轴或更换转子。

11. 电动机过热甚至冒烟

（1）故障原因

①电源电压过高，使铁芯发热大大增加；②电源电压过低，电动机又带额定负载运行，电流过大使绕组发热；③修理拆除绕组时，采用热拆法不当，烧伤铁芯；④定转子铁芯相擦；⑤电动机过载或频繁起动；⑥笼型转子断条；⑦电动机缺相，两相运行；⑧重绕后定于绕组浸漆不充分；⑨环境温度高电动机表面污垢多，或通风道堵塞；⑩电动机风扇故障，通风不良；定子绕组故障（相间、匝间短路；定子绕组内部连接错误）。

（2）故障的排除与维修

①降低电源电压（如调整供电变压器分接头），若是电机 Y、△接法错误引起，则应改正接法；②提高电源电压或换粗供电导线；③检修铁芯，排除故障；④消除擦点（调整气隙或挫、车转子）；⑤减载；按规定次数控制起动；⑥检查并消除转子绕组故障；⑦恢复三相运行；⑧采用二次浸漆及真空浸漆工艺；⑨清洗电动机，改善环境温度，采用降温措施；⑩检查并修复风扇，必要时更换；检修定子绕组，消除故障。

任务二　变压器、整流器和电容器

任务导读

环形变压器及其应用

环形变压器是电子变压器的一大类型，已广泛应用于家电设备和其他技术要求较高的电子设备中，它的主要用途是作为电源变压器和隔离变压器。环形变压器在国外已有完整的系列，广泛应用于计算机、医疗设备、电讯、仪器和灯光照明等方面。

我国近十年来环形变压器从无到有，迄今为止已形成相当大的生产规模，除满足国内需求外，还大量出口。国内主要用于家电的音响设备和自控设备以及石英灯照明等方面。

任务分析

变压器按铁芯或线圈结构分类：芯式变压器（插片铁芯、C型铁芯、铁氧体铁芯）、壳式变压器（插片铁芯、C型铁芯、铁氧体铁芯）、环型变压器、金属箔变压器、辐射式变压器等。变压器按相数分为单相、三相或多相变压器；按作用分为升压变压器、降压变压器；按用途分有电力变压器、用于局部动力和照明的小容量变压器、用于传递信号的耦合和控制变压器以及一些有专门用途的特种变压器。

知识链接

一、变压器

变压器作为变换交流电压的电器，从发电厂或变电所的大容量变压器到电子设备的小容量电源变压器，被广泛使用。变压器是具有一个铁芯和两个或两个以上绕组组成的静止感应电器，根据电磁感应原理，把某一电压的供电系统变换成同频率的另一电压的供电系统，以达到传输电功率的目的。

（一）变压器的结构

尽管变压器的种类很多，但其基本结构是相同的。变压器由形成磁路的铁芯和形成电路的绕组构成。较大容量的变压器放置在容器中，周围填充绝缘油。此外，变压器附有冷却装置（散热器风扇、空调等）、温度计、压力计、保护继电器等。

1. 铁芯的结构

变压器根据铁芯与绕组的配合形式，可分为芯式与壳式。芯式如图 8－6（a）所示，铁芯被绕组所包围；壳式如图 8－6（b）所示，绕组被铁芯所包围。

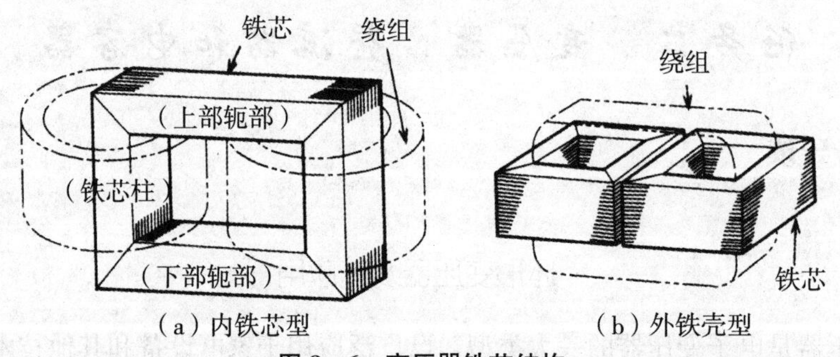

（a）内铁芯型　（b）外铁壳型

图 8－6　变压器铁芯结构

铁芯材料，为了减少铁损、降低励磁电流应采用磁导率较高的材料，为此采用表面作绝缘处理的厚度为 0.27～0.5mm 的硅钢片。特别是电力变压器采用厚度为 0.27～0.35mm 的含硅量 3%的硅钢片。

2. 绕组的结构

绕组的材料一般是漆包线、沙包线、丝包线，最常用的是漆包线。对于导线的要求，需导电性能好，绝缘漆层有足够耐热性能，并且要有一定的耐腐蚀能力。一般情况下用 Q2 型号的高强度的聚脂漆包线。

绕组根据绕线的方式分为直绕与型绕两种。直绕式是线圈直接绕在绝缘的铁芯柱上，铁芯与绕组之间的气息小，所以漏磁小，特性好，在小容量变压器中使用。型绕式是把绕组绕在木模上，经绝缘处理后再将线圈与铁芯组合，在一般的电力变压器中被广泛使用。

（二）变压器的型号举例

变压器的型号举例如图 8－7 所示。

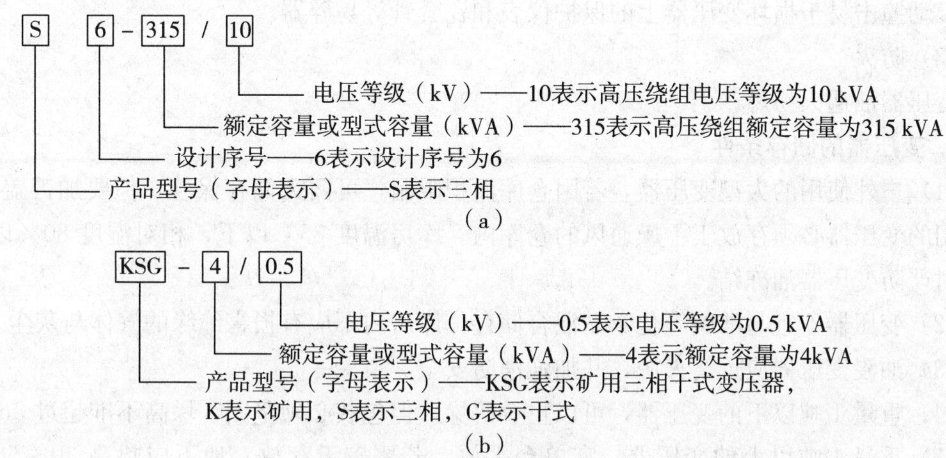

图 8－7　变压器的型号

（三）变压器的选用

1. 容量和台数的选择

变压器的额定容量应满足全部用电负荷的需要，即变压器总额定容量应大于等于用电设备总计算负荷。一般能满足要求的情况下，选择一台变压器为宜。

凡选择两台变压器的变电所，仅一台单独投入运行时，应同时满足变电所总计算负荷的 60％以上的需要。

2. 变压器相数的选择

一般中小型容量的变压器选三相为宜，但有一部分专供照明用电的小容量变压器则选单相。特大容量的变压器宜选三台单相变压器组成三相变压器组供电。

（四）变压器产品的验收

（1）变压器本身不应有机械损伤，箱盖螺丝应完整无缺，密封衬垫要严密良好，无渗油，油管无压扁现象。

（2）变压器外壳不应锈蚀，外表油漆层光洁，色调均匀一致。无油漆油痕、气泡、脱皮、划伤等现象。

（3）高低压套管不渗油，表面无缺陷。

（4）附件要齐全。

（5）应用兆欧表检查高低压线圈间及线圈与外壳间的绝缘电阻。

（6）验收出厂技术文件是否齐全。

（五）变压器类产品的保管、保养

1. 变压器的保管与保养

（1）防潮

变压器受潮后，易使绝缘材料性能降低，尤其是变压器油、水分对其绝缘能力影响极大，潮气能使金属件锈蚀。

（2）防震

震动撞击易于损坏变压器上的保护仪表和瓷套管等易碎器。

（3）防火

变压器油遇火易燃。

2. 变压器的储存条件

（1）户外使用的大型变压器，若因仓库面积限制，可露天储存保管，但要加苫盖。户内使用的变压器必须存放于干燥通风的仓库内。库房温度35℃以下，相对湿度80%以下，严寒时严防变压器油冻结。

（2）变压器不宜与酸碱等化学品混合储存。库房内不应有损害绝缘的气体与灰尘。

（3）油浸变压器应远离火源，并加强消防安全。

（4）重量1吨以下的变压器，可以重叠码垛，但包装必须坚固，垛高不准超过3m。

（5）重量1吨以上的变压器，宜单台平放。若要露天存放，地下应垫高30～50cm，以便通风防潮。

3. 变压器在储存期间应采取的保养措施

（1）应检查变压器是否漏油，防止油老化。变压器的充油高压瓷套管，应竖立在专做的架子上保管，以免发生漏油、渗油。当变压器的油面降低到最低油位时，应补充注入相同规格牌号的变压器油，严禁注入不同牌号的油。

（2）为了防止金属件生锈，可在其表面涂上工业凡士林。若外壳漆皮脱落，要用相同颜色的油漆均匀涂覆，以防锈蚀。散热器的孔眼应用闷头紧密封闭，以免潮气、杂物侵入。冷却器和油泵的油全部放出，所有进出口法兰，均应用闷头堵好。

（3）变压器上若积有干燥灰尘，应用清洁的布或软纸擦拭。如果是含有油质的灰尘，可用四氯化碳液去擦，切忌用汽油、煤油、柴油等擦，以免破坏绝缘。

（4）气体继电器应装入木盒保存，瓷套管应用麻布包裹，草绳扎紧，以免损坏。

（5）长期储存的变压器，半年应测量一次绝缘电阻。

（6）变压器储存期限以出厂保险期为限，最好不超过一年。

二、整流器

电力网供给用户的是交流电，而许多场合需要用直流电。整流，就是把交流电变为直流电

的过程。利用具有单向导电特性的电子器件，可以把方向和大小交变的交流电转变为直流电。

（一）晶体二极管整流器

1. 晶体二极管

在实际生产生活中，人们利用晶体二极管组成的各种整流电路。晶体二极管，简称为二极管，是一种最简单的半导体器件。它是由 P 型半导体材料和 N 型半导体材料用特殊方法制成一个 PN 结的两侧引出金属电极和装上管壳做成的。PN 结在电路中具有单向导电的作用，即：正向（P 接正极，N 接负极）导通，反向（N 接正极，P 接负极）截止。

2. 晶体二极管整流

（1）半波整流电路

半波整流电路是一种最简单的整流电路。它由电源变压器、整流二极管和负载电阻Z组成。变压器把电源电压（多为 220V）变换为所需要的交变电压，整流二极管再把交流电变换为脉动直流电。

（2）全波整流电路

如果把整流电路的结构作一些调整，可以得到一种能充分利用电能的全波整流电路。全波整流电路，可以看作是由两个半波整流电路组合成的。

（3）桥式整流电路

桥式整流电路是使用最多的一种整流电路。这种电路，只要增加两只二极管口连接成“桥”式结构，便具有全波整流电路的优点，而同时在一定程度上克服了它的缺点。

（二）可控硅整流器

可控硅（英文缩写 SCR）又称为晶体闸流管，简称晶闸管。1956 年美国贝尔实验室（Bell Laboratories）发明了晶闸管。它是一种大功率的半导体器件。晶闸管具有体积小、重量轻、动作迅速、维护简单、操作方便、寿命长等许多优点，它的制造和应用技术发展很快，主要用于整流、逆变、调压和开关四个方面。目前应用做多的还是晶闸管整流，即把交流电变换为电压可控的直流电，使其在电能的变换、控制和调节方面取代了笨重的电动机—发电机的控制作用，具有投资小、占地少、节能效果显著等一系列优点。但过载能力差、抗干扰能力差、控制比较复杂等是它的主要缺点。

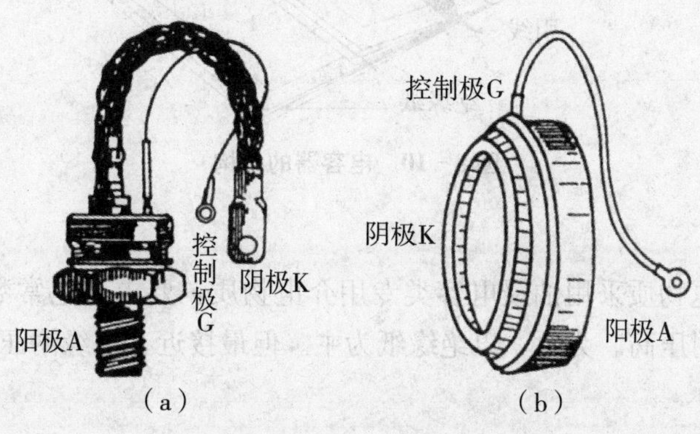

图 8-8　晶闸管的外形

可控硅整流器外形有螺栓型和平板型两种封装，如图 8-8 所示，引出阳极 A、阴极 K 和门极（控制端）G 三个连接端。对于螺栓型封装，通常螺栓是其阳极，能与散热器紧密连接且安装方便，平板型封装的晶闸管可由两个散热器将其夹在中间。

三、电容器

所谓电容器就是能够储存电荷的“容器”。只不过这种“容器”是一种特殊的物质——电荷，而且其所存储的正负电荷等量地分布于两块不直接导通的导体板上。电容器的基本结构：两块导体板（通常为金属板）中间隔以电介质，即构成电容器的基本模型，如图 8-9 所示。

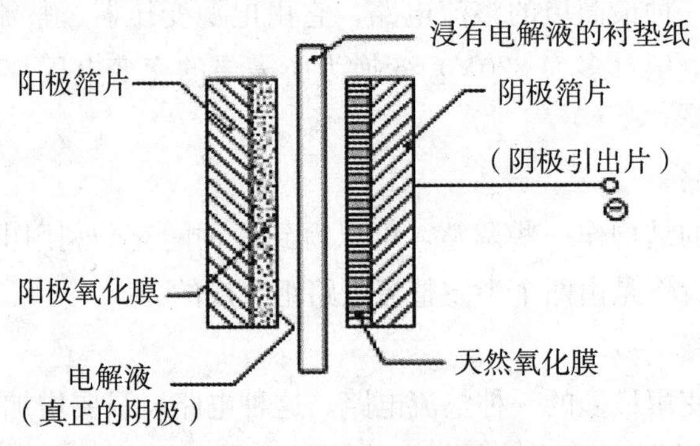

图 8-9　电容器的基本结构

（一）电容器的结构

电力电容器一般由多枚片状绝缘物（介电物质）与铝箔卷制，通过引线引出的电极构成电容元件复合而成，注入绝缘油构成电力电容器，如图 8-10 所示。

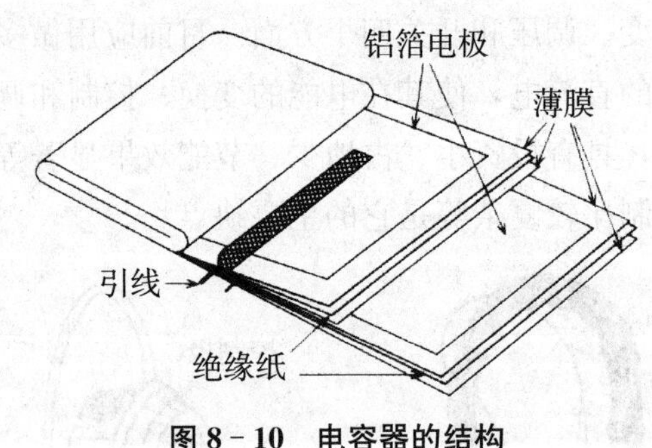

图 8-10　电容器的结构

1. 介电物质

电力电容的介电物质采用油浸电容类专用介电物质，要求介电常数高，温度变化小，介电正切小，绝缘耐压高。为此，以绝缘纸为主。但最接近、绝缘耐压高的聚丙烯也被大量使用。

2. 绝缘油

绝缘油，以前有 PCB（三氯或氯五化二苯），PCB 禁用后一般用氯化萘等芳香族绝缘油。

3. 电容元件

两个以上的电极，用绝缘的片状绝缘物间隔构成，通常由多个电容元件组成电器容，电极是铝箔或介电表面蒸涂金属薄膜。

4. 容器

电容器的容器对于罐型电容器用可挠性的薄钢板、不锈钢板等制作，箱型电容器用厚钢板制作，绝缘管电容器以绝缘外管作容器，压模成型电器容则压模时直接成型无外壳。

（二）电容器的种类及常用电容器的结构和特点

1. 电容器的种类

（1）按用途分类

包括电力用（改善功率因数、调相、串联）、电器用、电子设备。

（2）按电极结构分类

包括平板型、圆筒型、层积型（平板电极多层结构）、卷型（片状的平板电极绕制而成）、烧结型。

（3）按容器结构分类

包括箱型、罐型、瓷管型、压模封装型。

（4）按介质的种类分类

包括油浸纸、塑料膜、氧化金属（电解电容器）、瓷器、云母、气体（空气，SF6 等）。

（5）按电容量的可变性分类

包括固定型、可变型。

2. 常用电容器的结构和特点

（1）铝电解电容器

铝电解电容器是由铝圆筒做负极、里面装有液体电解质，插入一片弯曲的铝带做正极制成。还需经直流电压处理，做正极的片上形成一层氧化膜做介质。其特点是容量大，但是漏电大、稳定性差，有正负极性，适于电源滤波或低频电路中。使用时，正、负极不要接反。

（2）钽铌电解电容器

钽铌电解电容器用金属钽或者铌做正极，用稀硫酸等配液做负极，用钽或铌表面生成的氧化膜做介质制成。其特点是：体积小、容量大、性能稳定、寿命长、绝缘电阻大、温度性能好，用在要求较高的设备中。

（3）陶瓷电容器

陶瓷电容器用陶瓷做介质。在陶瓷基体两面喷涂银层，然后烧成银质薄膜作极板制成。其特点是：体积小、耐热性好、损耗小、绝缘电阻高，但容量小，适用于高频电路。铁电陶瓷电容容量较大，但损耗和温度系数较大，适用于低频电路。

（4）云母电容器

云母电容器用金属箔或在云母片上喷涂银层做电极板，极板和云母一层一层叠合后，再压铸在胶木粉或封固在环氧树脂中制成。其特点是：介质损耗小、绝缘电阻大。温度系数小，适用于高频电路。

（5）薄膜电容器

薄膜电容器的结构相同于纸介电容器，介质是涤纶或聚苯乙烯。涤纶薄膜电容，介质常数较高，体积小、容量大、稳定性较好，适宜做旁路电容。聚苯乙烯薄膜电容器，介质损耗小、绝缘电阻高，但温度系数大，可用高频电路。

（6）纸介电容器

纸介电容器是用两片金属箔做电极，夹在极薄的电容纸中，卷成圆柱形或者扁柱形芯子，然后密封在金属壳或者绝缘材料壳中制成。它的特点是体积较小，容量可以做得较大。但是固有电感和损耗比较大，适用于低频电路。

（7）金属化纸介电容器

金属化纸介电容器的结构基本相同于纸介电容器，它是在电容器纸上覆上一层金属膜来代金属箔，体积小、容里较大，一般用于低频电路。

（8）油浸纸介电容器

油浸纸介电容器是把纸介电容浸在经过特别处理的油里，能增强其耐压。其特点是电容量大、耐压高，但体积较大。此外，在实际应用中，第一要根据不同的用途选择不同类型的电容器；第二要考虑到电容器的标称容量，允许误差、耐压值、漏电电阻等技术参数；第三对于有正、负极性的电解电容器来说，正、负极在焊接时不要接反。

（三）电力电容器的用途

1. 并联电容器

并联的接入输电线和变压器的电容器称为并联电容器，它在电路中可以起到改善功率因数、电压调整。并联电容器串联电抗可以防止电容接入系统时引起的回路高次谐波电流分量的增大，以及抑制电容突然投入时的电流冲击。并联电容器与放电线圈串联是为了泄放电容开路时的残留电荷。

2. 串联电容器

串联的接入输电线和变压器的电容器称为串联电容器，它是利用电容器的容性电抗补偿输电线的感性电抗。所以串联电容器自动的实时发挥了改善电压降落或电压变化率、增大输电容量及提高过渡稳定性和改善环形供电系统的功率潮流分布的作用。

3. 高频滤波器

电力系统因种种原因产生高次谐波，引起电器的损耗增大和过热，给控制系统带来恶劣的影响。高次谐波可以通过调整产生高次谐波的电器的电路结构与参数达到较少高次谐波的目的，在高次谐波影响不太严重的场合，一般设置交流滤波器。

4. 高速无功功率补偿装置

由于电力系统的负荷变动与系统故障引起的无功功率变化，导致系统各处的电压变化，如这个电压变化大，则会影响电器的正常运行、照明的闪烁等，为此，必须设置高速无功功率补偿装置，实用化的补偿装置是根据可控硅开关功能实现电容器的通断控制或进行电抗的连续相位控制的。

四、整流器、电容器的技术管理

（一）订货

签订货合同时，不仅要注明所需产品的名称、型号数量等，而且还要注意不同电器部件的规格和数据。如整流二极管除了要注意名称、型号外还需注意的是整流管最高反向工作电压的规格。

（二）入库验收

（1）每件产品应附合格证、使用说明、产品外包装上应标明产名、规格及制造日期。

（2）产品的外观应光洁美观，触头的表面不准有毛刺、锈斑。

（3）用兆欧表测量绝缘电阻，如果绝缘不良，除不能保证正常工作外，还会影响到整个电器设备及操作人员的人身安全。

（三）储存条件

（1）应存放在干燥、通风、防潮、防尘的库房内，库房温度最好保持在5℃～35℃，相对湿度80%以下。

（2）不能与破坏绝缘和腐蚀金属的有害气体混存一库，并防止有导电性的尘埃集在产品上。

（3）库内保持清洁，防止剧烈震动。

（四）保管保养

（1）成批整箱的产品可以重叠码垛，但垛高不宜超过3m，垛形要端正平稳，防止倾斜倒塌。垛底应根据地面防潮情况适当垫高，使垛底通风，不受地面潮气影响。

（2）零星小型产品可以放在货架上保管，但不宜叠置过高。

（3）在装卸、码垛时必须轻拿轻放，严禁扔、撞、摔等，以免损坏电器。

（4）以出厂保险期为储存期限，但最长不超过一年半，发货时做到先进先出。

阅读材料

超级电容器——储能系统的新宠儿

超级电容器实际上属于电化学元件，引起电荷或电能储存流程可相互逆转，其循环充电的次数达到 10 万次。“双电层原理”是超级电容器的核心，这是由该装置的双电层结构决定的。超级电容器是利用双电层原理的电容器。当外加电压作用于普通电容器的两个极板时，装置存储电荷的原理是一样的，即正电极与正电荷对应、负电极与负电荷对应。而超级电容器除了这些功能外，若其受到电场作用则会在电解液、电极之间产生相反的电荷，此时正电荷、负电荷分别处于不同的接触面，这种条件下的负荷分布则属于“双电层”，因电容器结构组合上的改进，超级电容器的电容储存量极大。此外，如果超级电容器两极板间电势小于电解液的标准电位时，超级电容器则是正常的工作状态，相反则不正常。

超级电容器一直用于常规电容器和电池之间的专门市场，随着更多新应用的发现，这一专门市场也在不断增长。在数据存储应用中，超级电容器正在取代电池，这类应用由于突然断接问题，需要中到大电流/短持续时间的备份电源和电池备份。具体应用包括 3.3V 内存备份固态硬盘（SSD）、电池供电的便携式工业和医疗设备、工业警报器以及智能功率计。与电池相比，超级电容器能提供更大的峰值功率，具有更小的外形尺寸，在更宽的工作温度范围内具有更长的充电周期寿命，还具有更低的等效串联电阻（ESR），可提供更高的功率密度。与标准陶瓷、钽或电解质电容器相比，超级电容器以类似的外形尺寸和重量，提供更高的能量密度。通过降低超级电容器的 Top-Off 电压，并避开高温（>50℃），可以最大限度地延长超级电容器的寿命。

任务三 电工材料

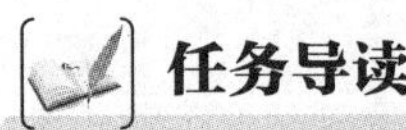

任务导读

绝缘材料对于电工行业的重要作用

绝缘材料在电工产品中是必不可少的材料。如一台 300MW 汽轮发电机就需绝缘漆 10t、云母制品 8t、层压板 5t、漆布和薄膜约 1t；一台 3200kW 的变压器所需绝缘材料占其总质量的 34%；一台 10kV 的高压断路器所需绝缘材料占其总量的 18%。按我国发电设备装机容量及与之配套的电工设备的绝缘材料消耗定额平均为 65t/10MW，由此可见绝缘材料在电工设备中所占比例是很大的。

绝缘套管是决定电机、电器技术经济指标的关键因素之一。电机的重要技术经济指标之一是质量功率比，即 kg/kW 值。减少比值，对电机有重要意义。据报道，1900—1967 年，1hp（0.75kW）的电机质量由 40kg 减少到 10kg，目前已降低到 6kg/kW 水平。导致这种变化的重要原因是采用耐热性高的绝缘套管。降低 kg/kW 值可节约大量金属材料，降低电机成本。如一台 A 级（105℃）电动机采用 H 级（180℃）绝缘之后，可缩小体积 30%～50%，节约铜 20%、硅钢片 30%～50%、铸铁 25%。当然，采用同一型号机，用耐温指数更高的绝缘套管，可以提高功率或延长电机的使用寿命。从电机、电器产品的造

价情况来看，绝缘套管所占费用约在一半，这些都说明了绝缘套管在电机、电器工业中所占的地位和作用了。

任务分析

绝缘材料对直流电流有非常大的阻力，在直流电压作用下，除了有极微小的表面泄漏电流外，实际上几乎是不导电的，而对于交流电流则有电容电流通过，但也认为是不导电的。绝缘材料的电阻率越大，绝缘性能越好。

大体上，电机、电器设备都是由导体材料、磁性材料、绝缘材料和结构材料构成的。除绝缘材料之外，其他都是金属材料。电机、电器在运行中，不可避免地要受到温度、电、机械的应力和振动，有害气体、化学物质、潮湿、灰尘和辐照等各种因素的作用。这些因素对绝缘材料比对其他材料有更显著的作用。可以说，绝缘材料对这些因素更为敏感，容易变质劣化，致使电工设备损坏。所以绝缘材料是决定电机、电器运行可靠性的关键材料。

知识链接

一、绝缘材料

（一）绝缘材料概述

绝缘材料又称电介质，它是电阻系数很高（109～1022Ω·cm），导电能力极低的材料。绝缘材料是制造电工设备的重要材料，它的主要作用是在各种电机、电器、电线电缆及无线电装置中用来隔离带电导体，控制电流在一定的路径中流通。同时也利用绝缘材料的介电性能来制造各种电容器。此外，绝缘材料根据产品的技术要求起着散热冷却、机械支撑和固定等作用。

电工产品质量的好坏、使用寿命的长短，很大程度上取决于绝缘材料的性能。因此，它在提高产品质量，减小产品体积、降低成本上起着显著的作用。而且随着电工技术的发展广泛采用高压、超高压输电，以及大功率电机、高频和超高频装置的电器出现，对于绝缘材料的要求更高了，从此也促进了绝缘材料新品种的发展。

（二）常用绝缘材料

绝缘材料的分类一般是先按一种特征分大类，然后再按第二种特征分小类。常用的固体绝缘材料（绝缘漆因烘干后成固态漆膜，也列入固体绝缘材料），按其组成成分和工艺特征可以分为以下六大类。

1. 漆、树脂和胶类

常用的七种漆、树脂和胶类的型号、特点与用途如表 8－1 所示。

表 8-1　常用绝缘漆、树脂和胶类的型号、特点与用途

型号	名称	特点和用途
1032	三聚氰胺醇酸浸渍漆	具有较好的干透性热弹性，耐油性和较高的介电性能，用于电机电器绕组浸渍绝缘
1053	有机硅浸渍漆	具有良好的耐热性，耐寒性，具有高的介高性能，适用于电机电器绕组浸渍绝缘
110	环氧无溶剂浸渍漆	固化快，介电性良好，防潮降霉性良好，适用于中小电机电器绕组浸渍绝缘
1160	二苯醚无溶剂浸渍漆	具有优良的电气性能，黏结强度高，耐湿热，适用于各种200级电机电器绕组浸渍绝缘
1981	环氧灌注胶	有较高黏结力，耐热性能好，用于元器件绝缘封灌
101	酚醛树脂溶液	粘合力强，综合性能良好，适于黏结电器表面覆盖
1611	油性硅钢片漆	漆膜坚硬，耐油，介电性良好用于硅钢片间绝缘

2. 浸渍纤维制品

在电工产品中一般不直接使用纤维材料及其制品，而是用绝缘漆浸渍后使用。浸渍后的纤维能抑制纤维材料的吸潮，提高材料的介电性能、耐热性能和机械强度。它主要分为漆布、漆管和绑扎带三大类。

3. 层压制品

(1) 层压板制品类

该制品是用浸渍纸、棉布、玻璃布、浸渍酚醛、环氧树脂，经烘焙热压而成的硬质板状绝缘材料。具有较高的机械强度、介电性能、耐油性和耐腐蚀性，适用于要求较高的电工机械、电器设备中作绝缘结构件，并可在潮湿环境和变压器中使用。

(2) 3640 环氧酚醛层压玻璃布管

3640 管具有较高的机械、耐热和介电性能，适用于电器设备中作绝缘结构零部件，并可在潮湿环境条件下和变压器油中使用。

(3) 3240 环氧酚醛层压玻璃布板

3240 板具有较高的机械和介电性能，适用于电机、电器设备中作绝缘结构零件，并可在潮湿环境条件和变压器油中使用。

4. 塑料类

电工用的塑料以树脂为主，配合各种填料和添加剂等制成粉状、粒状或纤维状材料。它具有良好的介电性能和较高的机械性能；主要用以塑压成各种规格、形状的电工设备绝缘零件以及作为电线电缆的绝缘和保护层。常用的塑料有酚醛木粉压塑料、聚乙烯及交联聚乙烯。

5. 云母制品

(1) 9545－1 桐马环氧玻璃粉云母带

具有优异的电气性能、机械性能和使用工艺性能，适用于大中型高压电机线圈的主绝缘及其他各种电机、电器的绝缘。

(2) 9543－1 环氧玻璃粉云母带

具有良好的耐热、机械和电气性能，该产品与 9105 环氧无溶剂漆配套使用，适用于高压电机整浸绝缘处理。

(3) F－4 柔软云母板

该产品具有优异的电气性能及机械性能，耐热等级为 F 级。适用于电机槽绝缘及匝间绝缘，亦可作电器、仪表的柔软衬垫。如在三峡 700MW 水轮发电机组上使用。

6. 薄膜、粘带和复合制品

目前常用的薄膜、粘带和复合制品有 6051 聚酰亚胺薄膜，6630（DMD）聚酯薄膜聚酯纤维非织布柔软复合材料，6240、6250 热固性压敏胶粘带，6650（NHN）聚酰亚胺薄膜聚芳酰胺纤维纸柔软复合材料。

(1) 6051 聚酰亚胺薄膜

是由均苯四甲酸二酐与 4.4－二氨基二苯醚合成树脂，再经加工制成的，它是 F、H 级绝缘材料的基础材料。

聚酰亚胺薄膜及其 F46 复合薄膜具有优良的耐高低温性、电气绝缘性、黏结性、耐辐射性、耐介质性，能在－269℃～400℃温度范围内长期使用。复合薄膜还具有高温自粘封的特点。它们可作耐高温柔性印刷电路基材、扁平电路、电线电缆、电磁线的绝缘层以及用作各种电机的绝缘等。目前已广泛地应用于宇航、电机、节能灯具、声频器材、试验变压器、车辆、仪表通信、石油化工等工业部门。

(2) 6630（DMD）聚酯薄膜

聚酯纤维非织布柔软复合材料（DM、DMD、DMDM）是在一层聚脂薄膜的两侧粘贴压光的聚脂纤维纸制成的三层复合材料。它具有优异的机械、介电、耐热性能，可用于 B 级、F 级电机中的槽绝缘和相间绝缘。

(3) 6240 聚酰亚胺薄膜

是以 0.05mm 厚的聚酰亚胺薄膜作基材，用丙烯酸聚合物为胶粘剂，经涂布、加热、交联制成的热固性压敏胶粘带。6250 除用有机硅树脂作胶粘外，其余与 6240 相同。6240、6250 具有良好的粘着性能，电绝缘性能和优异的耐热性能。6240、6250 分别在 F 级、H 级电机、电器用作电机绝缘层，包绕导线，用于电器、仪表等防护绝缘。

(4) 6650（NHN）聚酰亚胺薄膜

聚芳酰胺纤维纸柔软复合材料是由两层聚芳酰胺纤维纸中间夹聚酰亚胺薄膜，用适合的粘合剂复合而成。它具有优异的机械、介电和耐热性能，可用于 H 级电机中的槽绝缘和相间绝缘。

（三）绝缘材料的选用

绝缘材料的选用应当满足产品对其各种性能的要求，即电性能、热性能、机械性能的要求。选用的主要原则是：

（1）选择具有一定绝缘强度材料，以满足设备耐受电压等级的要求，以避免电气设备正常工作时发生击穿现象。

（2）根据电气设备最高允许工作温度选用合适耐热等级的绝缘材料。

（3）选用高强度薄漆层漆包线绕制的电气设备可以缩小设备体积。

（4）对于高压电缆不仅要求有足够的绝缘强度的绝缘材料，还要求材料的介电系数小，介质损耗小。根据不同的环境要求分别选用防潮、防腐、耐霉性能的绝缘材料。

（四）绝缘材料保管的一般要求

（1）绝缘材料一般应保存在温度为10℃～35℃的库房内，空气相对湿度在80%以下，地面应为干燥的水泥地或木地板。材料要避免日光照射，并离开暖气一定距离。库内不得设置火炉。要保持库房环境卫生。

（2）绝缘材料应设专门库区保管、禁止与化学药品、粉末金属混杂一室，以免受到侵蚀。

（3）绝缘材料应分品种、分规格码垛，应标出各种材料的出场日期及有效期限，绝对保证先进先出。对期满材料必须经技术部门鉴定合格后才能继续发放使用。

（4）搬用、盘点、发放时应使包装物保持完好，不得使材料受到机械损伤。

（五）几种绝缘材料的保管

1. 绝缘漆、胶

绝缘漆、胶应装在完好的密封容器内，否则由于溶剂的挥发而使绝缘漆变调，变硬；同时其挥发的蒸汽亦能与空气形成具有爆炸性的混合气体。绝缘漆在储存时，每隔两个月应将漆桶翻转一次，以防沉底结块。

2. 浸渍纤维制品

浸渍纤维制品应储存在温度不超过40℃，干燥、洁净和通风良好的库房内，不得使制品靠近火源、暖气、避免日光直射，漆布应直立存放，漆管应放料柜或原箱码垛。浸渍纤维制品的储存期从出场日期算起为6个月，超过6个月按产品标准检验，合格者方可继续使用。

3. 层压制品

层压制品应放在温度不超过40℃的干燥、清洁的室内，不得靠近火源、暖气；避免日光直射。码垛时产品之间应垫薄纸，以避免表面磨损。层压制品储存期从出场日期算起为18个月，超过18个月按产品标准检验，合格者方可继续使用。

4. 云母制品

云母制品应储存在温度10℃～35℃的干燥而洁净的室内，竖直放置，避免日光照射。云母制品储存期从出场日期算起为2～3个月，最多不得超过6个月，超过储存期按产品标准检验，合格者方可继续使用。

5. 绝缘薄膜及其制品

绝缘薄膜及其制品应放在温度不超过 35℃的干燥而清洁的室内，不得靠近火源、暖气；避免日光直射，不得靠近火源、暖气。绝缘薄膜及其制品储存期从出场日期算起，聚脂薄膜为一年，聚酰胺亚薄膜为两年，超过储存期按产品标准检验，合格者方可继续使用。

二、电线电缆

（一）电线电缆的用途及分类

1. 用途

电线电缆是指传输电能、传输信息和实现电磁能量转换的一大类电工线材产品。

电线电缆的用途主要有以下三个方面：

（1）用于电力输配。电线电缆把发电站（厂）通过变电所、配电站把所有用电单位连接起来，组成一个电能的传输和分配体系，即电力系统。

（2）电气通信。电报、电话、传真、数字通信及广播电视等，都要利用各种通信的电线电缆构成通信信号传递系统，达到传递信息的目的。

（3）用于电气装备线圈的绕组。各种电机、变压器、电工仪表、通信设备等使用的线圈绕组，都要用电磁线绕制。此外，电机、电器还需要各种引接线等。

2. 电线电缆的分类

电线电缆按其不同的特点可以有不同的分类法。按综合产品性能、结构和制造工艺的相近性，并结合使用特点可分为：裸电线、电磁线、电力电缆、通信电线电缆、电气装备用电线电缆五个大类。物资部门常将电线电缆分为：裸电线、电磁线、布电线、电力电缆、控制和信号电缆、通信电缆等几个大类。

（二）电线电缆的基本结构

电线电缆的基本结构一般是由导体、绝缘层和保护层三部分构成。

1. 导体

导体的作用是传导电流，传递信息。首先，用作电线电缆的导体材料必须具有良好的导电性能，即电阻率要小，以减少电流在线路上的损耗。其次，导体必须具有良好的机械物理性能，即具备一定的抗拉强度、伸长率、硬度等以满足生产、安装和使用的要求。

常用的导体材料有铜、铝、铝合金及钢铁等金属。

最广泛使用的铜、铝导体。铜具有良好的导电性能和导热性能，有足够的机械强度，具有耐蚀性好，无低温脆性，便于焊接，便于加工等特点。铝导体的导电性能仅次于铜，而且铝的比重小，资源丰富（蕴藏量约为铜的一千倍），价格低廉，虽然某些机械性能不如铜导体，但在技术经济上还是具备优越性的，所以铝是推广的导体材料。为了提高铝的机械强度、耐热性、耐蚀性、加工性，可制成导电铝合金。常用的是铝镁硅合金和铝镁合金。

2. 绝缘层

绝缘层将绝缘材料包覆在导体的外面，起着把导电线芯与其他部分相邻线芯或外部隔绝的作用。比较理想的绝缘材料，应有良好的电气绝缘性能，而对热则有良好的传导性能，还具有一定的机械物理性能和化学性能。电线电缆绝缘层常用的材料有橡皮、塑料、绝缘纸、绝缘绸、绝缘漆和一些纤维材料。

3. 保护层

保护层是电线电缆绝缘层外的保护部分。它的主要作用是保护电线电缆免遭机械损伤和水、日光、生物、火灾等各种环境因素的破坏。

根据电线电缆的品种、用途以及使用环境和绝缘层材料的不同，保护层的形式和结构也不相同，它们所起的作用也不尽相同。绝缘电线一般用轻型保护层，如橡皮、塑料护套、玻璃丝纤维编织、薄尼龙护套等。电缆一般用重型保护层如用密封的铅管作内保护层，用沥青、黄麻、塑料、钢丝、钢带作外护层。其中钢丝、钢带称铠装层，沥青、黄麻、塑料称防腐层。有时还在电缆线芯或电线电缆的外层包上金属丝或导电的塑料、橡皮等材料作屏蔽层，以防止外界电磁干扰或是均匀电场作用。

（三）电线电缆产品

1. 裸电线

裸电线是没有绝缘层和保护层的电线。裸电线分为裸铝线、铜排扁线、钢铝电车线几类。根据结构、用途可分为圆单线、裸绞线、软接线和型线四个系列。

圆单线的规格用单线直径（mm）表示。如 TY－4，表示直径为 4mm 硬圆铜单线。

裸绞线的规格用截面积（mm^2）表示。

表 8－2　　常用裸电线的特性和用途

分类	名称	特性	主要用途
圆单线	圆铜线	硬线的抗拉强度比软线大一倍；软线的延伸率高	硬线用于架空导线，软线主要用作电线电缆的线芯
	圆铝线		
	镀锡圆铜线	具有很好的耐蚀性与焊接性能	电线电缆用线芯、屏蔽层
	铜包钢圆线	高抗拉强度，和铜一样的耐蚀性镀银铜包钢圆线，对高频通信有大的优越性	通信用载波避雷线，高温电线线芯
绞线	铝绞线	导电性、机械性良好	用于低压或高压的架空线路
型线	扁铜线	机械特性与圆线相同，仅在规格、尺寸上有所区别	用于电机等线圈绕组
	扁铝线		
软接线	铜电刷线	多股铜线绞制柔软，耐弯曲	电刷连接线
	铜软绞线	柔软	引出线、接地线、电器设备部件间连接用线

2. 电磁线

电磁线按绝缘层的特点和用途分为：漆包线、绕包线、无机绝缘电磁线、特殊用途电磁线。圆电磁线的规格用线芯直径（mm）表示；扁电磁线的规格用线芯窄边（a）×宽边（b）的长度表示，单位为毫米。

（1）漆包线：绝缘层是漆膜，它是将绝缘漆涂在导线上烘干形成的。漆包线的特点是漆膜均匀、光滑，便于自动绕制线圈。漆包线广泛应用在中、小型电机，电器，仪表和微型电工产品中。

（2）绕包线：用天然丝、玻璃丝、绝缘纸或合成绝缘薄膜等紧密绕包在导线芯或漆包线上，形成绝缘层。一般用在大中型电工产品中。

（3）无机绝缘电磁线：用陶瓷、玻璃膜等无机材料作为绝缘层的电磁线。它的特点是耐高温、耐辐射，但机械强度差。主要应用在高温辐射等场合的电机、电器中。

（4）特种电磁线：用于特殊用途的电磁线，如耐冷冻剂漆包线、用于中频和高频电器作绕组用的多股电磁线及潜水电机绕组用的电磁线。

3. 电线

（1）橡皮绝缘电线

橡皮绝缘电线的绝缘层分天然橡胶、丁苯橡胶、氯丁橡胶等。天然橡胶弹性好、有良好的电气性能以及优良的耐水性、耐寒性、耐磨性，但在光和热的作用下易产生老化而失去无力机械性能，因此适用于一般场合或寒冷地带。氯丁橡胶的机械性能与天然橡胶相似，但具有耐热、氧、臭氧及光的性能，而且不易燃烧，一旦燃烧，便放出氯化氢气体阻止燃烧，这是其他几种橡胶所不具备的。因此常作为其他电线电缆的护套。

橡皮绝缘电线广泛用于各种电器装置、仪器装置、电信设备、动力照明电路。

（2）聚氯乙烯绝缘电线

聚氯乙烯绝缘电线具有耐热、耐潮、不长霉的特点。它除了逐步取代橡皮绝缘电线作动力和照明用线外，还大量应用于各种电工器材中作普通安装线用。这种电线的缺点是冷硬、冷脆，所以一般不宜户外敷设。

4. 电力电缆

电力电缆一般指电力系统中作输配干线用的电缆。

电力电缆主要包括橡皮绝缘电力电缆、聚氯乙烯绝缘电力电缆、交联聚乙烯绝缘电力电缆。橡皮绝缘电力电缆柔软、可弯曲、敷设安装简便，适用于弯曲半径较小的场合，特别适用于移动性的供电与用电装备。聚氯乙烯绝缘电力电缆和交联聚氯乙烯绝缘电线称为塑料电力电缆，它制造工艺简单，有好的抗化学药品性能，目前是发展迅速的一类电力电缆。

（四）电线的选用

家庭用电源线，宜采用 BVV2×2.5 和 BVV2×1.5 型号的电线。BVV 是国家标准代号，为铜质护套线，2×2.5 和 2×1.5 分别代表 2 芯 2.5mm^2 和 2 芯 1.5mm^2。一般情况下，2×2.5 做主线、干线，2×1.5 做单个电器支线、开关线。单相空调专线用 BVV2×4，另配专用地线。购买电线，首先看成卷的电线包装牌上，有无中国电工产品认证委员会的“长城标志”和生产许可证号；再看电线外层塑料皮是否色泽鲜亮、质地细密，用打火机点燃应无明火。非正规产品使用再生塑料，色泽暗淡，质地疏松，点燃有明火。其次看长度、比价格。BVV2×2.5 每卷的长度是 100±5m。非正规产品长度 60～80m 不等。还得数一下电线的圈数，然后乘以整卷的半径，就可大致推算出长度。再次可以要求商家剪一断头，看铜芯材质。2×2.5 铜芯直径为 1.784mm，可以用千分尺或线规核量一下。正规产品电线使用精红紫铜，外层光亮而稍软。非正规产品铜质偏黑而发硬，属再生杂铜，电阻率高，导电性能差，会升温而不安全。

（五）电线电缆的技术管理

1. 电磁线

（1）验收要求

①各种电磁线应附有产品质量检验合格证。在成轴、成盘或成卷的每一包装上应标明制造厂名、产品名称、规格、毛重、净重、制造日期、批号等，成箱的还应附有装箱单。

②线不得混乱，最外一层线与线轴盘侧边缘不应小于 3mm，以防过满碰坏电线。

③漆包装的漆层表面应光滑，涂漆应均匀，涂层不得有气泡和杂质，漆层不应有裂缝或脱落现象。

④绕包线的绕包层应紧密均匀地绕在导线上，不应有断裂、起棱、露缝（露导体）及粗厚之处。

⑤各种规格的电磁线入库时，应详细核对标签，并复称重量，用千分尺作测量线径检验。

（2）运输要求

①小型的轴盘漆包线，要用厚纸圈绕轴盘，用包装线密封，再装入干燥密封的木箱内，轴与轴之间用干燥纸片或其他衬垫物填充着实，以防搬运时摇晃撞击。

②电磁线在搬运装卸时，应稳搬轻放，严禁投掷，避免碰撞，以防损坏绝缘层。

（3）储存要求

①应存于干燥、通风的库房内，不得与酸碱物质和有害的气体混存于库中。

②批量不大的小盘，小轴电磁线可放在货架上保管、成批装箱的可以码垛，垛高宜在 3m 以内，垛底应适当垫高，做到通风、不受地潮。

③电磁线的出厂保险期为储存期限。

2. 电线

（1）验收要求

①每包应有检验合格证，证上标明：制造厂名、型号、芯数、标称截面、制造日期等。

②橡皮绝缘电线的绝缘层厚度应均匀，不得老化、龟裂、僵硬等，棉纱编织套应浸透防腐涂料，其表面无发粘现象。

③塑料绝缘电线的绝缘层应有光泽，色调一致，无槽纹、颗粒、气泡、杂质、变色、老化、开裂、压扁、凹凸异状及损伤现象。

（2）运输要求

①电线应成卷包装，每卷至少扎捆三处，每卷重量不超过 50kg。

②电线在运输、装卸、捣垛、发货过程中必须保护包装完好，严禁抛掷损坏。

（3）储存要求

①电线应储存于干燥、通风、防尘、防潮的库房内，库内适宜温度 0℃～30℃，不得低于－10℃。

②电线不受日光直射，橡皮受热发蔫轻微者可在通风干燥后撒上一层滑石粉并放在阴凉通风处，严重者应及时处理。

③电线不能与酸碱及矿物油等物接触，库房内也不能有腐蚀性物体存在。

④电线码垛必须下垫枕木，并在枕木上铺平木板，成批的大型线可重叠码垛、垛形要整齐平稳。单芯线可以高垛，多芯线不宜高垛，春冬两季可以垛 2m 高，夏秋只适宜垛高 1.5m。小型小批的电线可在货架内储存，以 5～10 卷为一垛，不得过高。

⑤储存期间应定期检查，冬季每月一次，夏秋每周一次，每隔三个月应捣垛一次，以防底层电线久压变形而影响质量。

3. 电缆

（1）验收要求

①电缆出厂时必须进行出厂试验，每盘应附有出厂产品质量证明单。

②电缆头必须封焊严密，伸出电缆盘外的电缆端头应钉保护罩，避免撞坏电缆端头，且伸长度应不小于 300mm。

③每个电缆盘上应标明：制造厂名称、电缆型号、额定电压、芯数及标称截面、长度、毛重、工厂电缆编号、制造年月、电缆盘正确旋转方向的箭头灯。

④各种电缆保护层应无断裂、机械损伤和压扁等缺陷，裸铠装应光滑平整，无腐蚀并涂沥青。

⑤各种油侵纸绝缘电缆两端密封良好，不得有泄漏现象。

（2）运输要求

①运输过程中电缆盘严禁从高处扔下，应使用吊车将其沿着坚固的铺板渐渐滚下，吊装时严禁几盘同时吊装，滚动电缆盘时应按电缆盘上的箭头方向滚动，并注意安全。

②运输过程中必须将电缆盘牢牢固定好，防止互撞和翻倒，禁止电缆盘平放和重叠运输，以免压伤电缆。

③运输装卸过程严禁机械损伤和有害介质侵蚀，用铲车搬运时严禁直接铲在电缆上。

（3）储存要求

①库房应干燥、通风、无日光直射，库内温度保持 0℃～30℃，相对湿度不超过 80％。

②库内不能有酸碱或其他腐蚀性固体，气体存在。

③电缆不允许平放，要立放，码高应以立码两排为宜，地面适当垫高，使之通风不受地潮。

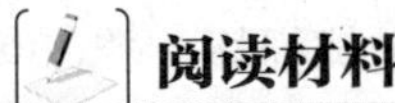

导电塑料

导电塑料是将树脂和导电物质混合，用塑料的加工方式进行加工的功能型高分子材料。与金属相比，其具有易加工、重量轻、柔软性强、导电性能好和生产成本低等优点。它可以作为摄影胶卷的防静电物质，制造防电子辐射的计算机屏幕保护镜和遮挡阳光的"智能"窗户。在包装、运输及电子电器方面可应用于 I.C. 托盘，周转箱，I.C. 料盒，便携电脑外壳，家电部件，LCD 盒托盘等。

导电塑料不仅在抗静电添加剂、计算机抗电磁屏幕和智能窗等方面的应用已得到快速发展，而且在发光二极管、太阳能电池、移动电话、微型电视屏幕乃至生命科学研究等领域也有广泛的应用前景。此外，导电塑料和纳米技术的结合，还将对分子电子学的迅速发展起到推动作用。将来，人类不仅可以大大提高计算机的运算速度，而且还能缩小计算机的体积。因此，有人预言，未来的笔记本电脑可以装进手表中。

总之，导电塑料可以应用于很多方面，还有像电子报纸。真正体验信息时代，导电材料在汽车油路中的应用，能源无忧：塑料电池，三星推出最大的工程塑料液晶显示器，新一代的导电聚合物替代铬化合物，阿托菲纳推出汽车用导电尼龙，GE 公司推出耐热导电树脂，美国推出导电 TPE 新产品。

任务四　家用电器

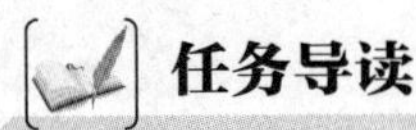

变频调速技术在家电中的应用

通常，家用电器用得最多的是单相异步电动机，靠电容或电阻分相。电机在工作时常处于短时重复状态（开/停），如空调、冰箱等。这样势必带来起动频繁、噪声大、电机寿命短、温度稳定性差以及能耗高等一系列弊端。变频技术的发展促进了家用电器的变频化，变频家用电器具有省电节能、舒适、寿命长、安全可靠、静音化等优点。20 世纪 70 年代，在欧美等发达国家率先将变频技术应用到空调、微波炉、电冰箱、洗衣机等家电产品中，从而给家电产业带来了一场新的革命。

任务分析

生活家用电器是指家庭或个人使用的各种电器器具。家用电器是在机械器具的基础上发展起来的一种电器器具，与其他商品相比，具有的特点是：以电为能源；以改善人们的生活质量为目的；电路复杂，结构精细；造型美观；使用不当易发生危险。

知识链接

一、家居电器

（一）空调器

被称为“空调之父”的威利斯·开利博士在一百年前发明了科学空调原理，至今空调已成为人类生产生活各个领域中必不可少的手段，无论上天入地下海的装备以及高科技产品的制造都需要空调。

空气调节（简称空调）是按人们的要求，把室内或某个场所的空气调节到所需的状态。调节的内容包括温度、湿度、气流，以及除尘和污染空气的排除等。温度调节是指增加或减少空气的显热；湿度度调节是指通过调节空气中的水蒸气含量来增加或减少空气的潜热；气流调节是根据需要调节工作或生活环境的空气流速；除尘和污染空气的排除是指滤去空气中的灰尘，消灭空气中的细菌，除去空气中的有害气体，除去它们的臭气，并对空气进行净化。完成这一系列功能，就要用到空气调节器。

虽然空调的种类很多，但是它们的制冷原理都是一样的。空调器制冷系统主要由压缩机、冷凝器、过滤器、毛细管和蒸发器组成。

1. 空调器分类

（1）按照功能分类

①单冷式。将室内热湿空气吸入，经蒸发器将其中的水蒸气冷凝，然后将干燥、凉爽的空气送入室内，起到降温、除湿的作用。

②冷热式。既能降温、除湿，又可制热、取暖。

（2）按照结构分类

①窗式。是空调制冷、通风、控制系统的组合体。

②移动式。它与窗式空调器的区别是采用水冷方式，冷凝水通过软管排出，可以在室内随意移动，不用安装。

③分体式。

它由室内机箱和室外机箱组成，室外机箱组合了制冷系统中的压缩机、冷凝器和轴流风机等。目前，分体式空调器又开发了“一拖二”、“一拖三”等机型，即一个室外机带动两个室内机或三个室内机，方便了多居室的家庭使用。

分体式包括壁挂式和柜式，壁挂就是室内机必须挂在墙上的机器，而柜式则是像柜子一样摆放的室内机。壁挂式机的优点是：不占用居室的使用面积，只占用一小部分墙面面积，噪声小。工作的时候，由于冷气是向下沉积，所以挂在高处的室内机可以对居室进行均匀降温，使人逐渐感受到温度降低。其缺点是：由于挂在居室的上部，清洁、维修起来不太方便；固定的安装方式不易于移动。柜式机的优点是：外观造型美观；出风口高度适中，可快速降低室内温度；清洁、维修方便，便于移动。缺点是：占用一定的室内面积和空间；由于与室外主机的连接原因，对摆放位置有一定的要求。

④家庭中央空调（也叫户式中央空调）。

是由一台主机通过风管或冷热水管连接多个末端出风口将冷暖气送到不同区域，实现对多个区域调节温度的目的。它是一个小型化的独立空调系统，适用于100m^2 以上的大面积多居室户型，该系统由主机和配套末端组成，主机和多个末端分离安装。

按技术分为定速、变频、变转速三种；按制冷量分为1～3匹不等。

（3）按照制热原理不同分类

①热泵型空调器。热泵型空调器结构和单冷型空调器的结构基本相同，它是利用空调在夏季制冷的原理（即空调在夏季时室内制冷，室外散热，而在秋冬季时室内制热，室外制冷）来达到制暖的目的。它的优点是功效较高，缺点是适用温度范围较小，一般当温度在－5℃以下就会停止工作。

②电热型空调器。电热型空调器是在单冷型空调器结构的基础上，在室内机的左侧循环系统安装了电热元件。制热运行时，依靠电热元件的制热作用，通过风扇的运转达到制暖的目的。电热型空调器结构简单，使用方便，并且不受室外环境温度影响，缺点是耗电量大。

③电辅热泵型空调器。电辅热泵型空调器即在热泵型空调器的基础上，增加电热元件，它将热泵型空调器和电热型空调器的优点结合起来，用少量的电加热来补充热泵制热时能量不足的缺点，既可有效地降低用单纯电加热的功率消耗，又比用单纯热泵空调使用温度范围大。

（4）按照空调的控制分类

①定速空调是依靠压缩机不断地“开”、“停”来调整室内温度，所以在一开一停之间容易造成室温忽冷忽热，并消耗较多电能。

②变频空调是由电脑控制的变频器和变频压缩机组成的，它运用变频控制技术，使空调根据环境温度自动选择制冷、制热和除湿运转方式，使居室在短时间内迅速达到所需要的温度，并在低转速低能耗状态下以较小的温差波动，实现快速、节能和舒适的控温效果。

③模糊控制由模糊电子计算机对整机的运行参数（如供电频率、室温、冷风量、湿度等）进行即时的自动控制。或用物理或化学方法仿照生物神经网络的构造而制造的人工神经网络（ANN）生产出神经计算机（兼具模糊电子计算机功能），采用变频电源、先进涡旋压缩机，配有各种传感器、显示器，测定和显示各种参数（如室内空气的温度、湿度、流速、流量和混浊度等），自动满足用户选定的运行状态。

（5）按照空调的制冷量分类

按制冷量分为1~3匹。所谓的空调"匹"数，原指输入功率，包括压缩机、风扇电机及电控部分，制冷量以输出功率计算。一般情况下，2200～2600W都可称为1匹，3200～3600W可称为1.5匹，4500～5100W可称为2匹。这里的W（瓦）即表示制冷量。

2. 国产家用空调器型号

（1）型号表示方法（见图8-11）

是由横杠分开的两部分组成。第一位为K，即为家用空调；第二位是结构形式代号：C为整体式（窗式或穿墙式）、F为分体式；第三位是功能代号：L为冷分式（常被省略）、R为热泵式、D为电热型、Rd为热泵辅助电热型、RP为热泵变频型。

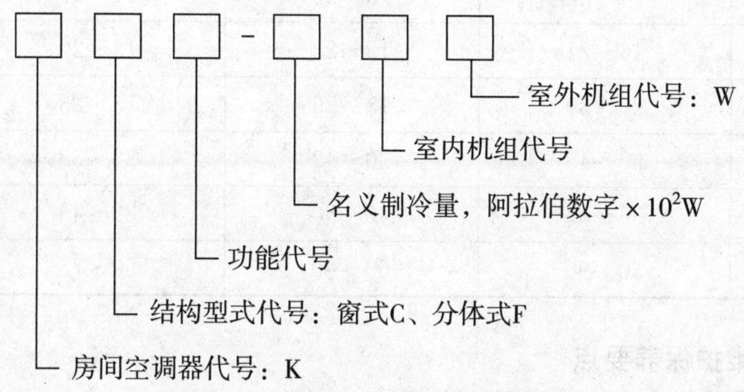

图8-11　家用空调器型号表示方法

（2）型号表示举例

①KC—22型窗式空调器为单冷型，制冷量为2200W（或为1900kcal/h），除湿能力为0.9kg/h，循环风量400m³/h，耗电量800W，适用面积12～15m²（按145～175W/m²计算）。

②KFR—25GWB型分体挂壁式空调机为一拖一，冷暖型，制冷量和供热量均为2500W（或为2150kcal/h），除湿能力为1kg/h，制冷耗电810W，制热耗电770W，第二次改进的分体挂壁式空调机。

③）KFR—25×2GW型分体挂壁式空调机为一拖二、两台压缩机双系统带两个挂壁式室内机组，冷暖型，制冷量和供热能力均为2500×2W（即2150×2kcal/h），除湿能力为1×2kg/h，制冷耗电960×2W，制热耗电850×2W，适用面积为（14～17）×2m²。

④KFRP—35GW变频冷暖空调机是在一般冷暖分体式空调机上加装变频器和采用模糊控制技术而产生的一种新型空调机。通过改变压缩机供电频率（12～150Hz）使压缩机转速改变，从而达到改变制冷剂流量即相应制冷（或制热）量的目的。它一改一般空凋机采用频繁的"开或停"方法调节室温的目的。它工作平稳且连续，电耗低、噪声小（30dB以下，国家标准为48dB以下），室温升降快，效率高和使用期长。

3. 空调器的选购

选购空调时应根据使用者的实际需要，从品牌、质量、服务、制冷量及价格等方面来考虑。常根据使用面积选用空调。

在正常情况下，每平方米制冷量 140W 较为合适，具体情况应根据房间高度，朝向，门窗密封性，人口流动，建筑物的用途等因素决定。在朝阳，人员流动大，发热源多的房间应该适量增加空调的功率。

表 8-3　　空调适用面积参考列表

空调器制冷/制热功效（W）	适用面积/家庭（m^2）	适用面积/办公室（m^2）	适用面积/商店（m^2）	适用面积/饭店（m^2）
2500	12～18	10～16	9～13	8～11
3200	14～22	13～20	11～17	10～16
3600	16～24	15～23	13～20	11～18
4300	20～30	18～26	15～23	14～21
6200	30～45	30～42	28～38	22～30
7500	35～55	40～50	32～45	25～35
12000	50～90	60～80	50～75	30～45

4. 空调器的维护保养要点

（1）室内外机的维护与保养：停机后拔出电源插头，用软布沾 40℃以下的温水擦试。

（2）空气过滤网的维护保养：小心取下过滤网，很脏时，用溶有中性洗涤剂的温水清洗，然后在阴凉地方晾干。切忌用暴晒，烘烧或者风筒热风方式来吹干，以免变形。

（3）用户若长时间不使用空调器时，请在晴天以“送风”方式运转半天左右，使机器内部干燥，再拔出主机电源插头，取出遥控器电池，清扫过滤器，以免灰尘堆积影响下次使用，并给室外机罩上保护罩，以免风吹、日晒、雨淋。

（4）重新使用时，应检查过滤网是否清洁并确认是否装上，取下室外机保护罩，移走遮挡物体，试机运行是否正常，检查遥控器电力是否充足。

5. 空调器的质量鉴别

空调器应外型美观，机壳平整，无伤痕、脱漆和锈斑；附件完好，出风栅格操作灵活，进风过滤网拆装方便，没有破损。接通电源，空调器启动时，不应有较大的噪声和较强的振动感；电源电压波动在10%之内，应不影响启动和运转。各控制钮动作灵活，操作效果明显，空调器的运行状况应与控制器的设定完全相符。

（二）洗衣机

洗衣机是一种专门用来洗涤各类织物的电动清洁器具。

1. 分类

洗衣机根据洗涤槽的区别可分为全自动式、双缸式和滚筒式。

（1）全自动式洗衣机

通过双层的水槽接连进行洗涤、漂洗、脱水。将洗涤剂和衣物放入洗衣机，之后能自动进行清洗。也有可以烘干衣物的品种。

（2）双缸式洗衣机

进行洗涤的部分与脱水的部分分离，各有一个水桶。脱水时虽然需要更换地方，但却具有洗涤与脱水能同时进行的特点。

（3）滚筒式洗衣机

采用卧式滚筒，水平转轴，其特点是用水量较少，洗衣店使用的也多是滚筒式的。这也是在欧洲家庭中常常使用的方式。

2. 洗衣机的结构

（1）洗衣机的结构

洗衣机有各种各样的型号，其基本构造如图 8－12 所示。

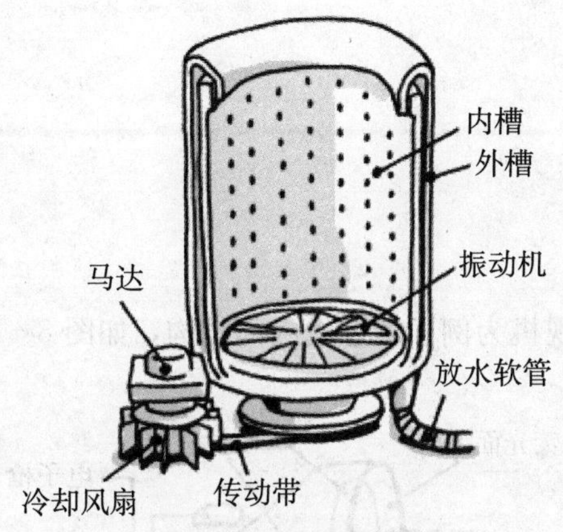

图 8－12 洗衣机结构

洗衣机之所以能兼具洗涤和脱水的功能，是因为水槽是双层构造的缘故。在积满水进行“洗涤”和“漂洗”时，振动机旋转，产生水流。脱水时，只有内槽旋转，将衣服中的水甩出。

最近渐渐增多的“离心式洗衣机”，不是振动机旋转，而是内槽旋转。该作用力使衣物贴近内层。由于水和洗涤剂会从内槽的空洞向外甩出，因此能猛地一下子从衣物中穿透，用这种冲击力去除污垢。由于在水中衣物不会缠绕，也不会扭曲变形，因此不会损害布料。

（2）洗衣机的工作原理

洗衣机的水流方式也有多种类型。

涡流式：振动机的旋转产生涡流，从而去除污垢。有的洗衣机会在涡流基础上添加上下水流，从而使污垢更容易脱落。

搅拌式：竖在洗涤槽正中的带有叶片的轴会反复地逆向转动，将水搅动起来，进行衣物的洗涤。它具有衣服不易缠绕，所有衣物能均匀清洗的特点。

滚筒式：在开有许多小孔的圆筒中，有一块板伸出。外围的滚筒旋转时，这块板将衣物抬起，下落时的冲力将污垢去除。优缺点：洗涤时间较长，最快 38 分钟，最慢 2 小时 30 分钟，衣物洗涤不是非常干净，衣物磨损较少，衣物不易缠绕，洗涤比较省水，大概洗涤仅需几升水。一般使用寿命为 15 年，排水管最高点离地最好为 60～80 厘米，60～120 厘米也可。

离心力式：也是旋转型的构造。这叫作“离心力”。这种洗衣机由于是内槽旋转，洗涤物由离心力作用，因此水会从内槽猛地向外部喷射，然后又会回到内槽中，不断地循环往复。

3. 洗衣机的质量鉴别

说明书及所列附件齐全无损；外型美观，色调雅致，机壳光滑平整，无伤痕；洗衣桶内壁及洗涤元件表面光滑无毛刺，桶身不漏水，排水流畅；各按键、开关操作灵活，动作正确，机体绝缘性好，无漏电现象；机器启动后，运转平稳，无较大的震动声擦碰声；衣物洗净率高，磨损度小。

二、影视产品

（一）电视机

1. 电视机的构造

（1）内部构造

以一台阴极射线管电视机为例了解它的内部结构，如图 8－13 所示。

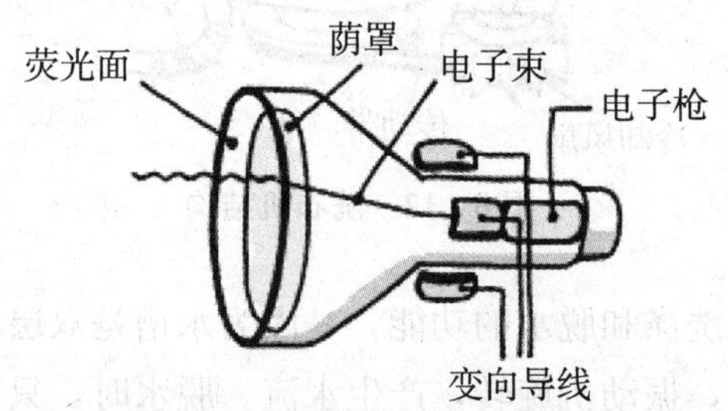

图 8－13　电视机构造

荫罩板位于荧光屏的右边，它有许多小孔用来控制电子束。如图 8－14 所示，当红色、绿色和蓝色在荧光屏上碰到一起时就形成了白色，没有电子束撞击荧光屏时就形成了黑色。荫罩板保证电子束在需要的位置撞击荧光屏。

（2）荧光屏

三种颜色光（红、绿、蓝）中的磷（发光物质）在荧光屏上按精确的图形排列。电子束穿过荫罩板并撞击荧光屏，形成了彩色图像（见图 8－14）。

2. 彩电的类型

彩电的类型分为：普通显像管彩电影像清晰，但尺寸不能做大，最大的只有 38 寸。普通彩电图像质量有三大缺陷：大面积闪烁、行间闪烁、行结构线。背投影彩电，缺点是尺寸大，亮度不够，体积笨重。等离子彩电，画面清晰，超薄，尺寸可以大，但价格贵。液晶彩电，环保无辐射，高清晰度，薄、轻，价格非常贵。

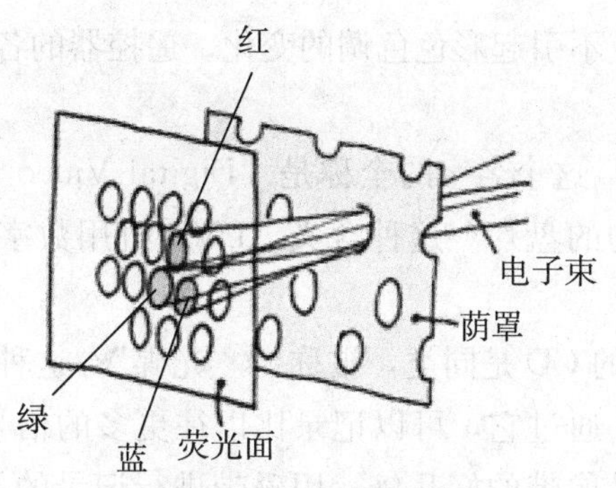

图 8-14　荧光屏原理

平面直角彩电已基本淘汰，取而代之的是纯平面彩电（分为逐行扫描和普通两种）。纯平彩电优点是亮度高，立体感强，色彩还原度高，尤其是纯平逐行扫描彩电更可称为环保电视，不仅画面无闪烁，不伤眼睛，且画面清晰逼真。背投可分为精显，逐行扫描、普通三种。而精显背投的清晰度是逐行背投的一倍，是目前档次最高的背投。

彩电还分为纯平彩电、超平彩电、90°直角平面三类，属纯平彩电最好。彩电还有50Hz、100Hz、50Hz/60Hz、HDTV，50Hz彩电图像闪烁，在静音画面状态下尤其明显，50Hz/60Hz的是逐行扫描，可提高画面清晰度。HDTV是数字电视，它有高清晰度画面，高保真音响，但须外接机顶盒，是16∶9制式的画面。而100Hz彩电闪烁度肉眼几乎看不到，画面稳定性较好，100Hz的是数码扫描，降低画面闪烁。逐行扫描彩电清晰度高，但与100Hz不能同时兼容，100Hz只能是隔行扫描，现有逐行扫描只有在50Hz/60Hz下才能实现。60Hz彩电基本上能使画面稳定同时实现逐行扫描。

目前，除了显像管方式的电视机以外，还出现了各种各样的电视机。

液晶显示器：笔记本式个人电脑、手机屏幕等设备中常用的是液晶显示器的电视机。由于较显像管电视机薄，因此摆放时不占空间。另外，还具有用电较省的优点。

等离子显示器：这种等离子显示器可以显示很大的画面。与显像管电视机相比，非常轻薄，因此还可以挂在墙上。

发光二极管：发光二极管电视机亮度很高，可观看的角度很宽。因此在大十字路口等人群大量集中的场所经常使用这样的大屏幕电视机。

“交互式电视”：通过BS数字广播也可以收看数据节目。所谓数据广播，指的是通过文字和图形等形式，持续播出新闻、气象、体育等最新信息的节目。不必等到电视节目开始，就可以在想要了解的时候获得想了解的信息。而且通过数据广播，收看的人与电视节目之间可以进行信息的互换。这叫“交互式服务”。例如，可以在参加电视竞猜节目时送出答案，或直接购买电视中介绍的商品。

3. 电视机的鉴别

电视机的造型要美观，机壳光滑平整，无伤痕，附件完好无损；各开关、旋钮操作轻便、动作灵活；显示屏内壁，荧光粉涂抹均匀，屏幕上无色斑、气泡、麻点或划痕。黑白平衡、色纯度、汇聚性能均良好。图像轮廓与色彩应完全重合，无错位或镶边现象。亮度、对比度旋钮调节时，应不引起彩色色调的变化。遥控器的各项控制应准确无误。

（二）DVD

DVD 即数字影碟光盘，这个名字的全称是“Digital Video Disc”，里面加入了“使用数字信号，可用于任何目的的盘片”这种含义。DVD 机用数字信号进行记录，并用激光加以读取。

DVD 碟片与欣赏音乐的 CD 是同类，被称为“光碟”。这种“光碟”利用激光和磁铁的光线，来记录数字信号。通过它，可以记录比以往更多的信号。在这种薄薄的圆盘上，可以记录的节目时间多达录像带的好几倍。用磁带进行记录的录像带，由于磁带的摩擦，在几次观看的过程中画质会变差。而 DVD 的数字录像，不管看多少遍图像都是保持清晰的。而且 DVD 比较牢固，不易损坏。与录像机相比，无论是 DVD 刻录机还是播放机，图像和音色都要出色得多。为了体现图像的美丽度，使用了“线”这一单位。电视图像大约为 300 线，与此相比，DVD 则高达 500 多线。因此，不会像电视画面那样闪烁。声音和影像可以全部转换成电子信号。当使用 0 和 1 的数字将电子信号加以转换，就会形成数字信号。利用激光和磁铁的作用，就能让这种数字信号记录在 DVD 的盘片上。

CD 和 DVD 这种“光碟”，随着不断的进化，已经能够记录大量的数字信号了。CD 和 DVD 的大小虽然相同，但是能记录的数字信号的容量却相差很多。刻录的越细致，数据记录得越多。

三、厨房电器

（一）电冰箱（GB 8059.1—87）

电冰箱是冷藏物品用的电器器具。它主要用来冷藏或冷冻各类食品，以延长食品的保质期；也可用于制造少量的冰块和冷饮，以供消暑降温之用。由制冷系统、箱体、温度控制系统和带附件的冷藏空间所组成的小型制冷装置，称为冰箱，以电能作能源的冰箱称为电冰箱。

1. 冰箱型号与分类

（1）冰箱型号

冰箱型号表示如图 8－15 所示。

开头识标：BCD—×××B 是冰箱的容量、C 是冷藏、D 是冷冻。H 是环保冰箱，W 是制冷方式。D—200，200 代表规格代号。机器铭牌标明：R12 代表有氟冰箱、R134A 或 R600A 代表为无氟冰箱、R152 代表混合制冷剂。

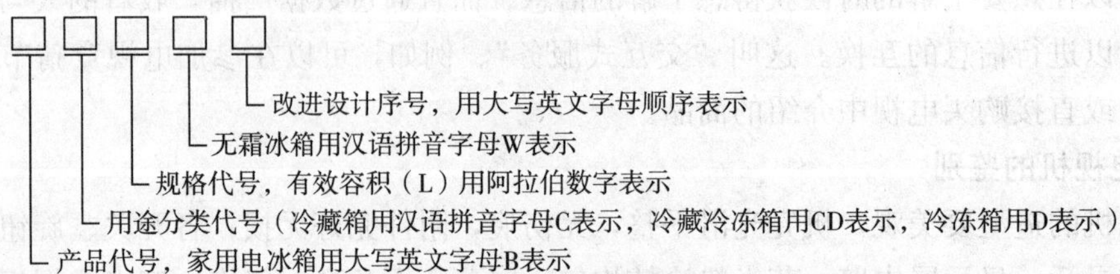

图 8－15　电冰箱型号表示

（2）冰箱分类表

以制冷方式分：风冷式、直冷式、风直冷式；

以制冷效果分：无霜型、微霜型、有霜型。

直冷冰箱有霜，约每四个月需除霜一次，温度分布不匀；噪声较小，约为 38 分贝。风冷冰箱：无霜，不需要进行除霜；噪声较大，约为 45 分贝。风直冷冰箱结合了直冷、风冷冰箱的优缺点。

按食品冷柜的开空面位置分，有立式和卧式；

（3）星级与食品保存期（见表 8-4）

表 8-4　　星级与食品保存期表

星级	冷冻负荷试验温度	符号	冷冻食品保存期
一星级	−6℃	*	约 1 周
二星级	−12℃	* *	约 1 个月
高二星级	−15℃	* *	约 1.8 个月
三星级	−18℃	* * *	约 3 个月
四星级（快速冷冻功能）	−24℃	* * * *	约 4～6 个月

2. 电冰箱的质量鉴别

（1）外观质量鉴别

箱体表面涂漆光洁、牢固、无伤损和脱漆现象，电镀件的镀层均匀一致，平整有光泽，无斑点、锈蚀现象；各附件完好无损，箱门关闭严密，转动灵活，磁性门封吸力强而平直。

（2）内在性能鉴别

接通电源，压缩机运转声音小而平稳，箱体无明显震动感；打开箱门时，指示灯亮；关上箱门时，指示灯立即熄灭。将温控旋钮置于中间位置，关上箱门启动冰箱 30 分钟，冷冻室应有薄霜，用手触摸冷冻室内壁，应有冻粘感，手摸冷凝器或带冷凝器的箱壁，感觉较热；将温控旋钮旋至最冷档，关上箱门，启动一个半小时，冷冻室温度应达到星级指标（如三星级为−18℃），冷藏室温度在 5℃左右。

（二）微波炉

微波炉是一种用高频电磁波（微波）对食品进行加热的电热炊具。按使用频率分为 915MHz 和 2450MHz 两种。

1. 微波炉构造

微波炉主要由变压器、整流器、磁控管、炉腔、炉门、转盘机械和控制系统组成。

在微波炉的内部，安装有称作“磁控管”的装置。加热食物所用的微波，就是在这里产生的。发出的微波，通过波导管送入内部。内壁由金属制成，微波碰撞之后也会弹回。在门上覆盖有过滤器，这样微波就不会泄漏到外部。然后是位于正中央的转盘。转盘的设计是因为微波通过波导管送入微波炉内部时，不管怎样总会有一些地方容易照到电波，而有些地方很难照到，产生受热差异。这样一来，即使对食物进行加热，也会使得有些地方热，有些地方冷如果不改动发出微波的场所，则可以通过转动食物来解决。于是就制作了转盘，将食物摆在上面旋转。

2. 微波炉的质量鉴别

微波炉的外壳要平整，无伤痕、脱漆和锈斑；炉门和门锁应完好无损，炉门开启灵活，锁定密封；各控制部件操作灵活而正确。微波炉启动后，腔内照明灯应自动点亮，玻璃转盘应匀速转动；烹调结束时，应自动发出音响信号，随即转盘停止转动，照明灯自动熄灭。

阅读材料

绿色家电

绿色家电指在质量合格的前提下，高效节能且在使用过程中不对人体和周围环境造成伤害，在报废后还可以回收利用的家电产品。

1. 绿色家电——洗衣机

系指能否杀菌消毒和漂洗彻底。可加热洗涤的滚筒洗衣机虽有加热消毒功效，但并非所有衣料都能耐高温，且还有耗电大问题；臭氧杀菌洗衣机易造成衣物的褪色，释放的臭氧也会污染环境。

2. 绿色家电——空调

目前获认证的主要为节能和低噪声型。负离子空调效果有限，很易造成室内静电污染，迄今难跨“绿色”门槛。

3. 绿色家电——彩电

目前的评价标准仅指是否达标低辐射，迄今获中国环境标志的企业仅 6 家。所谓的“环保彩电”以及多媒体、镜面、高清、全数字等品种，若做不到低辐射，其对人体健康的影响则和普通彩电几乎没有差别。

4. 绿色家电——电脑

“绿色计算机”以炒作概念为多，计算机质材涉及 700 多种化学原料，其中 50%含对人体有害物质，机箱主体和显示器还会发出有害健康的电磁波，废弃电脑的回收规定也尚在制定中。目前获得“绿色”认证的仅为“节能型”品种。

5. 绿色家电——冰箱

“无菌冰箱”的测定标准至今莫衷一是，实在难找出高于普通冰箱的优越性。“绿色”认证仍以节能和低噪声为主。

技能检测

110kV 及以上高压交联电缆系统故障分析

电力电缆线路故障率和多数电力设备一样，投入运行初期（1～5 年内）容易发生运行故障，主要原因是电缆及附件产品质量和电缆敷设安装质量问题；运行中期（5～25 年内），电缆本体和附件基本进入稳定时期，线路运行故障率较低，故障主要原因是电缆本体绝缘树枝状老化击穿和附件呼吸效应进潮而发生沿面放电；运行后期（25 年后），电缆本体绝缘树枝老化、电一热老化以及附件材料老化加剧，电力电缆运行故障率大幅上升。

随着城市建设的发展，各地外力破坏事故不断增加，一般直埋电缆因为没有保护所以容易遭受外力破坏，电缆沟槽和隧道内的电缆相对不容易受到外力破坏。关于直埋电缆被外力破坏的事例很多，大部分情况是被挖断，有时候也会因为地层下陷导致电缆受到过大的拉力导致击穿事故。例如：广州电缆管理所曾经发生一起由于施工钻桩引起路面严重下陷导致邻近接头击穿的事故，下陷路段恰好在线路走廊内，而且距离故障点只有 50m。经挖开检查发现：在 13m 长的范围内，电缆被压成弓形，最深下弯点距电缆基准面深达 1.3m。事故原因分析：当悬空电缆收到一个巨大的向下压力时，悬空两端的电缆受到一个拉力。由于铝护套受泥土压力不能移动，因此与铝护套连成一体的预制绝缘体没有发生移位。而电缆导体则由于拉力伸长变形。接头内导体相对于绝缘体发生了前述 6cm 的位移，导致电场分布发生严重畸变，接头被击穿。

请思考：本案例中电缆的基本结构如何？各有什么作用？

项目小结

本项目从发电到供电、生活用电各个环节中所用的主要电器入手分析，阐述了近年来随着电子产品的普及而大量使用的小型电动机及最新发展起来的微电机、电机、变压器、电工材料、家用电器等的商品分类、性能、构成、用途、商品的养护及储存等方面的知识。

复习思考题

1. 什么是电机？简述电机的分类。
2. 什么是微电机？简述微电机的应用。
3. 变压器是根据什么原理制造的？它的铁芯有什么作用？
4. 电容器有哪几种，各有何特点，分别适用那些场合，起什么作用？
5. 如何保管绝缘材料？

6. 圆单线、裸绞线、电磁线的规格分别如何表示?

7. 简述空调各种分类方法。请针对市场上空调的销售情况分析人们的购买情况。

8. 冰箱由哪几部分构成?它是如何制冷的?

9. 简述洗衣机的水流方式。

参考文献

［1］国务院．全国工农业产品（商品、物资）分类与代码（国家标准 GB 7635－87）［EB/OL］．http：//law. 148365. com/6539. html，1987.

［2］马德生．商品学基础［M］．北京：高等教育出版社，2001.

［3］张智清．商品知识［M］．北京：高等教育出版社，2009.

［4］薛璐，刘爱国．食品商品学［M］．北京：化学工业出版社，2009.

［5］朱强．货物学［M］．北京：机械工业出版社，2004.

［6］浙江省教育厅职成教教研室．服装材料［M］．北京：高等教育出版社，2010.

［7］朱进忠．实用纺织商品学［M］．北京：中国纺织出版社，2000.

［8］刘建华．纺织商品学［M］．北京：中国纺织出版社，1997.

［9］伍千思．中国钢及合金实用标准牌号 1000 种［M］．北京：中国标准出版社，2007.

［10］标准出版社第二编辑室．有色金属工业标准汇编——重金属及其合金产品［M］. 北京：中国标准出版社，2001.

［11］标准出版社第二编辑室．有色金属工业标准汇编——轻金属及其合金产品［M］. 中国标准出版社，2001.

［12］申冰冰，等．新编实用五金手册［M］．北京：机械工业出版社，2011.

［13］赵乃成．铁合金生产技术实用手册［M］．北京：冶金工业出版社，2003.

［14］刘胜新．实用金属材料手册［M］．北京：机械工业出版社，2011.

［15］廖红．建筑装饰五金手册［M］．北京：化学工业出版社，2005.

［16］化学危险品消防与急救手册编委会．化学危险品消防与急救手册［M］．北京：化学工业出版社，2000.

［17］中华人民共和国铁道部．铁路危险货物品名表［M］．北京：中国铁道出版社，2009.

［18］翟光明．仓库保管员（高级）［M］．北京：中国劳动和社会保障出版社，2004.

［19］蔡柏龄．家电涂料与涂装技术［M］．北京：化学工业出版社，2002.

［20］魏国辰，张耀荔．机电商品学［M］．北京：中国物资出版社，2004.

［21］山东省安全生产监督管理局．金属焊接与切割作业［M］．北京：煤炭工业出版社，2005.

［22］姚正清．电工产品［M］．北京：中国物资出版社，1998.

［23］唐定曾．建筑应用电［M］．北京：中国电力出版社，2003.

［24］吉永淳，正田英介．电机电器［M］．冯浩，译．北京：科学出版社，2003.
［25］刘新佳．建筑工程材料手册［M］．北京：化学工业出版社，2010.
［26］曾正明．橡胶制品速查手册［M］．北京：机械工业出版社，2008.
［27］张玉龙，李萍．塑料制品速查手册［M］．北京：化学工业出版社，2010.

附　录

全国工农业产品（商品、物资）分类与代码

（国家标准 GB 7635—87）

1　目的和适用范围

1.1　目的

为提高我国经济管理水平，建立统一的、科学的国民经济核算制度和实现国家经济信息的自动化管理，特制定本标准。

1.2　适用范围

1.2.1　本标准是国民经济统一核算的重要基础标准，供计划、统计、会计、业务等工作使用。

1.2.2　本标准是国家经济信息系统的重要基础标准，是全国各经济信息系统进行信息交换的共同语言。

2　分类原则

2.1　本标准的分类对象是我国生产的工农业产品（商品、物资）。进口的商品（物资），除少数原材料外，均不包括在本标准范围之内。

2.2　以科学分类为主，按工农业产品（商品、物资）的基本属性分类，适当兼顾部门管理的需要。

2.3　分类首先满足现代化管理的需要，适当照顾当前管理水平。

2.4　为统一全国工农业产品、商品、物资的分类，兼顾生产领域和流通领域的要求。

2.5　本标准与相关标准兼容。

3　编码方法

3.1　本标准为层次代码结构，共分四层（不包括门类），每层均以两位阿拉伯数字表示。为便于检索，设置了门类，用英文字母表示其顺序。

3.2　每层的代码一般从“01”开始，按升序排列，最多编至“99”。但第三层代码的编写另有特殊规定，见 3.6。

3.3　各层中数字为“99”的代码均表示收容类目。同一层内分成若干区间时，每个区间的收容类目一般用末位数字为“9”的代码表示。

3.4　第一、二、三层的类目不再细分时，在它们的代码后面补“0”直至第八位。

3.5　各层均留有适当空码，以备增加或调整类目用。

3.6　第三层设有“开列区”，其类目用“01”至“09”表示。不设开列类目时，主分类区第三层类目的代码一般从“10”开始编写。开列区类目在代码前均标有“※”号。

4 有关“开列区”的规定

4.1 “开列区”类目的设置

为满足管理上的特殊需要，本标准在第三层设有“开列区”。该区类目有下列两种情况：

①对主分类区类目所含产品（商品、物资）按不同属性重新分类，例如，对于特厚钢板，在主分类区已按钢种分类，在开列区又按用途将其分为“锅炉用特厚钢板”“压力容器用特厚钢板”等；

②按各种不同要求设置类目，例如，在主分类区已按加工工艺对金属切削机床进行了分类，但在管理上尚需了解金属切削机床的技术装备水平，因此，在“开列区”又补充设置了“数控机床”“高精度机床”等。

4.2 开列区类目的使用规定

开列区类目之间没有严格的逻辑关系，因此一般不能进行汇总；由于存在交叉关系，也不能与主分类区类目一起汇总。

5 计算单位

本标准一般采用不加量词的计算单位，使用者可根据需要加以适当的量词。未给出计算单位的产品（商品、物资），需汇总时，可以暂用“无”。

6 使用要求

6.1 本标准为国民经济统一核算和国家经济信息系统提供了统一的全国工农业产品（商品、物资）分类编码体系，各部门、各地区必须按照本标准及国家对使用本标准的有关要求整理上报资料。

6.2 各部门、各地区在使用本标准过程中允许做适当细化和补充；也可以在本标准基础上制定本部门、本地区的标准，但必须与本标准兼容，以保证信息交换和资源共享。

7 全国工农业产品（商品、物资）分类与代码表详见国务院国民经济统一核算标准领导小组办公室和国家标准局信息编码研究所编写的《全国工农业产品（商品、物资）分类与代码》。

A 农、林、牧、渔业产品

01 农业产品

02 营林产品

03 人工饲养动物和捕猎的野生动物及其产品

04 渔业产品

05 观赏植物

06 其他农、林、牧、渔业产品

B 矿产品及竹、木采伐产品

07 煤、石油和天然气

08 黑色金属矿采选产品

09　有色金属矿采选产品
10　非金属矿采选产品
11　木、竹采伐产品
C　电力、蒸汽供热量、煤气（天然气除外）和水
12　电力、蒸汽供热量、煤气（天然气除外）和水
D　加工食品、饮料、烟草加工品和饲料
13　加工食品
14　饮料
15　烟草加工品
16　饲料
E　纺织品、针织品、服装及其缝纫品，鞋帽、皮革、毛皮及其制品
17　纺织用纤维加工品
18　纺织品
19　针织品
20　服装及其他缝纫品
21　鞋帽
22　皮革、毛皮及其制品
F　木材、竹、藤、棕、草制品及家具
23　木材、竹、藤、棕、草制品
24　家具
G　纸浆、纸和纸制品，印刷品，文教体育用品
25　纸浆、纸和纸制品
26　印刷品
27　文教体育用品
H　石油制品、焦炭及煤制品
28　石油制品
29　焦炭及煤制品
J　化工产品
30　无机化学品
31　化学肥料
32　化学农药
33　有机化学品及涂、颜、染料、催化剂、助剂、添加剂和黏合剂
34　高分子聚合物
35　信息用化学品
36　化学试剂
37　日用化工品

38 其他化工产品
K 医药
39 化学原料药
40 化学药制剂
41 中药材
42 中成药
43 畜用药
44 生物制品
L 橡胶制品和塑料制品
45 橡胶制品
46 塑料制品
M 建筑材料及其他非金属矿物制品
47 建筑材料及其他非金属矿物制品
N 黑色金属冶炼及其压延产品
48 钢铁冶炼产品
49 钢材
50 其他黑色金属冶炼及其压延产品
P 有色金属冶炼及其压延产品
51 有色金属冶炼产品
52 有色金属压延加工产品
Q 金属制品
53 金属结构及其构件
54 工具
55 金属丝及其制品
56 建筑用金属制品
57 搪瓷制品及日用金属制品
58 其他金属制品
R 普通机械
59 锅炉及原动同
60 金属加工机械
61 通用设备
62 铸锻件及通用零部件
63 工业专用设备
64 农、林、牧、渔业机械
65 建筑工程机械和钻探机械
66 医疗器械

67　其他机械产品
S　交通运输设备
68　铁路运输设备
69　公路运输设备及工矿车辆
70　船舶及其辅机、飞行器
T　电器机械及器材
71　电机
72　输变电设备
73　电工器材
74　家用电器
75　其他电器装置和设备
U　电子产品及通信设备
76　雷达和无线电导航设备
77　通信设备
78　广播电视设备
79　电子计算机及其外部设备
80　电子元件
81　电子器件
V　仪器仪表、计量标准器具及量具、衡器
82　仪器仪表
83　计量标准器具及量具、衡器
W　工艺美术品、古玩及珍藏品
84　工艺美术品
85　古玩及珍藏品
X　废旧物资
86　废旧物资
Z　其他产品（商品、物资）
87　其他产品（商品、物资）